浙江省普通高校"十三五"新形态教材

Creo 三维建模与装配

主　编　胡新华　黄亚玲
副主编　季维军　李　宏　吕　风
参　编　贾颖莲　魏宏玲

机械工业出版社

Creo 作为当前流行的三维 CAD 软件，是工程技术人员有必要掌握的工程软件之一。

本书根据机械设计岗位技能需求，以典型案例为载体，重点介绍 Creo1.0 软件的实体建模、特征建模、参数化设计等方法。本书内容包括简单曲线二维草图的绘制、复杂曲线二维草图的绘制、创建基础实体特征、创建工程特征、参数化模型设计、创建基本曲面、创建 ISDX 曲面、装配设计和工程图绘制 10 章。本书给出了大量练习案例，读者通过学习，可快速熟悉软件功能和命令，并掌握产品数字化建模的技巧，达到举一反三的效果。同时，本书还配有二维码，学生可通过扫描二维码观看相应的微课讲解，方便随时随地学习。

本书内容翔实、范例经典、针对性强，特别适合作为高等职业院校机电类专业 CAD 课程的教材，也可作为从事产品数字化建模的技术人员的培训用书。

本书配有电子课件，凡使用本书作教材的教师可登录机械工业出版社教育服务网（http://www.cmpedu.com），注册后免费下载。咨询电话：010-88379375。

图书在版编目（CIP）数据

Creo 三维建模与装配/胡新华，黄亚玲主编. —北京：机械工业出版社，2022.9

浙江省普通高校"十三五"新形态教材
ISBN 978-7-111-71368-5

Ⅰ.①C… Ⅱ.①胡… ②黄… Ⅲ.①计算机辅助设计-应用软件-高等职业教育-教材 Ⅳ.①TP391.72

中国版本图书馆 CIP 数据核字（2022）第 144376 号

机械工业出版社（北京市百万庄大街 22 号　邮政编码 100037）
策划编辑：王英杰　　　　责任编辑：王英杰　章承林
责任校对：张晓蓉　李　婷　封面设计：张　静
责任印制：常天培
北京机工印刷厂有限公司印刷
2023 年 1 月第 1 版第 1 次印刷
184mm×260mm・19 印张・468 千字
标准书号：ISBN 978-7-111-71368-5
定价：55.00 元

电话服务	网络服务
客服电话：010-88361066	机 工 官 网：www.cmpbook.com
010-88379833	机 工 官 博：weibo.com/cmp1952
010-68326294	金 　书　 网：www.golden-book.com
封底无防伪标均为盗版	机工教育服务网：www.cmpedu.com

前言

制造业是一个国家经济发展的基础，当今世界任何经济实力强大的国家都拥有发达的制造业。当前，产品的设计与生产普遍由二维（2D）向三维（3D）转换，由传统制造向先进制造转变，使用 CAD 软件进行产品设计具有很广阔的发展空间。对于机械相关专业的大学生而言，学习并掌握 CAD/CAM 工具是一项必备的技能。

Creo 软件整合了 Pro/Engineer 软件的参数化技术、CoCreate 软件的直接建模技术和 ProductView 软件的三维可视化技术，是一款功能强大的三维 CAD/CAM 软件，具有互操作性、开放、易用三大特点，已广泛应用于机械制造、医疗器械、航空航天、汽车等产品设计制造领域。

本书采用 Creo1.0 版本，以典型产品设计为载体，全面讲解这些产品的设计过程，内容包括简单曲线二维草图的绘制、复杂曲线二维草图的绘制、装配设计、工程图绘制等 10 章，可以引导学习者快速进入设计状态，也能够使初学者通过扫描二维码方式参照视频直观、准确地学习操作软件，从而尽快上手，提高学习效率。

与同类教材相比，本书突出了以下特点：

1. 范例源于实际

编者长期从事该课程的教学工作，经常深入企业锻炼，非常关注实际产品设计与制造中的问题，并将之与实际教学相结合。在教学过程中，先结合简单的范例进行讲解，然后安排一些较复杂的综合产品范例帮助学习者深入理解，灵活运用，最后给出一些试题和练习进行课后巩固。

2. 配套资源丰富

编者已主持完成国家资源共享课"CAD/CAM 软件应用"建设（网址：http://www.icourses.cn/sCourse/course_2075.html），同时主持完成职业教育机械制造与自动化专业国家教学资源库子项目《机械 CAD/CAM 技术》建设（网址：http://101.201.82.59/? q=node/67932），因此本书的教学资源非常丰富。同时本书配套相关实例的源文件及素材。这些网络教学资源与教材的有机结合，可以帮助学习者更加有效地学习和巩固知识点。

3. 扫描在线学习

本书各章节都穿插有二维码，学习者可方便地通过手机扫描二维码进行随时随地在线学习与观摩，并结合线下的软件操作进行强化巩固，做到边讲边练、边学边做，以达到事半功倍的效果，并培养学习者主动学习的能力。同时方便授课者开展翻转课堂、空中课堂等教学，使得教学方法更加灵活，教学手段更加丰富，教学课堂更加生动。

本书由金华职业技术学院胡新华和黄亚玲任主编，金华职业技术学院季维军、李宏、吕风任副主编，参加本书编写的还有江西交通职业技术学院贾颖莲、杭州职业技术学院魏宏玲，全书由胡新华和黄亚玲统稿和定稿。

由于编者水平有限，书中难免存在一些不足之处，敬请广大读者批评指正。

编 者

目 录

前言
第1章 绪论 ················· 1
1.1 Creo 软件核心设计思路 ········ 1
1.2 Creo 软件基本操作 ··········· 3
本章小结 ····················· 15
理论自测 ····················· 15
应用自测 ····················· 15
第2章 简单曲线二维草图的绘制 ··· 16
2.1 认识二维草绘 ·············· 16
2.2 基本图元的绘制 ············ 20
2.3 几何约束 ················· 27
2.4 图形的基本编辑方法 ········· 34
2.5 基本尺寸的标注与修改 ······· 37
本章小结 ····················· 42
理论自测 ····················· 42
应用自测 ····················· 42
第3章 复杂曲线二维草图的绘制 ··· 45
3.1 复杂曲线的绘制 ············ 45
3.2 二维图形中文本的创建 ······· 49
3.3 调色板的应用 ·············· 53
3.4 二维图形的检查和编辑 ······· 57
本章小结 ····················· 63
理论自测 ····················· 64
应用自测 ····················· 64
第4章 创建基础实体特征 ········ 67
4.1 拉伸特征 ················· 67
4.2 旋转特征 ················· 76
4.3 扫描特征 ················· 81
4.4 混合特征 ················· 87
4.5 基础实体特征综合范例 ······· 92
本章小结 ····················· 96
理论自测 ····················· 96
应用自测 ····················· 97
第5章 创建工程特征 ··········· 101
5.1 基础工程特征 ·············· 101
5.2 高级工程特征 ·············· 127
本章小结 ····················· 137
理论自测 ····················· 137

应用自测 ····················· 138
第6章 参数化模型设计 ········· 139
6.1 特征的操作 ················ 139
6.2 参数化建模 ················ 148
本章小结 ····················· 159
理论自测 ····················· 160
应用自测 ····················· 160
第7章 创建基本曲面 ··········· 161
7.1 基本曲面的创建 ············ 161
7.2 曲面编辑 ················· 173
7.3 基本曲面创建综合范例 ······· 179
本章小结 ····················· 189
理论自测 ····················· 189
应用自测 ····················· 189
第8章 创建 ISDX 曲面 ········· 191
8.1 创建与编辑 ISDX 曲线 ······· 192
8.2 创建与编辑 ISDX 曲面 ······· 196
8.3 ISDX 曲面设计 ············· 199
本章小结 ····················· 216
理论自测 ····················· 217
应用自测 ····················· 217
第9章 装配设计 ·············· 218
9.1 装配设计的认识 ············ 218
9.2 自底向上装配设计 ·········· 228
9.3 自顶向下装配设计 ·········· 237
本章小结 ····················· 243
理论自测 ····················· 243
应用自测 ····················· 244
第10章 工程图绘制 ············ 245
10.1 Creo 软件工程图的认知 ····· 245
10.2 基本视图的创建 ··········· 252
10.3 辅助视图的创建 ··········· 257
10.4 视图的调整 ··············· 282
10.5 尺寸和公差的标注 ········· 284
本章小结 ····················· 294
理论自测 ····················· 294
应用自测 ····················· 296
参考文献 ···················· 298

第1章 绪 论

随着计算机辅助设计（CAD）技术的飞速发展和普及，越来越多的工程设计人员开始利用计算机进行产品的设计和开发。Creo 是一个全方位的三维产品开发软件，它集成了零件设计、曲面设计、工程图制作、产品装配、模具开发、数控加工、管路设计、电路设计、钣金设计、铸造件设计、造型设计、逆向工程、并行工程、自动测量、机构仿真、应力分析、有限元分析和产品数据管理等功能。Creo 作为当前最流行的高端三维 CAD 软件，越来越受到国内外工程技术人员的青睐。

1.1 Creo 软件核心设计思路

1.1.1 实体建模

1-1 模型分析

使用 Creo 软件可以轻松而快捷地创建三维实体模型，使用户直观地看到零件或者装配件的实际形状和外观。这些实体模型和真实的物体一样，有密度、质量和体积等物理属性，这也是实体模型具有极大应用价值的主要原因。

图 1-1 所示为一个实体模型及其"质量属性"对话框，用户可以对该模型进行质量分析以获得更详细的物理参数，如体积、面积、重心、惯性张量等。当用户修改模型时，其属性也会相应地更改。此外，通过分析工具还可以测量实体模型的尺寸、距离等参数。

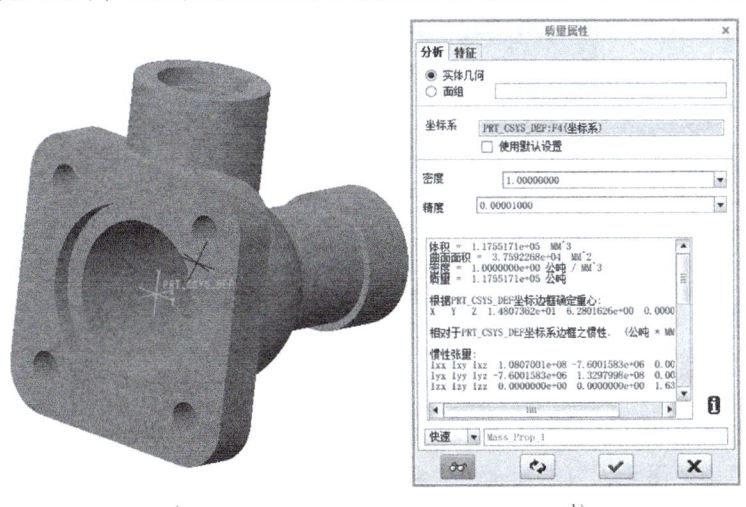

a) b)

图 1-1 实体模型及其"质量属性"对话框

1.1.2 特征建模

特征是 Creo 软件中最显著的概念。特征就是一组具有特定功能的图元,是设计者在一个设计阶段完成的全部图元的总和。初次使用 Creo 软件的用户肯定对特征感到亲切,因为 Creo 软件以最自然的思考方式从事设计工作,如圆角、孔和槽等都被看作是零件设计的基本特征。正是因为特征是设计的基本单元,因此可以随时对特征做出合理的、不违反几何原理的顺序调整、插入、删除和重新定义等修正操作。

特征是 Creo 软件中模型组成和操作的基本单位,零件模型的建模过程都是从逐个创建单独的几何特征开始,然后采用搭积木的方式在模型上逐次添加新的特征。在修改模型时,只要找到需要进行修改的特征,然后对其进行修改,由于组成零件模型的各个特征相对独立(当然特征之间也存在一定的相关性),在不违背特定特征之间基本关系的前提下,再生模型即可获得修改后的设计结果。

Creo 软件为用户提供了一个非常优秀的特征管理管家,即模型树,如图 1-2 所示。模型树按照模型中特征创建的先后顺序展示了模型的特征构成,这不但有利于用户充分理解模型的结构,也为修改模型时选取特征提供了最直接的手段。用户可以直接在模型树中选取特征,然后右击进行操作。

图 1-2 模型树

1-2 特征建模过程

使用 Creo 软件构建的实体模型在一般情况下是由一系列特征组成的。图 1-3 所示是一个轮盘类零件的设计过程,其特征建模的步骤如下:
1) 创建一个拉伸特征,确定模型的整体形状和大小。
2) 创建阵列孔特征。
3) 创建拉伸特征,去除材料。
4) 创建倒圆角特征。

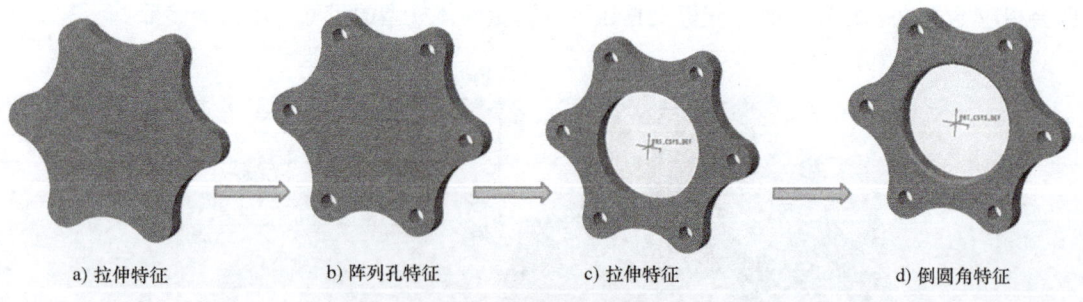

a) 拉伸特征   b) 阵列孔特征   c) 拉伸特征   d) 倒圆角特征

图 1-3 轮盘类零件特征建模的步骤

1.1.3 参数化设计

Creo 软件具有参数化的设计思想。根据参数化设计原理,用户在设计时不必准确地定形和定位组成模型的图元,只需勾画出大致轮廓,然后修改各图元的定形和定位尺寸,系统根据尺寸再生模型后即可获得理想的模型形状。

在参数化设计中,通过图元的尺寸参数来确定模型形状的设计过程称为"尺寸驱动",

只需要修改模型某一尺寸参数的数值，即可改变模型的形状和大小。此外，参数化设计中还提供了多种"约束"工具，使用这些工具，可以很容易使新创建图元和已有图元之间保持平行、垂直以及居中等位置关系。

总之，在参数化设计思想的引导下，模型的创建和修改都变得非常简单和轻松，这也使得学习大型CAD软件不再是一项艰苦而麻烦的工作。

1.1.4　多功能模块设计

Creo软件是一个功能强大的三维设计软件，该软件包含了70多个功能模块，为用户提供了从产品设计到生产的全套解决方案。在应用最广泛的三维实体建模模块中，包含了二维草绘模块、三维零件设计模块、零件装配模块以及工程图模块等众多功能单元。

1.1.5　单一数据库

所谓单一数据库就是在模型创建的过程中，实体造型模块、工程图模块、模型装配模块等重要功能单元共享一个公共的数据库。设计者无论在哪个模块中修改数据库中的数据，模型都会随时更新，系统中的数据是唯一的。无论在3D图形还是2D图形上做尺寸修改，其相关的2D和3D实体模型都会自动修改，同时装配、制作等相关设计也会自动修改。这样可以确保数据的正确性，并且避免反复修改。

1.1.6　父子关系

在渐进地创建实体零件的过程中，可使用各种类型的Creo软件特征。出于必要性，某些特征优先于设计过程中的其他多种从属特征。这些从属特征从属于先前为尺寸和几何参照定义的特征，这就是通常所说的父子关系。参数化设计的一个重要特点就是设计过程中将在各特征之间引入父子关系。

父子关系是在建模过程中各特征之间自然产生的。在建立新特征时，所参照的现有特征就会成为新特征的父特征，相应的新特征会成为其子特征。如果更新了父特征，子特征也就随之自动更新。父子关系提供了一种强大的捕捉方式，可以为模型加入特定的约束关系和设计意图。如果隐含或者删除父特征，Creo软件就会提示对其子特征进行相应的操作。

1.2　Creo软件基本操作

1.2.1　Creo Parametric的用户界面

1-3　用户界面介绍

Creo软件的用户界面内容丰富友好而且使用方便。打开图1-4所示的Creo Parametric用户界面，它主要由以下部分组成。

1. 导航区

导航区包括三个选项卡："模型树或层树""文件夹浏览器"和"收藏夹"。

"模型树"选项卡中列出了活动文件中的所有零件以及特征，并且以树的形式显示模型结构，根对象（活动零件或组件）显示在模型树的顶部，其从属对象（零件或特征）位于根对象之下。例如在装配文件中，"模型树"列表的顶部是组件，组件下方是每个原始零件的名称；在活动零件文件中，"模型树"列表的顶部是零件，零件下方是每个特征的名称。若打开多个 Creo 软件模型，则"模型树"只反映活动模型的内容。

"文件夹浏览器"选项卡类似于 Windows 的"资源管理器"选项卡，用于浏览文件。

"收藏夹"选项卡用于有效组织和管理个人资源。

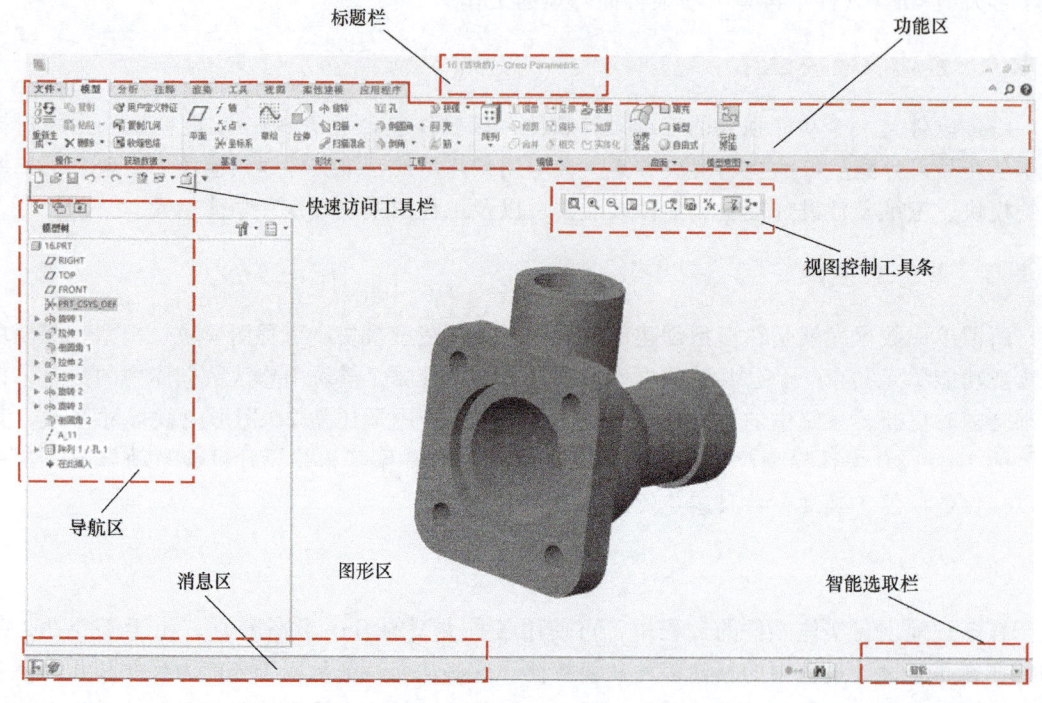

图 1-4　Creo Parametric 用户界面

2. 快速访问工具栏

快速访问工具栏中包含了新建、保存、修改模型和设置 Creo 软件环境的一些命令。快速访问工具栏为快速进入命令以及设置工作环境提供了极大的方便，用户可以根据具体情况来定制快速访问工具栏。

3. 标题栏

用户界面上部是标题栏，它显示用户当前已经打开的文件名称以及所使用的软件名称和版本。注意：如果用户打开多个文件，那么这些文件分别显示在独立的窗口中，但是只有一个文件处于可编辑的状态，这个可编辑的窗口称为活动窗口。活动窗口标题栏的文件名后面有"活动的"字样。如果要将指定的窗口设置为活动窗口，可以选取功能区中的"视图"再选取"激活"选项。

4. 功能区

功能区中包含"文件"下拉菜单和命令选项卡。命令选项卡显示了 Creo 软件中的所有功能按钮，并以选项卡的形式进行分类。用户可以根据需要自己定义各功能选项卡中的按钮，也可以自己创建新的选项卡，将常用的命令按钮放在自定义的功能选项卡中。

5. 视图控制工具条

"视图控制工具条"是将"视图"功能选项卡中部分常用的命令按钮集成到了一个工具

条中，以便随时调用。

6. 图形区
图形区是 Creo 软件各种模型图像的显示区。

7. 消息区
在用户操作软件的过程中，消息区会实时地显示与当前操作相关的提示信息等，以引导用户的操作。消息区有一个可见的边线（分隔线），将其与图形区分开，若要增加或减少可见消息行的数量，可将光标置于边线上，按住鼠标左键，将光标移动到所期望的位置。

8. 智能选取栏
智能选取栏用来筛选被选取对象的种类，分为智能、特征、几何、基准、面组和注释等。

1.2.2 工作界面的定制

Creo 软件的用户界面可以根据用户的喜好方便地进行个性化定制。可以通过选择"文件"下拉菜单中的"选项"命令，打开"Creo Parametric 选项"对话框进行工作界面的定制，如图 1-5 所示。

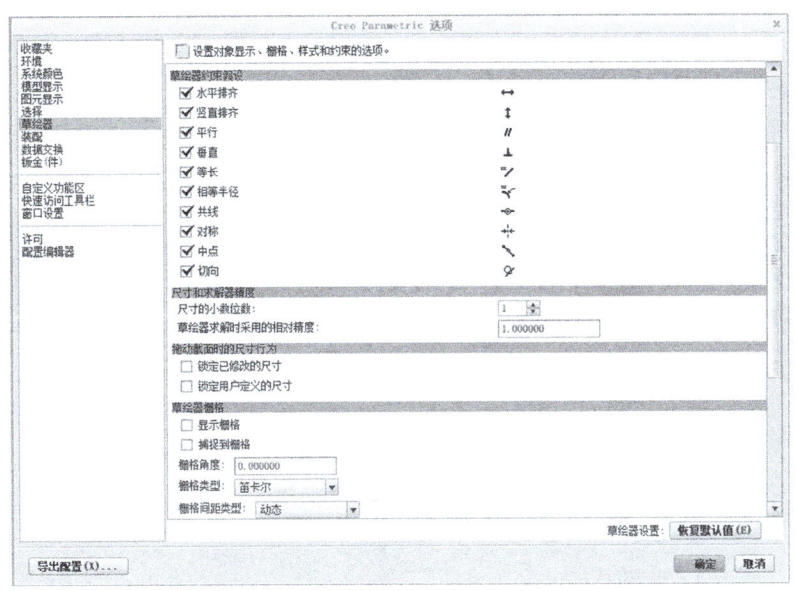

图 1-5 "Creo Parametric 选项"对话框

1. 窗口设置

在"Creo Parametric 选项"对话框中单击"窗口设置"选项，即可进入软件窗口设置界面。在此界面中可以进行导航选项卡设置、模型树设置、浏览器设置、辅助窗口设置以及图形工具栏设置等，如图 1-6 所示。如果对定制的界面不满意，也可以单击界面右下角的"恢复默认值"按钮以恢复到系统初始设置的窗口。

1-4 工作界面定制

2. 快速访问工具栏设置

在"Creo Prametric 选项"对话框中单击"快速访问工具栏"选项，即可进入快速访问工具栏设置界面，如图 1-7 所示。在这个界面中可以定制快速访问工具栏中的按钮，具体操

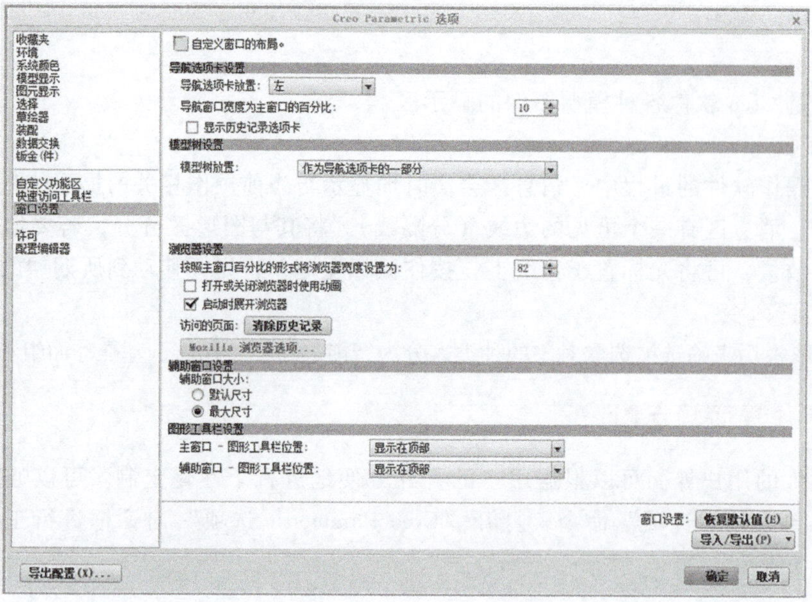

图1-6 "窗口设置"界面

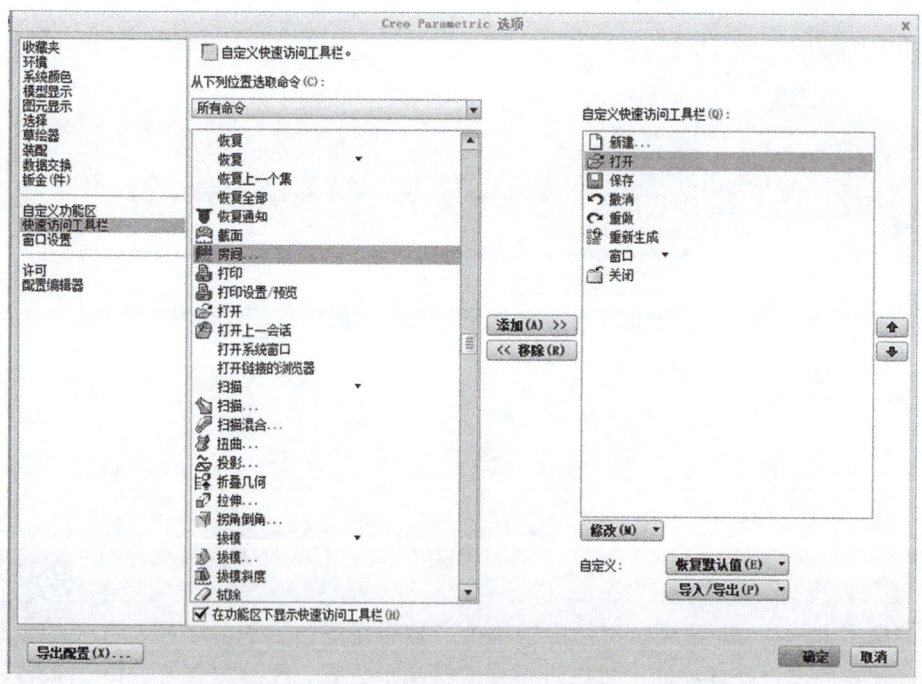

图1-7 "快速访问工具栏"设置界面

作如下:

1) 在"从下列位置选取命令"下拉列表中选择"所有命令"选项以显示所有命令。

2) 在左侧命令区域选择"扫描混合"选项,然后单击"添加"按钮,即可将"扫描混合"添加进快速访问工具栏。反之,在右侧的"自定义快速访问工具栏"列表中选择"打开"选项,然后单击"移除"按钮,即可将"打开"命令移除出快速访问工具栏。

3)单击对话框右侧的 按钮,可以调整添加的按钮在快速访问工具栏中的具体位置。

3. 功能区设置

在"Creo Parametric 选项"对话框中单击"自定义功能区"选项,即可进入功能区设置界面。在这个界面中可以设置功能区各个选项卡中的按钮,并且也可以创建新的用户选项卡,如图 1-8 所示。

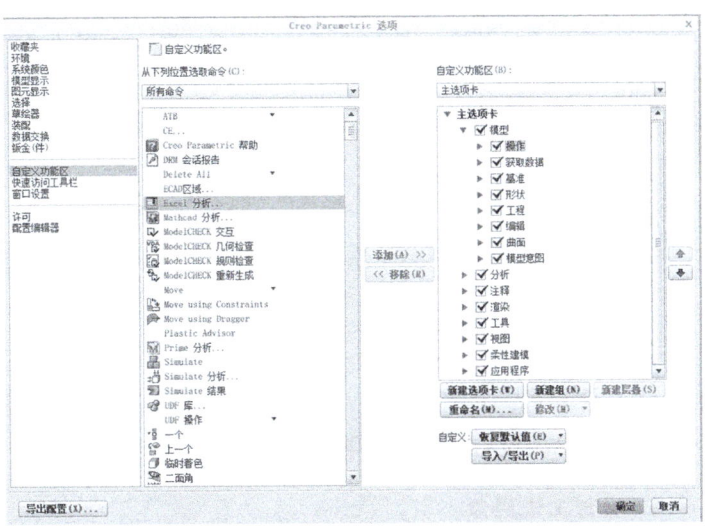

图 1-8 "自定义功能区"设置界面

4. 导入/导出配置文件

在"Creo Parametric 选项"各设置界面中单击 按钮,选择"导出所有功能区和快速访问工具栏自定义"选项,系统弹出"导出"对话框,单击"保存"按钮,可以将当前的界面配置文件"creo_ parametric_ customization.ui"导出到当前工作目录中,如图 1-9 所示。

1.2.3　Creo 软件的环境设置

选择"文件"下拉菜单中的"选项"命令,在弹出的"Creo Parametric 选项"对话框中选择"环境"选项,即可进入软件"环境"设置界面,如图 1-10 所示。

在"Creo Parametric 选项"对话框中选择其他选项,还可以设置系统颜色、模型显示、图

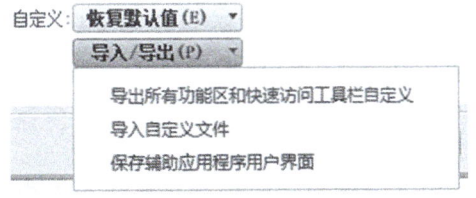

图 1-9 "导入/导出"按钮界面

元显示、草绘器选项以及一些专用模块环境设置等。用户可以利用 config.pro 的系统文件管理 Creo 软件的工作环境。

在"环境"设置界面中改变设置,只对当前进程产生影响。当再次启动 Creo 软件时,若存在配置文件 config.pro,则由该配置文件定义环境设置,否则由系统默认配置定义。

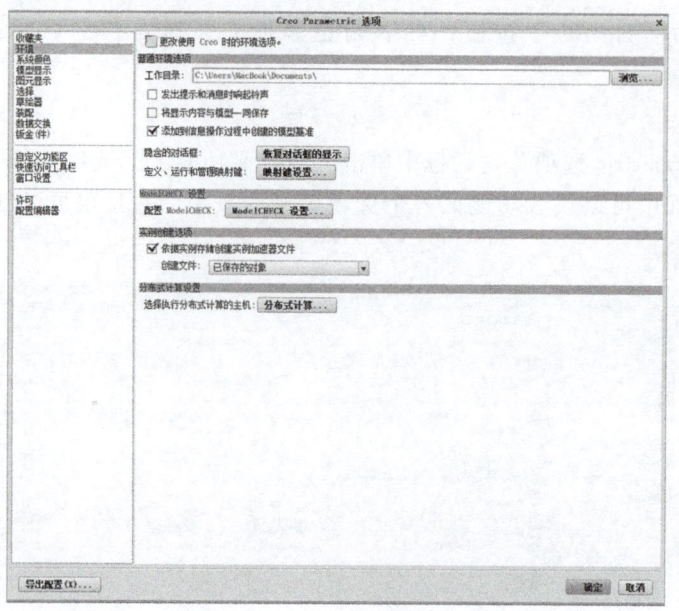

图 1-10 "环境"设置界面

1.2.4 Creo 软件常用文件操作

1. 设置工作目录

1-5 Creo 软件
常用文件操作

由于 Creo 软件在运行过程中将大量的文件保存在当前目录中，并且也常常从当前目录中自动打开文件，为了更好地管理 Creo 软件的大量有关联的文件，应特别注意，在进入 Creo 软件后，开始工作前最要紧的事情是"设置工作目录"。其操作过程如下：

第 1 步，选择"文件"下拉菜单中的"管理会话"→"选择工作目录"命令。

第 2 步，如图 1-11 所示，在弹出的"选择工作目录"对话框中选择需要设置的目录文件夹，如"D：\ creo-工作目录"，单击"确定"按钮。

完成这样的操作后，目录"D：\ creo-工作目录"即变成当前文件的工作目录，当前文件的创建、保存、自动打开、删除等操作都在该目录下进行。

注意：软件安装后会有默认的工作目录，如果想将默认工作目录进行修改，可以右击桌面上的 Creo 软件图标，在弹出的快捷菜单中选择"属性"命令，在如图 1-12 所示的"Creo Parametric 1.0 属性"对话框中的"起始位置"文本框中

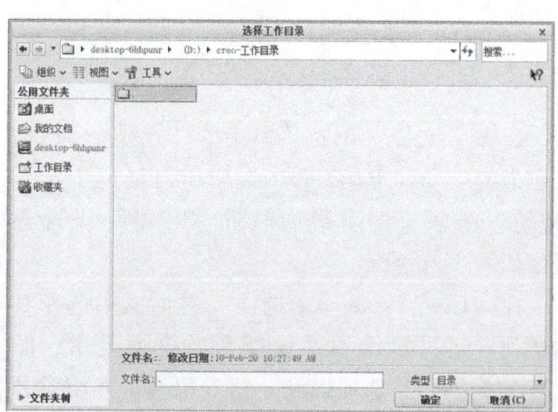

图 1-11 "选择工作目录"对话框

输入"D：\ creo-工作目录"，然后单击"确定"按钮。这样，再次进入 Creo 软件系统后，文件的工作目录会自动切换到"D：\ creo-工作目录"下。

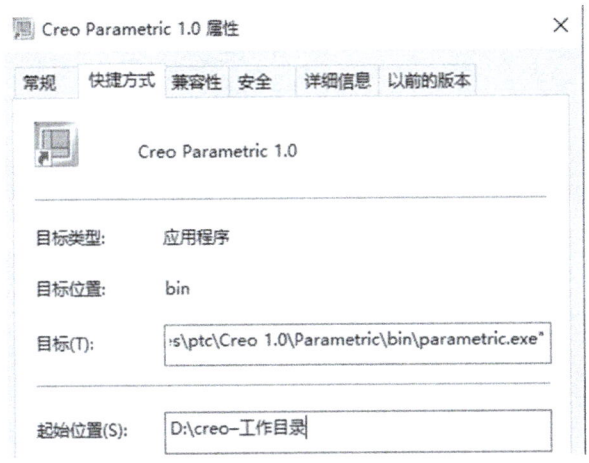

图 1-12 "Creo Parametric 1.0 属性"对话框

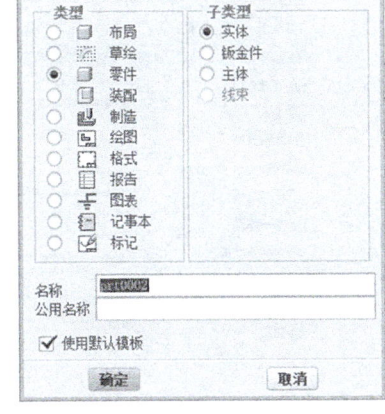

图 1-13 "新建"对话框

2. 新建文件

选择"文件"下拉菜单中的"新建"命令，系统弹出如图 1-13 所示的"新建"对话框，可以选用软件不同的功能模块进行设计。表 1-1 列出了设计中可以创建的工程项目类型。

表 1-1 创建工程项目类型

项目类型	功能	文件扩展名
布局	创建用于表达零部件结构和布局的二维图	.cem
草绘	使用草绘模块创建二维草图	.sec
零件	使用零件模块创建三维实体零件和曲面	.prt
装配	使用装配模块对零件进行装配	.asm
制造	进行数控加工、开模等生产过程	.mfg
绘图	由零件或装配组件的三维模型生成工程图	.drw
格式	创建工程图以及装配布局图等的格式模板	.frm
报告	在工程图文件中创建由行和列组成的表格	.rep
图表	创建电路图、管路图、电力、供热以及通风组件的二维图表	.dgm
记事本	用作工程记事本，用来绘制结构草图、初步规划产品等	.lay
标记	为零件、装配组件、工程图等建立注解文件	.mrk

3. 打开文件

选择"文件"下拉菜单中的"打开"命令，系统弹出"文件打开"对话框，在对话框右边可以选择打开文件的范围，如图 1-14 所示。选择好打开文件的范围后，在"类型"下拉列表中选取文件类型可以滤去非查找类型的文件，以缩小查找范围。也可以单击"预览"按钮，在打开模型前预览模型的形状。

4. 保存文件

选择"文件"下拉菜单中的"保存"命令，系统弹出"保存对象"对话框，在第一次保存当前文件时可以设置保存路径，即可保存文件。需要注意的是，在 Creo 软件中并不支

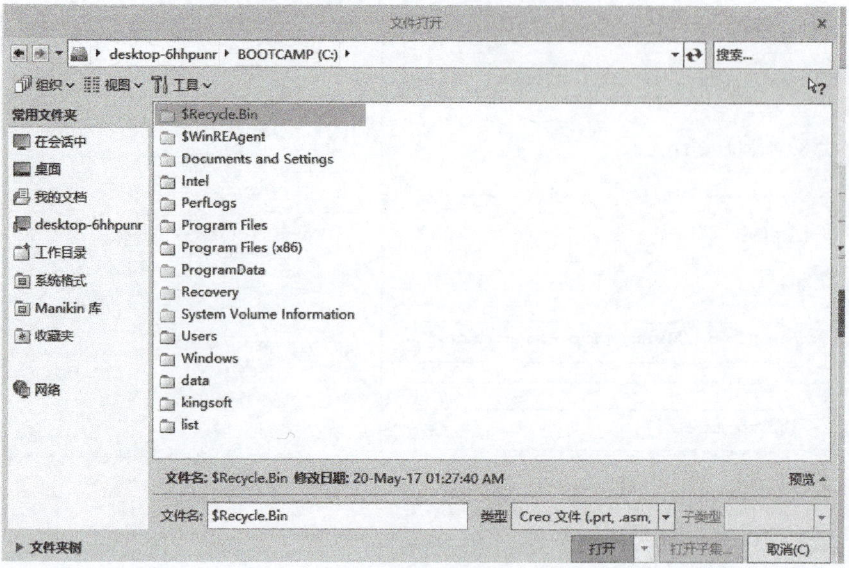

图 1-14 "文件打开"对话框

持在保存文件时更换文件名，如果确实需要更换文件名，可以使用"重命名"命令。

Creo 软件在保存文件时不同于一般的软件，系统每执行一次存储操作并不是简单地用新文件覆盖原文件，而是在保留文件前期版本的基础上新增一个文件。在同一项设计任务中多次存储的文件将在文件名中添加序号以区别，序号数字越大，文件版本越新。

5. 保存副本

选择"文件"下拉菜单中的"另存为"→"保存副本"命令，系统将弹出"保存副本"对话框，可以将当前文件以指定的格式保存到另外一个存储位置。首先设定文件的存储位置，然后在"类型"下拉列表中选取保存文件的类型，即可输出文件副本，保存副本时必须重命名文件。

在保存副本时，根据当前模型文件类型的不同，在"类型"下拉列表中列出的允许输出的文件格式也会有所差异。实际上，这是 Creo 系统与其他 CAD 系统的一个文件格式接口，这在很多需要文件格式转换的场合中非常有用。例如，可以把二维草绘文件输出为能被 AutoCAD 系统识别的 .dwg 格式文件，还可以把三维实体模型文件输出为能被虚拟现实建模语言识别的 .wrl 格式文件。

6. 备份文件

选择"文件"下拉菜单中的"另存为"→"备份"命令，将当前文件不更换名称保存到另外一个存储目录中。建议读者养成随时备份的好习惯，确保设计成果安全可靠。

需要说明的是，首先必须要有备份目录的写入许可，才能进行文件的备份。如果要备份装配件、工程图或者制造模型，Creo 软件在指定目录中保存其所有的从属文件。如果备份模型后对其模型进行更改，然后再保存此模型，则变更将会保存在备份目录中。

7. 重命名

选择"文件"下拉菜单中的"管理文件"→"重命名"命令，系统弹出"重命名"对话框，可对一个文件进行重命名，如图 1-15 所示。

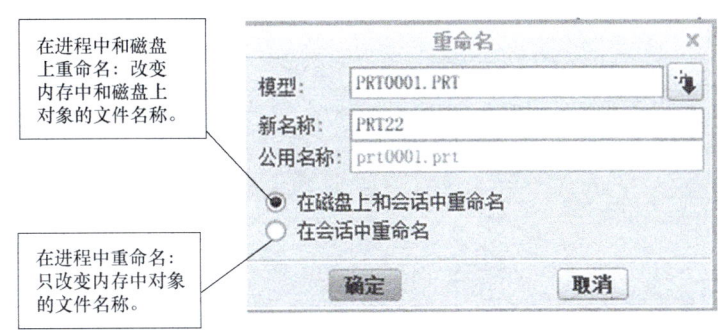

图 1-15 "重命名"对话框

需要说明的是：

1)"重命名"的作用是修改模型对象的文件名称。

2) 如果重命名磁盘上的文件，然后根据先前的文件名打开模型（不在内存中），则会出现错误。例如，在装配件中找不到零件。

3) 如果从非工作目录检索某对象，并重新命名此对象，然后保存，它将保存到对其进行检索的原始目录中，而不是当前的工作目录中。

8. 拭除文件

(1) 从内存中拭除未显示的对象　每次保存文件时，系统都创建该文件的一个新的版本，并将它写入磁盘。系统对存储的每一个版本都会进行连续编号，例如 prt0001.prt.1、prt0001.prt.2、prt0001.prt.3 等。

如果选择"文件"下拉菜单中的"关闭"命令关闭该文件窗口，窗口中的文件便不在图形区显示，但是只要工作区处于活动状态，该文件对象就仍然保留在内存中，称这些文件对象为"未显示的对象"。

选择"文件"下拉菜单中的"管理会话"→"拭除未显示的"命令，系统弹出如图 1-16 所示的"拭除未显示的"对话框，在该对话框中列出未显示的对象，单击"确定"按钮后，所有未显示的对象将从内存中拭除，但是它们不会从磁盘中删除。当参考未显示对象的装配件或工程图仍然处于活动状态时，系统不能拭除该未显示对象。

(2) 从内存中拭除当前对象　如果当前对象为零件、格式和布局类型时，选择"文件"下拉菜单中的"管理会话"→"拭除当前"命令，系统弹出如图 1-17 所示"拭除"对话框，单击"确定"按钮，当前对象将从内存中拭除，但是不会从磁盘中删除。

如果当前对象为装配、工程图和模具等类型，选择"文件"下拉菜单中的"管理会话"→"拭除当前"命令，系统弹出"拭除"对话框，选取要拭除的关联对象后，再单击"确定"按钮，则当前对象以及选取的关联对象将从内存中被拭除。

9. 删除文件

(1) 删除文件的旧版本　使用 Creo 软件创建模型文件时，在最终完成模型的创建后，可将模型文件的所有旧版本删除。

要删除文件的旧版本，需要先将工作目录设置到文件所在的文件夹，然后选择"文件"下拉菜单中的"管理文件"→"删除旧版本"命令，系统弹出如图 1-18 所示的对话框，单击"✔"按钮，系统就会将对象的除最新版本外的所有版本删除。

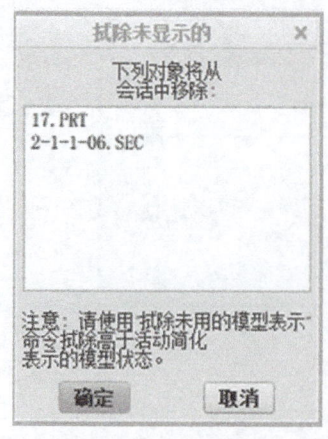

图 1-16 "拭除未显示的"对话框

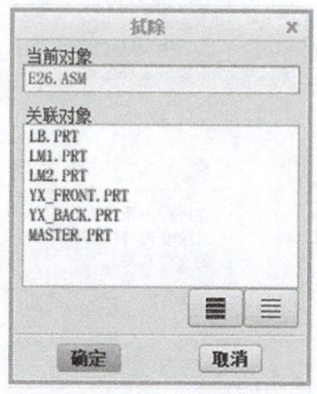

图 1-17 "拭除"对话框

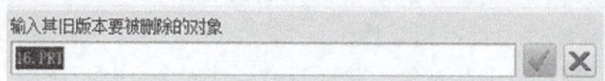

图 1-18 "删除旧版本"对话框

（2）删除文件的所有版本　设计完成后，可以将无用的模型文件的所有版本删除。

选择"文件"下拉菜单中的"管理文件"→"删除所有版本"命令，系统弹出如图 1-19 所示的"删除所有确认"对话框，单击"是"按钮，系统就会删除当前对象的所有版本。删除所有版本这个选项一定要谨慎使用。

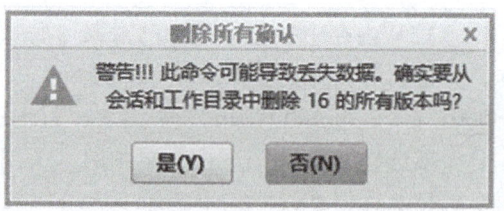

图 1-19 "删除所有确认"对话框

1.2.5 模型的移动、旋转和缩放

用三键鼠标可以控制图形区中的模型显示状态，达到不同的目的。表 1-2 为三键鼠标各功能键的基本用途。将鼠标的 3 个功能键与键盘上的 <Ctrl> 键和 <Shift> 键配合使用，可以在系统中定义不同的快捷功能，使用这些快捷键进行操作将更加简单方便，大大提高设计效率。

表 1-2 三键鼠标各功能键的基本用途

使用类型		鼠标功能键		
		鼠标左键	鼠标中键	鼠标右键
二维草绘模式		1. 绘制连续直线（样条曲线） 2. 绘制圆（圆弧）	1. 完成一条直线开始绘制下一条直线 2. 终止圆 3. 取消绘制相切弧	弹出快捷菜单
三维模式	鼠标功能键单独使用	选取模型	1. 旋转模型（无滚轮时按下中键，有滚轮时按下滚轮） 2. 缩放模型（有滚轮时转动滚轮）	在模型树窗口或工具栏中单击将弹出快捷菜单

（续）

使用类型	鼠标功能键		
	鼠标左键	鼠标中键	鼠标右键
三维模式 与\<Ctrl\>键或\<Shift\>键配合使用	无	1. 与\<Ctrl\>键配合并且上下移动鼠标：缩放模型 2. 与\<Ctrl\>键配合并且左右移动鼠标：旋转模型 3. 与\<Shift\>键配合并且移动鼠标：平移模型	无

1.2.6 控制模型的显示

在 Creo 软件的用户界面中单击"视图"功能选项卡，将进入如图 1-20 所示的界面，该选项卡用于控制模型视图和管理文件窗口。

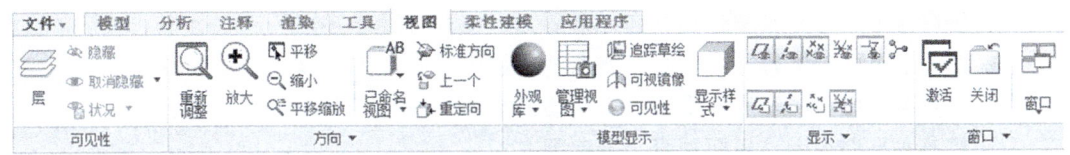

图 1-20 "视图"选项卡

下面对"视图"选项卡中各区域的功能按钮进行简要说明：

"可见性"区域：用于进入 Creo 软件中的"层"，并对层的可见性进行管理。

"方向"区域：用于调整模型在图形区域中的显示大小，控制模型的显示方位。

"模型显示"区域：用于设置模型的外观、显示样式以及对各种视图进行管理。

"显示"区域：用于控制基准特征和注释的显示与隐藏。

"窗口"区域：用于激活、关闭和切换文件窗口。

1. 模型的几种显示方式

在 Creo 软件中，模型有五种显示样式，如图 1-21 所示。单击如图 1-21 所示的功能选项卡"模型显示"区域中的"显示样式"按钮，在弹出的下拉列表中选择相应的显示样式，可以切换模型显示的方式。

1）"利用边着色"显示方式：模型表面为灰色，部分表面有阴影感，高亮显示所有边线。

2）"利用反射着色"显示方式：模型表面为灰色，所有边线不可见，根据光源有地面阴影和倒影。

3）"着色"显示方式：模型表面为灰色，部分表面有阴影感，所有边线均不可见。

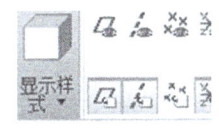

图 1-21 "模型显示样式"按钮

4）"隐藏线"显示方式：模型以线框形式显示，可见的边线显示为深颜色的实线，不可见的边线显示为虚线。

5）"消隐"显示方式：模型以线框形式显示，可见的边线显示为深颜色的实线，不可见的边线被隐藏起来。

6)"线框"显示方式：模型以线框形式显示，模型所有的边线显示为深颜色的实线。

2. 模型的定向

利用模型"定向"功能可以将绘图区中的模型定向在所需要的方位，以便查看。如图1-22所示，在"方向"区域，用户可以按照需求对模型进行重新调整、放大、缩小、平移、平移缩放，也可以将模型调整到已命名的视图方位或者标准方向，也可以将模型进行重定向。

（1）模型定向的一般方法　常用的模型定向方法为"参考定向"，这种定向方法的原理是：在模型上选取两个正交的参考平面，然后

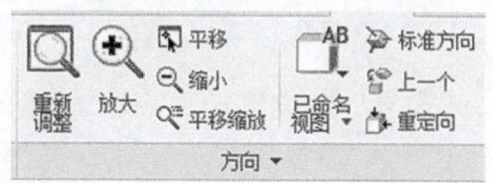

图1-22 "方向"区域

通过定义两个参考平面的方式方位。以图1-23所示的模型为例，如果能够确定模型上表面1和表面2的放置方位，则该模型的空间方位就能完全确定，参考的放置方位有如下几种：

前：使所选取的参考平面与屏幕平面平行，方向朝向屏幕前方，即面对操作者。

后：使参考平面与屏幕平行且朝向屏幕后方，即背对操作者。

上：使参考平面与屏幕平面垂直，方向朝向显示器的上方，即位于显示器上部。

下：使参考平面与屏幕平面垂直，方向朝向显示器下方，即位于显示器下部。

左：使参考平面与屏幕平面垂直，方向朝左。

右：使参考平面与屏幕平面垂直，方向朝右。

竖直轴：选择该选项后，需选取模型中的某个轴线，系统将使该轴线竖直放置，从而确定模型的放置方位。

水平轴：选择该选项后，系统将使所选取的轴线水平放置，从而确定模型的放置方位。

（2）模型视图的保存　模型视图是指模型的定向和显示大小。当模型视图调整到某种状态后，可以将这种视图状态保存起来，以便以后直接调用。

在"方向"区域中单击"已命名视图"，系统弹出如图1-24所示的"保存的视图"界面。

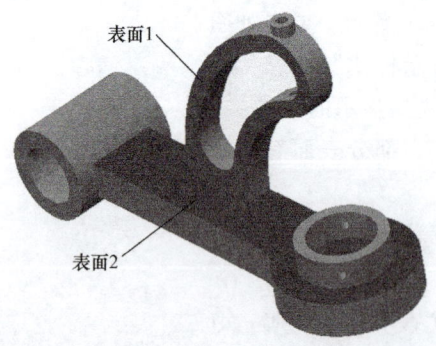

图1-23 "参考定向"一般方法

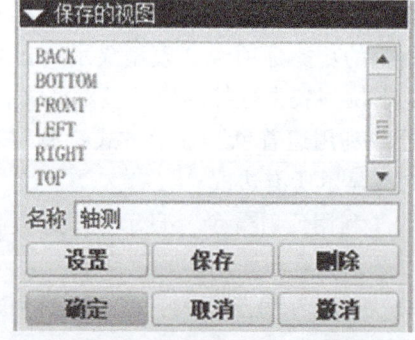

图1-24 "保存的视图"界面

在上部的列表框中列出了所有已保存视图的名称，其中"标准方向""默认方向""BACK"等为系统自动创建的视图。

如果要保存当前视图，可在名称文本框中输入视图的名称，然后单击"保存"按钮，新创建的视图名称即可出现在名称列表中。

如果要删除某个视图，可在列表中选取该视图名称，然后单击"删除"按钮。

如果要设置某个视图，可在视图名称列表中选取该视图名称，然后单击"设置"按钮。

本 章 小 结

为了正常、高效地使用 Creo 软件，同时也为了方便教学，在学习软件之前，需要对该软件进行必要的了解和进行相关的设置。本章主要介绍了 Creo1.0 Parametric 的核心设计思路、界面组成、工作界面的定制、环境的基本设置、用户文件的操作、模型的移动、旋转和缩放以及控制模型的显示等内容。

配置好系统工作环境会对设计有很大的帮助，用户应该先配置好系统工作环境，然后进行工作。

使用 Creo 软件时，应该注意文件的目录管理。如果文件管理混乱，会造成系统找不到正确的相关文件，从而严重影响 Creo 软件的安全相关性，同时也会对文件的保存、删除等操作造成混乱，因此应该条理清晰地建立用户文件目录。

鼠标和键盘的配合使用在设计过程中非常重要，用户应该要非常熟练掌握其用法，这样才能提高工作效率。

理 论 自 测

1. 模型有几种显示样式？各有什么特点？
2. 如何定制系统的颜色？
3. 拭除文件和删除文件有什么区别？
4. 模型树有什么作用？
5. 如果要将原来的文件保存成不同的文件名、不同的格式，或者是存在不同的目录文件夹中，应该使用哪种方法来存储？

应 用 自 测

1. 用户界面定制的基本操作练习，包括功能区命令的增加和删除，以及操作环境颜色的设置等。

2. 新建一个名称为"exercise1"的零件格式（.prt）的三维文件，修改工作目录到"D：/creo-应用自测"文件夹，任意绘制一个图形，进行多次保存、拭除、重命名、保存副本、另存等文件操作。

第2章
简单曲线二维草图的绘制

大部分几何特征都来源于二维截面草图。创建零件的过程就是创建几何特征的二维草图，然后将二维草图转换为三维特征，并对所创建的各个特征进行适当的布尔运算，最终得到一个完整零件的过程。二维截面草图是零件建模的基础。掌握合理的草图绘制方法和技巧，可以极大地提高零件设计的效率。本章主要讲解简单二维曲线草图的绘制和编辑命令。

2.1 认识二维草绘

2-1 认识二维草图

2.1.1 进入二维草绘环境的方法

在Creo1.0软件中，二维草绘的环境称为"草绘器"，进入草绘环境有以下两种方式：

1. 由模块直接进入草绘环境

创建新文件时，在如图2-1所示"新建"对话框中的"类型"选项组内选中"草绘"单选按钮，并在"名称"文本框中输入文件名称后，可直接进入草绘环境。

在此环境下直接绘制二维草图，并以扩展名为.sec保存文件。此类文件可以导入零件模块的草绘环境中作为实体造型的二维截面，也可导入工程图模块中作为二维平面图元。

2. 由"零件"模块进入草绘环境

创建新文件时，在"新建"对话框中的"类型"选项组内选中"零件"单选按钮，进入零件建模环境。在此环境下通过单击"模型"选项卡中的"草绘" 按钮，进入"草绘"环境，绘制二维截面，可以供实体造型时选用。或是在创建某个三维特征命令中，系统提示"选取一个草绘"时，进入草绘环境，此时所绘制的二维截面属于所创建的特征。用户

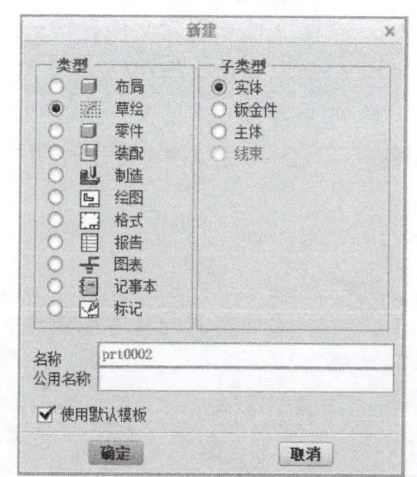

图2-1 "新建"对话框

也可以将零件模块的草绘环境下绘制的二维截面保存为副本，以扩展名为.sec保存为单独的文件，以供创建其他特征时使用。

本章中的任务基本采用第一种方式，直接进入草绘环境，绘制二维草图。

2.1.2 草绘工作界面介绍

进入二维草绘的环境后,将显示如图 2-2 所示的草绘工作界面。该界面是典型的 Windows 应用程序窗口,主要包括:标题栏、功能区、导航区、绘图区、信息区、过滤树等。

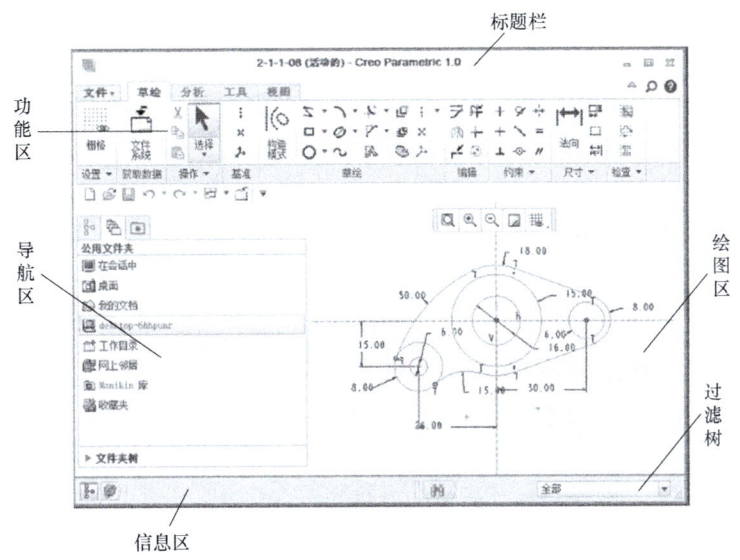

图 2-2 草绘工作界面

1. 标题栏

标题栏显示视窗当前已经打开的模型文件的名称。打开多个文件时,这些文件会分别显示在独立的视窗中,其中当前可编辑的视图称为活动视图,其文件名后面有"活动的"字样。

2. 功能区

功能区包含"文件"下拉菜单和"草绘""分析""工具""视图"四个选项卡。

"文件"下拉菜单中包括创建、保存和修改草图的命令以及设置 Creo1.0 软件中草绘环境和配置选项的命令。

功能区显示了 Creo1.0 中的所有功能按钮,并以选项卡的形式进行分类。用户可以根据需要自己定义各功能选项卡中的按钮,也可以自己创建新的选项卡,将常用的命令按钮放在自定义的功能选项卡中。草绘界面的功能选项卡中为草绘常用的绘图和编辑命令。

3. 过滤树

这里提供了一个下拉列表,其中列出了模型上常见的图形元素类型,选中某一种类型后可以滤去其他类型。常见的图形元素类型包括几何、尺寸以及面组等。过滤树中的内容随着当前的设计功能不同而有所差异。

4. 信息区

在绘制图形的过程中,系统通过系统信息区向用户提示当前正在进行的操作以及需要用户继续执行的操作。系统常常在系统信息区使用不同图标给出不同种类的信息，设计者在设计过程中要养成随时通过系统信息区浏览系统信息的习惯。

5. 导航区

导航区包括三个选项卡：模型树（或层树）、文件夹浏览器和收藏夹。

"模型树"选项卡中列出了活动文件中的所有零件以及特征，并且以树的形式显示模型结构，根对象（活动零件或者组件）显示在模型树的顶部，其从属对象（零件或特征）位于根对象之下。

"文件夹浏览器"选项卡类似于 Windows 的"资源管理器"选项卡，用于浏览文件。

"收藏夹"选项卡用于有效组织和管理个人资源。

6. 绘图区

绘图区为 Creo1.0 软件中各种模型图像的显示区。

2.1.3 草绘环境中的主要术语

下面列出 Creo1.0 软件中草绘常用的术语。

图元：截面几何的任意元素（如直线、中心线、圆弧、圆、椭圆、样条曲线、点或者坐标系等）。

尺寸：图元的大小、图元间相互位置的度量。

约束：定义图元之间的位置关系。约束定义后，其约束符号会出现在被约束的图元旁边。例如约束两个图元相切，完成约束后，两个图元旁边会出现蓝色的相切符号。

参数：草绘中的辅助元素。

关系：参数之间相互的代数关系式。

弱尺寸：在绘制图形时，系统自动给定的尺寸。在增加新的尺寸时，系统可以自动删除多余的"弱尺寸"。在默认情况下，"弱尺寸"在屏幕上显示为暗色。

强尺寸：软件系统不能自动删除的尺寸，由设计人员创建的尺寸。强尺寸之间会发生尺寸冲突，则系统会要求设计者按照需求删除其中的强尺寸。"强尺寸"显示为亮色。

冲突：两个或者多个"强尺寸"或者约束之间可能会发生矛盾或者重复条件。出现这种情况，则必须删除重复条件或者解决相互矛盾的尺寸和约束。

2.1.4 草绘器的优先选项

在进行二维草绘之前，首先需要配置设计环境。一个好的草绘环境应该符合设计者的个人习惯，同时好的草绘环境是工程设计标准化的需要，更是高效设计的必要条件。

选择"文件"下拉菜单中的"选项"→"草绘器"命令，系统弹出"Creo Parametric 选项"对话框，该对话框由多个选项组组成，如图 2-3 所示。

"对象显示设置"选项组：设置草图中的顶点、约束、尺寸及弱尺寸是否显示。

"草绘器约束假设"选项组：设置绘图时自动捕捉的几何约束。

"尺寸和求解器精度"选项组：设置尺寸的小数位数以及求解精度。

"拖动截面时的尺寸行为"选项组：设置是否需要锁定已修改的尺寸和用户定义的

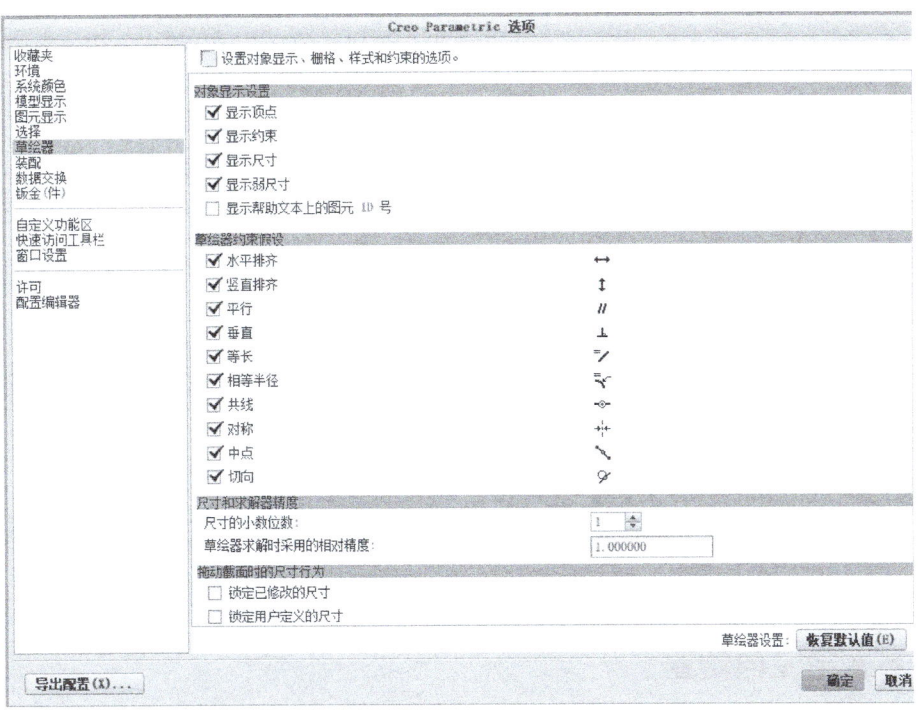

图 2-3 "Creo Parametric 选项"对话框

尺寸。

"草绘器栅格"选项组：设置栅格参数。

"草绘器启动"选项组：设置在建模环境中绘制草图时是否将草绘平面与屏幕平行。

"图元线型和颜色"选项组：设置导入截面图元时是否保持原始线型以及显色。

"草绘器诊断"选项组：设置草图诊断选项。

2.1.5　Creo 软件中二维草图绘制的一般步骤

绘制二维草图一般按如下步骤：

1）首先粗略地绘制出图形的几何形状，即"草绘"。如果使用系统默认设置，在创建几何图元移动光标时，草绘器会根据图形的形状自动捕捉几何约束，并以红色显示约束条件。几何图元创建之后，系统将保留约束符号，且自动标注草绘图元，添加"弱尺寸"，并以灰色显示，如图 2-4 所示。

2）草绘完成后，用户可以手动添加几何约束条件，控制图元的几何条件以及图元之间的几何关系，如水平、相切、平行等。

3）根据需要，手动添加"强尺寸"，系统以亮色显示。

4）按草图的实际尺寸修改几何图元的尺寸（包括强尺寸和弱尺寸），精确控制几何图元的大小、位置，系统将按实际尺寸再生图形，最终得到精确的二维草图，如图 2-5 所示。

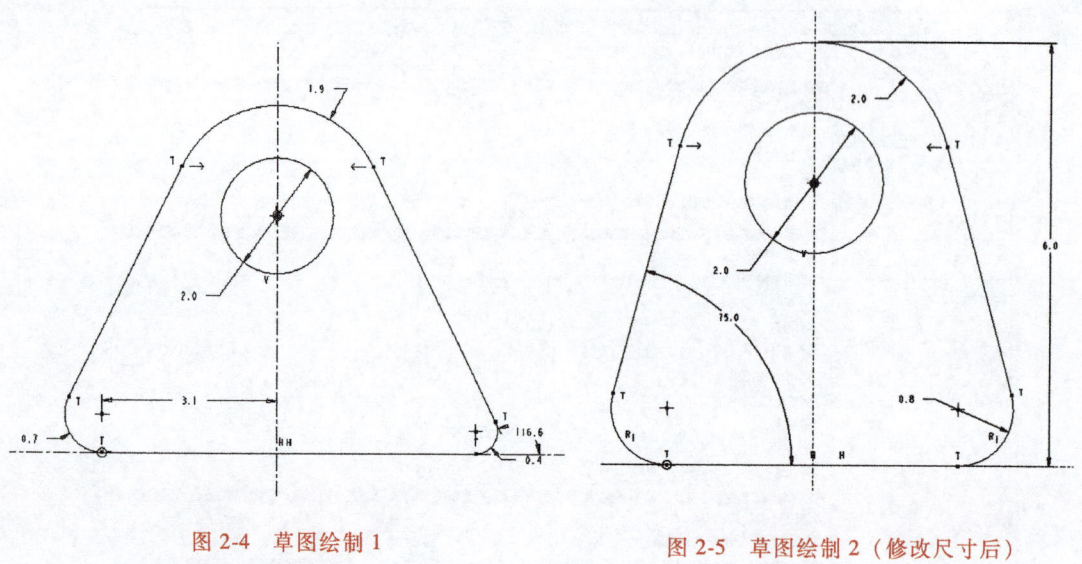

图 2-4　草图绘制 1　　　　　　　　图 2-5　草图绘制 2（修改尺寸后）

2.2　基本图元的绘制

下面将通过绘制如图 2-6 所示的简单二维曲线草图来讲解 Creo1.0 软件中二维草图基本图元的绘制方法，帮助读者建立对二维图形的基本认知。

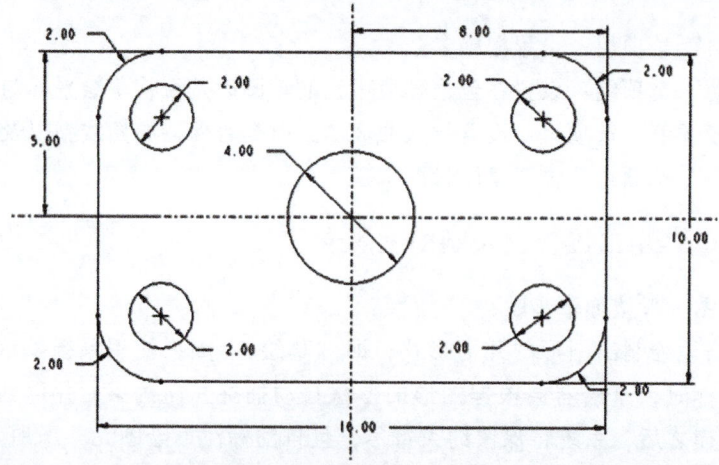

图 2-6　基本图元的绘制

2.2.1　任务分析

本任务的重点是帮助读者了解二维草绘中有哪些绘制基本图元的工具以及这些工具的使用方法。图 2-6 所示二维草图由最基本的直线、圆以及圆角组成，只要掌握绘制基本图元的方法，就能将其绘制出来。

2.2.2 知识准备

1. 直线的绘制

Creo1.0 软件中的直线图元包括普通直线、与两个图元相切的直线以及中心线。

(1) 普通直线的绘制　利用"线"命令可以通过两点创建普通直线图元。

调用命令的方式：在草绘器中，单击"草绘"工具栏中的"线"→"线链" 按钮。

2-2 基本图元的绘制命令

操作步骤如下：

第1步，在"草绘"工具栏中单击"线"→"线链" 按钮，启动"线链"命令。

第2步，在绘图区内单击，确定直线的起点。

第3步，移动光标，绘图区显示一条"橡皮筋"线，在适当位置单击，确定直线段的端点，系统在起点与终点之间创建一条直线段。

第4步，移动光标，绘图区接着上一条线段又显示一条"橡皮筋"线，再次单击，创建另一条首尾相接的直线段，直至单击鼠标中键。

第5步，重复上述第2步~第4步，重新确定新的起点，绘制直线段，或单击鼠标中键，结束命令。

图 2-7 所示为绘制平行四边形的操作过程。其中约束符号 H 表示水平线、$/\!/_1$ 表示绘制两条平行线，L_1 表示两线长度相等，图 2-7e 所示为最终的草图。

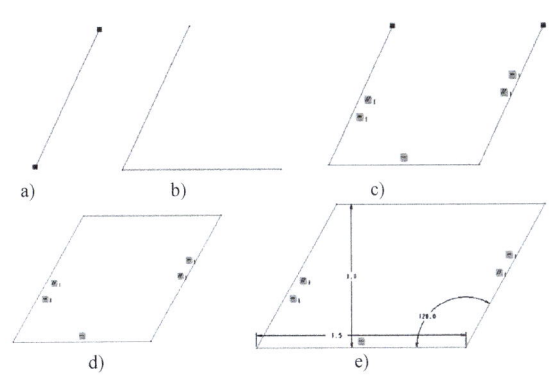

图 2-7　直线的绘制

(2) 与两图元相切直线的绘制　利用"直线相切"命令可以创建与两个圆或圆弧相切的公切线。

调用命令的方式：在草绘器中，单击"草绘"工具栏中的"线"→"直线相切" 按钮。

操作步骤如下：

第1步，在"草绘"工具栏中单击"线"→"直线相切" 按钮，启动"直线相切"命令。

第2步，系统提示"在弧或圆上选取起始位置。"时，在圆或圆弧的适当位置单击，确定直线的起始点。

第3步，系统提示"在弧或圆上选取结束位置。"时，移动光标，在另一个圆或圆弧适当位置单击，系统将自动捕捉切点，创建一条公切线，如图2-8所示。

第4步，系统再次显示"选取"对话框，并提示"在弧或圆上选取起始位置。"时，重复上述第2步和第3步，或单击鼠标中键，结束命令。

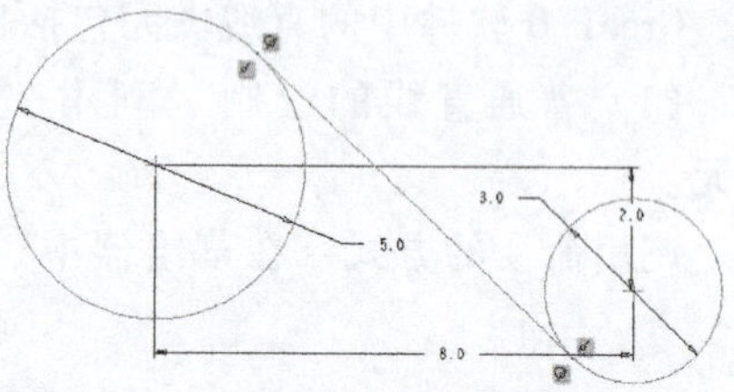

2. 圆的绘制

Creo1.0软件创建圆的方法有：指定圆心和半径绘制圆、绘制同心圆、指定三点绘制圆、绘制与3个图元相切的圆，如图2-9所示。

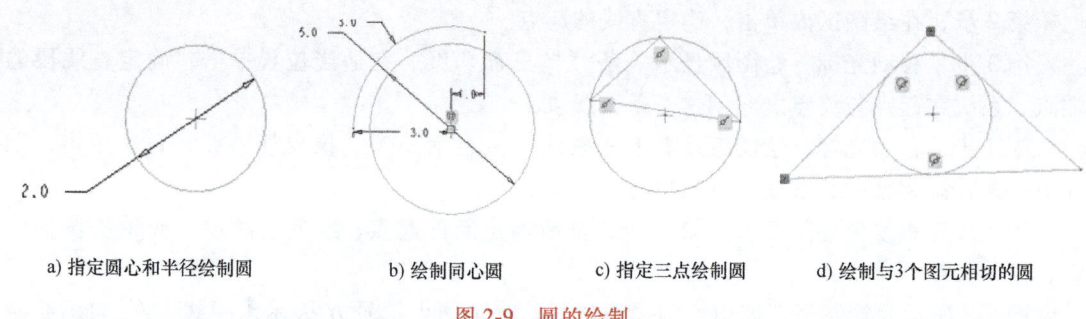

图2-8 切线的绘制

a) 指定圆心和半径绘制圆　　b) 绘制同心圆　　c) 指定三点绘制圆　　d) 绘制与3个图元相切的圆

图2-9 圆的绘制

（1）指定圆心和半径绘制圆　利用"圆心和点"命令可以指定圆心和圆上一点创建圆，即指定圆心和半径绘制圆，该方式是默认画圆的方式，如图2-9a所示。

调用命令的方式：在草绘器中，单击"草绘"中的"圆"→"圆心和点" ⊙ 按钮。

操作步骤如下：

第1步，在"草绘"工具栏中单击"圆"→"同心和点" ⊙ 按钮，启动"圆心和点"命令。

第2步，在合适位置单击，确定圆的圆心位置，如图2-9a所示的点1。

第3步，移动光标，在适当位置单击，指定圆上的一点，如图2-9a所示的点2。系统则以指定的圆心，以及圆心与圆上一点的距离为半径绘制圆。

第4步，重复上述第2步和第3步，绘制另一个圆；或单击鼠标中键，结束命令。

（2）绘制同心圆　利用圆的"同心"命令可以创建与指定圆或圆弧同心的圆，如图2-9b所示。

调用命令的方式：在草绘器中，单击"草绘"器工具栏中的"圆"→"同心" ◎ 按钮。

操作步骤如下：

第1步，在"草绘"工具栏中单击"圆"→"同心" ◎ 按钮，启动圆的"同心"命令。

第2步，系统弹出"选取"对话框，并提示"选取一弧（去定义中心）。"时，选取一个圆弧或圆。如图2-9b所示，在小圆的点1处单击。

第3步，移动光标，在适当位置单击，指定要绘制的圆上的一点，如图2-9b所示的点2。系统创建与指定圆同心的圆。

第 4 步，移动光标，再次单击，创建另一个同心圆；或单击鼠标中键，结束命令。

第 5 步，系统再次弹出"选取"对话框，并提示"选取一弧（去定义中心）。"时，可重新选取另一个圆弧或圆；或单击鼠标中键，结束命令。

（3）指定三点绘制圆　利用圆的"3点"命令可以通过指定三点创建一个圆，如图 2-9c 所示。

调用命令的方式：在草绘器中，单击"草绘"工具栏中的"圆"→"3点" ○ 按钮。

操作步骤如下：

第 1 步，在"草绘"工具栏中单击"圆"→"3点" ○ 按钮，启动圆的"3点"命令。

第 2 步，分别在适当位置单击，确定圆上的第 1、2、3 点，系统通过指定的三点绘制圆，如图 2-9c 所示。

第 3 步，重复上述第 2 步，再创建另一个圆，直至单击鼠标中键，结束命令。

（4）绘制与 3 个图元相切的圆　利用圆的"3相切"命令可以创建与三个已知的图元相切的圆，已知图元可以是圆弧、圆、直线，如图 2-9d 所示。

调用命令的方式：在草绘器中，单击"草绘"工具栏中的"圆"→"3相切" ○ 按钮。

操作步骤如下：

第 1 步，在"草绘"工具栏中单击"圆"→"3相切" ○ 按钮，启动圆的"3相切"命令。

第 2 步，系统弹出"选取"对话框，并提示"在弧、圆或直线上选取起始位置。"时，选取一个圆弧或圆或直线。如图 2-9d 所示，在直线的点 1 处单击。

第 3 步，系统提示"在弧、圆或直线上选取结束位置。"时，选取第 2 个圆弧或圆或直线，如图 2-9d 所示，在上面的圆的点 2 处单击。

第 4 步，系统提示"在弧、圆或直线上选取第三个位置。"时，选取第 3 个圆弧或圆或直线，如图 2-9d 所示，在右侧的圆弧的点 3 处单击。

第 5 步，系统再次提示"在弧、圆或直线上选取起始位置。"时，重复上述第 2 步～第 4 步，再创建另一个圆，直至单击鼠标中键，结束命令。

3. 圆弧的绘制

（1）指定 3 点绘制圆弧　利用"3点/相切端"命令可以指定三点创建圆弧，该方式是默认画圆弧的方式。

调用命令的方式：在草绘器中，单击"草绘"工具栏中的"弧"→"3点/相切端" ⌒ 按钮。

操作步骤如下：

第 1 步，在"草绘"工具栏中单击"弧"→"3点/相切端" ⌒ 按钮，启动"3点/相切端"命令。

第 2 步，在合适位置单击，确定圆弧的起始点，如图 2-10 所示的点 1。

第 3 步，移动光标，在适当位置单击，指定圆弧的终点，如图 2-10 所示的点 2。

第 4 步，移动光标，在适当位置单击，如图 2-10 所示的点 3，确定圆弧的半径。

第 5 步，重复上述第 2 步～第 4 步，创建另一个圆弧；或单击鼠标中键，结束命令。

（2）绘制同心圆弧　利用弧的"同心"命令可以创建与指定圆或圆弧同心的圆弧。

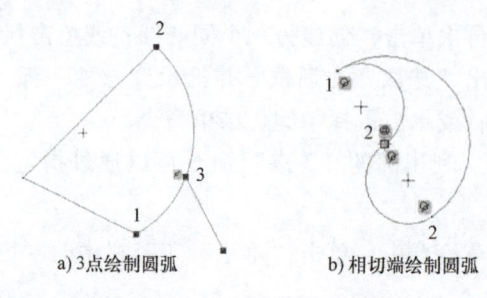

a) 3点绘制圆弧　　　　b) 相切端绘制圆弧

图 2-10 "3 点/相切端"绘制圆弧

调用命令的方式：在草绘器中，单击"草绘"工具栏中的"弧"→"同心" 按钮。

操作步骤如下：

第 1 步，在"草绘"工具栏中单击"弧"→"同心" 按钮，启动弧的"同心"命令。

第 2 步，系统提示"选取一弧（去定义中心）。"时，选取一个圆弧或圆。如图 2-11 所示，在已知圆弧上点 1 处单击。

第 3 步，移动光标，在适当位置单击，指定圆弧的起点，如图 2-11 所示点 2。

第 4 步，移动光标，在另一适当位置单击，指定圆弧的端点，如图 2-11 所示点 3，系统创建与指定圆或圆弧同心的圆弧。

第 5 步，重复上述第 3 步和第 4 步，再创建选定圆或圆弧的同心圆弧；或单击鼠标中键，结束命令。

（3）指定圆心和端点绘制圆弧　利用弧的"圆心和端点"命令可以通过指定圆弧的圆心点和端点创建圆弧。

调用命令的方式：在草绘器中，单击草绘工具栏中的"弧"→"圆心和端点" 按钮。

操作步骤如下：

第 1 步，在"草绘"工具栏中单击"弧"→"圆心和端点" 按钮，启动圆弧的"圆心和端点"命令。

第 2 步，移动光标，在适当位置单击，指定圆弧的圆心，如图 2-12 所示点 1。

第 3 步，移动光标，在适当位置单击，指定圆弧的起始点，如图 2-12 所示点 2。

第 4 步，移动光标，在适当位置单击，指定圆弧的端点，如图 2-12 所示点 3。

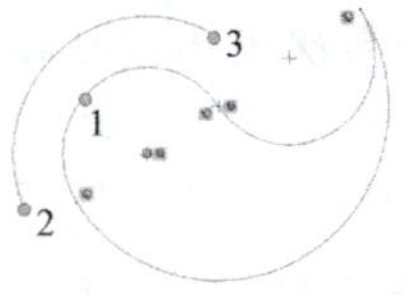

图 2-11 绘制同心圆弧　　图 2-12 指定圆心和端点绘制圆弧

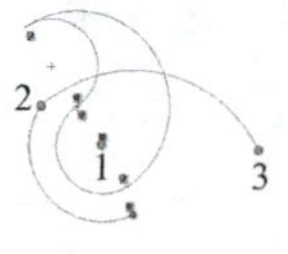

第 5 步，重复上述第 2 步~第 4 步，再创建另一个圆弧；直至单击鼠标中键，结束命令。

（4）指定与三个图元相切圆弧的绘制　利用弧的"3 相切"命令可以创建与三个已知图元相切的圆弧，操作方法与"3 相切"绘制圆方法类似。

调用命令的方式：在草绘器中，单击"草绘"工具栏中的"弧"→"3 相切" 按钮。

操作步骤如下：

第 1 步，在"草绘"工具栏中单击"弧"→"3 相切" 按钮，启动弧的"3 相切"命令。

第 2 步~第 5 步，参考绘制圆命令。

4. 矩形的绘制

Creo1.0 软件通过指定矩形的两个对角点创建矩形。

调用命令的方式：在草绘器中，单击草绘工具栏中的"矩形" □ 按钮。

操作步骤如下：

第1步，在"草绘"工具栏中单击"矩形" □ 按钮，启动"矩形"命令。

第2步，在合适位置单击，确定矩形的一个顶点，如图2-13所示的点1；再移动光标，在另一位置单击，确定矩形的另一对角点，如图2-13所示的点2，矩形绘制完成。

第3步，重复上述第2步，继续指定另一个矩形的两个对角点，绘制另一个矩形，直至单击鼠标中键，结束命令。

5. 圆角的绘制

利用"圆角"命令可以在选取的两个图元之间自动创建圆角过渡，这两个图元可以是直线、圆和样条曲线。圆角的半径和位置取决于选取两个图元时的位置，系统选取离开两条线段交点最近的点创建圆角，如图2-14a所示。

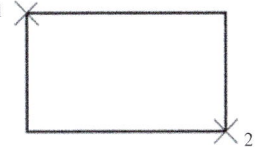

图 2-13　矩形的绘制

调用命令的方式：在草绘器中，单击"草绘"工具栏中的"圆角"→"圆形" 按钮。

操作步骤如下：

第1步，在"草绘"工具栏中单击"圆角"→"圆形" 按钮，启动"圆形"命令。

第2步，系统弹出"选取"对话框，并提示"选取两个图元。"时，分别在两个图元上单击，如图2-14a所示的点1、点2，系统自动创建圆角。

第3步，系统再次提示"选取两个图元。"时，继续选取两个图元，如图2-14a所示的点3、点4，创建另一个圆角，直至单击鼠标中键，结束命令。

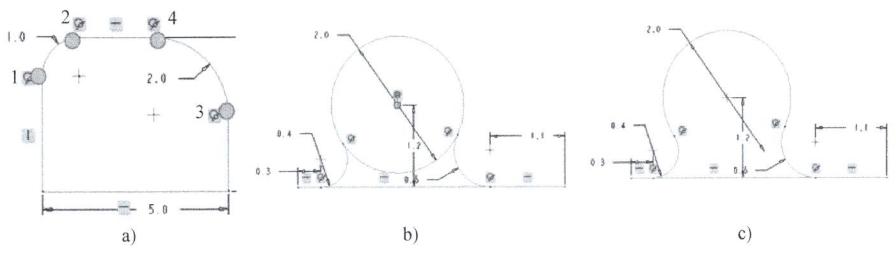

图 2-14　圆角的绘制

注意：

1）倒圆角时不能选择中心线，且不能在两条平行线之间倒圆角。

2）如果在两条非平行的直线之间倒圆角，则为修剪模式，即两条直线从切点到交点之间的线段被修剪掉，如图2-14a所示。如果被倒圆角的两个图元中存在非直线图元，则系统自动在圆角的切点处将两个图元分割，如图2-14b所示，粗实线圆弧表示绘制的圆角。用户可以删除多余的线段，如图2-14c所示。

2.2.3　图形绘制过程

（1）新建文件　在"文件"下拉菜单中选择"新建"命令，系统弹出"新建"对话框，在"类型"选项组中选中"草绘"单选按钮，在"名称"

2-3　二维图形绘制过程

文本框中输入"project2-2",然后进入草绘环境。

(2) 绘制中心线 在草绘器中,单击"草绘"工具栏中的"中心线"按钮,在绘图区绘制一条水平中线线和一条竖直中心线,如图2-15所示。

(3) 绘制矩形 单击"草绘"工具栏中的"矩形"按钮,绘制一个矩形,结果如图2-16所示。

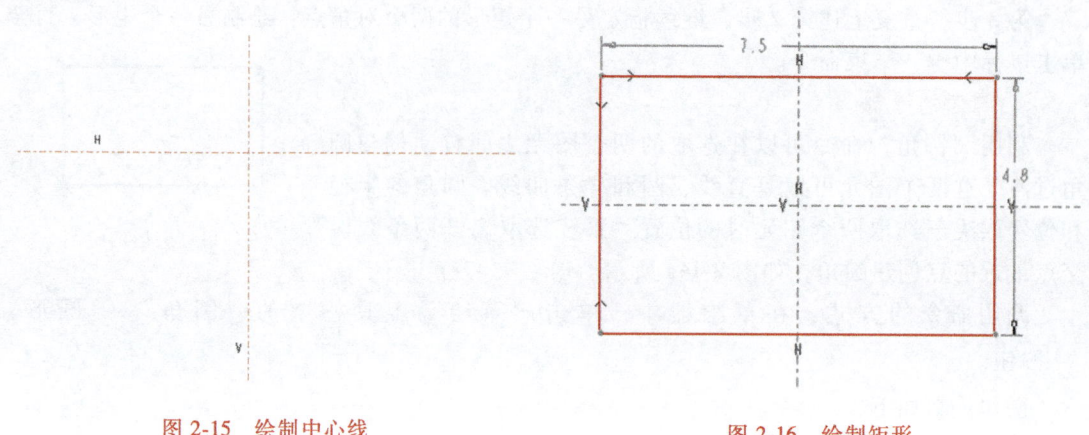

图2-15 绘制中心线　　　　　　　图2-16 绘制矩形

(4) 绘制圆角 单击"草绘"工具栏中的"圆角"→"圆形"按钮,将矩形的四个角都倒圆角,结果如图2-17所示。

(5) 绘制圆形 单击"草绘"工具栏中的"圆"→"圆心和点"按钮,在两条中心线交点处绘制一个圆,再单击"圆"→"同心圆"按钮,绘制与四个圆角分别同心的四个圆,结果如图2-18所示。

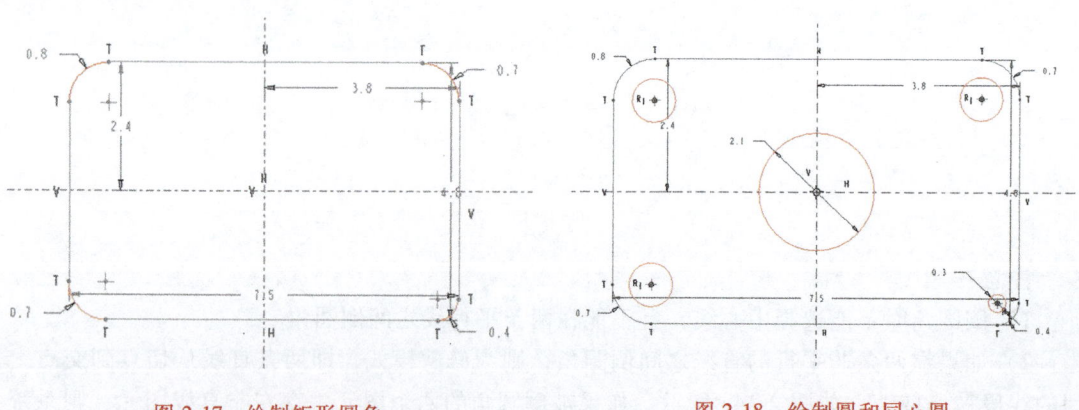

图2-17 绘制矩形圆角　　　　　　图2-18 绘制圆和同心圆

(6) 修改尺寸 选中所有图形,对图形尺寸进行统一修改,结果如图2-19所示。

2.2.4 巩固基本图元绘制练习

绘制如图2-20所示的二维草图。

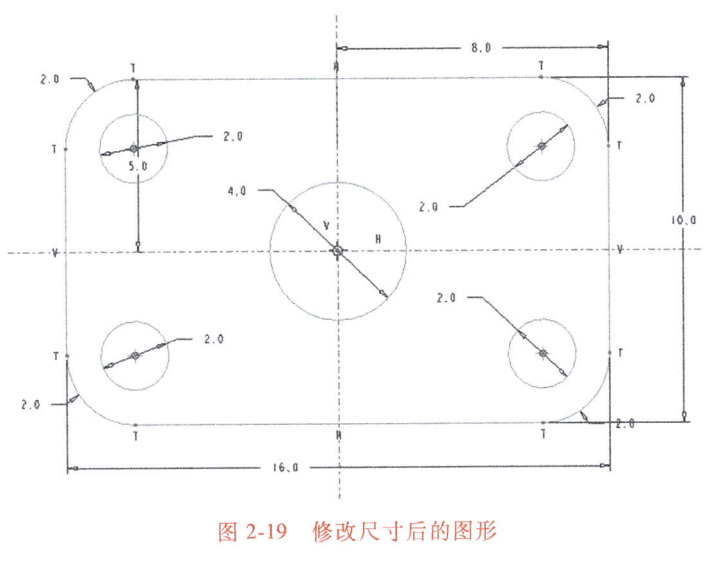

图 2-19 修改尺寸后的图形

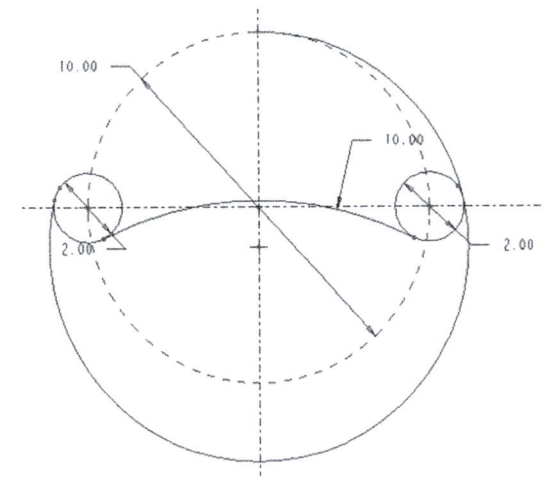

2-4 巩固练习

图 2-20 巩固基本图元绘制练习

2.3 几何约束

2.3.1 任务分析

在草绘器中，几何约束是利用图元的几何特性（如等长、平行等）对草图进行定义，也称为几何限制。几何约束可以减少不必要的尺寸，以利于图形的编辑和设计变更，达到参数化设计的目的，满足设计要求。

本任务是在任务二基本图元绘制的基础上继续学习运用几何约束。本任务中包含了竖直、水平、共线和相切等几何约束，尤其要注意的是切点所在的位置，忽视了这些约束就不能将图形完整地绘制出来。几何约束实例如图 2-21 所示。

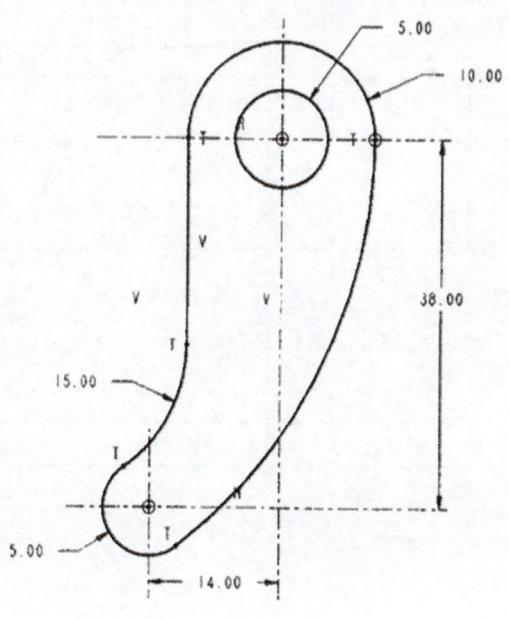

图 2-21 几何约束实例

2-5 几何约束

2.3.2 知识准备

几何约束的设置有两种方法：自动设置几何约束和手动添加几何约束。

1. 自动设置几何约束

（1）几何约束符号　默认设置下，绘制图元时，系统会随着光标的移动自动捕捉几何约束，帮助用户来定位几何图元，即自动设置几何约束，并在几何图元旁边显示相应的约束符号。表 2-1 列出了系统的约束条件的符号、含义等。

表 2-1　约束符号列表

约束名称	符号	约束含义
中点	M	将一个点与另一个图元的中点重合
相同点	O	表示两点重合
水平图元	H	表示图元为水平方向
竖直图元	V	表示图元为竖直方向
图元上的点	-O-	将一个点定义到另一个图元上
相切图元	T	两个图元为相切状态
垂直图元	⊥	两个图元为垂直状态
平行	//₁	定义两条线平行
对称	→←	将一个图元上的点置于另一个图元的中点
相等半径	R_1	在半径相等的图元旁边显示一个带下标的 R，如 R_1
相等长度	L_1	在相等长度线段旁边显示一个带数字下标的 L，如 L_1

如图 2-22 所示的二维草图设置了多种几何约束条件。其中带有相同下标号的约束符号

为一对几何约束条件。如 R_1 表示两个圆具有相等的半径，R_2 表示两个圆角的半径相等。

（2）约束的禁用、锁定与切换　在使用自动设置约束创建图元的过程中，系统所显示的几何约束为活动约束，并以红色显示，用户可以在单击进行定位前对几何约束加以控制。

1) 如果不希望设置系统显示的活动约束，可以右击以禁用该约束，如图 2-23b 所示，禁止使用两点水平对正约束。再次右击可以重新启用活动约束。

2) 如果某个活动约束重要，可以在右击的同时按住<Shift>键，以锁定该约束，如图 2-24 所示，锁定水平约束条件。再次用同样的方法即可解除锁定约束。

3) 当多个约束处于活动状态时，可以使用<Tab>键在各活动约束之间进行切换，以选择所需要的约束条件。

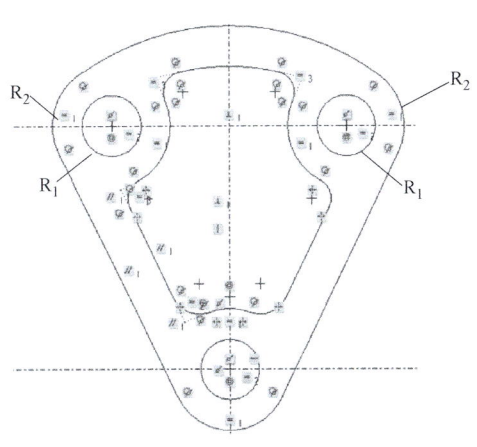

图 2-22　几何约束符号

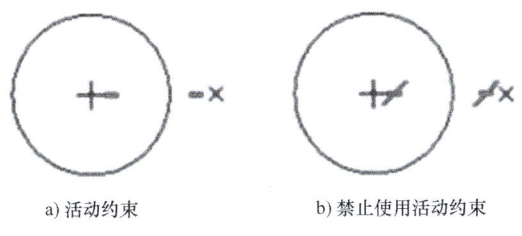

a) 活动约束　　　b) 禁止使用活动约束

图 2-23　约束的禁用

图 2-24　约束的锁定

2. 手动添加几何约束

一般情况下，绘制图元时无须力求形状准确，不拘泥于一定要使用系统自动捕捉的约束条件，只需要根据草图形状，粗略地绘制几何图元，得到草图的初始图形，然后根据几何条件手动添加约束条件。

调用命令的方式：在草绘器中，单击"草绘"工具栏中所需要的"约束"按钮。表 2-2 所列为 9 种约束类型的说明。

表 2-2　9 种约束类型的说明

约束类型	符号	说　　明
竖直	V	使直线或两图元端点成垂直
水平	H	使直线或两图元端点成水平
垂直	⊥1	使两图元正交，会附加流水号⊥1、⊥2、…
相切	T	使两图元相切
中点	*	将图元端点放在直线中间

（续）

约束类型	符号	说　　明
重合	○ ━━ ═	使端点吻合、点落于图元上、共线
对称	→ ←	使两图元端点相对中心线成两侧对称
相等	L_1、R_1	使两图元等长、等半径，会附加流水号 L_1、L_2、…、R_1、R_2、…
平行	$//_1$	使两线平行，会附加流水号 $//_1$、$//_2$、…

（1）竖直/水平约束

第1步，在"约束"工具栏中单击 ┼ / ─ 按钮，系统弹出"选取"对话框。

第2步，系统提示"选取一直线或两点。"时，选取一条斜线或两个点。所选的斜线更新为竖直线或水平线；或使两点位于一条竖直线或水平线上。

（2）垂直/平行约束

第1步，在"约束"工具栏中单击 ⊥ / ∥ 按钮。

第2步，系统提示"选取两图元使它们正交/平行。"时，选取两条线（包括圆弧）。被选择的两条线成为互相垂直/平行的线条，如图2-25所示。

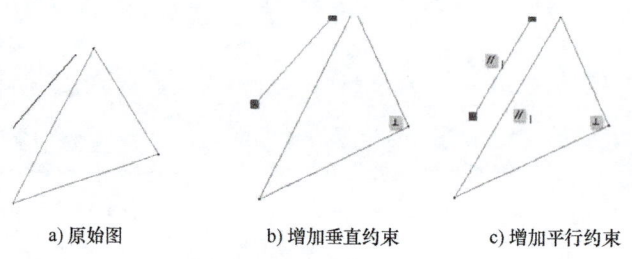

a) 原始图　　　b) 增加垂直约束　　　c) 增加平行约束

图2-25　垂直/平行约束

（3）相切约束

第1步，在"约束"工具栏中单击 ♀ 按钮。

第2步，系统提示"选取两图元使它们相切。"时，选取直线段以及圆弧或圆，被选中的直线与圆弧或圆成为相切的图元，如图2-26所示。

（4）中点约束

第1步，在"约束"工具栏中单击 ＼ 按钮。

第2步，系统提示"选取一点和一条线或弧。"时，分别选取一个点或圆心以及一条直线或圆弧，则所选的点将置于所选线的中点。

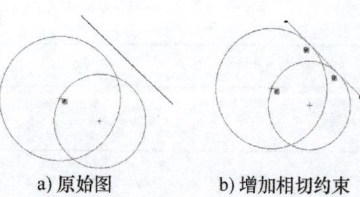

a) 原始图　　b) 增加相切约束

图2-26　相切约束

（5）重合约束

第1步，在"约束"工具栏中单击 ⊙ 按钮。

第2步，系统提示"选取要对齐的两图元或顶点。"时，选择两个点，或点与线条，或两条直线段。操作步骤如下：

1) 当选择两个点时，如图 2-27a 所示直线 L 的下端点与直线 R 的左端点，则将所选的两点重合，如图 2-27b 所示。

2) 当选择点与线条时，如图 2-27a 所示直线 L 的下端点与直线 R，则将点置于直线上，如图 2-27c 所示。

3) 当选择两条直线段时，如图 2-27a 所示直线 L 与直线 R，则将两条直线设置为共线，如图 2-27d 所示。

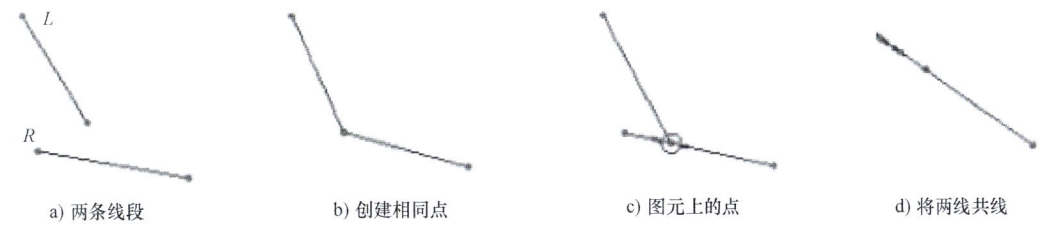

a) 两条线段　　b) 创建相同点　　c) 图元上的点　　d) 将两线共线

图 2-27　重合约束

(6) 对称约束

第 1 步，在"约束"工具栏中单击 ⁺⁺ 按钮。

第 2 步，系统提示"选取中心线和两顶点来使它们对称。"时，选择对称的中心线以及两个点，如图 2-28 所示，选择竖直中心线以及水平线段的左端点和右端点，则所选的两个端点关于竖直中心线对称。

(7) 相等约束

第 1 步，在"约束"工具栏中单击 ▦ 按钮。

第 2 步，系统提示"选取两条直线（相等段），或两个弧/圆/椭圆（等半径），或一个样条与一条线或弧（等曲率）。"时，分别选取两条直线段，或两个弧/圆/椭圆。如图 2-29 所示，分别选取两个圆弧，则所选的两个圆弧等径。

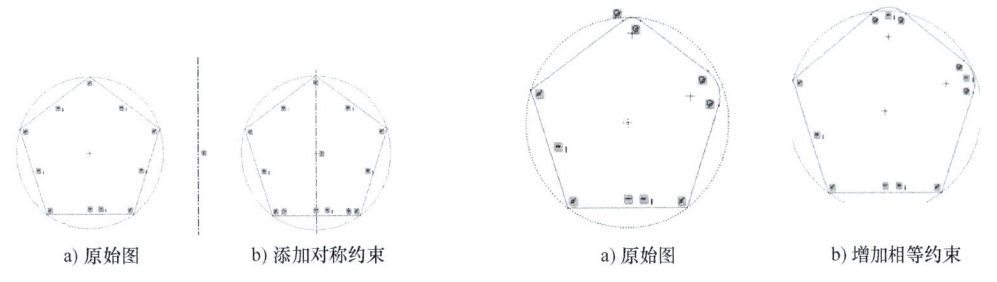

a) 原始图　　b) 添加对称约束　　　　　a) 原始图　　b) 增加相等约束

图 2-28　对称约束　　　　　　　图 2-29　相等约束

3. 删除几何约束

几何约束条件虽然可以帮助用户准确定义草图，减少所标注的尺寸，但在某些情形下，有些系统自动设置的约束条件并不是用户所需要的，而在创建图元时又没有禁用该约束，那么在图元创建之后可以将该约束删除，通过尺寸加以控制。

操作步骤如下：

第 1 步，单击需要删除的约束的显示符号（如相切符号 T），选中后，约束符号的颜色变绿。

第 2 步，右击，在弹出的快捷菜单中选择"删除"命令（或按<Delete 键>），系统删除所选的约束。

删除约束后，系统会自动增加一个约束或尺寸，来使截面图形保持全约束状态。

2.3.3 解决约束冲突

当增加的约束或尺寸与现有的约束或者"强尺寸"相互冲突或者多余时，系统就会弹出"解决草绘"对话框，如图 2-30 所示，设计者可以利用此对话框解决冲突。其中的选项说明如下：

撤销：撤销刚刚导致截面的尺寸或约束冲突的操作。

删除：从列表选择某个约束或者尺寸进行删除以满足截面需要。

尺寸>参照：选取一个多余尺寸，将其转换为一个参照尺寸。

解释：选择一个约束，获取约束说明。

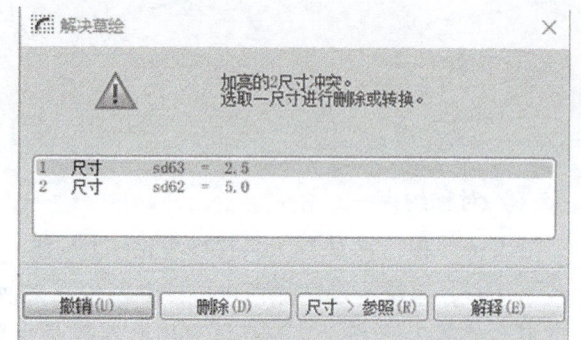

图 2-30 "解决草绘"对话框

2.3.4 图形绘制过程

绘制如图 2-21 所示的二维草图，注意图形中约束条件的应用。

（1）新建文件　在"文件"下拉菜单中选择"新建"命令，系统弹出"新建"对话框，在"类型"选项组中选中"草绘"单选按钮，在"名称"文本框中输入"project2-3"，然后进入草绘环境。

2-6 图形绘制过程

（2）绘制中心线　在草绘器中，单击"草绘"工具栏中的"中心线"按钮，在绘图区绘制两条水平中线和两条竖直中心线，并且修改两条水平中心线之间的距离为 38，两条竖直中线之间的距离为 14，结果如图 2-31 所示。

（3）绘制圆　单击"圆"→"圆心和点"按钮，在中心线的交点绘制两个圆，如图 2-32 所示。

（4）绘制直线和倒圆角　单击"线"→"线链"按钮，以中心线与圆的交点为起点，绘制一条竖直约束的直线，单击"圆角"→"圆形"按钮，在直线与下方的圆之间倒圆角，在两个圆之间倒圆角，结果如图 2-33 所示。

（5）约束圆角和修剪图形　单击"约束"工具栏中的"重合"按钮，将切点位置约束到水平的中心线上，单击"编辑"工具栏中的"删除段"按钮，删掉多余的线段，结果如图 2-34 所示。

第2章　简单曲线二维草图的绘制

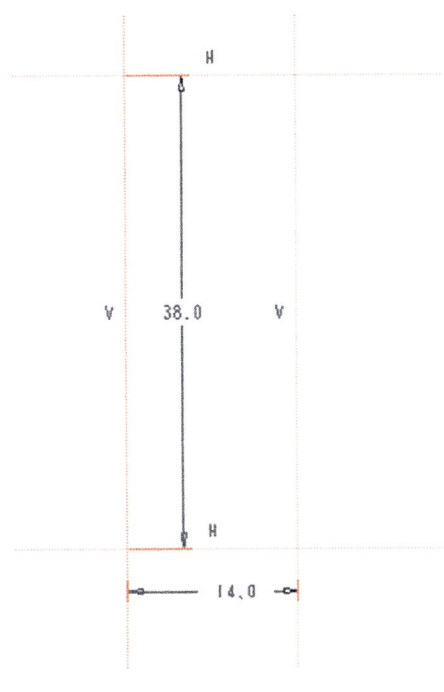

图 2-31　绘制中心线

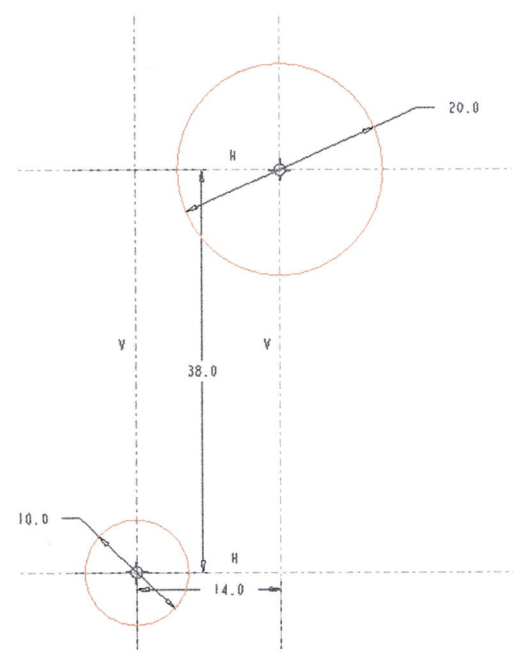

图 2-32　绘制圆

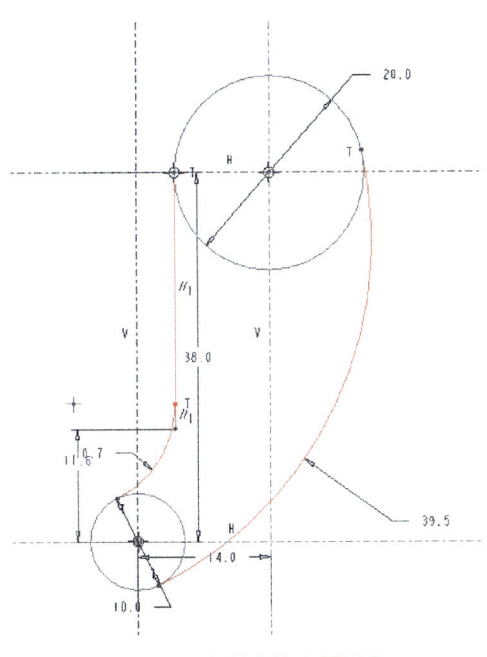

图 2-33　绘制直线和倒圆角

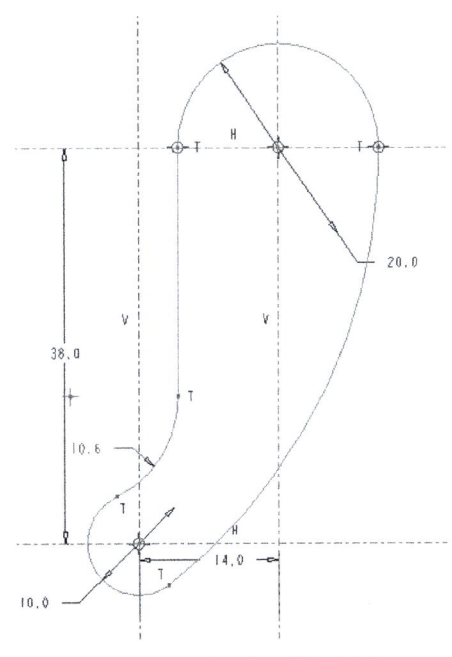

图 2-34　约束圆角和修剪图形

（6）修改尺寸和完善图形　绘制中心圆，修改图形，最后结果如图 2-35 所示。

2.3.5　巩固几何约束练习

绘制如图 2-36 所示的二维草图，注意约束命令的应用。

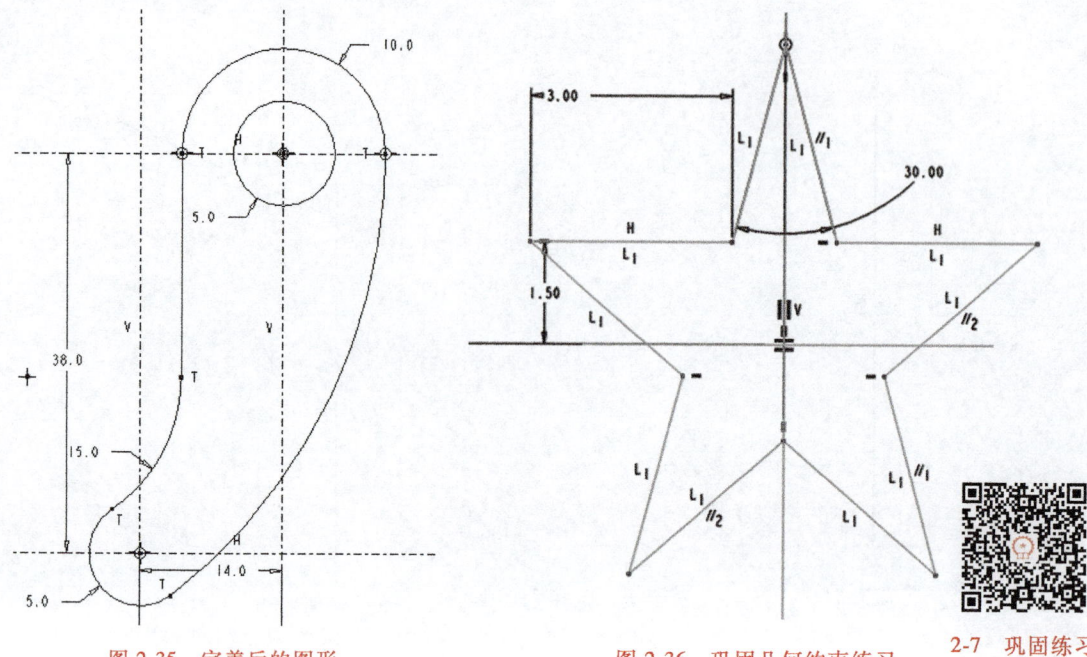

图 2-35 完善后的图形　　图 2-36 巩固几何约束练习

2-7 巩固练习绘制解说

2-8 图形的基本编辑方法

2.4 图形的基本编辑方法

在使用基本工具创建各种图元后，往往还需要使用图元编辑工具来编辑图元。借助图元编辑工具可以提高设计效率，还可以对已经存在的图元进行修剪和拼接，以获得更加完整的二维图形。

2.4.1 任务分析

对图元的基本编辑包括删除图元、修剪图元以及分割图元。如图 2-37 所示，本任务的基本图元为直线与圆弧，在绘制的过程中除了应用基本的图元绘制命令和相关的约束命令

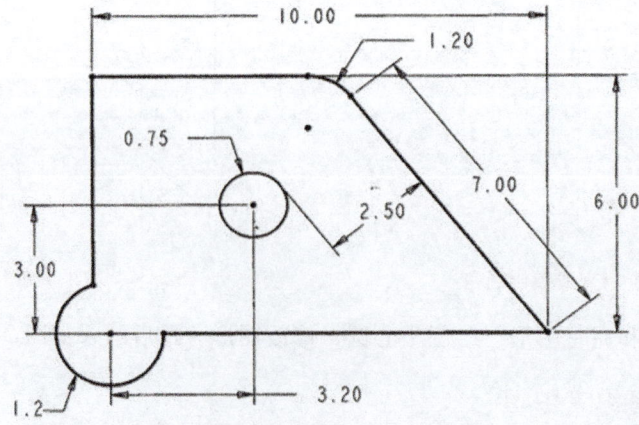

图 2-37 图形编辑实例

外，还需要结合使用图元的编辑命令。有技巧地综合运用这些命令能帮助使用者快速准确地绘制图形。

2.4.2 知识准备

1. 删除图元

操作步骤如下：

第1步，选取需要删除的图元。

第2步，右击，在弹出的快捷菜单中选择"删除"命令来删除图元。

2. 修剪图元

利用修剪功能可以将不需要的部分图元修剪掉。

（1）动态修剪图元　调用命令的方式：在草绘器中，单击"编辑"工具栏中的"删除段"按钮。

操作步骤如下：

第1步，在"编辑"工具栏中单击"删除段"按钮，启动修剪的"删除段"命令。

第2步，单击选择需要修剪的图元，系统将其显示红色后，随即删除该图元。

（2）拐角修剪　调用命令的方式：在草绘器中，单击"编辑"工具栏中的"拐角"按钮。

操作步骤如下：

第1步，在"编辑"工具栏中单击"拐角"按钮，启动修剪的"拐角"命令。

第2步，系统提示"选取要修整的两个图元。"时，单击选取两条线，则系统自动修剪或延伸所选的两条线。

3. 分割图元

调用命令的方式：在草绘器中，单击"编辑"工具栏中的"分割"按钮。

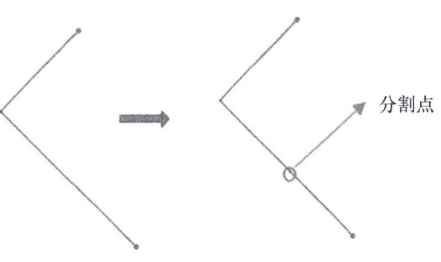

操作步骤如下：

第1步，在"编辑"工具栏中单击"分割"按钮，启动修剪的"分割"命令。

第2步，在要分割的位置单击图元，则系统在指定位置将所选的图元分割成两段，如图2-38所示。

图2-38　分割图元

2.4.3 图形绘制过程

绘制如图2-37所示的二维草图，注意图形编辑命令的应用。

（1）新建文件　在"文件"下拉菜单中选择"新建"命令，系统弹出"新建"对话框，在"类型"选项组中选中"草绘"单选按钮，在"名称"文本框中输入"project2-4"，然后进入草绘环境。

2-9　图形绘制过程

（2）绘制基本图形　利用直线绘制命令，绘制二维图形的基本轮廓线，结果如图2-39所示。

（3）绘制圆和圆弧　单击"圆"→"圆心和点"〇按钮，绘制两个圆，单击"圆角"→"圆形"按钮，绘制圆弧，结果如图2-40所示。

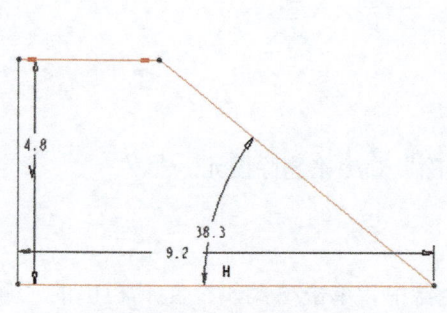

图2-39　绘制基本图形

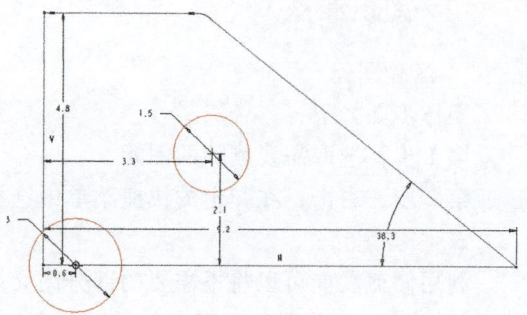

图2-40　绘制圆

（4）修剪图元　单击"删除段"按钮，删除多余的线段，结果如图2-41所示。

（5）标注修改尺寸，完善图形　标注已知的尺寸，并且对尺寸进行批量修改，最后的结果如图2-42所示。

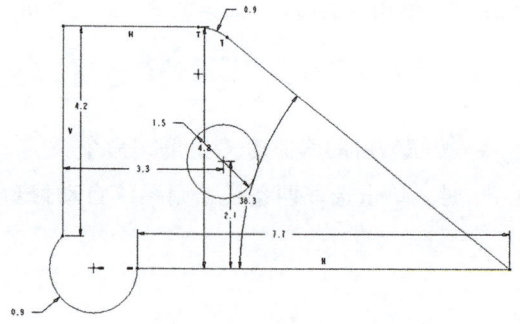

图2-41　修剪图元

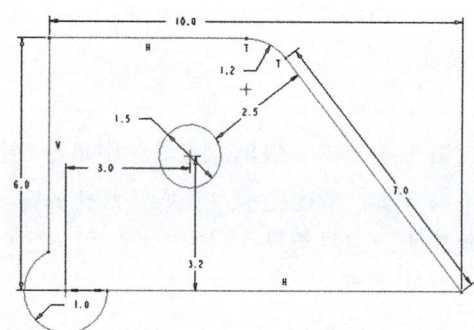

图2-42　完善图形

2.4.4　巩固图形基本编辑练习

绘制如图2-43所示的二维草图。

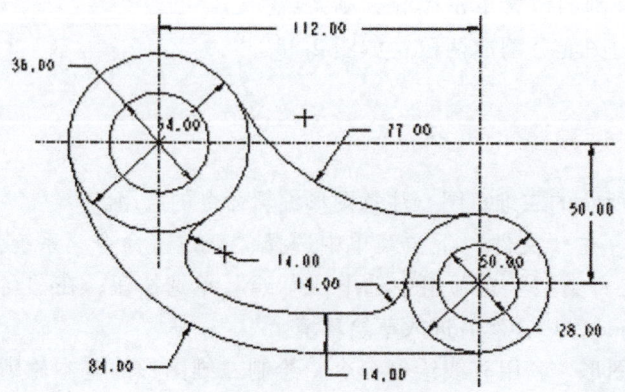

图2-43　巩固图形基本编辑练习

2-10　巩固练习

2.5 基本尺寸的标注与修改

2-11 基本尺寸标注与修改

在绘制几何图元后，系统会自动为其标注尺寸，这些尺寸称为"弱尺寸"。但弱尺寸标注的基准无法预测，且有些弱尺寸往往不是用户所需要的，不能满足设计要求。要完成精确的二维草图，且能根据设计要求控制尺寸，在设置几何约束条件后，应该手动标注所需要的尺寸，即标注"强尺寸"，然后根据具体尺寸数值对各尺寸加以修改，系统便能再生出最终的二维草图。

2.5.1 任务分析

如图 2-44 所示，本任务是在基本图元和几何约束的基础上来学习如何标注和修改图元的尺寸。此二维图形基本为直线和圆角、圆弧，在绘图的过程中要注意约束的应用与禁用，在标注的过程中尤其要注意锐角的标注方法。

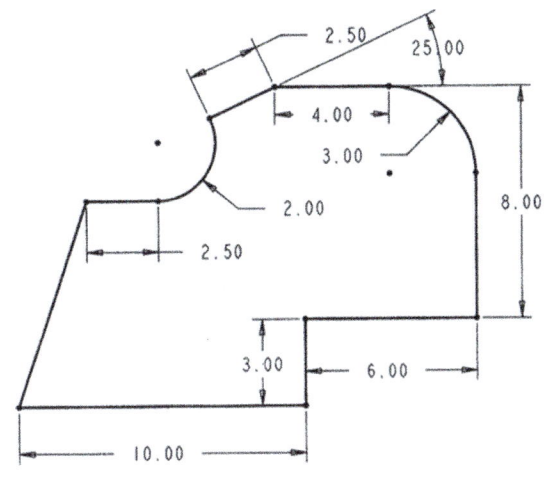

图 2-44 尺寸标注与修改

2.5.2 知识准备

1. 标注尺寸

手动标注尺寸的类型有线性尺寸、径向尺寸、角度尺寸等。调用命令的方式：在草绘器中，单击"尺寸"工具栏中的"法向" |↔| 按钮。

（1）线性标注 线性标注包括直线的长度、两平行线之间的距离、点到直线的距离以及两点之间的距离等，如图 2-45 所示。

1）直线的长度。执行标注命令后，单击选取需要标注长度的直线或直线段的两个端点，以鼠标中键点取尺寸位置。

2）两平行线之间的距离。执行标注命令后，单击选取需要标注距离的两条直线，以鼠标中键点取尺寸位置。

3）点到直线的距离。执行标注命令后，单击选取点以及直线，以鼠标中键点取尺寸位置。

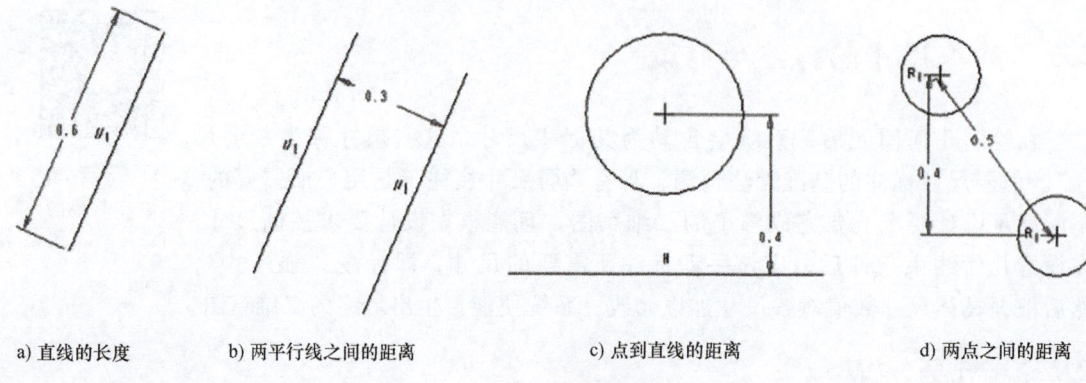

图 2-45 线性标注

a) 直线的长度　　b) 两平行线之间的距离　　c) 点到直线的距离　　d) 两点之间的距离

4）两点之间的距离。执行标注命令后，分别单击选取两个点（包括点图元、线的端点、圆或圆弧圆心），以鼠标中键点取尺寸位置。系统根据点取的尺寸位置，标注这两个点之间的连线、竖直或水平距离。

（2）径向标注　径向标注是指圆或圆弧的半径或直径尺寸的标注，如图 2-46 所示。

1）半径的标注。执行标注命令后，单击选取需要标注半径的圆或圆弧，以鼠标中键点取尺寸位置。

2）直径的标注。执行标注命令后，单击选取需要标注直径的圆或圆弧，以鼠标中键点取尺寸位置。

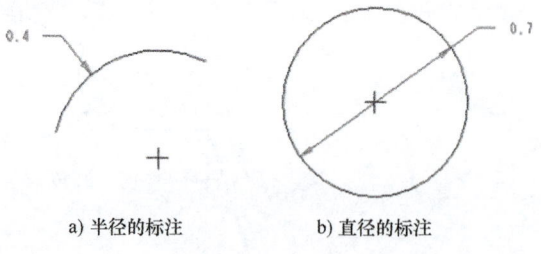

a) 半径的标注　　b) 直径的标注

图 2-46 径向标注

（3）角度标注　角度尺寸是指两非平行直线之间的夹角以及圆弧的中心角，如图 2-47 所示。

1）两直线夹角标注角度。执行标注命令后，分别单击选取需要标注角度的两条非平行直线，以鼠标中键点取尺寸位置，根据选取的位置不同分别标注两直线间的锐角和钝角。

2）圆弧中心角的标注。执行标注命令后，单击选取某圆弧，再分别单击选取该圆弧的两个端点，以鼠标中键点取尺寸位置。

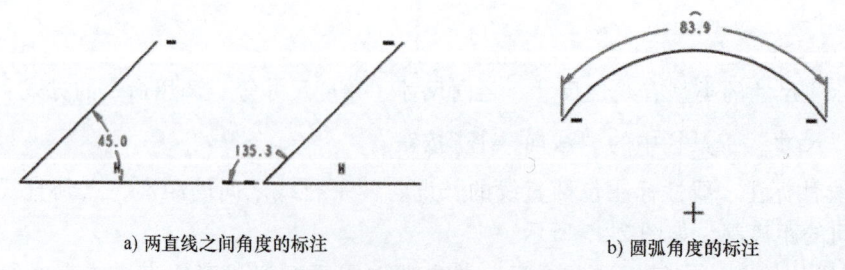

a) 两直线之间角度的标注　　b) 圆弧角度的标注

图 2-47 角度标注

（4）对称尺寸的标注　执行标注命令后，先选择需要标注的点，再选取中心线，再依次选择需要标注的点，以鼠标中键点取尺寸放置，如图 2-48 所示。

（5）标注周长　单击"尺寸"工具栏中的"周长"按钮，选择需要标注的轮廓，单击"选择"对话框中的"确定"按钮；再选择轮廓的尺寸，此时系统会显示出周长尺寸，如图 2-49 所示。

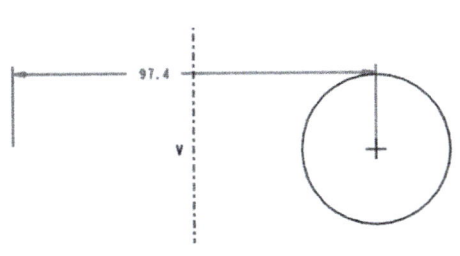

图 2-48　对称尺寸的标注

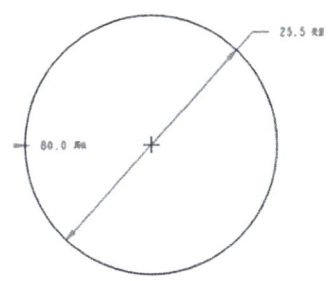

图 2-49　标注周长

注意：当添加了周长尺寸，系统自动将轮廓之前的尺寸转变为一个变量尺寸，此时变量尺寸是不能进行修改的。

2. 修改尺寸

设计时一般都需要修改弱尺寸或手动标注的强尺寸，以进行设计变更。使用"修改尺寸"对话框可修改几何图元的尺寸数值。调用命令的方式：在草绘器中，单击"编辑"工具栏中的"修改"按钮。

（1）操作步骤

第 1 步，在"编辑"工具栏中单击"修改"按钮，启动"修改"命令。

第 2 步，系统弹出"选取"对话框，选取需要修改的某个尺寸。

第 3 步，系统弹出"修改尺寸"对话框，如图 2-50 所示。继续选取其他需要修改的尺寸，则所有选择的尺寸均列在对话框中。

第 4 步，取消选中"再生"复选按钮（默认为选中）。

第 5 步，依次在各尺寸的文本框中输入新的尺寸数值，按回车键。

第 6 步，单击"确定"按钮，系统再生二维草图，并关闭对话框。

（2）操作及选项说明　默认设置下，每输入一个新的数值按回车键后，系统随即再生草图，致使草图形状发生变化，如果输入的数值不合适，则

图 2-50　"修改尺寸"对话框

会造成计算失败。故一般在修改尺寸数值之前，执行上述第 4 步，取消选中"再生"复选按钮，在所有的尺寸数值输入后，再单击"确定"按钮，系统才再生草图。

在"修改尺寸"对话框中，单击并拖动每个尺寸文本框右侧的旋转轮盘，或在旋转轮盘上使用鼠标滚轮，可动态修改尺寸数值。若需要增大尺寸值，可以向右拖动相应旋转轮盘，或是在相应的旋转轮盘上使鼠标滚轮向上滚动；否则，减少尺寸值。

"锁定比例"复选按钮默认为不选中，此时一个尺寸发生变化，随即改变草图形状。当

选中"锁定比例"复选按钮时，一个尺寸数值改变后，被选择的尺寸将一起发生变化，可保证尺寸数之间的比例关系。

2.5.3 图形绘制过程

绘制如图 2-44 所示的二维图形，并根据要求标注尺寸。

（1）新建文件　在"文件"下拉菜单中选择"新建"命令，系统弹出"新建"对话框，在"类型"选项组中选中"草绘"单选按钮，在"名称"文本框中输入"project2-5"，然后进入草绘环境。

2-12　图形绘制

（2）绘制基本图元 1　单击"草绘"工具栏中的"线"→"线链"按钮，绘制草图的基本轮廓，结果如图 2-51 所示。

（3）绘制基本图元 2　单击"圆角"→"圆形"按钮，对两条直线倒圆角；单击"圆"→"圆心和点"按钮，在直线上绘制一个圆，如图 2-52 所示。

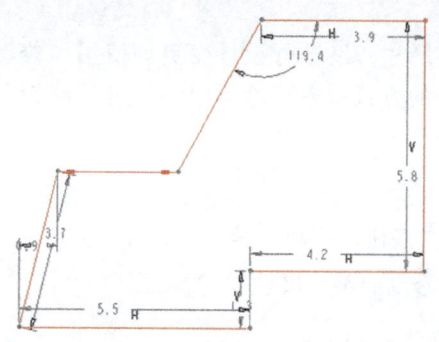
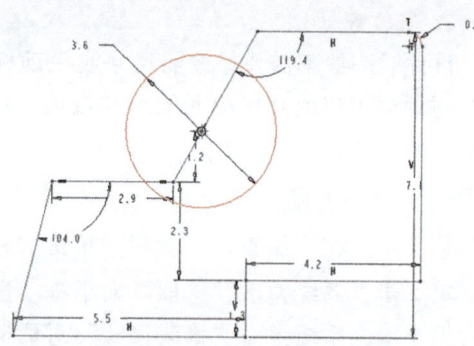

图 2-51　绘制基本图元 1　　　　　　　　图 2-52　绘制基本图元 2

（4）添加约束、修改图形　在"约束"工具栏中单击"相切"按钮，将圆与水平的直线约束相切，在"编辑"工具栏中单击"删除段"按钮，删除多余的线段，结果如图 2-53 所示。

（5）标注尺寸　在"尺寸"工具栏中单击"法向"按钮，标注已知的尺寸，结果如图 2-54 所示。

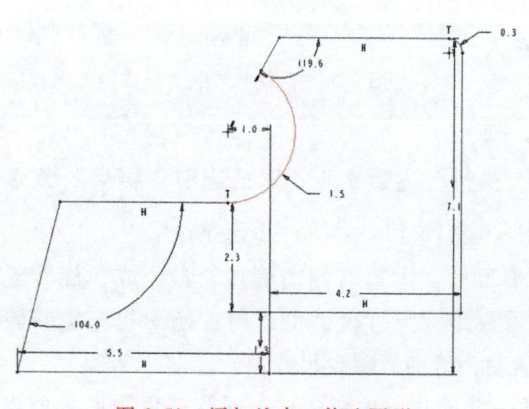
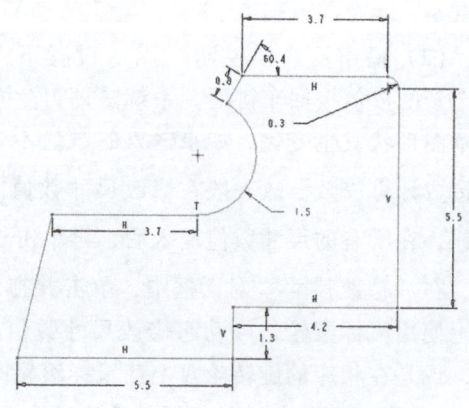

图 2-53　添加约束、修改图形　　　　　　图 2-54　标注尺寸

（6）修改尺寸　框选整个图形，在"编辑"工具栏中单击"修改"按钮，修改图形整体尺寸，结果如图 2-55 所示。

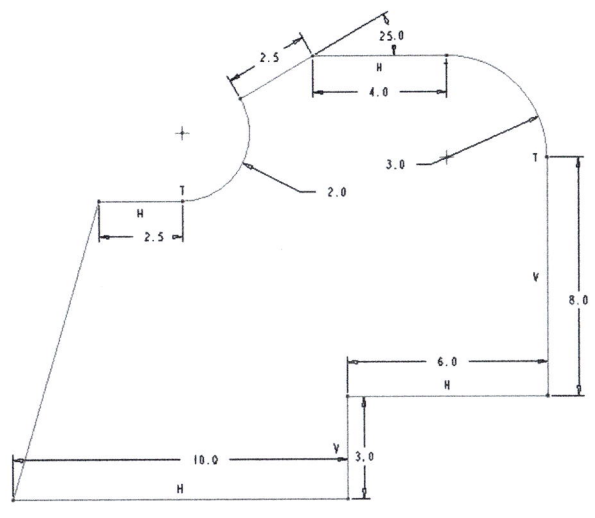

图 2-55　修改尺寸

2.5.4　巩固尺寸标注与修改练习

绘制如图 2-56 所示的二维草图。

2-13　巩固练习绘制解说

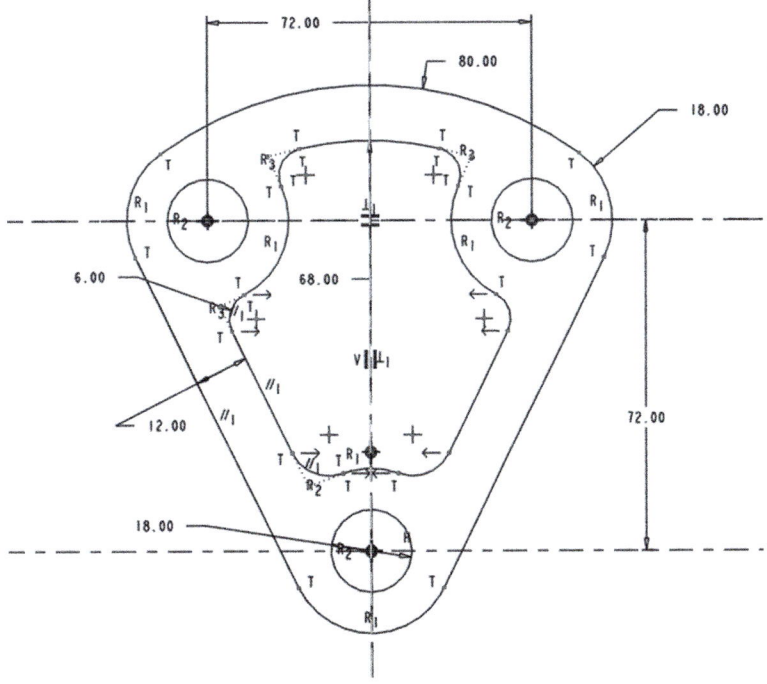

图 2-56　巩固尺寸标注与修改练习

本 章 小 结

本章重点介绍了二维草绘环境、基本几何图元的绘制、图元的基本编辑方法、基本尺寸的标注、几何约束和图形的基本编辑方法。

二维草绘是三维设计的基础,设计过程充分体现了参数化建模思想。无论怎样复杂的图形,都由最基本的直线、圆、圆弧、样条曲线和文本等组成。系统为每一种图元都提供了多种创建方法,设计者可以根据具体情况进行选择。创建二维图元后,一般还需要使用系统提供的工具进一步修改,最后才能获得理想的图形。

约束是二维草图中非常有效的一种设计工具。首先要明确约束的类型和适用的条件,然后在设计中合理使用约束来简化设计过程。尺寸是二维图形的主要组成部分之一,首先应该掌握各种类型尺寸的标注方法以及尺寸的编辑方法,最后还应该掌握尺寸与约束冲突的解决技巧。

理 论 自 测

1. 进入草绘环境有哪几种方法?
2. 什么是弱尺寸?什么是强尺寸?两者有何区别?
3. 约束共有哪几种?约束的作用是什么?
4. 简述在草绘环境中绘制二维草图的一般步骤。

应 用 自 测

1. 创建如图 2-57 所示的图形,并标注尺寸,文件名为 1.sec。

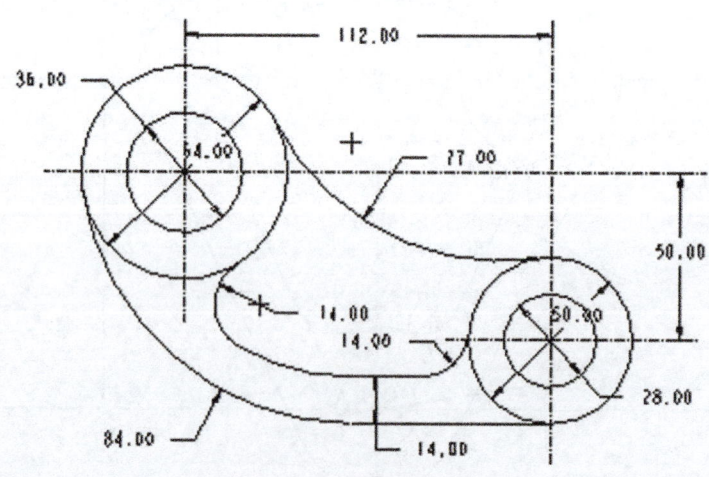

图 2-57 应用自测图形(一)

2. 创建如图 2-58 所示的图形,并标注尺寸,文件名为 2.sec。

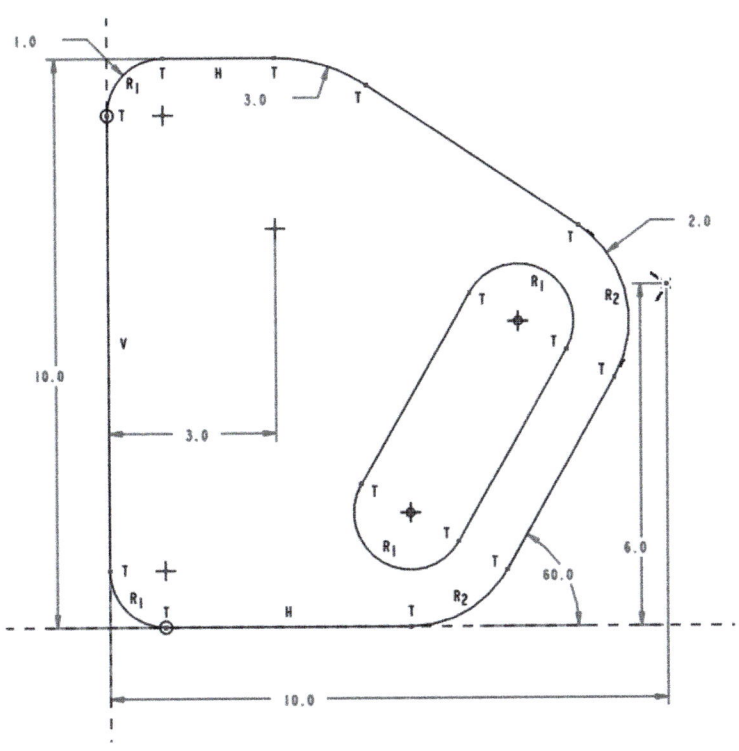

图 2-58　应用自测图形（二）

3. 创建如图 2-59 所示的图形，并标注尺寸，文件名为 3.sec。

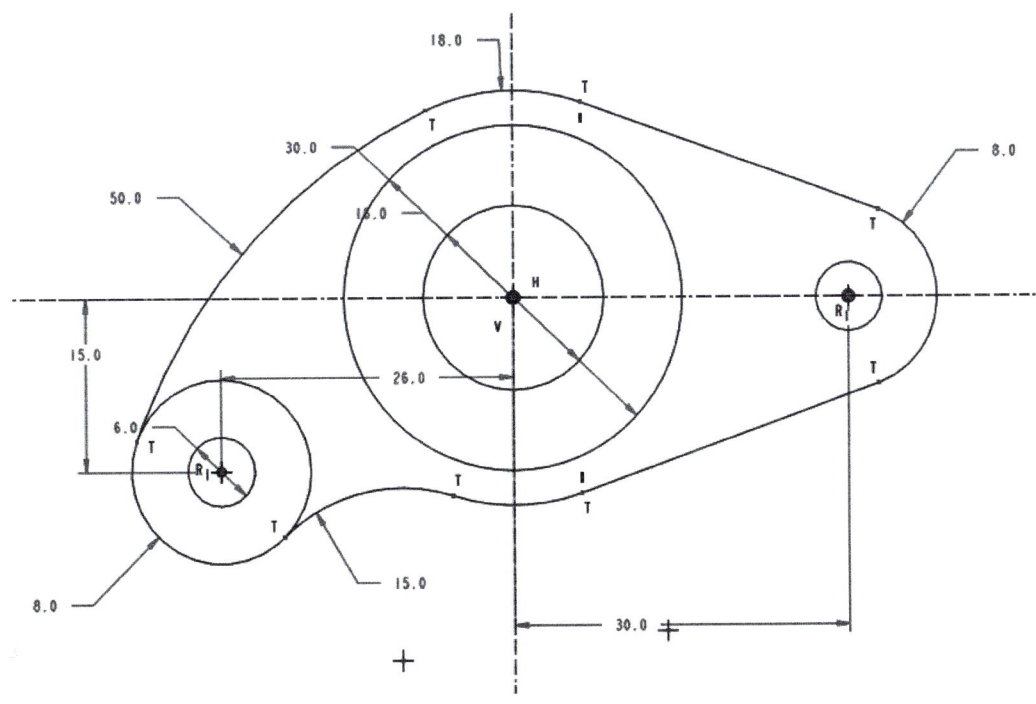

图 2-59　应用自测图形（三）

4. 创建如图 2-60 所示的图形，并标注尺寸，文件名为 4.sec。

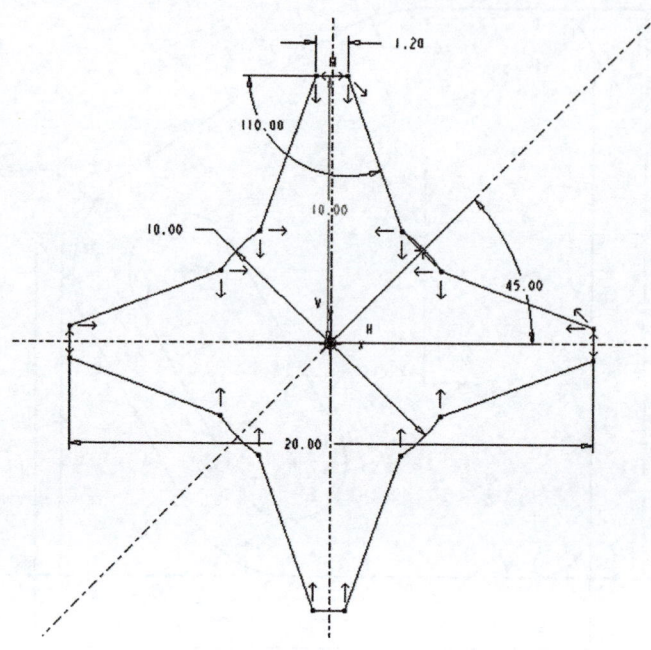

图 2-60　应用自测图形（四）

5. 创建如图 2-61 所示的图形，并标注尺寸，文件名为 5.sec。

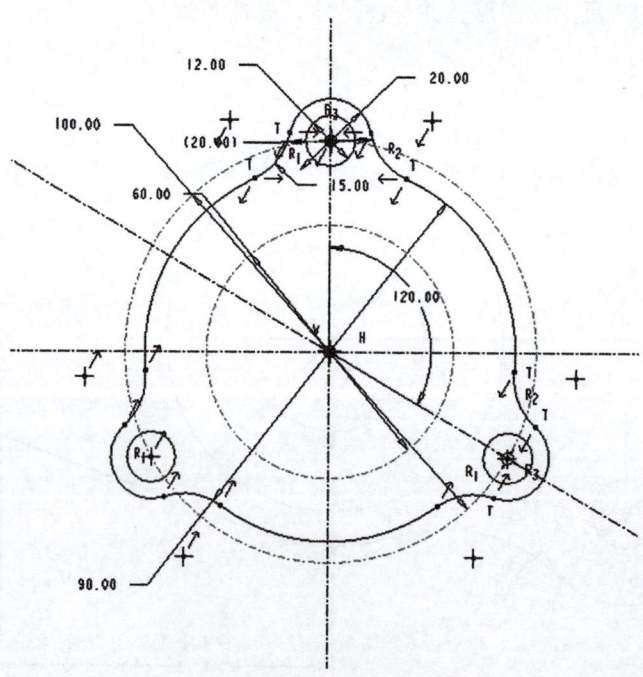

图 2-61　应用自测图形（五）

第3章
复杂曲线二维草图的绘制

在第 2 章中已经学习了简单曲线二维草图的绘制和图形基本编辑命令,在本章中将学习复杂曲线二维草图的绘制和编辑的方法,为后续的实体造型模块做好充分的准备。

3.1 复杂曲线的绘制

3.1.1 任务分析

图 3-1 所示为一条由三段线组成的复杂曲线,分别是一条两点的直线、一条仅含两点的样条曲线和一条圆锥曲线,这三段线在连接点处相切。在绘制该曲线时要注意样条曲线的一点落在水平中心线上和圆锥曲线与水平中心线的角度的标注方法。

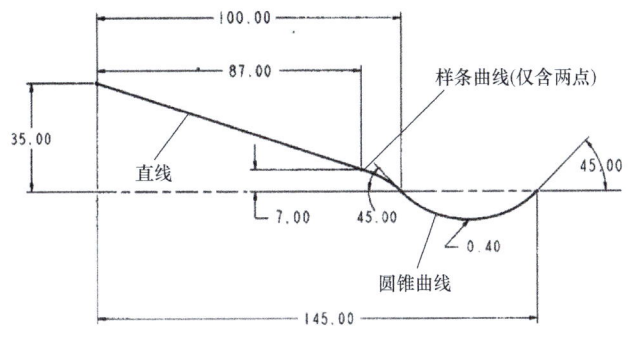

图 3-1 复杂曲线

3.1.2 知识准备

1. 样条曲线

如图 3-2 所示,样条曲线是通过一系列指定点的平滑曲线,为三阶或三阶以上多项式形成的曲线。

(1) 样条曲线的绘制 调用命令的方式:在草绘器中,单击"草绘"工具栏中的"样条"〜按钮。

操作步骤如下:

第 1 步,在"草绘"工具栏中单击"样条"〜按钮,启动"样条"命令。

3-1 样条曲线和圆锥曲线绘制

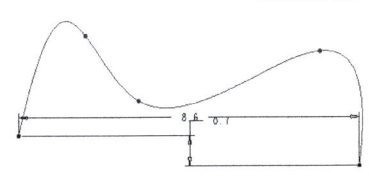

图 3-2 样条曲线

第 2 步，移动光标，依次单击，确定样条曲线所通过的点，直至单击鼠标中键终止该曲线的绘制。

第 3 步，重复上述第 2 步，绘制另一条曲线；单击鼠标中键，结束命令。

（2）样条曲线的编辑

1）延伸样条曲线。选中样条曲线，双击，出现如图 3-3 所示的编辑面板后，按住<Ctrl+Alt>键，然后在要延伸样条曲线的一侧单击，即可延伸当前样条曲线，结果如图 3-4 所示。

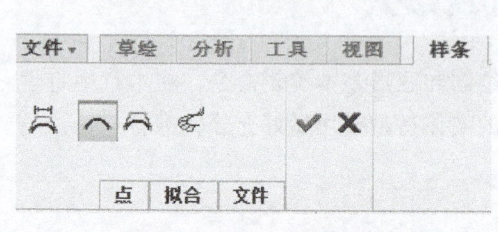

图 3-3　样条曲线编辑面板

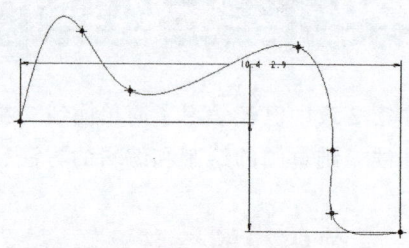

图 3-4　延伸样条曲线

2）新增点。如果要在样条曲线中添加新的点，则先双击样条曲线，出现如图 3-3 所示的样条曲线编辑面板后，在需要添加新点的位置右击，出现如图 3-5 所示的快捷菜单，然后选择"添加点"命令即可。

3）删除点。如果要在样条曲线中删除点，先选中需要删除的点，然后右击，在弹出的快捷菜单中选择"删除点"命令即可。

绘制好的样条曲线，还可以通过拖动控制点来修改样条曲线的形状。

4）曲率分析。双击样条曲线，出现如图 3-3 所示的样条曲线编辑面板后，单击面板中的 按钮，即可显示当前曲线的曲率，如图 3-6 所示。

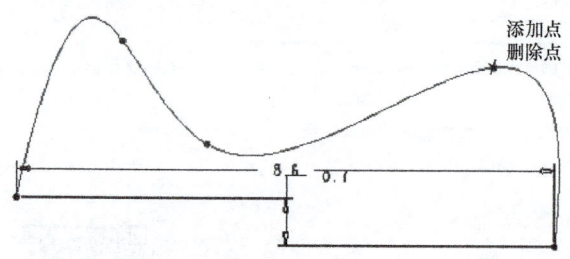

图 3-5　样条曲线添加点和删除点

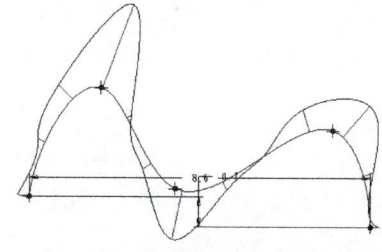

图 3-6　样条曲线的曲率

（3）样条曲线的标注　样条曲线是有由多个控制点所产生的曲线，标注样条曲线通常是标注样条曲线上各个控制点的距离，以及起点和中点的相切角度。

1）控制点距离的标注。在"尺寸"工具栏中单击"法向" 按钮，接着依次选择样条曲线的起点以及第一个控制点，然后移动光标到放置尺寸数字的位置，单击鼠标中键即可。重复刚才的步骤，就可以标注其他控制点和终点的距离，也可以标注控制点之间的距离，如图 3-7 所示。

2）端点相切角度的标注。单击样条曲线、样条曲线的端点以及线条的中心线（这三者不分先后顺序），在尺寸数字放置处单击鼠标中键即可标注切线角度，如图 3-7 所示。

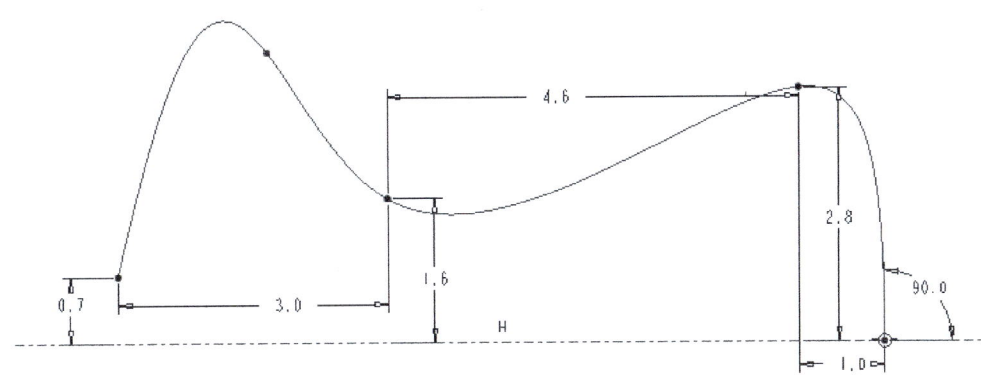

图 3-7 样条曲线的标注

2. 圆锥曲线

（1）圆锥曲线的绘制　调用命令的方式：在草绘器中，单击"草绘"工具栏中的"弧"→"圆锥" 按钮。

操作步骤如下：

第 1 步，在"草绘"工具栏中单击"弧"→"圆锥" 按钮，启动"圆锥"命令。

第 2 步，在绘图区单击一点，指定为圆锥曲线的第一个端点，再指定一点作为圆锥曲线的第二个端点，系统会用一条中心线将两个端点连接起来。

第 3 步，此时移动光标，圆锥曲线呈现"橡皮筋"样变化，单击确定曲线的"尖点"的位置。

圆锥曲线中有一个 RHO 数值表示其曲率，数值在 0.05~0.95 之间变化，数值越大，则曲线越尖锐，反之则曲线越平缓。曲率为 0.05~0.5 时，为椭圆形曲线；曲率等于 0.5 时，为抛物线；曲率为 0.5~0.95 时为双曲线，如图 3-8 所示。

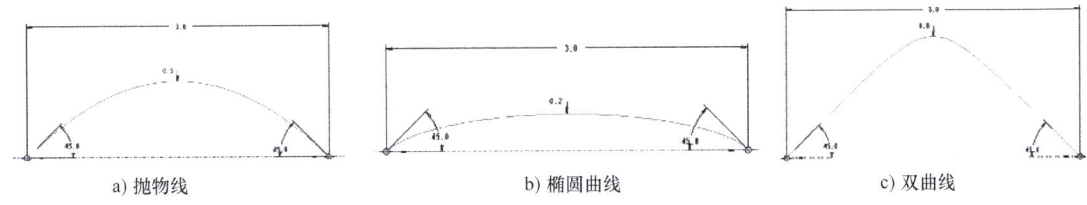

a) 抛物线　　　　　b) 椭圆曲线　　　　　c) 双曲线

图 3-8 圆锥曲线

（2）圆锥曲线的标注　圆锥曲线是由两点组成的曲线，一般可以标注两个端点之间的距离、RHO 值以及两个端点与中心线所成的角度。两个端点之间的距离只需单击选择两点，在合适的地方单击中键确认。RHO 值可直接双击标注修改。两个端点与中心线所成的角度可参考样条曲线端点与中心线所成的角度进行标注。

3.1.3 图形绘制过程

绘制如图 3-1 所示的二维曲线。

（1）新建文件　在"文件"下拉菜单中选择"新建"命令，系统弹出

3-2　图形绘制

"新建"对话框,在"类型"选项组中选中"草绘"单击按钮,在"名称"文本框中输入"project3-1",然后进入草绘环境。

(2) 绘制中心线 在"草绘"工具栏中单击"中心线" 按钮,绘制水平的中心线。

(3) 绘制三条曲线 单击"线"→"线链" 按钮,绘制一段直线;单击"样条" 按钮,绘制一条仅含两点的样条曲线;再单击"弧"→"圆锥" 按钮,绘制一条与样条曲线相切的圆锥曲线,结果如图3-9所示。

(4) 约束相切 在"约束"工具栏中单击"相切" 按钮,将直线与样条曲线相切,将样条曲线与圆锥曲线相切,结果如图3-10所示。

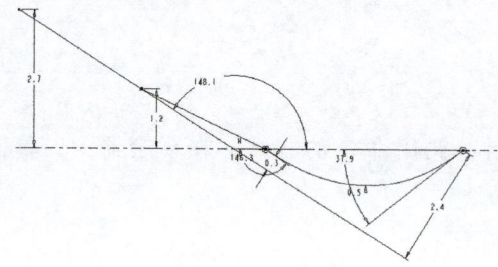

图3-9 绘制三条曲线

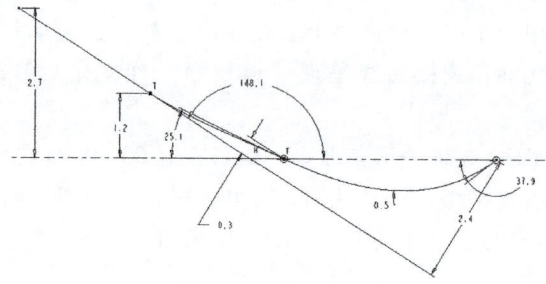

图3-10 约束相切

(5) 尺寸标注 在"尺寸"工具栏中单击"法向" 按钮,标注直线上点与点之间的尺寸、样条曲线端点相对于水平中心线的角度、圆锥曲线端点与水平中心线的角度,结果如图3-11所示。

(6) 修改尺寸,完善图形 框选整个图形,在"编辑"工具栏中单击"修改" 按钮,批量修改图形的尺寸,结果如图3-12所示。

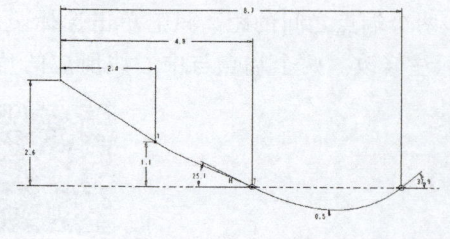

图3-11 尺寸标注

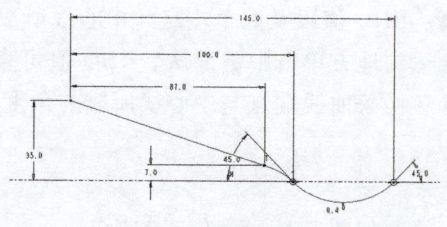

图3-12 修改尺寸

3.1.4 巩固复杂曲线绘制

绘制如图 3-13 所示的二维草图。

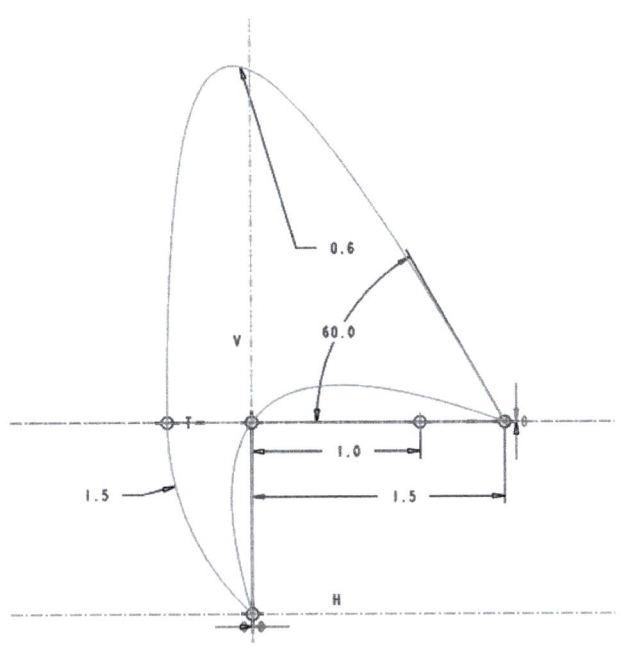

图 3-13 复杂曲线的绘制和标注

3.2 二维图形中文本的创建

在草绘环境中,可以利用"文本"命令创建文字图形。在 Creo 软件中文字也是剖面,可以用"拉伸""旋转"等命令对文字进行操作。

3.2.1 任务分析

如图 3-14 所示的二维图形主要是训练草绘的文本创建方法,需要应用文本沿曲线放置以及文本放置方式的设置,其中特别要注意曲线构造与文本创建的先后顺序。

3.2.2 知识准备

1. 文本命令启动

调用文本命令的方式:在草绘器中,单击"草绘"工具栏中的"文本" A 按钮。

操作步骤如下:

第1步,在"草绘"工具栏中单击"文本" A 按钮,启动"文本"命令。

第2步,系统提示"选择行的起始点,确定文本高度和方向。"时,移动光标,单击,确定文本行的起点。

第3步,系统提示"选取行的第二点,确定文本高度和方向。"时,移动光标,在适当位置单击，确定文本行的第二点。系统在起点与第二点之间显示一条直线（构建线），并弹出"文本"对话框，如图3-15所示。

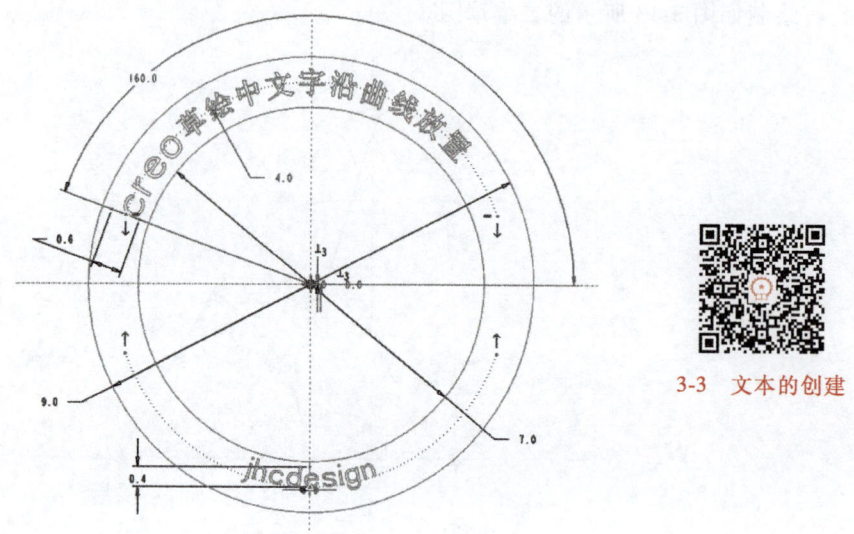

3-3　文本的创建

图 3-14　二维图形中文本的创建

第4步，在"文本"对话框中的"文本行"文本框中输入文字，最多可输入79个字符，且输入的文字动态显示于绘图区。

第5步，在"文本"对话框中的"字体"选项组内选择字体，设置文本的位置、长宽比、斜角等。

第6步，单击"确定"按钮，关闭对话框，系统创建单行文本。

2. 文本编辑

（1）文本符号　单击"文本符号"按钮，弹出如图3-16所示的"文本符号"对话框，从中选取要插入的符号。

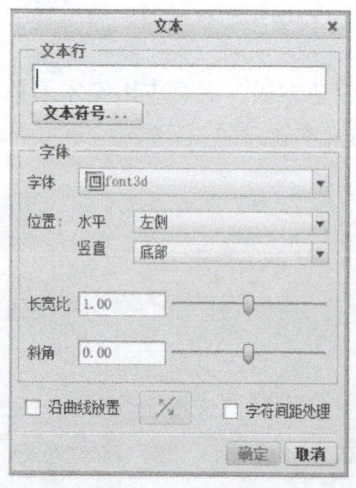

图 3-15　"文本"对话框　　　　　图 3-16　"文本符号"对话框

注意：当由"零件"模式进入草绘环境，系统允许用户选中"使用参数"单选按钮。单击"选取参数"按钮，从"选取参数"对话框中选择已定义的参数，显示其参数值。如果选取了未赋值的参数，则文字中将显示"＊＊＊"。

（2）字体 "字体"下拉列表中显示了系统提供的字体文件名。

（3）文本位置设置 在"位置"选项组中，选择水平和竖直位置的组合，确定文本字符串相对于起始点的对齐方式。其中"水平"定义文字沿文本行方向（即垂直于构建线方向）的对齐方式，有"左侧""中心""右侧"三个选项，"左侧"为默认设置。"竖直"定义文字沿垂直于文本行（即构建线方向）的对齐方式，有"底部""中间""顶部"三个选项，"底部"为默认设置。

（4）文本长宽比 在"长宽比"文本框中输入文本长度与宽度的比例因子，或使用滑动条设置文本的长宽比。

（5）文本斜角 在"斜角"文本框中输入文本的倾斜角度，或使用滑动条设置文本的斜角。

（6）沿曲线放置文本 选中"沿曲线放置"复选按钮，设置将文本沿一条曲线放置，接着选取要在其上放置文本的曲线，如图3-17所示。

图3-17 文本沿曲线放置

3-4 二维图形绘制

（7）文本间距设置 选中"字符间距处理"复选按钮，将启用文本字符串的字体字符间距处理功能，以控制某些字符对之间的空格，设置文本的整体外观。

3.2.3 图形绘制过程

绘制如图3-14所示的二维曲线。

（1）新建文件 在"文件"下拉菜单中选择"新建"命令，系统弹出"新建"对话框，在"类型"选项组中选中"草绘"单选按钮，在"名称"文本框中输入"project3-2"，然后进入草绘环境。

（2）绘制中心线 在"草绘"工具栏中单击"中心线"按钮，绘制中心线。

（3）绘制基本图形 选择绘制圆命令，绘制两个圆，再选择绘制圆弧命令绘制两段圆弧，最后标注和修改尺寸，结果如图3-18所示。

（4）创建沿曲线放置的文本1 单击"文本"按钮，选择基本图形上圆弧的端点，在合适的位置单击，弹出"文本"对话框，选中"沿曲线放置"复选按钮，在绘图区选择第3步绘制的圆弧，在"文本"对话框内的"文本行"文本框中输入文字"creo草绘中文字沿曲线放置"，再设置文字位置，如图3-19所示。

（5）创建沿曲线放置的文本2 单击"文本"按钮，选择基本图形上圆弧的端点，在合适的位置单击，弹出"文本"对话框，选中"沿曲线放置"复选按钮，在绘图区选择

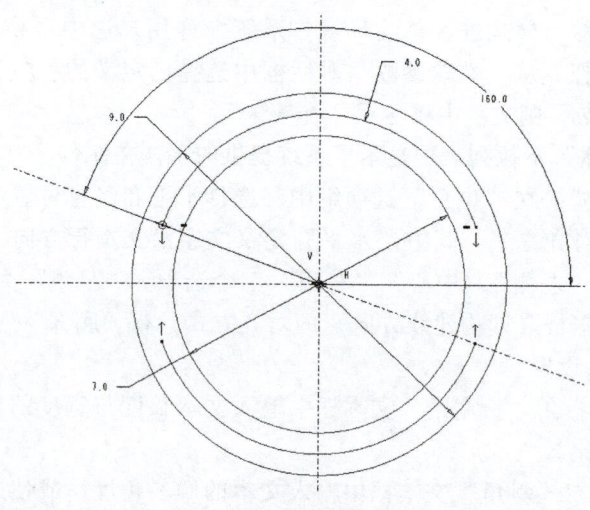

图 3-18　绘制基本图形

第 3 步绘制的另一条圆弧，在"文本"对话框内的"文本行"文本框中输入"jhcdesign"，再设置文字位置，如图 3-20 所示。

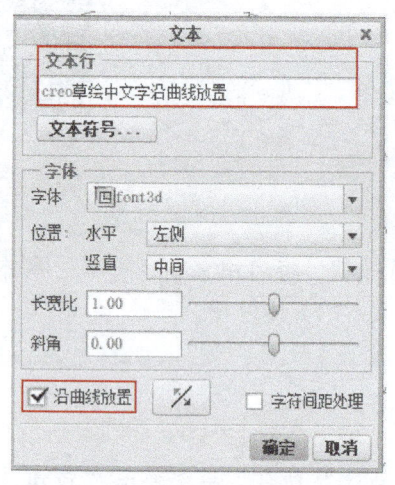

图 3-19　创建沿曲线放置的文本 1

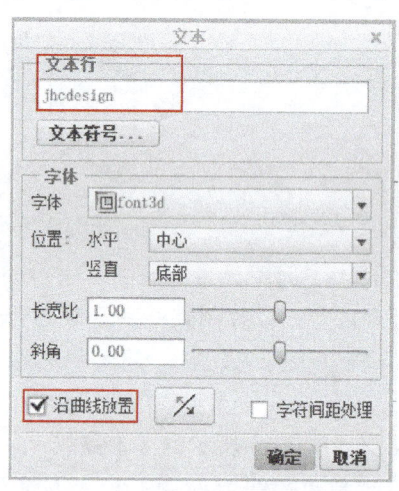

图 3-20　创建沿曲线放置的文本 2

（6）完善图形　选中圆弧，右击，在弹出的快捷菜单中选择"构造"命令，将其转换为构造线，使用同样的方法，将另外一段圆弧也转换为构造线。双击文字的尺寸，修改，使其符合要求。完善后的图形如图 3-21 所示。

3.2.4　巩固二维图形中文本的创建

绘制如图 3-22 所示的二维草图。

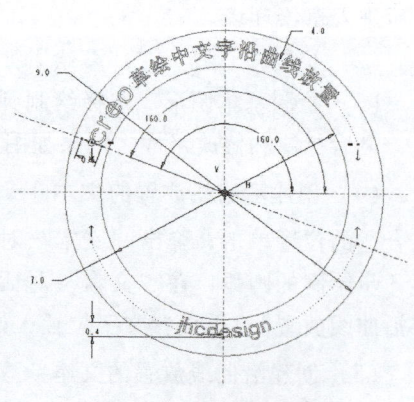

图 3-21　完善后的图形

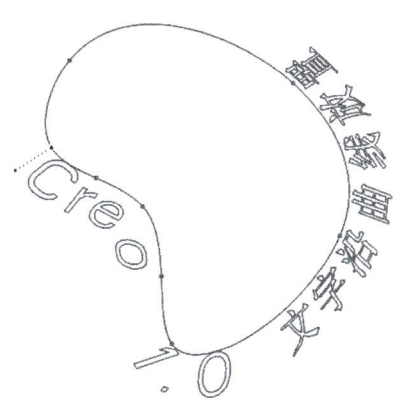

图 3-22　巩固二维图形中文本的创建

3.3　调色板的应用

草绘器中调色板是一个具有若干个选项卡的几何图形库，系统含有四个预定义的选项卡：多边形、轮廓、形状、星形，每个选项卡包含若干同一类别的截面形状。用户可以向调色板中添加选项卡，将截面形状按类别放入选项卡内，并且随时使用调色板中的形状。

3.3.1　任务分析

如图 3-23 所示的二维图形在应用圆弧曲线绘制和各类约束命令的基础上，需要综合运

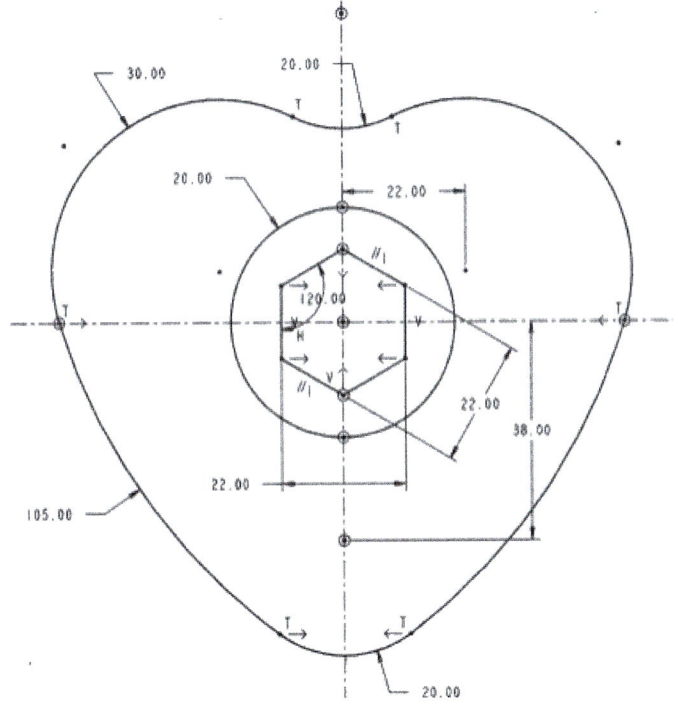

图 3-23　调色板的应用

用"草绘"工具栏中的"调色板"命令来进行绘制。在绘制图形的过程中尤其要注意各项约束和多边形的放置方式。

3.3.2 知识准备

1. 启动"调色板"命令

利用"调色板"命令可以方便快捷地选定调色板中的几何形状,将其输入当前草绘中,并且可以对选定的形状调整大小,进行平移和旋转操作。调用命令的方式:在草绘器中,单击"草绘"工具栏中的"调色板" 按钮。

操作步骤如下:

第1步,在"草绘"工具栏中单击"调色板" 按钮,启动"调色板"命令,系统弹出如图3-24a所示的"草绘器调色板"对话框。

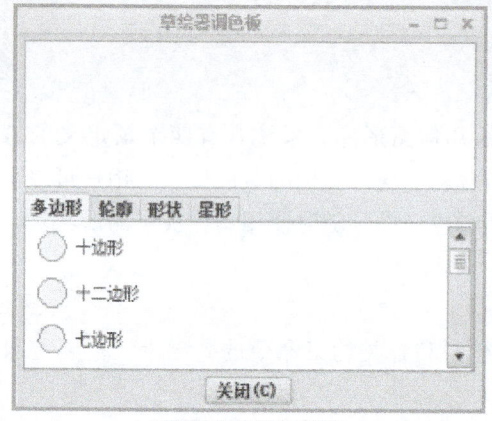
a)"草绘器调色板"对话框

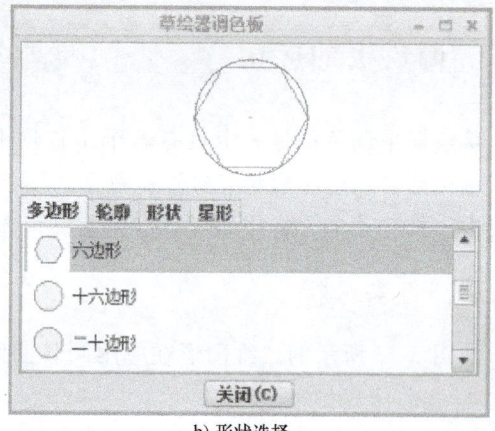
b)形状选择

图 3-24 调色板

第2步,系统提示"将调色板中的外部数据插入到活动对象。"时,选择所需的选项卡,显示选定选项卡中形状的缩略图和标签,选择某一截面,则在预览区显示相对应的截面形状,如图3-24b所示。

第3步,双击选定形状的缩略图或标签,光标变成 。

第4步,在绘图区单击,确定放置形状的位置,系统弹出"缩放旋转"对话框,选择"旋转调整大小"选项卡,如图3-25所示,同时被输入的形状位于带有句柄(控制滑块)的虚线方框内,如图3-26所示,"平移"控制滑块与选定的位置重合。

图 3-25 "旋转调整大小"选项卡

第5步,在"旋转调整大小"选项卡中输入缩放比例以及旋转角度。

第6步，单击"确定" ✓ 按钮，关闭"旋转调整大小"选项卡。

第7步，单击"关闭"按钮，关闭"草绘器调色板"对话框。

第8步，在绘图区单击，结束"调色板"命令。

2. 操作说明

1）拖动平移控制滑块 ⊗，可移动所选图元；拖动旋转控制滑块 ↻，可旋转所选图元；拖动缩放控制滑块 ↘，可修改所选图元的比例。

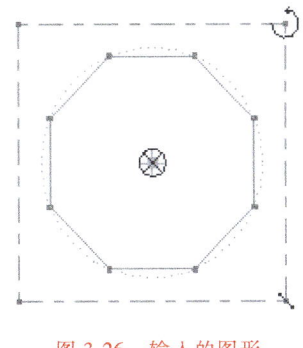

图 3-26　输入的图形

2）在上述第 4 步，单击并按住鼠标左键拖动，输入的形状将从非常小的尺寸逐渐增大，同时"旋转调整大小"选项卡内的比例值随之变化，直至松开鼠标左键。

3）默认情况下，平移控制滑块位于形状的中心，在 ⊗ 上右击，并将其拖动到所需的捕捉点上，就可以改变图形的平移控制滑块的位置。

3. 创建自定义形状选项卡

用户可以预先创建自定义形状的草绘文件（.sec 文件），置于当前工作目录下，则在草绘器调色板中会出现一个（仅出现一个）与工作目录同名的选项卡，且工作目录下的草绘文件中的截面形状将作为可用的形状出现在该选项卡中，如图 3-27 所示。

图 3-27　创建自定义形状选项卡

3-5　图形绘制

3.3.3　图形绘制过程

绘制如图 3-23 所示的二维曲线。

（1）新建文件　在"文件"下拉菜单中选择"新建"命令，系统弹出"新建"对话框，在"类型"选项组中选中"草绘"单选按钮，在"名称"文本框中输入"project3-3"，然后进入草绘环境。

（2）绘制中心线　在"草绘"工具栏中单击"中心线"┆按钮，绘制中心线。

（3）绘制外轮廓　单击"弧"→"圆心和端点" ↷ 按钮，绘制草绘外轮廓图形，注意圆弧和圆弧的连接条件以及相切的位置，结果如图 3-28 所示。

（4）标注、修改外轮廓尺寸　在"尺寸"工具栏中单击"法向" |↔| 按钮，标注外轮廓尺寸，并且进行批量修改尺寸，结果如图 3-29 所示。

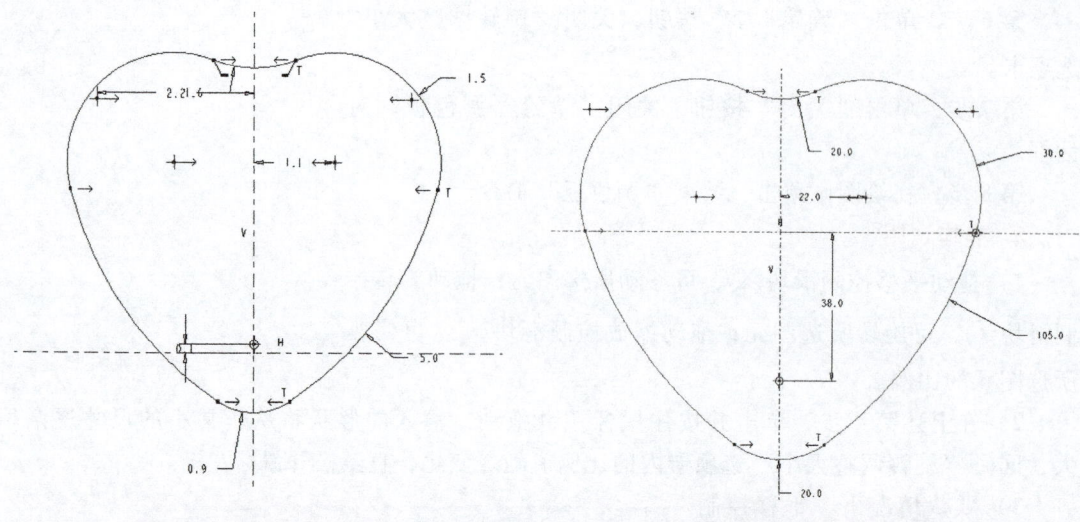

图 3-28　绘制图形外轮廓　　　　　图 3-29　标注、修改外轮廓尺寸

（5）应用调色板　单击"草绘"工具栏中的"调色板"按钮，双击"多边形"选项卡中的"六边形"，在绘图区单击放置六边形，然后按照图 3-30 所示设置"旋转调整大小"选项卡中的各参数，单击平移滑块⊗，将六边形中心与图 3-29 中的中心线相交位置对齐。再选择标注命令，标注六边形两条对边之间的距离，并修改尺寸为 22。选择绘制圆命令绘制圆。结果如图 3-31 所示。

图 3-30　旋转调整六边形

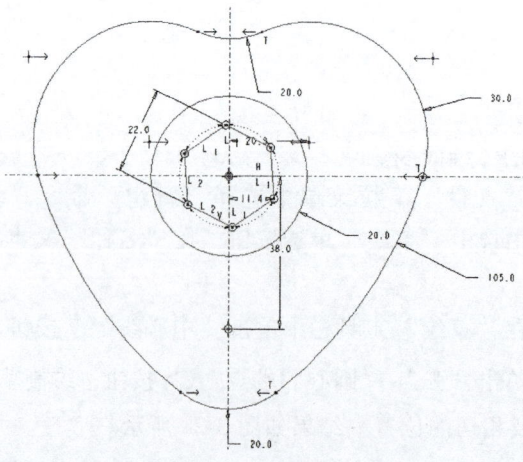

图 3-31　完善图形

3.3.4 巩固草绘调色板图形绘制

绘制如图 3-32 所示的二维草图。

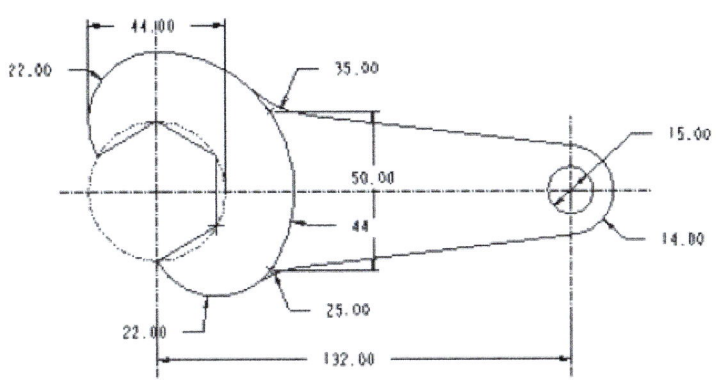

图 3-32 巩固草绘调色板图形绘制

3.4 二维图形的检查和编辑

不同的三维建模命令,对二维草图有不同的要求。如拉伸实体和旋转实体命令等需要二维图形是单一的封闭的面,而扫描出具有内部填充特征命令又要求扫描的截面是开放的草绘,因此需要掌握二维图形的检查命令。如果有的二维图形的形状满足一定的几何规律,也可以利用图形的编辑命令加快草图绘制的速度。

3.4.1 任务分析

图 3-33 所示二维图形为一个风扇叶片类草图。可以先绘制单个叶片,然后再根据其排布的规律将单个叶片进行旋转复制。单个叶片主要由圆弧曲线和直线组成,圆弧之间和直线之间相切,要注意各圆心的位置。在绘图过程中只要充分利用二维图形的检查和编辑命令,就能快速将此二维图形绘制完成。

3-6 图形的检查和编辑

3.4.2 知识准备

1. 二维图形的检查

(1) 着色封闭环 利用"着色封闭环"诊断工具,系统将以预定义颜色填充形成封闭环的图元所包围的区域,以此来检测几何图元是否形成封闭环。调用命令的方式:在草绘器中,单击"检查"工具栏中的"着色封闭环" 着色封闭环按钮。

执行该命令后,系统将着色当前草绘中所有的几何封闭环,如图 3-34a 所示。

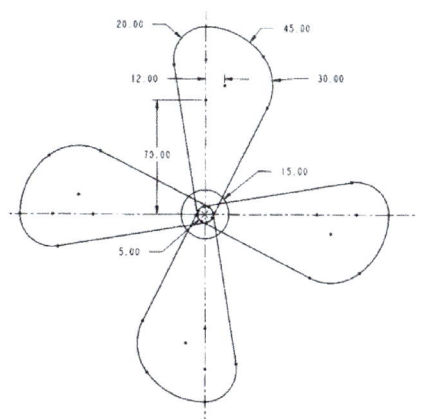

图 3-33 二维图形的检查和编辑

1)只有草绘器"检查"工具栏中的"着色封闭环"按钮下凹时,即处于"选取项目"状态,才显示封闭环的着色填充。

2)如果封闭环内包含封闭环,则从最外层环起,奇数环被着色,如图3-34b所示。

3)当该诊断模式打开,草绘时,一旦形成封闭环,将被着色。

4)封闭环必须首尾相接,自然封闭;不允许有图元重合,或出现多余图元,如图3-34c所示的图形内不被着色。

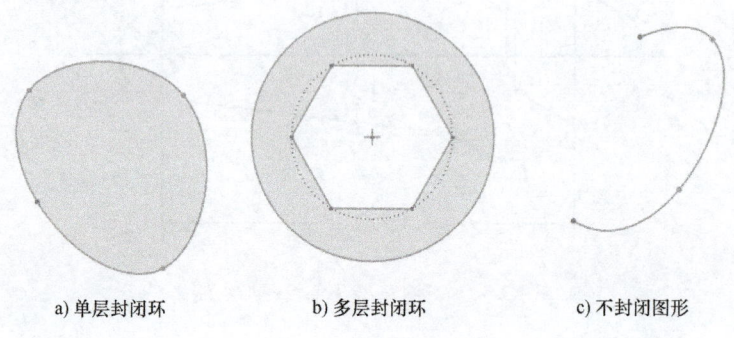

a)单层封闭环　　　　b)多层封闭环　　　　c)不封闭图形

图3-34　着色封闭环的应用

(2)加亮开放端点　利用"加亮开放端点"诊断工具,系统将加亮属于单个图元的端点,即不为多个图元所共有的端点,以此来检测活动草绘中任何与其他图元的终点不重合的图元的端点。调用命令的方式:在草绘器中,单击"检查"工具栏中的"加亮开放端点" 按钮。

执行该命令后,系统将以默认的红色圆加亮显示当前草绘中所有开放的端点,如图3-35所示。

(3)重叠几何　利用"重叠几何"诊断工具,系统将加亮重叠图元,以此来检测活动草绘中任何与其他图元相重叠的几何。调用命令的方式:在草绘器中,单击"检查"工具栏中的"重叠几何" 按钮。

执行该命令后,系统将以区别于不重叠几何图案的颜色加亮显示当前草绘中相重叠的几何边,如图3-36所示。

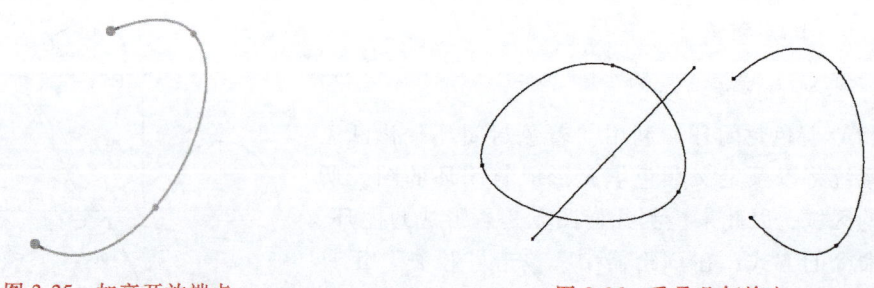

图3-35　加亮开放端点　　　　图3-36　重叠几何检查

(4)特征要求　在"3D草绘器"中,利用"特征要求"诊断工具,可以分析判断草绘是否满足其定义的当前特征类型的要求。调用命令的方式:在草绘器中,单击"检查"工具栏中的"特征要求" 按钮。

执行该命令后，系统将弹出"特征要求"对话框，该对话框显示当前草绘是否适合当前特征的消息，并列出了对当前特征的草绘要求及其状况，如图 3-37 所示。在"状况"列中用以下状况符号表示是否满足要求的状况：

1）√——满足要求。

2）●——满足要求，但不稳定。表示对草绘的简单更改可能无法满足要求。

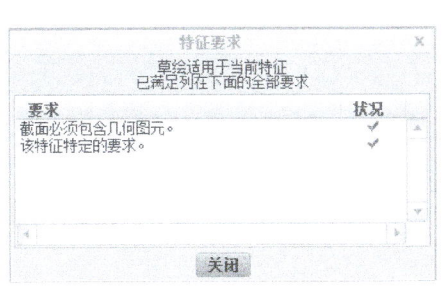

图 3-37　特征要求检查结果

3）▲——不满足要求。

2. 复杂二维图形的编辑

（1）镜像图元　利用中心线作为对称线，可以将几何图元镜像复制到中心线的另一侧。对于对称的二维草图，可以只画对称中心线一侧的半个图形，然后使用镜像命令，复制得到另一侧图形，这样可以减少尺寸数。调用命令的方式：在草绘器中，单击"编辑"工具栏中的"镜像" 按钮。

操作步骤如下：

第 1 步，选取需要镜像的几何图元。

第 2 步，在"编辑"工具栏中单击"镜像" 按钮，启动"镜像"命令。

第 3 步，系统提示"选取一条中心线。"时，选取中心线作为镜像线，系统将所选图元镜像至中心线的另一侧。

第 4 步，在绘图区单击，结束命令，结果如图 3-38 所示。

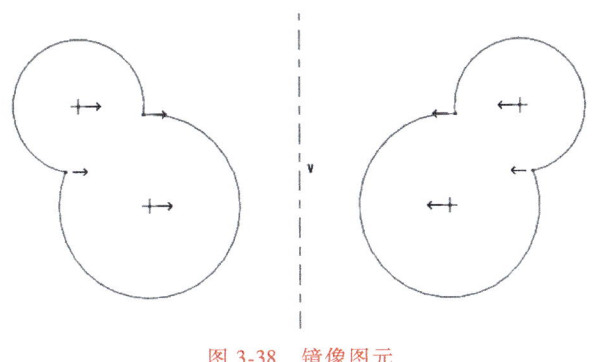

图 3-38　镜像图元

（2）旋转图元　利用"缩放和旋转"命令可以将选定的图元移动、缩放和旋转。调用命令的方式：在草绘器中，单击"编辑"工具栏中的"旋转调整大小" 按钮。

操作步骤如下：

第 1 步，选取几何图元，如图 3-39a 所示。

第 2 步，在"编辑"工具栏中单击"旋转调整大小" 按钮，启动"旋转调整大小"命令。

第 3 步，系统打开"旋转调整大小"选项卡，如图 3-39b 所示，并在绘图区显示带有控制滑块句柄的虚线方框，如图 3-39c 所示。

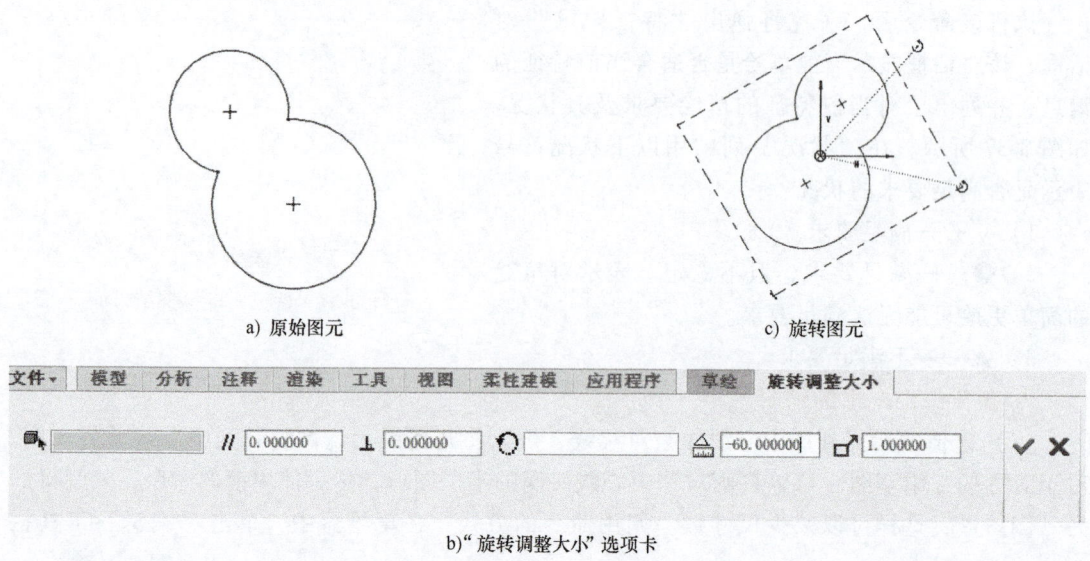

图 3-39 旋转图元

第 4 步，在"旋转调整大小"选项卡中输入缩放比例或旋转角度。

第 5 步，单击"旋转调整大小" 按钮，关闭对话框。

（3）复制图元　复制操作可以将选定的对象置于剪贴板中，再使用粘贴操作将复制到剪贴板中的对象粘贴到当前窗口的草绘器（活动草绘器）中。可以进行复制的对象有几何图元、中心线以及与选定几何图元相关的强尺寸和约束等。被粘贴的草绘图元可以平移、旋转或缩放。

调用命令的方式：选择需要复制的图元，同时按下<Ctrl+C>键，再同时按下<Ctrl+V>键，此时光标会变显示为 ，再单击绘图区域，打开如图 3-39b 所示"旋转调整大小"选项卡，以及带由控制滑块句柄的虚线图框，如图 3-40 所示。在选项卡中设置旋转和缩放数据，将图元平移放置在合适的位置，即完成了图元的复制。

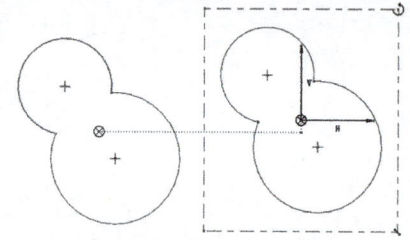

图 3-40 复制图元

3.4.3　图形绘制过程

绘制如图 3-33 所示的二维图形。

（1）新建文件　在"文件"下拉菜单中选择"新建"命令，系统弹出"新建"对话框，在"类型"选项组中选中"草绘"单选按钮，在"名称"文本框中输入"project3-4"，然后进入草绘环境。

3-7　图形绘制

（2）绘制中心线　单击"中心线" 按钮，绘制中心线。

（3）绘制单个叶片外轮廓　单击"弧"→"圆心和端点" 按钮，绘制单个叶片的外轮廓，注意圆弧和圆弧之间的相交条件和切点的位置，结果如图 3-41 所示。在中心线交点位置绘制一个圆，单击绘制切线命令 按钮，绘制圆与两段圆弧的切线，结果如图 3-42 所示。

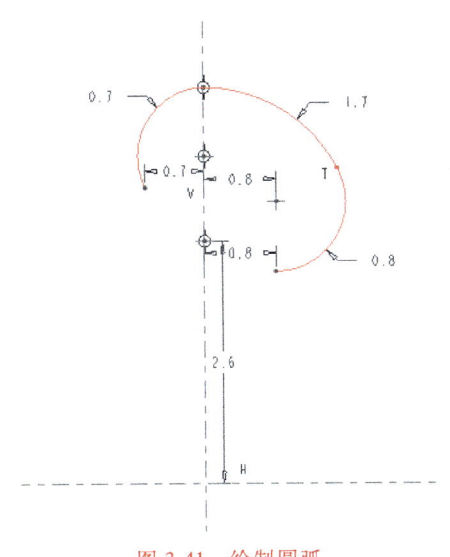

图 3-41 绘制圆弧

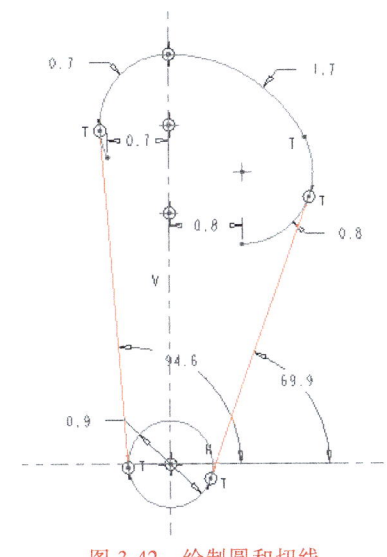

图 3-42 绘制圆和切线

（4）修剪、标注与修改尺寸　单击"删除段"按钮，删除多余的线段，对图形进行尺寸标注，并且修改尺寸，结果如图 3-43 所示。

（5）检查单个叶片　选择"着色封闭环"命令，对单个叶片进行检查，结果如图 3-44 所示，说明单个叶片是一个单一的封闭的环，无多余的线条。

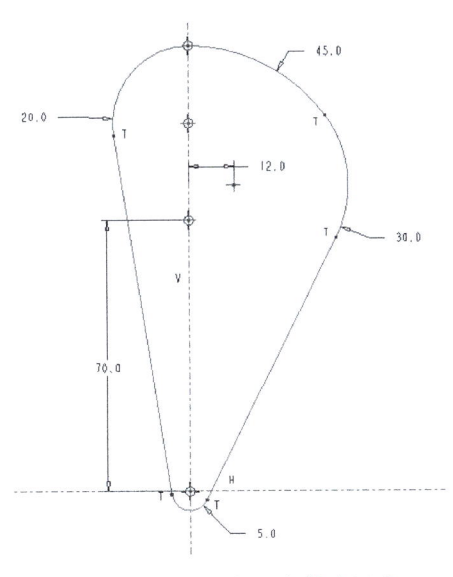

图 3-43 修剪、标注与修改尺寸

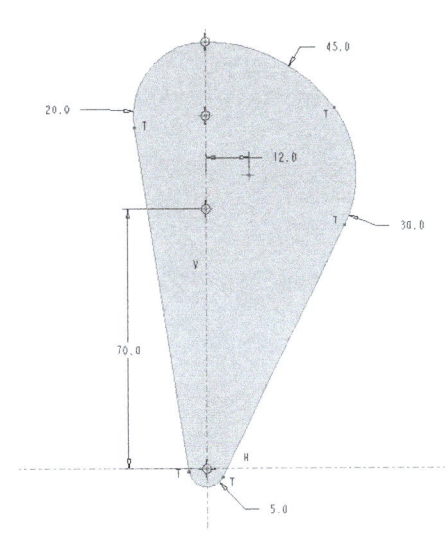

图 3-44 检查单个叶片

（6）绘制单个点　单击绘制点命令按钮，在两条中心线的交点处绘制一个点，作为之后单个叶片的旋转中心。

（7）旋转需要复制的多条曲线　选择需要复制的曲线，按下<Ctrl+C>键进行复制，然后在绘图区按下<Ctrl+V>键，此时光标会变显示为，在绘图区单击放置图形，结果如图 3-45 所示。

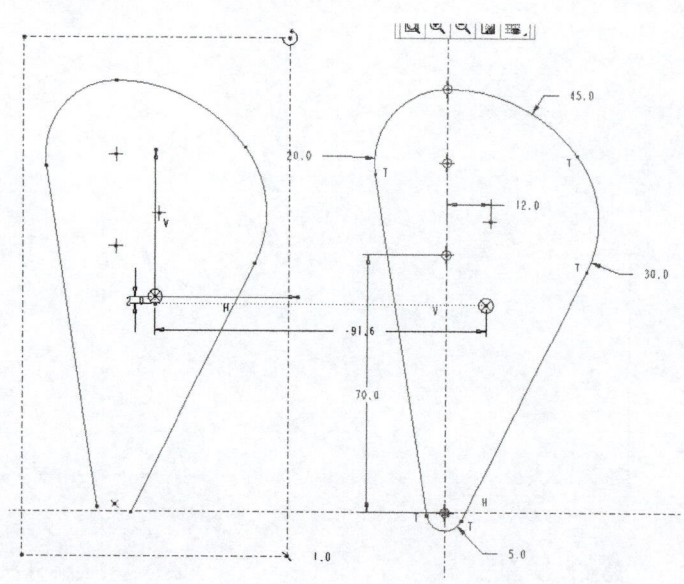

图 3-45 复制曲线

（8）旋转和放置图形　右击选择旋转中心，将其拖动到第 6 步绘制的单个点处，按照图 3-46 所示设置旋转单个叶片，单击选择转换后的旋转中心，将其拖动到原始叶片的中心线相交处，结果如图 3-47 所示。重复复制命令，增加另外两个叶片，结果如图 3-48 所示。

图 3-46　设置旋转中心和角度

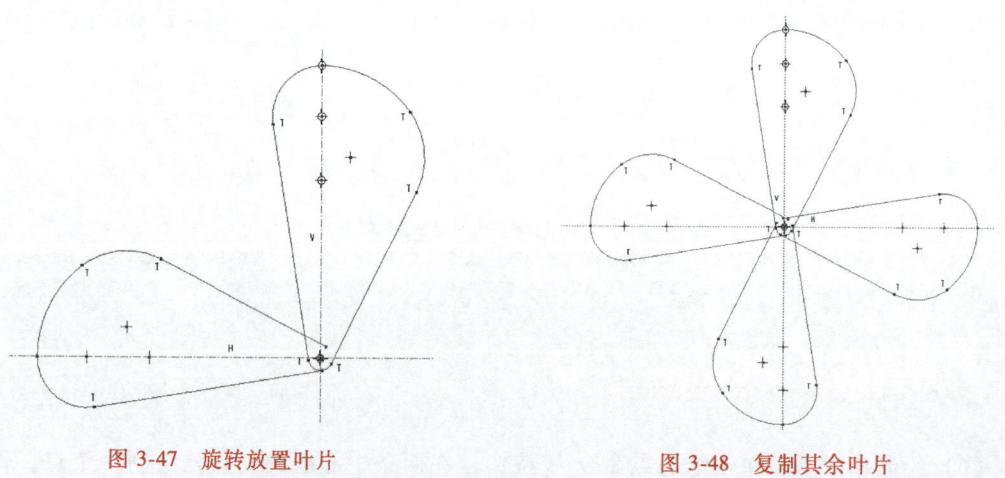

图 3-47　旋转放置叶片　　　　　　图 3-48　复制其余叶片

（9）检查和完善图形　单击"检查"工具栏中的"加亮开放端点"按钮，检查结果如图 3-49 所示，可知图形在加亮处有开放端点。单击"编辑"工具栏中的"拐角"按钮，完善图形，结果如图 3-50 所示。

第3章 复杂曲线二维草图的绘制

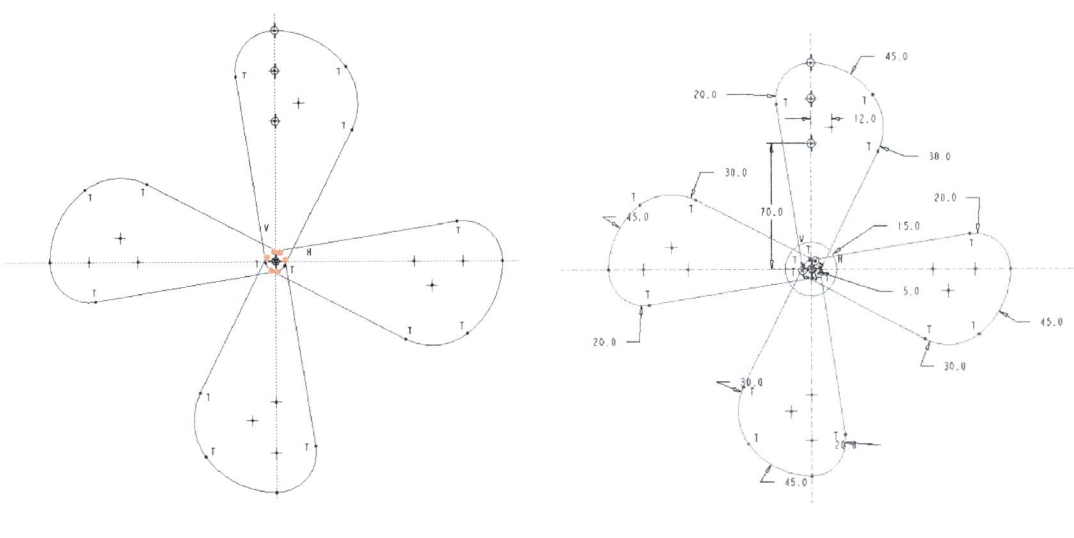

图 3-49 检查图形　　　　　图 3-50 完善图形

3.4.4 巩固复杂二维图形的检查和编辑

绘制如图 3-51 所示的复杂二维图形。

3-8 巩固练习

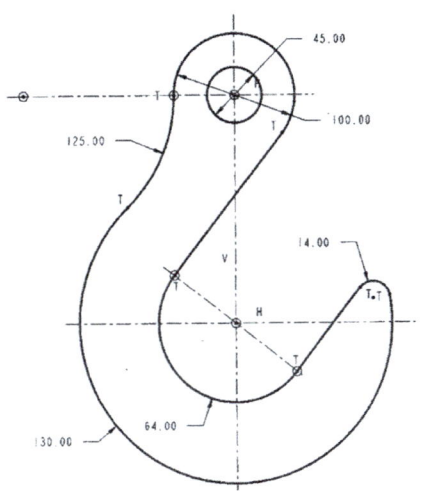

图 3-51 复杂二维图形的检查和编辑

本 章 小 结

在简单曲线草图绘制的基础上,本章着重介绍了两种复杂曲线的绘制和标注方法、二维图形中文本的创建、草绘器调色板的应用以及二维图形的检查和编辑命令。虽然 Creo 软件具有捕捉设计者意图和参数化草绘的优点,但是在绘制草图时还应该培养一些好的习惯,以便减少设计中的错误,提高设计效率,尤其要注意以下几个草图绘制要点:

1）绘制尺寸和形状大致符合实际的草图。如果绘制的草图在尺寸和形状上大致准确，那么在添加、修改尺寸和几何约束时，草图就不会发生大的变化。

2）善于使用镜像、复制或者阵列的方法。对于重复、简单的几何图元，采用特征的镜像、复制和阵列的方法来生成，这样会加快绘图的速度和效率。

3）一次绘制的图形不要过于复杂。不要试图一次完成一张复杂图形的绘制，最好分几步进行。单一对象的草图比用多个对象的草图便于以后编辑和修改。

4）充分利用草绘诊断工具，解决草绘中出现的问题。

理 论 自 测

1. 判断题

1）删除段命令可以删除中心线。　　　　　　　　　　　　　　　　　　　（　　）
2）文本中的文字倾斜角度可以任意设置。　　　　　　　　　　　　　　　（　　）
3）如果想让两条线重合，则应该使用"共线"约束。　　　　　　　　　　（　　）
4）全尺寸约束是指造型必须以完整的尺寸参数为出发点全约束，不能欠约束或过约束。　　　　　　　　　　　　　　　　　　　　　　　　　　　　　　　　（　　）
5）草绘中倒圆角，圆角的大小和选择的点的位置相关。　　　　　　　　　（　　）

2. 选择题

1）参数化设计是指参数化模型的尺寸是用参数变量和对应的关系来表示，而不许用确定的数值，如果一个参数值变化，那么所有与它相关的尺寸（　　）。
　　A. 有时改变　　　　B. 不改变　　　　C. 自动改变　　　　D. 不确定
2）以下哪一项不是二维草绘的基本几何图元？（　　）
　　A. 直线　　　　　　B. 圆　　　　　　C. 矩形　　　　　　D. 圆锥体
3）以下哪一种方法不属于绘制圆的方法？（　　）
　　A. 通过选取圆心和圆上一点来创建圆　　B. 通过拾取三个点来创建圆
　　C. 创建同心弧　　　　　　　　　　　　D. 创建与三个图元相切的圆
4）绘制圆的方法有几种？（　　）
　　A. 2　　　　　　　B. 3　　　　　　　C. 4　　　　　　　D. 5
5）绘制圆锥曲线时，要依次单击几个点？（　　）
　　A. 1　　　　　　　B. 2　　　　　　　C. 3　　　　　　　D. 4
6）绘制文本时，如果要使输入的文字为正向的，则绘制双点画线的方向为（　　）。
　　A. 由左往右　　　　B. 由右往左　　　　C. 由下往上　　　　D. 由上往下
7）能够实现将图元在平面内平移的功能的选项是（　　）。
　　A. 镜像几何图元　　B. 移动几何图元　　C. 复制几何图元　　D. 旋转几何图元

应 用 自 测

1. 创建如图 3-52 所示的二维图形，并标注尺寸。
2. 创建如图 3-53 所示的二维图形，并标注尺寸。

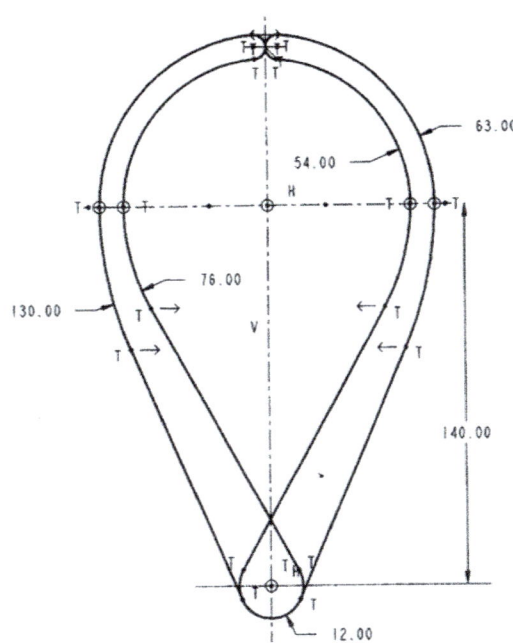

图 3-52　复杂二维草图应用自测（一）

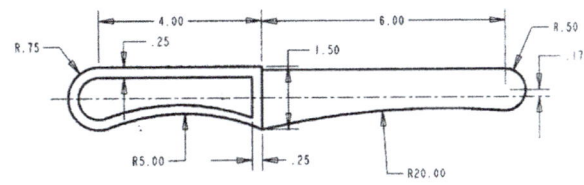

图 3-53　复杂二维草图应用自测（二）

3. 创建如图 3-54 所示的二维图形，并标注尺寸。

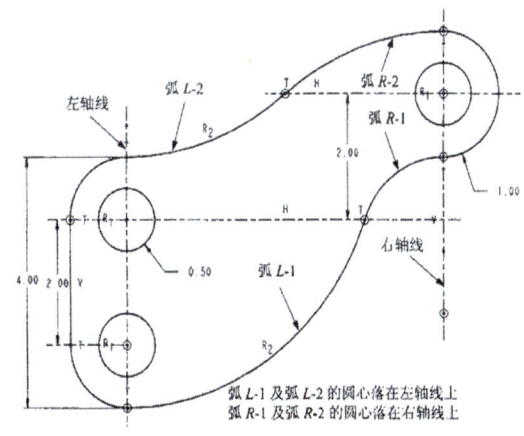

图 3-54　复杂二维草图应用自测（三）

4. 创建如图 3-55 所示的二维图形，并标注尺寸。

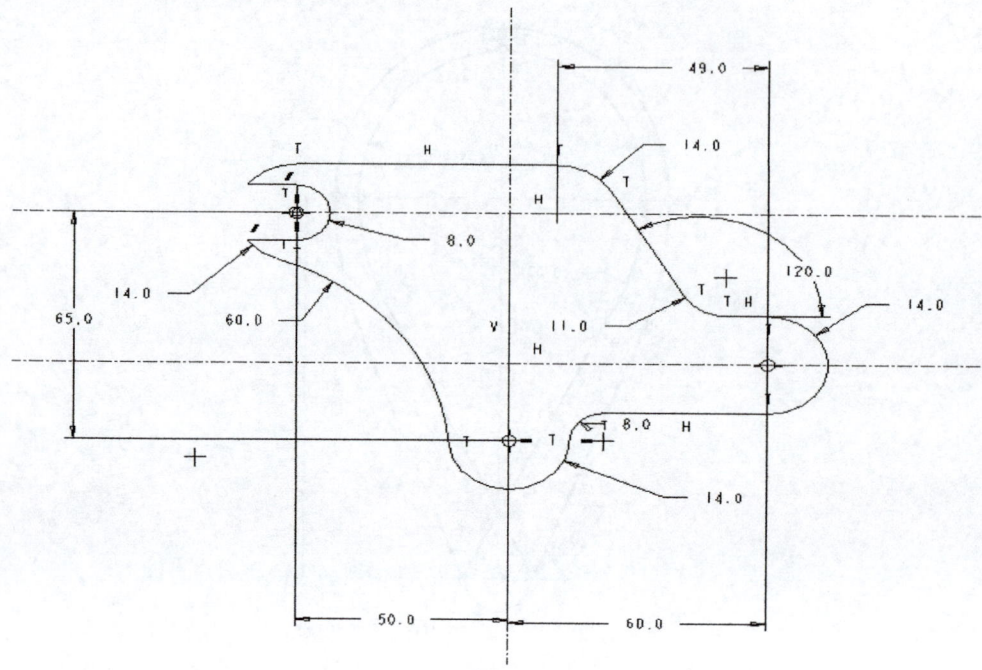

图 3-55　复杂二维草图应用自测（四）

5. 创建如图 3-56 所示的二维图形，并标注尺寸。

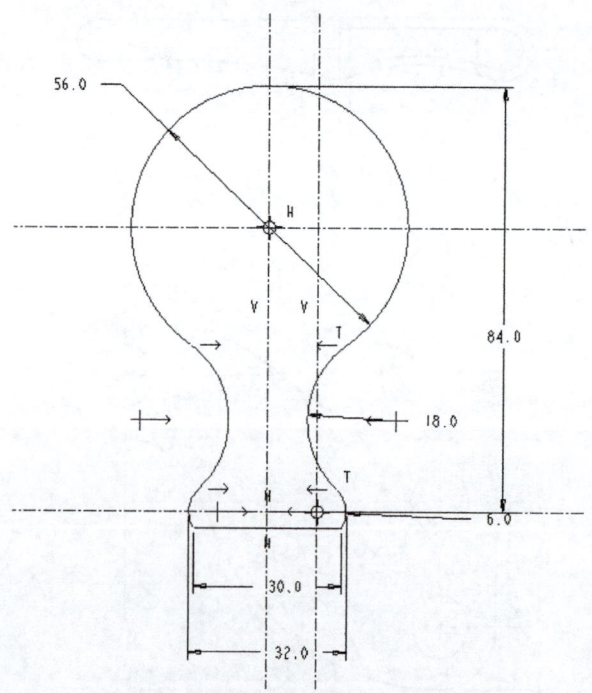

图 3-56　复杂二维草图应用自测（五）

第4章 创建基础实体特征

零件建模是产品设计的基础，而组成零件的基本单元是特征。目前，"特征"或者"基于特征的"这些术语在 CAD 领域中频繁地出现，在创建三维模型时，人们普遍认为这是一种更直接、更有用的创建表达方式。一般来说，"特征"是构成一个零件或者装配件的基本单元，虽然从几何形状上看，它也包含作为一般三维模型基础的点、线、面或者实体单元，但更重要的是，它具有工程制造意义，也就是说基于特征的三维特征具有常规几何模型所没有的附加的工程制造等信息。

本章主要介绍创建实体特征的基本方法，包括拉伸、旋转、扫描、螺旋扫描以及混合特征等。

4.1 拉伸特征

4-1　导入视频

拉伸特征是三维造型中最常用的特征命令，也是三维造型设计的基础，它是将一个截面沿其垂直方向拉伸一定距离而形成的结果。本任务主要通过拉伸命令创建实体特征，让读者了解实体造型的一般操作步骤，为后续章节的讲解打下基础。

4.1.1 任务分析

图 4-1 所示为一个具有长、宽、高等参数的三维几何体。通过观察该模型的几何形状可

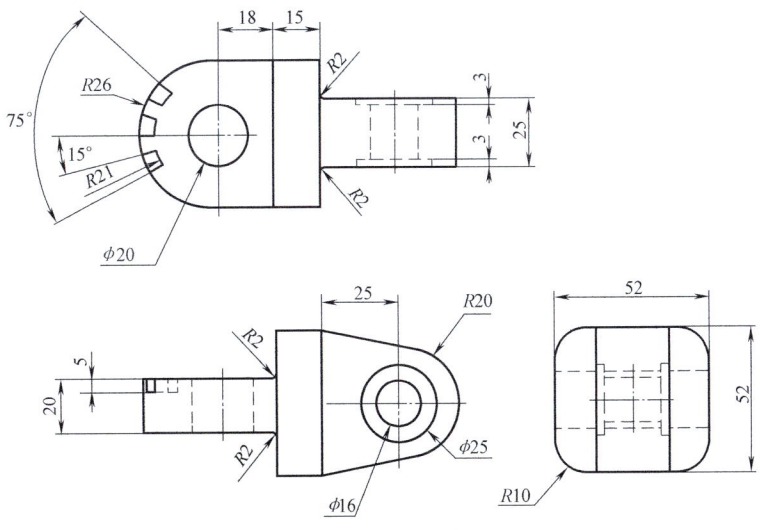

图 4-1　拉伸特征任务

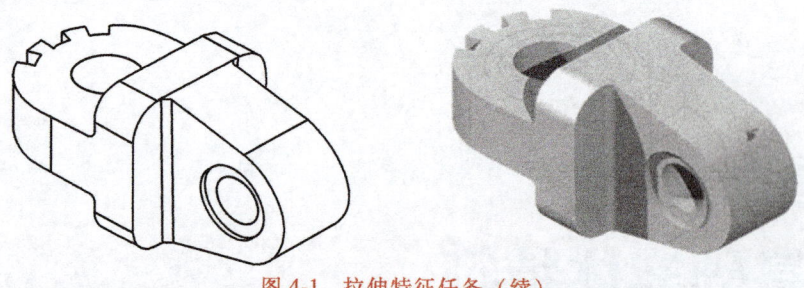

图 4-1 拉伸特征任务（续）

知，在截面尺寸完整的前提下可以通过拉伸的方式来创建该实体模型。

4.1.2 知识准备

拉伸是指将封闭截面围成的区域按照与该截面垂直的方向增加或去除材料来创建实体特征的方法。拉伸特征原理见表 4-1。

表 4-1 拉伸特征原理

序号	要点	原理图	说 明
1	增加材料	截面　　拉伸实体	从零开始或者在已有实体基础上生成新的实体
2	去除材料	截面　　拉伸实体	在已有实体基础上切去部分材料
3	加厚草绘	截面　　薄板实体	仅将草绘截面加厚一定尺寸创建实体特征
4	嵌套截面拉伸	截面　　拉伸实体	可以使用相互之间不交叉的嵌套截面创建拉伸实体

使用拉伸命令时，可以创建拉伸实体、曲面和具有指定厚度的拉伸实体。在创建拉伸实体模型时，绘制的草绘图形可以是封闭的，也可以是开放的，但是开放的草绘图形的端点必须在原有的实体的边界上，它与实体边界能够形成封闭的图形。

1. 进入拉伸界面

启动 Creo1.0 软件，从主菜单新建一个"零件"类型的文件，修改默认模板，将其修改为"mmns-part-solid"类型，进入三维设计界面。在功能区中单击"拉伸" 按钮，系统弹出拉伸特征操控板，如图 4-2 所示。

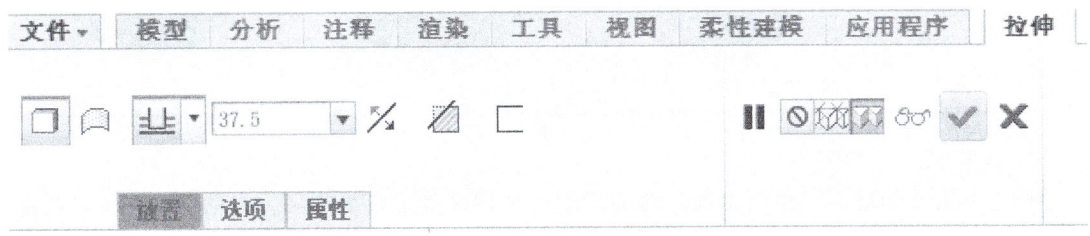

图 4-2 拉伸特征操控板

2. 选取草绘平面

草绘平面是绘制并放置截面的平面，实际设计中可以选取基准平面 TOP、FRONT 或 RIGHT 之一作为草绘平面；也可以选取已有实体上的平面作为草绘平面；还可以新建基准平面作为草绘平面。草绘平面的选择见表 4-2。

表 4-2 草绘平面的选择

序号	要点	选取实体参照	绘制截面图	创建实体
1	选取基准平面 TOP、FRONT 或 RIGHT			
2	选取实体上的平面			

(续)

序号	要点	选取实体参照	绘制截面图	创建实体
3	新建基准平面			

3. 设置草绘视图方向

指定草绘平面以后，草绘平面边缘会出现一个用来确定草绘视图方向的黄色箭头，表示将草绘平面的哪一侧朝向设计者，即为草绘视图方向。

图 4-3 所示的模型有正反两面，正面是平整的，背面有一个十字凹槽。如果选取平整表面为草绘平面，此时表示草绘视图方向的箭头指向模型背面，放置草绘平面后，将其正面朝向设计者，如图 4-4 所示。在"草绘"对话框中单击"反向"按钮，表示草绘视图方向的箭头指向模型正面，放置草绘平面后，将其背面朝向设计者，如图 4-5 所示。

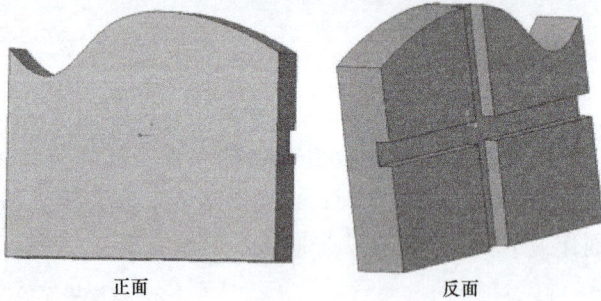

图 4-3　草绘方式示意图

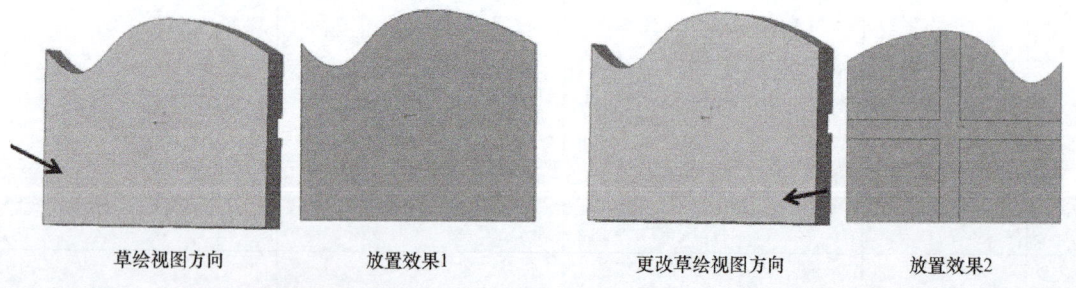

图 4-4　默认视图方向　　　　图 4-5　反向视图方向

4. 设置草绘平面的参考方向

选取草绘平面和草绘视图方向后还需要设置草绘平面的参考平面才能将草绘平面在三维空间内确定下来。有四种放置参照，分别是：

顶：参考平面位于草绘平面的顶部。

底：参考平面位于草绘平面的底部。

左：参考平面位于草绘平面的左侧。

右：参考平面位于草绘平面的右侧。

参考平面放置见表 4-3。

表 4-3　参考平面放置

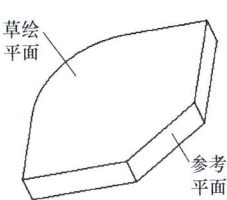

参考方向	顶	底	左	右
放置结果				

5. 在草绘平面内绘制截面

在大多数设计条件下需要使用闭合截面来创建特征，也就是说要求组成截面的几何图元首尾相接，自行封闭。例如，图 4-6 所示为不闭合截面，使用修改工具删除多余的线段可得到如图 4-7 所示的闭合截面。

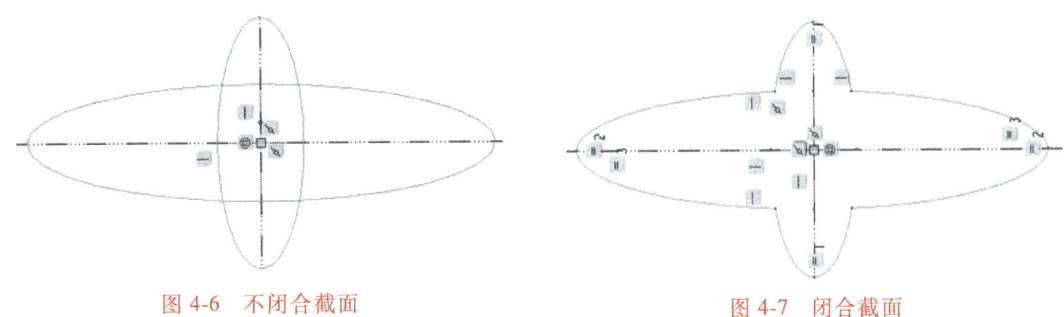

图 4-6　不闭合截面　　　　　　　　　图 4-7　闭合截面

用户也可以使用草绘曲线和实体边线共同围成闭合截面，此时要求草绘曲线和实体边线对齐。图 4-8 所示的草绘图元未与实体边线对齐，不是闭合截面；图 4-9 所示的草绘图元与实体边线对齐，能够围成闭合截面。这种情况下，草绘曲线可以明确将实体表面分为两个部分，并且用一个黄色箭头指示将哪个区域作为草绘截面。单击黄色箭头，可以将另一个区域作为草绘截面。

6. 确定特征生成的方向

绘制草绘截面后，系统会用一个黄色箭头表示当前特征的生成方向，要改变特征生成方向，在操控板中单击 按钮即可，也可以直接单击表示特征生成方向的黄色箭头。图 4-10 所示为更改特征生成方向的结果。

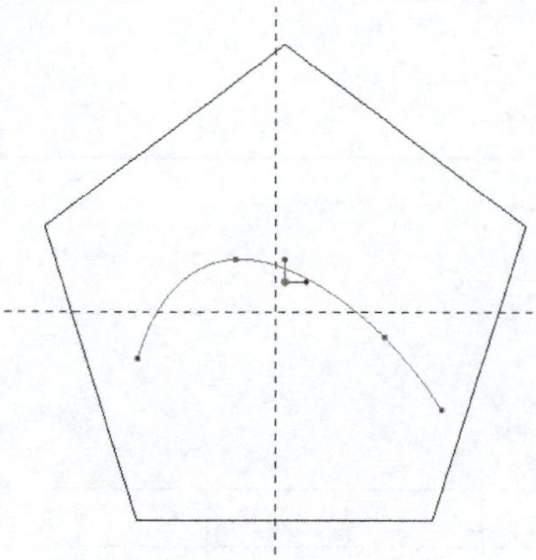

图 4-8 未闭合的错误截面 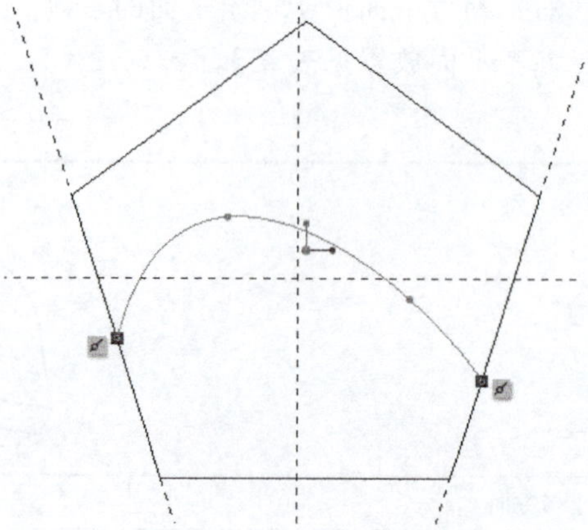　　　　图 4-9 已闭合的正确截面

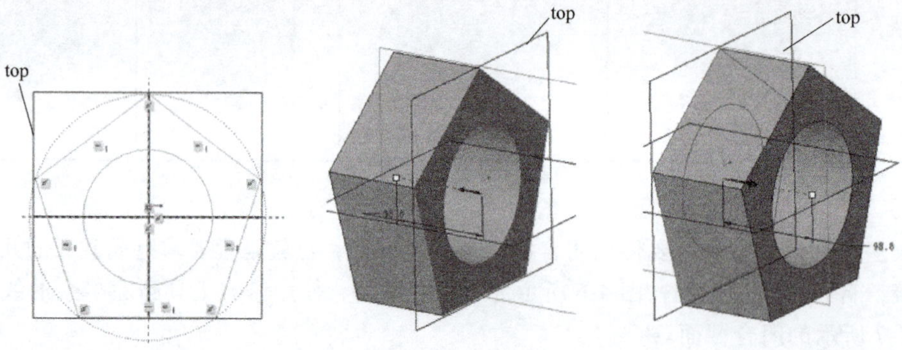

a) 在top画中草绘截面　　b) 在top一侧生成特征　　c) 在top另一侧生成特征

图 4-10 更改特征生成方向的结果

如果在模型上创建增加材料特征，系统设定的特征生成方向通常指向实体外部。在模型上创建去除材料特征时，特征生成方向总是指向实体内部。

7. 设置特征深度

通过设定特征的拉伸深度可以确定特征的大小。确定特征深度的方法很多，可以直接输入代数值表示其深度，也可以使用参照进行设计。在操控板中单击 按钮旁边的三角形按钮，打开深度设置工具条，各个图形按钮的用法见表 4-4。

表 4-4 特征深度设置

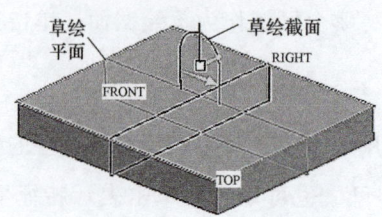

(续)

序号	图形按钮	含义	示例图	说明
1		直接输入数值,确定特征深度		单击文本框右侧的按钮,可以选取最近设置的数值
2		在草绘平面两侧生成拉伸特征		每侧拉伸深度为输入数值的一半
3		拉伸到特征生成方向的下一个曲面为止		常用于将草绘平面拉伸到不规则的曲面
4		特征穿透模型		一般用于创建去除材料特征,切透所有材料
5		特征以指定曲面作为参照,拉伸到该曲面		通常选取曲面作为参照
6		拉伸至选定的参照		可以选取点、线、平面或曲面作为参照

4.1.3 拉伸特征图形绘制过程

创建如图 4-1 所示的三维实体模型。

4-2 拉伸特征练习

1. 新建文件

在"文件"下拉菜单中选择"新建"命令系统弹出"新建"对话框，在"类型"选项组中选中"零件"单选按钮，在"名称"文本框中输入"project4-1"，修改模板为"mmns_part_solid"，单击"确定"按钮进入三维建模环境。

2. 创建第一个拉伸特征

选择拉伸命令，选取 FRONT 面作为草绘平面，默认放置方向，进入草绘环境，绘制如图 4-11 所示的草绘截面。

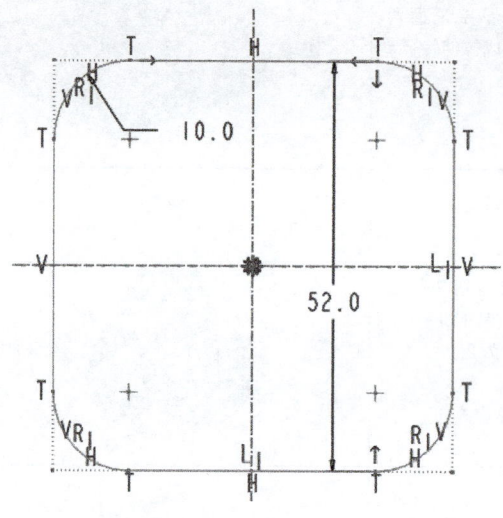

图 4-11 草绘截面 1

采用默认的拉伸方式 ，输入拉伸深度为 15，单击"确认"按钮，生成第一个拉伸特征。

3. 创建第二个拉伸特征

选择拉伸命令，选取 TOP 面作为草绘平面，默认放置方式，进入草绘环境，绘制如图 4-12 所示的草绘截面，选择拉伸方式为 ，输入拉伸数值 25，单击"确认"按钮，生成第二个拉伸特征。

4. 创建第三个拉伸特征

选择拉伸命令，选择实体平面作为草绘平面，绘制同心圆草绘，设置为去除材料方式，确定拉伸方向指向实体内部，设置拉伸深度为 3，单击"确认"按钮，生成第三个拉伸特征，如图 4-13 所示。由于该零件反面还有一个相同的沉孔，可以采用镜像的方式将第三个拉伸特征沿着对称面镜像过去。

5. 创建第四个拉伸特征

选择拉伸命令，选择 RIGHT 面为草绘平面，TOP 面放置在顶部，绘制如图 4-14 所示的

第4章 创建基础实体特征

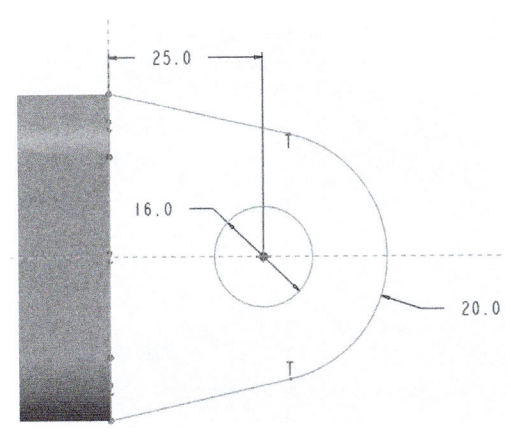

图 4-12　草绘截面 2

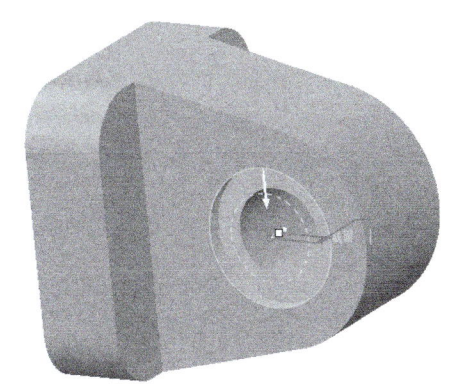

图 4-13　第三个拉伸特征

草绘截面，设置拉伸方式为 ▯，拉伸深度为 20，单击"确定"按钮，生成第四个拉伸特征，如图 4-15 所示。

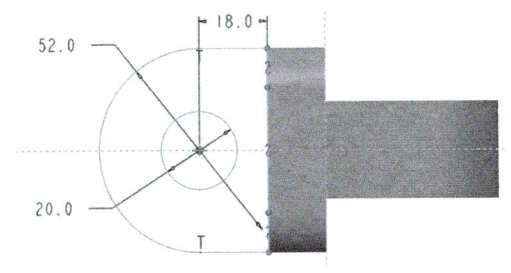

图 4-14　草绘截面 3

图 4-15　第四个拉伸特征

6. 创建第五个拉伸特征

选择拉伸命令，选择指定实体表面为草绘平面，绘制如图 4-16 所示草绘截面，设置拉伸方式为 ▯，调整拉伸方向指向模型内部，设置为去除材料，单击"确认"按钮，生成第五个拉伸特征，如图 4-17 所示。再进行 4 处倒圆角操作后，即为任务一的最终实体模型。

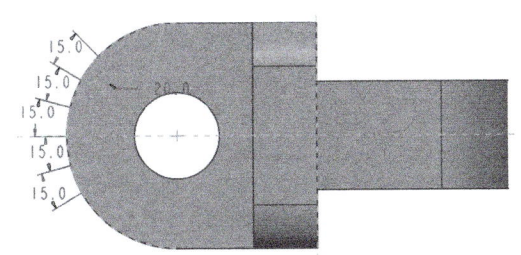

图 4-16　草绘截面 4

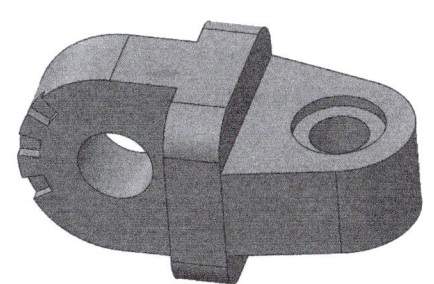

图 4-17　任务一的最终实体模型

4.1.4　巩固拉伸特征

创建如图 4-18 所示的三维实体模型。

4-3　拉伸特征巩固练习

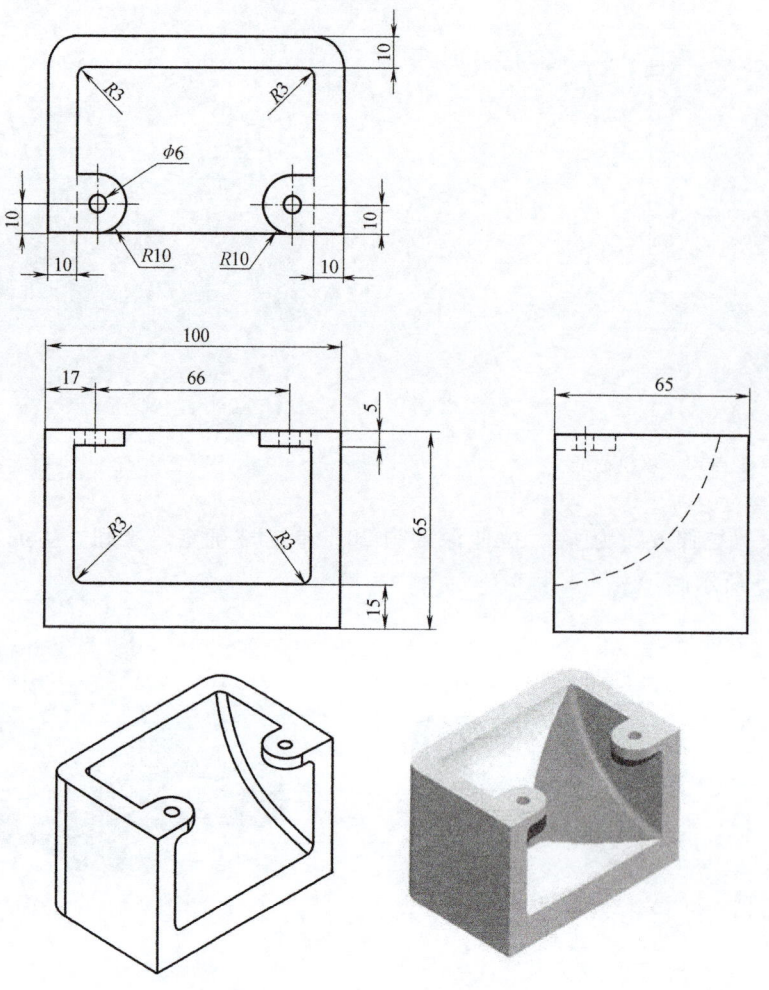

图 4-18　巩固拉伸特征实例

4.2　旋转特征

旋转是指将指定截面沿着公共轴线旋转后得到的三维模型，最后创建的模型为一个回转体，具有公共对称轴线。图 4-19 所示为使用旋转截面创建旋转实体特征示例。

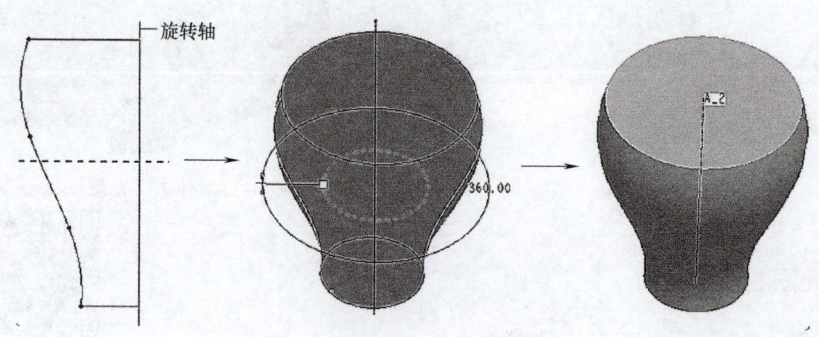

图 4-19　创建旋转实体特征示例

4.2.1 任务分析

本任务将结合旋转和拉伸创建一个实体模型。如图 4-20 所示,模型的主体部分为一个回转体,具有公共的回转轴线,适合使用旋转方法建模,再利用拉伸命令去除部分材料。该模型为平面对称图形,可使用镜像命令以简化建模步骤。

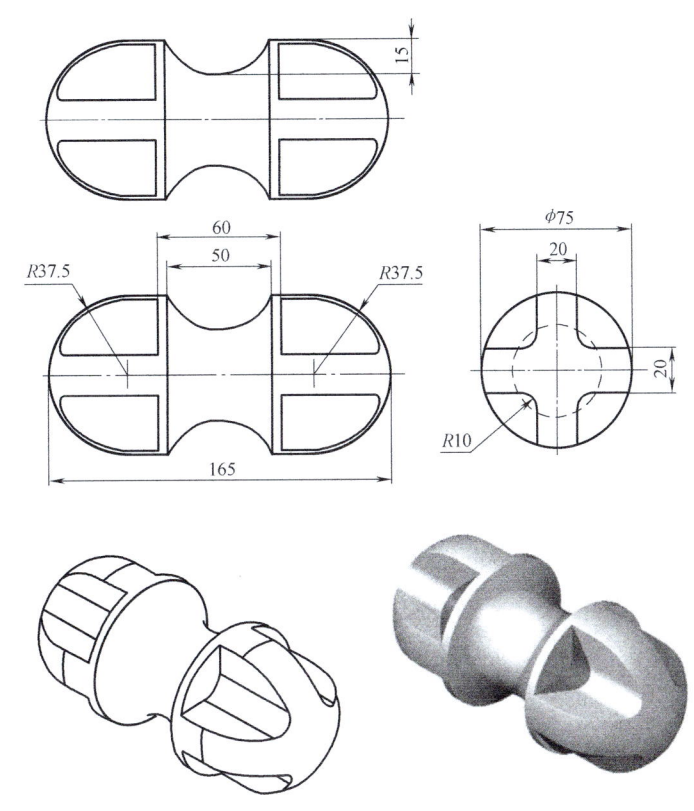

图 4-20 旋转特征任务

4.2.2 知识准备

在功能区中单击"旋转" 按钮,系统弹出旋转特征操控板,如图 4-21 所示。

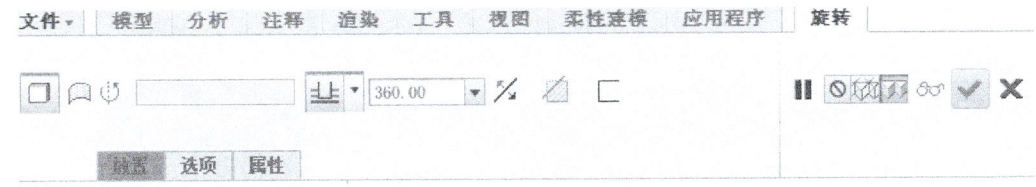

图 4-21 旋转特征操控板

1. 设置草绘平面

旋转特征和拉伸特征一样,需要设置草绘平面。

1) 选取合适的平面作为草绘平面。

2）设置合适的草绘视图方向。

3）选取合适的平面作为参考平面准确放置草绘平面。

2. 绘制旋转截面

在设置好的草绘平面内绘制旋转截面，与拉伸特征不同的是，在绘制旋转特征截面的同时，一般需同时绘制出旋转轴线，如图 4-22 所示。

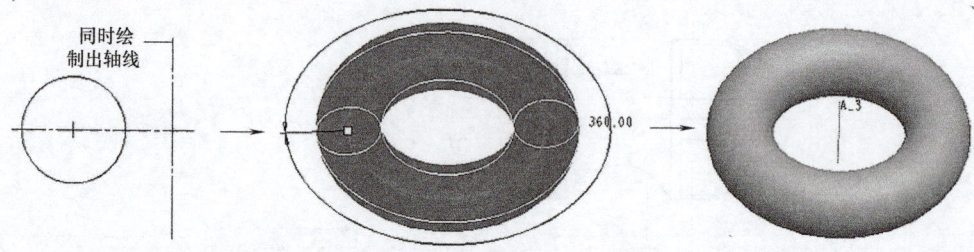

图 4-22　旋转特征截面与旋转轴

旋转轴线通常位于闭合截面外。系统允许旋转截面的一条边与旋转轴线重合，但是此时的截面不要漏掉压在轴线上的线段，如图 4-23 所示。

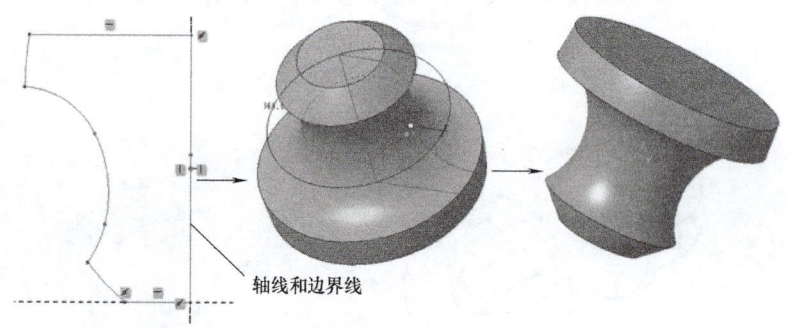

图 4-23　截面边线与旋转轴重合

在使用开放截面创建加厚草绘特征时，截面和旋转轴线不得有交叉。图 4-24 所示为错误的开放截面，正确的开放截面如图 4-25 所示。

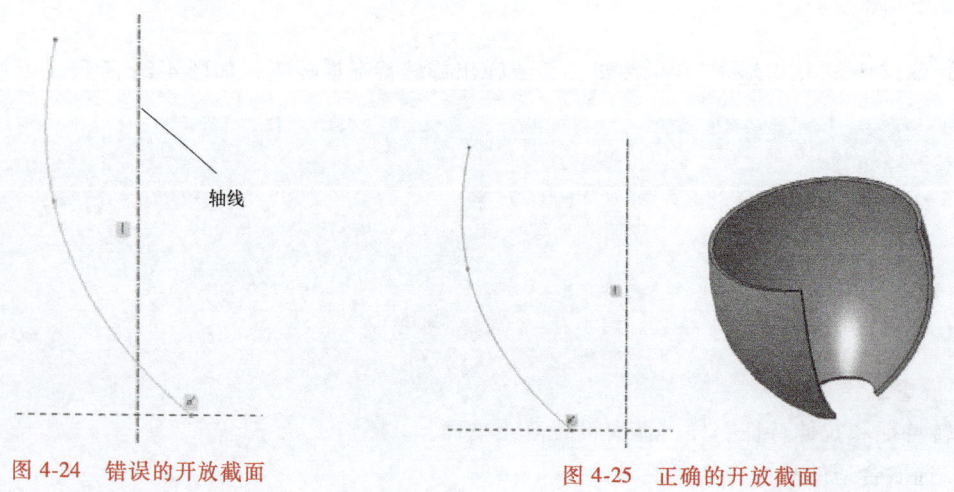

图 4-24　错误的开放截面　　　　　　　　图 4-25　正确的开放截面

3. 指定旋转轴

如果需要指定基准轴线或实体边线作为旋转轴线，在操控板中单击 放置 按钮，打开上滑参数面板，在这里可以设置草绘平面并指定旋转轴，如图 4-26 所示。

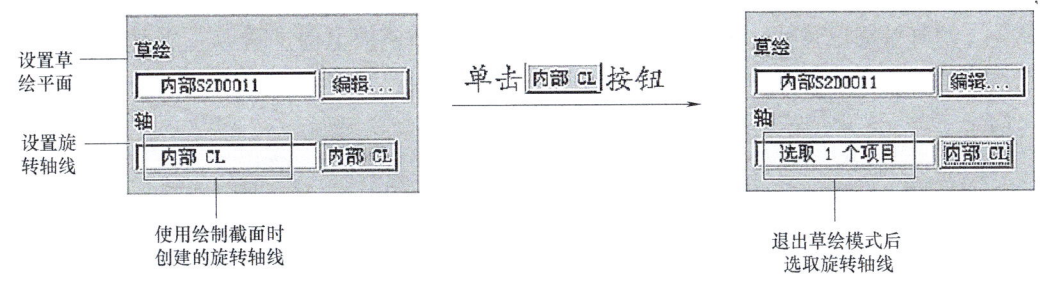

图 4-26　上滑参数面板

单击图 4-26 中的 内部 CL 按钮，待左边的文本框提示："选取 1 个项目"时，再选取需要的项目作为旋转轴线。

4. 设置旋转角度

设置旋转角度的方法与指定拉伸深度的方法相似，首先在操控板中选取一种旋转角度的方式，其中有以下三种指定角度的方法。

　：直接在按钮右侧的文本框中输入旋转角度。

　：在草绘平面的两侧产生旋转实体特征，每侧旋转角度为文本框中输入数值的一半。

　：特征以选定的点、线、平面或者曲面为参照，特征旋转到该参照为止。

默认情况下，特征沿逆时针方向转过指定角度。也可以单击操控板中的 按钮，更改特征生成的方向，此时特征沿顺时针方向转过指定的角度，如图 4-27 所示。

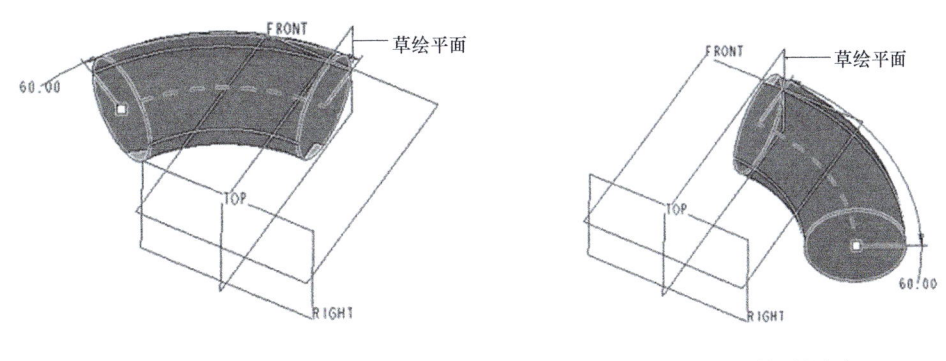

a) 逆时针旋转方向　　　　　　　　　b) 顺时针旋转方向

图 4-27　指定特征旋转方向

4.2.3　图形绘制过程

创建如图 4-20 所示的三维实体模型。

1. 新建文件

在"文件"下拉菜单中选择"新建"命令，系统弹出"新建"对话框，

4-4　旋转特征
图形绘制

在"类型"选项组中选中"零件"单选按钮,在"名称"文本框中输入"project4-2",修改模板为"mmns_part_solid",单击"确定"按钮进入三维建模环境。

2. 创建第一个旋转特征

选择旋转命令,选择FRONT面作为草绘平面,默认放置,绘制如图4-28所示的旋转草绘截面,同时绘制旋转轴。确认草绘,单击旋转特征操控板中的"确认"按钮,生成第一个旋转特征,如图4-29所示。

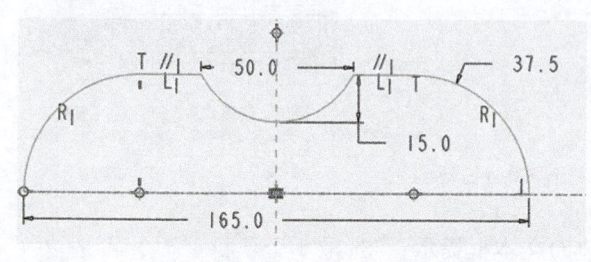

图4-28 旋转草绘截面

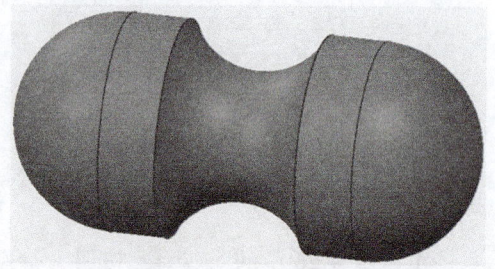

图4-29 旋转特征1

3. 创建新基准平面

单击"模型"选项卡功能区中的"平面" 按钮,系统弹出"基准平面"对话框,按图4-30所示设置,即该基准平面为通过平移RIGHT面30mm得到,采用系统默认的基准平面名称DTM1。

4. 创建拉伸特征

打开"拉伸"选项卡,选取DTM1作为草绘平面,默认放置方式,绘制如图4-31所示的拉伸草绘截面。单击"确认"按钮退出草绘平面,设置拉伸方式为 ,去除材料,按照要求调整拉伸方向,拉伸的深度为超出已有的实体即可。单击"确认"按钮,生成第一个拉伸特征,如图4-32所示。

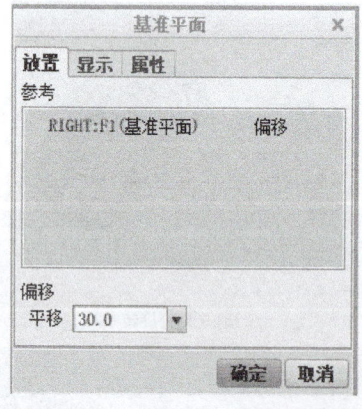

图4-30 "基准平面"对话框设置

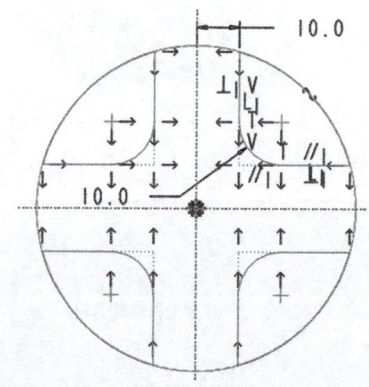

图4-31 拉伸草绘截面

5. 镜像拉伸特征

在左边的模型树中,选择上一步完成的拉伸特征1,单击"编辑"工具栏中的"镜像" 按钮,选择RIGHT面作为镜像面,镜像拉伸特征,结果如图4-33所示,此即为任务二

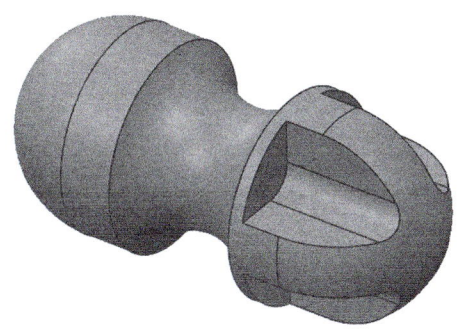

图 4-32 拉伸特征 1

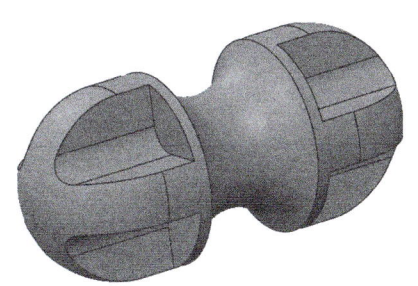

图 4-33 任务二的最终实体模型

的最终实体模型。

4.2.4 巩固旋转特征

创建如图 4-34 所示的三维实体模型。

4-5 旋转特征巩固练习

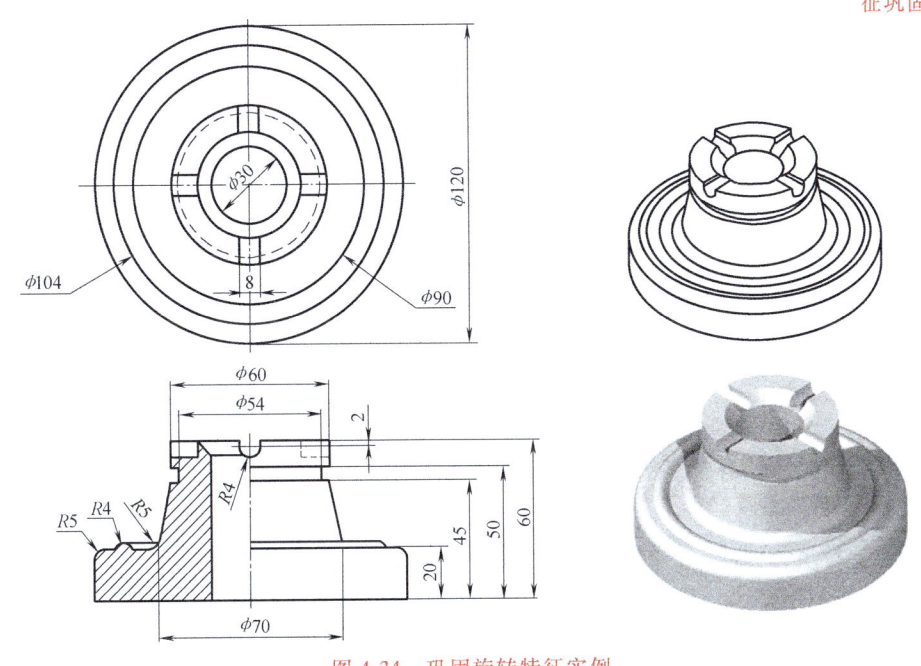

图 4-34 巩固旋转特征实例

4.3 扫描特征

将拉伸实体特征的创建原理进一步推广，可将草绘截面沿着任意路径扫描将获得扫描实体特征。因此，从建模原理上说，拉伸实体特征和旋转实体特征都是扫描实体特征的特例，拉伸实体特征是将截面沿直线扫描，旋转实体特征是将截面沿着圆周扫描。

扫描轨迹线和扫描截面是扫描实体特征的两个基本要素，在最后创建的模型上，特征的横断面和扫描截面对应，特征的外轮廓线与扫描轨迹线对应，如图 4-35 所示。

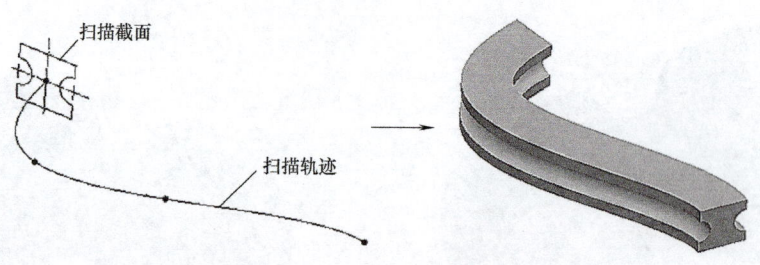

图 4-35 扫描实体特征建模原理

4.3.1 任务分析

本任务主要应用扫描实体特征来建立如图 4-36 所示书夹的实体模型。扫描实体特征的创建原理比拉伸和旋转更具有一般性,通过本任务,读者应该掌握这种设计方法的基本环节和技巧。

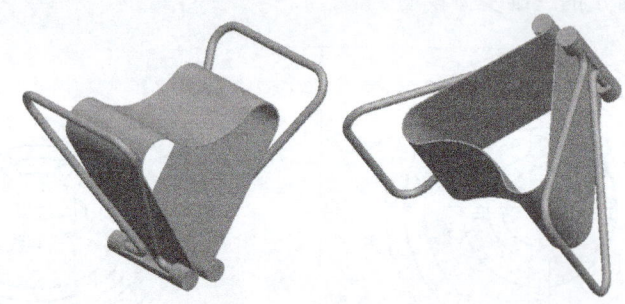

图 4-36 扫描实体特征任务

4.3.2 知识准备

扫描特征的轨迹线有两种来源,一种是草绘轨迹线,另一种是选取轨迹线。

1. 草绘轨迹线创建扫描实体特征

使用草绘轨迹线创建扫描实体特征应用得比较广泛,主要步骤如下:

1)在功能区中单击"扫描" 扫描按钮,系统打开"扫描"选项卡,单击"扫描"选项卡中右侧的"基准"按钮,选择"草绘"选项,然后选取一个基准面,按照要求放置。也可以直接在功能区选择草绘命令,直接绘制一个草绘截面。在创建拉伸和旋转实体特征时,已经介绍了选取和设置草绘平面,以及在草绘平面内绘制二维图形的基本方法。

2)草绘轨迹线。在创建扫描实体特征时,需要两次进入草绘平面内绘制二维图形。第一次是创建扫描轨迹线,在选定的草绘平面内绘制平面曲线作为扫描轨迹线。扫描实体特征通常对轨迹线没有特殊要求,但是在草绘平面内只能绘制二维平面曲线,不能绘制空间曲线。第二次进入草绘是绘制扫描截面。

3)设置属性参数。属性参数用于确定扫描实体特征的外观以及与其他特征的连接方式。

在一个已有的实体特征之上创建扫描实体特征时,如果扫描轨迹线为开放曲线,可以设置属性参数,确定扫描实体特征与其他特征在相交处的连接方式。

【合并端】:新建扫描实体特征和另一实体特征相接后,两实体自然融合,光滑连接,形成一个整体,如图4-37所示。

【自由端】:新建扫描实体特征和另一实体特征相接后,两实体保持自然状态,互不融合,如图4-38所示。

图 4-37　合并端

图 4-38　自由端

2. 选取轨迹线创建扫描实体特征

使用草绘轨迹线方法创建扫描实体特征时,所绘制轨迹线只能是二维平面曲线。如果要使用三维空间曲线创建扫描实体特征,则可以选取已有空间曲线或者实体边线作为轨迹线。

使用这种方法创建扫描实体特征时,在确定轨迹线时,可以直接选取已经存在的基准曲线或实体边线围成轨迹线,然后再绘制扫描截面。图4-39所示为选取已经创建完成的空间曲线作为轨迹线来创建扫描实体特征。

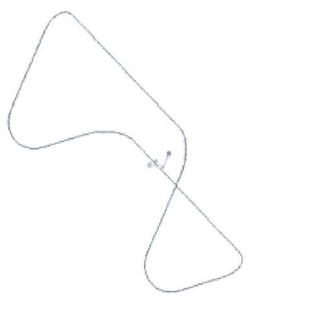

空间曲线作为轨迹线

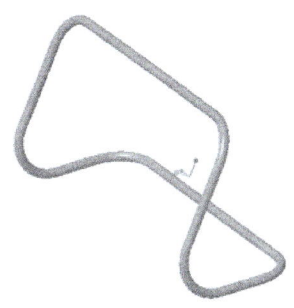

创建扫描实体特征

图 4-39　选取轨迹线创建扫描实体特征

4.3.3　图形绘制过程

创建如图4-36所示的三维实体模型。

1. 新建文件

在"文件"下拉菜单中选择"新建"命令,系统弹出"新建"对话框,在"类型"选项组中选中"零件"单选按钮,在"名称"文本框中输入"project4-3",修改模板为"mmns_part_solid",单击"确定"按钮进入三维

4-6　扫描特征练习

建模环境。

2. 创建第一个拉伸特征

选择拉伸命令，选取 FRONT 面作为草绘平面，默认放置方式，绘制如图 4-40 所示的草绘作为拉伸特征的截面。单击"确认"按钮退出草绘后，设置拉伸方式为 ，拉伸深度为 200，加厚草绘，草绘的厚度为 3，生成如图 4-41 所示的拉伸特征。

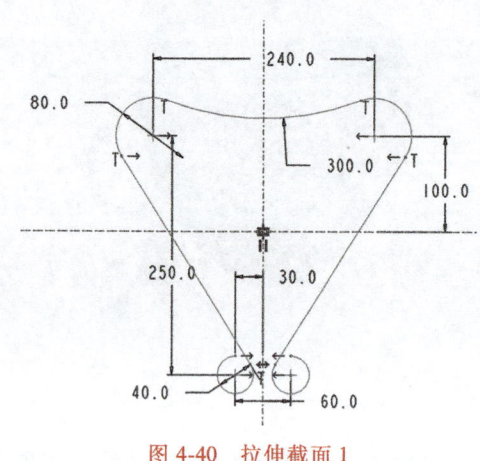

图 4-40 拉伸截面 1

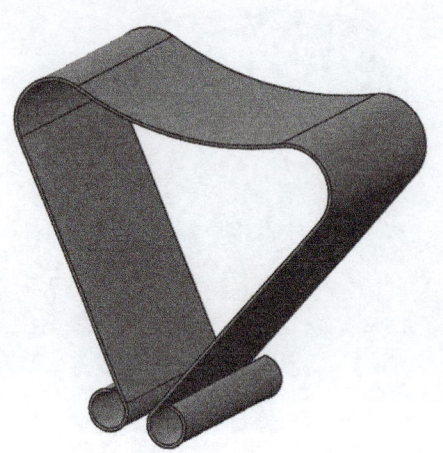

图 4-41 拉伸特征 1

3. 创建第二个拉伸特征

选取 FRONT 面作为草绘平面，绘制如图 4-42 所示的截面，选取拉伸方式为 ，去除材料，设置拉伸深度为 130，生成第二个拉伸特征，如图 4-43 所示。

4. 创建基准轴

单击"创建一个基准轴" 轴按钮，系统弹出"基准轴"对话框，如图 4-44 所示，创建一个基准轴，基准轴的名称采用系统默认的 A_1。

5. 创建基准平面

单击"平面" 按钮，系统弹出"基准平面"对话框，如图 4-45 所示，创建一个基准平面，基准平面的名称采用系统默认的名称 DTM1。

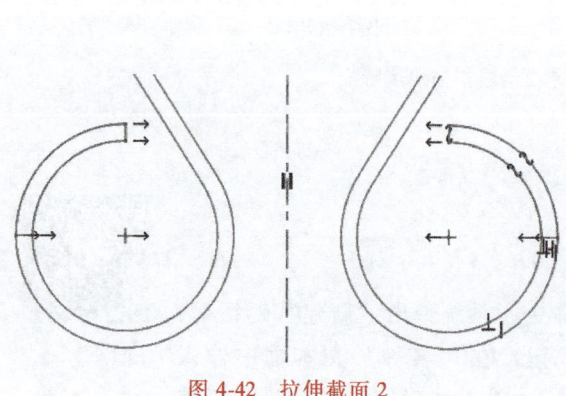

图 4-42 拉伸截面 2

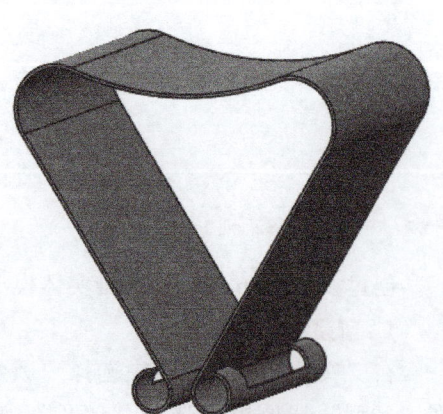

图 4-43 拉伸特征 2

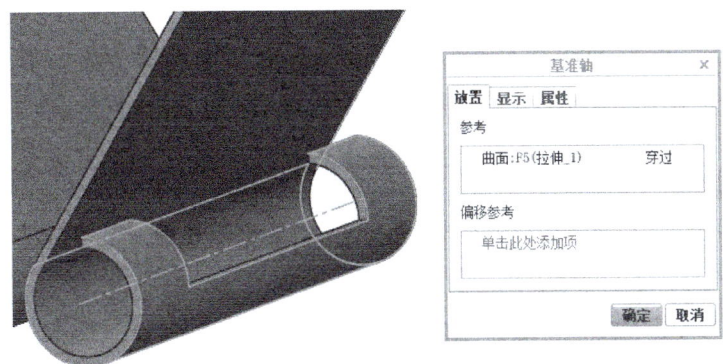

图 4-44 基准轴的创建

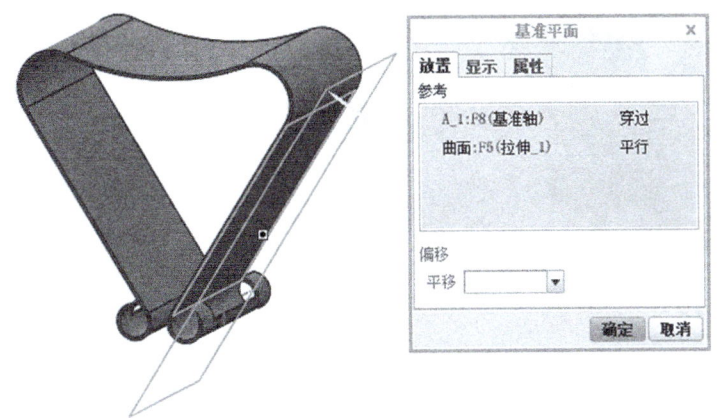

图 4-45 基准平面的创建

6. 创建扫描轨迹线

选取刚建立的基准平面 DTM1 作为草绘平面,绘制如图 4-46 所示的扫描轨迹线。

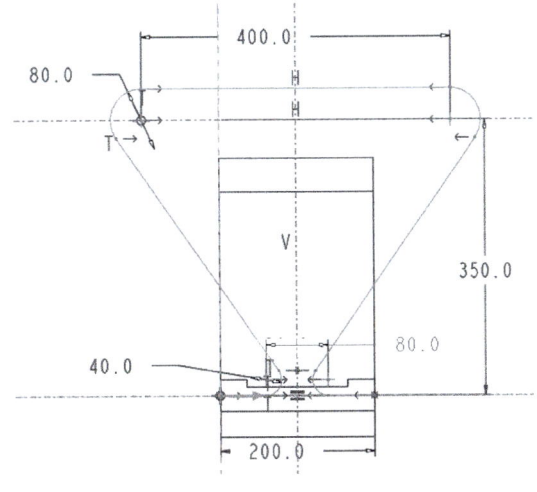

图 4-46 扫描轨迹线

7. 创建扫描特征

选择扫描命令，选取刚创建的草绘作为扫描轨迹线，单击 按钮进入草绘环境创建扫描截面，扫描截面为一个直径为 10mm 的圆，单击"确认"按钮退出草绘，生成扫描特征，如图 4-47 所示。

8. 镜像扫描特征

在左边模型树中选取第 7 步的扫描特征，选取对称面镜像该扫描特征，任务三的最终实体模型如图 4-48 所示。

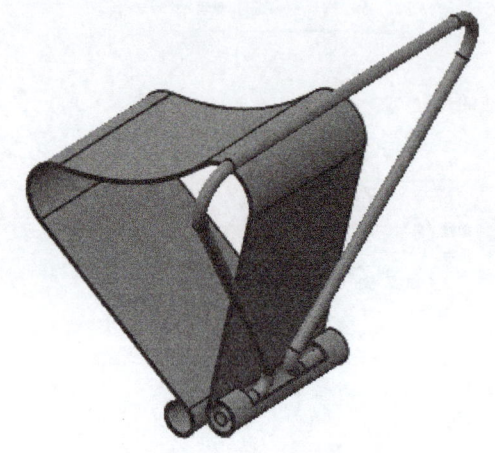

图 4-47 扫描特征

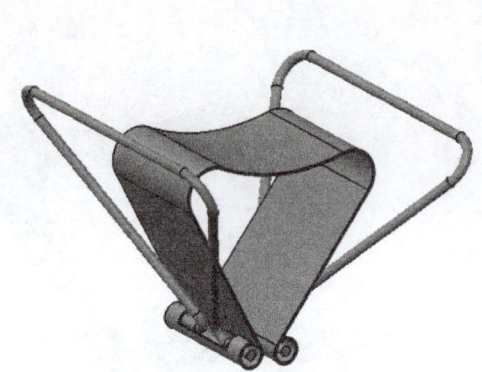

图 4-48 任务三的最终实体模型

4.3.4 巩固扫描特征

创建如图 4-49 所示的三维实体模型。

4-7 扫描特征巩固练习

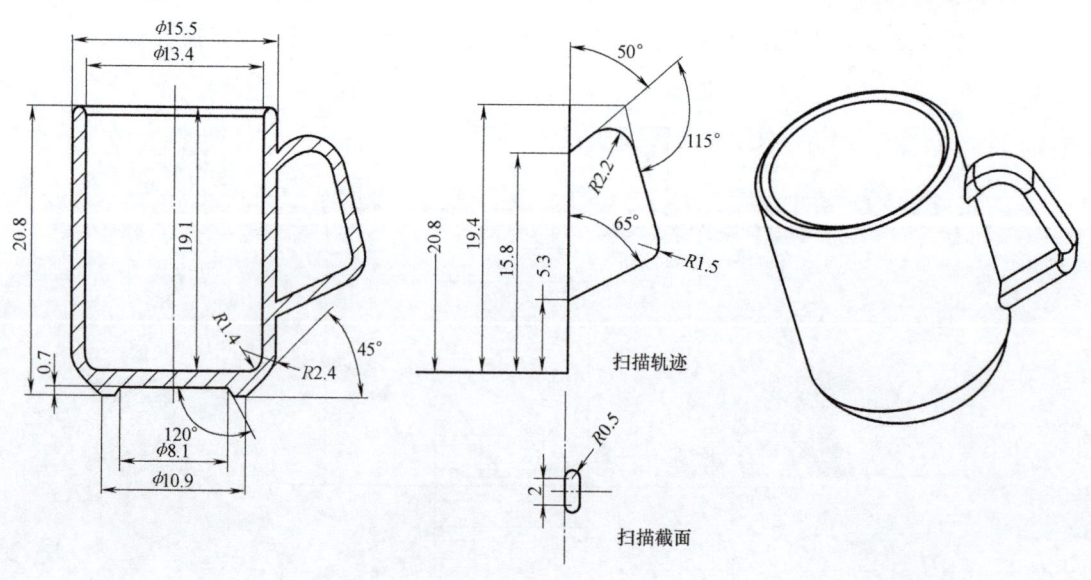

图 4-49 巩固扫描特征练习

4.4 混合特征

混合特征是连接两个或多个截面形成的一种特征,截面之间的渐变形状由截面拟合决定,是一种比较复杂的实体创建方法。系统提供了三种不同的混合方式。

1)平行混合:将相互平行的多个截面连接成实体特征,如图 4-50 所示,该实体特征的四个截面所在的基准平面相互平行。

2)旋转混合:将相互并不平行的多个截面连接成实体特征,后一截面的位置由前一截面绕 Y 轴旋转一定角度来确定,如图 4-51 所示,该实体特征截面 2 所在的基准平面由截面 1 所在基准平面绕 Y 轴旋转一定角度而来,截面 3 所在基准平面由截面 2 所在基准平面绕 Y 轴旋转一定角度而来。

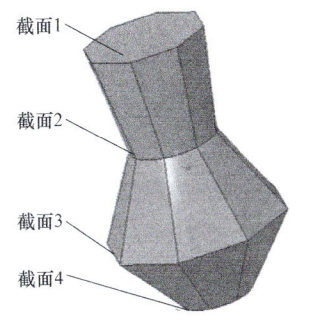

图 4-50 平行混合特征

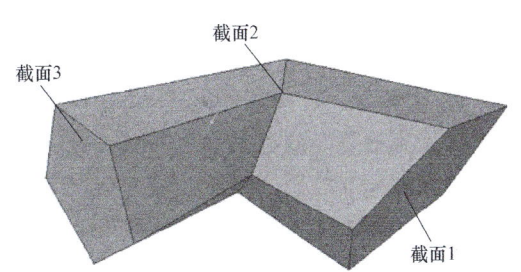

图 4-51 旋转混合特征

3)一般混合:连接构成实体特征的截面具有更大的自由度,后一截面的位置由前一截面分别绕 X 轴、Y 轴和 Z 轴旋转一定的角度来确定,如图 4-52 所示,截面 2 所在的基准平面由截面 1 所在基准平面绕三个坐标轴旋转一定角度来确定,截面 3 以此类推。

4.4.1 任务分析

本任务主要应用混合实体特征命令来建立如图 4-53 所示花瓶的实体模型。该花瓶的瓶口部位为一个八边形,颈部为圆形,瓶身为八边形而瓶底又是一个圆形,可见这是一个典型的混合实体,通过本任务,读者应该掌握这种设计方法的基本环节和技巧。

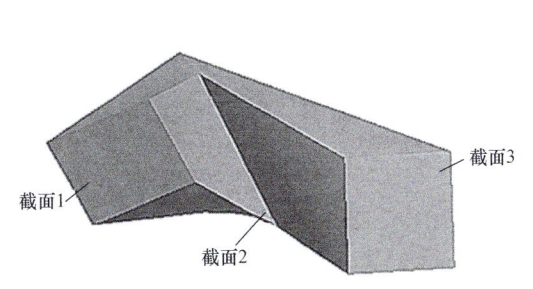

图 4-52 一般混合特征

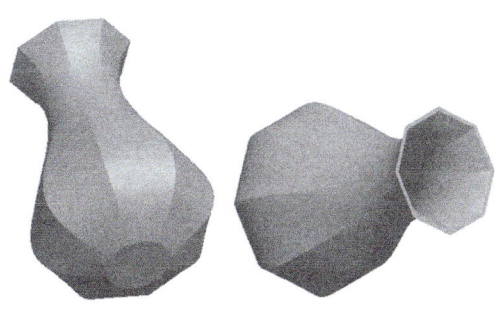

图 4-53 混合实体特征任务

4.4.2 知识准备

1. 混合截面的基本条件

构建混合实体特征的各个截面必须满足一个基本要求,即每个截面必须有相同的顶点数,这是所有混合实体特征对截面的基本要求。如图 4-54 所示,三个图形的形状虽然有较大差异,但都由 5 条边线和 5 个顶点组成,所以可以生成混合实体特征。

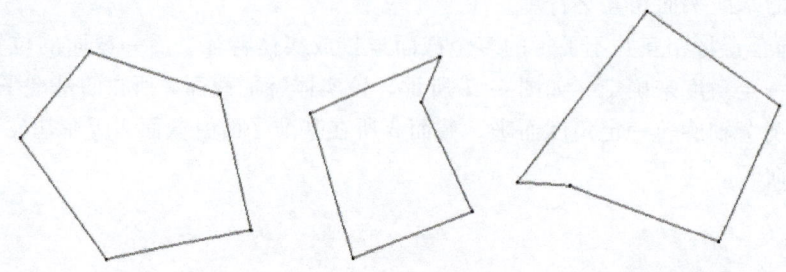

图 4-54 混合截面的基本条件

2. 起始点

起始点是平行混合多个截面时各截面对齐的参照点,两个截面的起始点相连,其余各点沿起始点箭头方向顺序相连。通常情况下,系统会将绘制截面的第一点作为起始点。在起始点处有一个箭头,箭头的指向由草绘截面时各边线的环绕方向决定。

完成截面绘制后,可以根据实际需要设置起始点和箭头方向。设置的方法是在截面上选取拟设置为起始点的顶点,右击,在弹出的快捷菜单中选择"起始点"命令即可将该点设置为起始点。如果要改变箭头方向,重复设置该点为起始点即可。

起始点的位置对最后产生的实体特征的形状有很大的影响,截面上的起始点在位置上要尽量对齐或靠近,否则最后创建的模型将发生扭曲变形,如图 4-55 所示。

3. 混合顶点

当某一截面的顶点数比其他截面少时,要想能正确生成混合实体特征,必须使用混合顶点。混合顶点就是将一个顶点当成两个顶点来使用,该顶点同时和其他截面上的两个顶点相连。首先在截面上选中需要设置为混合顶点的点,然后选择"草绘"→"特征工具"→"混合顶点"命令,就可以将该点设置为混合顶点,如图 4-56 所示。

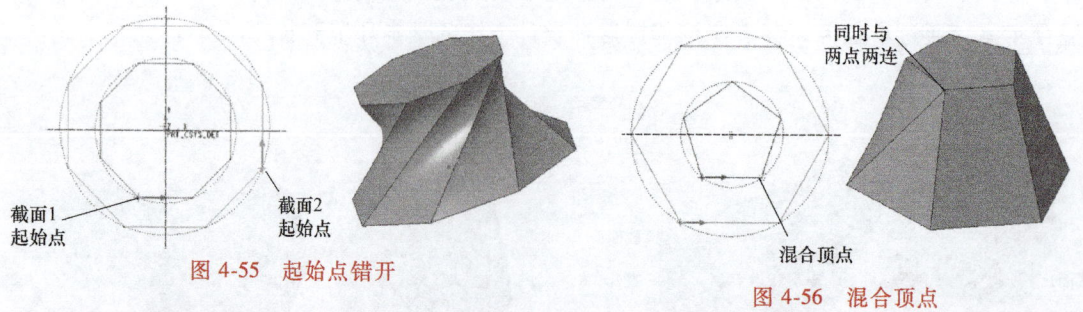

图 4-55 起始点错开

图 4-56 混合顶点

4. 截断点

圆形截面上没有明显的顶点,如果需要与其他截面混合生成实体特征,必须在其上加入与其他截面相同数量的截断点。单击"分割" 按钮,即可在图形上加入截断点。例如,图4-57所示是使用圆形截面和正六边形截面创建混合实体特征,在圆形截面上加入6个截断点,最后创建的混合实体特征如图4-57所示。

5. 点截面

创建混合实体特征时,点可以作为一种特殊截面与各种截面进行混合。点截面和相邻截面的所有顶点都相连构成混合实体特征,如图4-58所示。

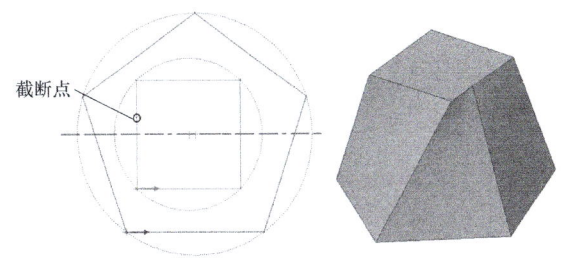
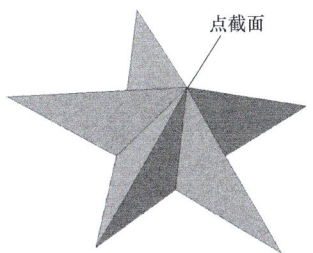

图4-57　截断点　　　　　　　　　　　　　　　图4-58　点截面

6. 混合实体特征的属性

根据设计要求,可以为实体特征模型选取不同的属性。当属性设置为"直的"时,各截面之间使用直线相连,可以明显看到截面之间的过渡;当属性设置为"光滑"时,截面之间使用曲线平滑连接,看不到截面之间的过渡;当属性设置为"开放"时,截面之间单向连接;当属性设置为"封闭"时,截面之间双向封闭连接,如图4-59所示。

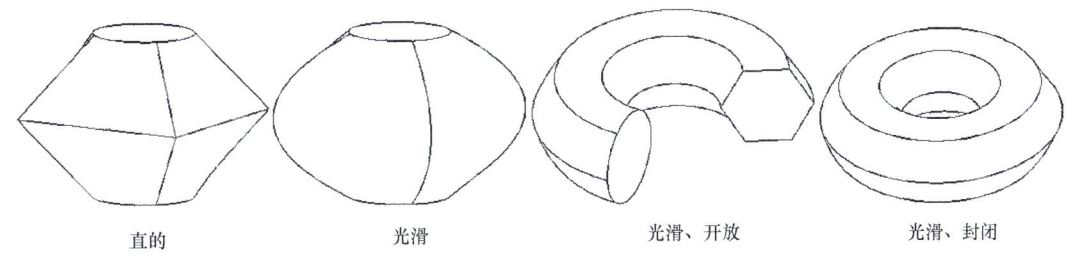

图4-59　混合实体特征的属性

4.4.3　图形绘制过程

创建如图4-53所示的三维实体模型。

1. 新建文件

4-8　混合特征练习

在"文件"下拉菜单中选择"新建"命令,系统弹出"新建"对话框,在"类型"选项组中选中"零件"单选按钮,在"名称"文本框中输入"project4-4",修改模板为"mmns_part_solid",单击"确定"按钮进入三维建模环境。

2. 创建混合特征

如图4-60所示,在功能区选择"形状"→"混合"→"伸出项"命令,系统弹出如图4-61所示"菜单管理器"对话框,设置为平行混合、规则截面以及草绘截面方式,单击"完成",设置属性为"光滑",选择FRONT面作为草绘平面,进入混合草绘界面。

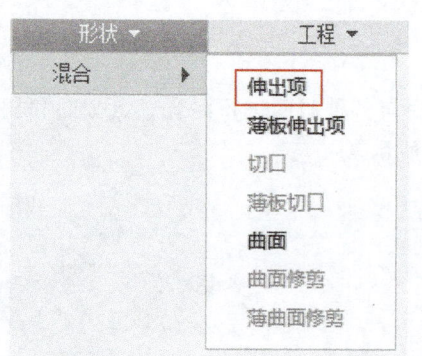

图 4-60 选择"形状"→"混合"→"伸出项"命令

图 4-61 "菜单管理器"对话框

在草绘界面内绘制如图 4-62 所示的混合截面 1。该截面为一个整圆,将其截断为 8 等份,故圆上有 8 个断点。右击,在弹出的快捷菜单中选择"切换截面"命令以切换到第二个草绘界面,在此界面内绘制如图 4-63 所示的混合截面 2。该截面为一个八边形,要注意该截面的起始点与第一个截面的起始点要相对应,箭头方向要保持一致。继续切换截面,绘制如图 4-64 所示的混合截面 3 和如图 4-65 所示的混合截面 4。

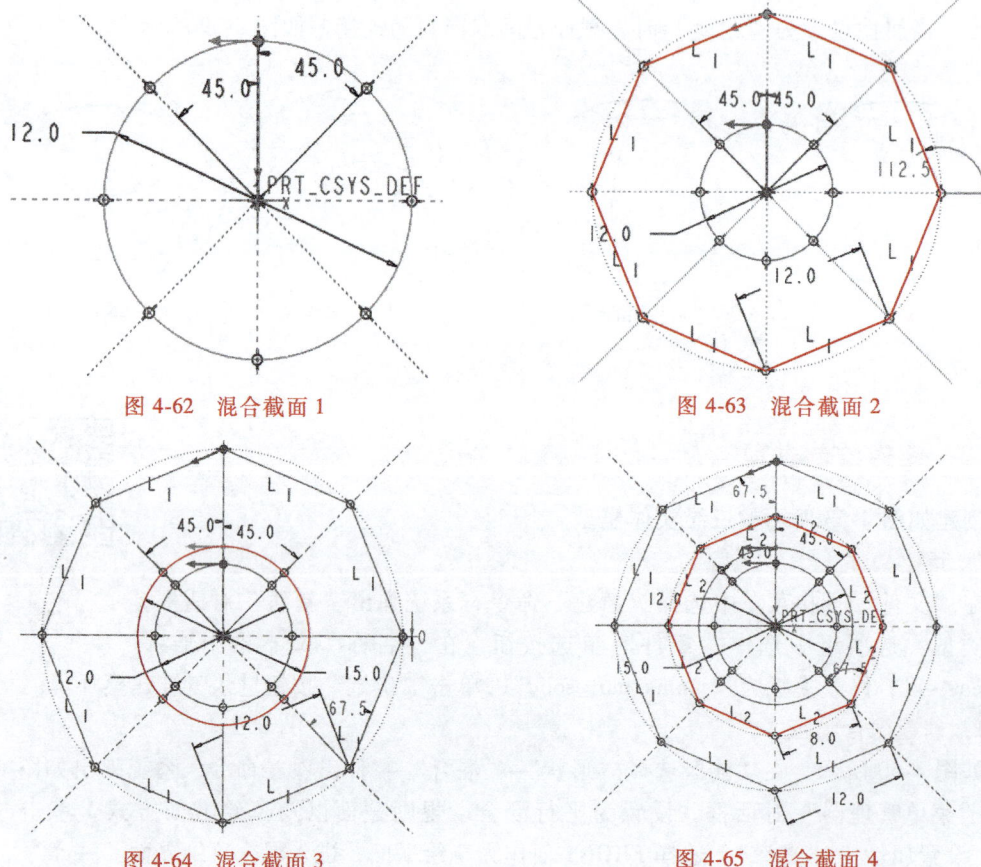

图 4-62 混合截面 1

图 4-63 混合截面 2

图 4-64 混合截面 3

图 4-65 混合截面 4

四个截面绘制完成后,单击"确认"按钮设置四个截面间高度分别为12mm、20mm和15mm,确认后生成第一个混合特征,如图4-66所示。

3. 创建抽壳特征

在功能区单击"壳" 壳按钮,在弹出的对话框内设置壳体的厚度为8mm,选择花瓶的上顶面为去除表面,任务四的最终实体模型如图4-67所示。

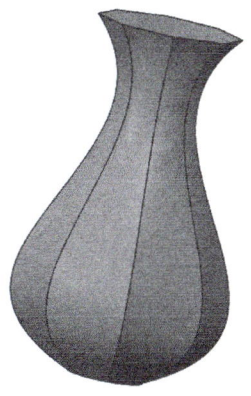

图 4-66　混合特征

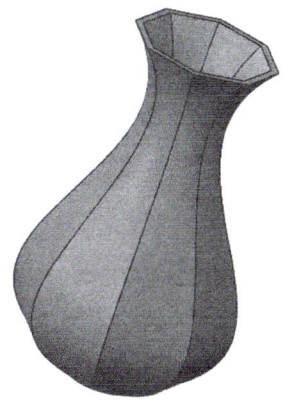

图 4-67　任务四的最终实体模型

4.4.4　巩固混合特征

创建如图4-68所示的三维实体模型。

4-9　混和特征巩固练习

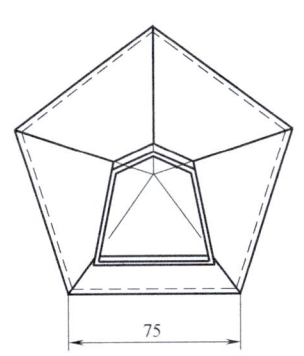

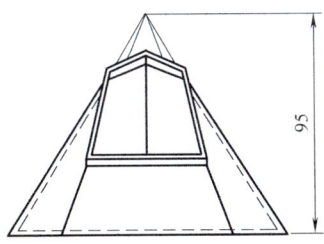

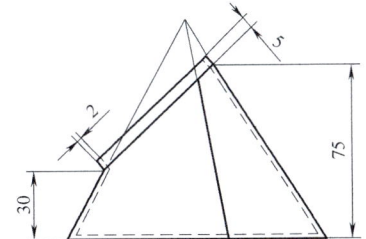

图 4-68　巩固混合特征练习

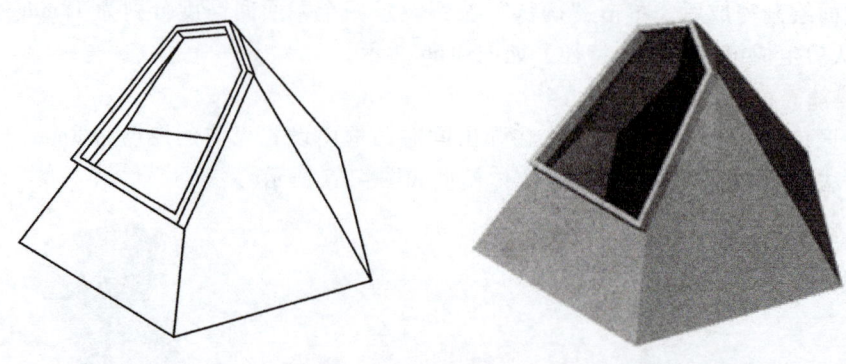

图 4-68　巩固混合特征练习（续）

4.5　基础实体特征综合范例

4.5.1　任务分析

如图 4-69 所示，本任务为创建一个椅子的三维造型，目的是复习本章所学的拉伸、旋转、扫描等基本特征的创建方式。在创建三维模型的过程中，要仔细观察模型的整体形态和特征之间的连接方式，这样有助于加快建模速度，减少建模的步骤。

4.5.2　图形绘制过程

1. 新建文件

在"文件"下拉菜单中选择"新建"命令，系统弹出"新建"对话框，在"类型"选项组中选中"零件"单选按钮，在"名称"文本框中输入"project4-5"，修改模板为"mmns_part_solid"，单击"确定"按钮进入三维建模环境。

4-10　综合练习

图 4-69　实体特征综合训练

2. 创建椅面

（1）扫描椅面周边　单击"扫描" 扫描按钮，在弹出的扫描特征操控板中右侧的"基准"中选择"草绘"选项，选取 FRONT 面作为草绘平面，默认系统放置方式进入草绘模式，绘制如图 4-70 所示的扫描轨迹线，确认退出此草绘。在操控板中单击 按钮，再次进入草绘模式，绘制如图 4-71 所示的扫描截面，确认退出草绘，单击 按钮确认扫描完成，生成如图 4-72 所示的扫描特征。

（2）拉伸填充椅面　选择左边模型树里上一步绘制的"草绘 1"，在功能区单击"拉伸" 按钮，在弹出的拉伸特征操控板中设置拉伸方式为"向两边拉伸"，拉伸深度设置为 70，确认后生成如图 4-73 所示的拉伸特征 1。

第4章 创建基础实体特征

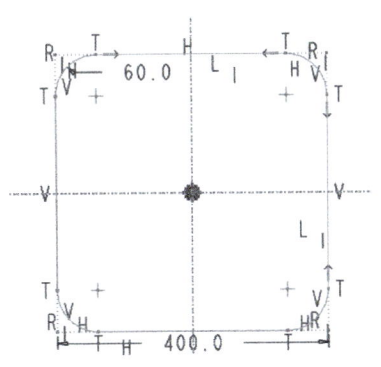 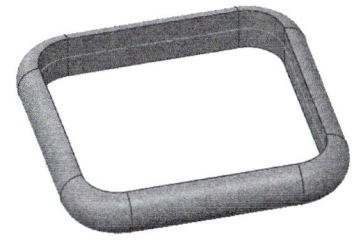

图 4-70　扫描特征1轨迹线草绘　　图 4-71　扫描特征1截面草绘　　图 4-72　扫描特征1

3. 创建扶手

（1）创建扫描特征2　选择功能区的草绘命令，选取 RIGHT 面作为草绘平面，TOP 面朝左边，绘制如图 4-74 所示的草绘。在模型树上选择"草绘2"，然后单击功能区中的"扫描"![扫描]按钮，在弹出的扫描特征操控板中设置扫描为实体，选择"选项"→"合并端"命令，单击![按钮]按钮再次进入草绘界面绘制如图 4-75 所示的扫描截面。确认退出草绘，单击![按钮]按钮确认扫描完成，生成如图 4-76 所示的扫描特征2。

图 4-73　拉伸特征1

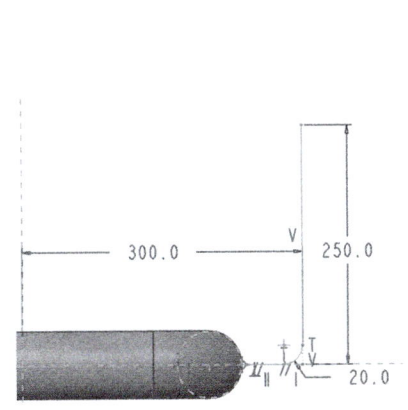 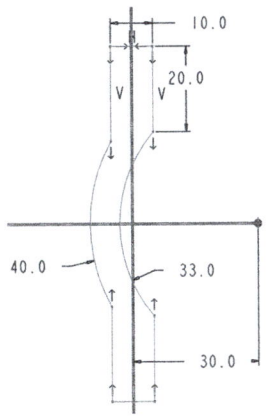 

图 4-74　扫描特征2轨迹线草绘　　图 4-75　扫描特征2截面草绘　　图 4-76　扫描特征2

（2）创建扫描特征3　选择功能区的平面命令![平面]，创建一个由 TOP 面偏移 300mm 的距离而来的基准平面，名称为系统默认的名称 DTM1。选择此基准平面，在该平面内绘制如图 4-77 所示的草绘3。以此草绘作为扫描的轨迹线，在扫描特征操控板中单击![按钮]按钮，再次进入草绘界面绘制如图 4-78 所示的扫描截面，确认退出草绘，设置连接方式为"开放端"，单击![按钮]按钮确认扫描完成，生成如图 4-79 所示的扫描特征3。

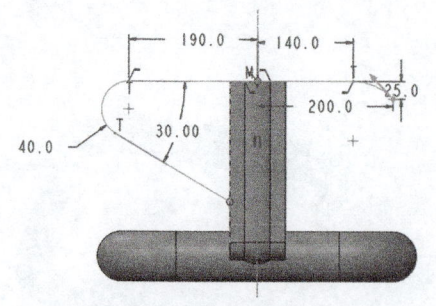 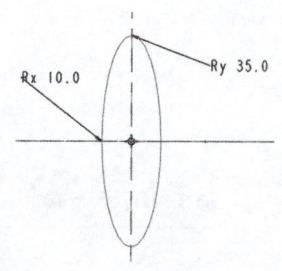 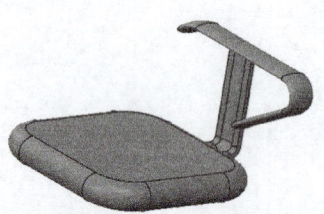

图 4-77　扫描特征 3 轨迹线　　　　图 4-78　扫描特征 3 截面　　　　图 4-79　扫描特征 3

（3）镜像椅子扶手　在左边模型树中选择"扫描 2"和"扫描 3"这两个特征，选择功能区的镜像命令，然后选择对称面 TOP 面作为镜像面，将这两个特征镜像过去，生成如图 4-80 所示的镜像特征。

4. 创建椅背

（1）创建扫描特征 4　选择 TOP 面作为草绘平面，绘制如图 4-81 所示的草绘作为扫描特征 4 的扫描轨迹线。选择扫描命令，设置连接方式为"开放端"，在扫描特征操控板中单击 按钮，再次进入草绘界面绘制如图 4-82 所示的扫描截面，确认退出草绘，单击 按钮确认扫描完成，生成如图 4-83 所示的扫描特征 4。

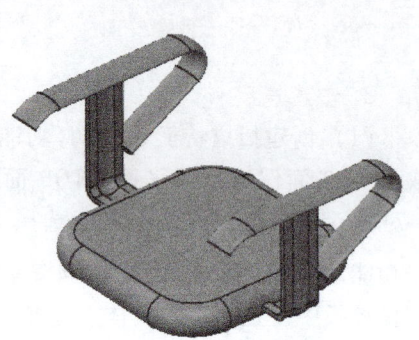

图 4-80　镜像特征

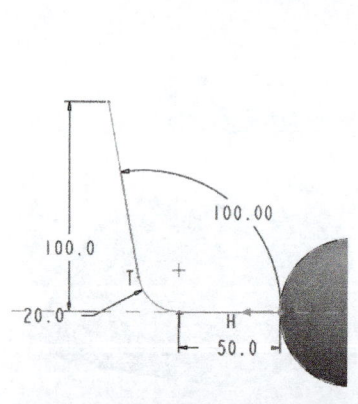 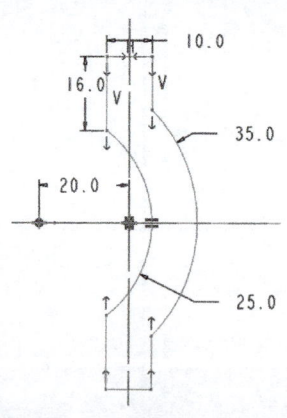 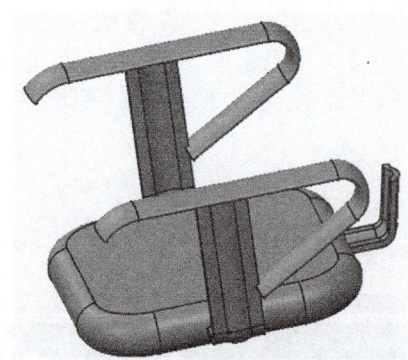

图 4-81　扫描特征 4 轨迹线　　　　图 4-82　扫描特征 4 截面　　　　图 4-83　扫描特征 4

（2）创建基准平面　选择功能区中的平面命令 ，如图 4-84 所示，设置扫描特征 4 的面作为偏移面，偏移距离设置为 5mm，创建基准平面 DTM2。

（3）创建扫描特征 5　选择 DTM2 面作为草绘平面，绘制如图 4-85 所示的扫描特征 5 的轨迹线。在模型树中选择该草绘，选择扫描命令，在扫描特征操控板中单击 按钮，再次进入草绘界面绘制一个半径为 20mm 的封闭半圆作为扫描截面，确认退出草绘，单击 按钮确认扫描完成，生成如图 4-86 所示的扫描特征 5。

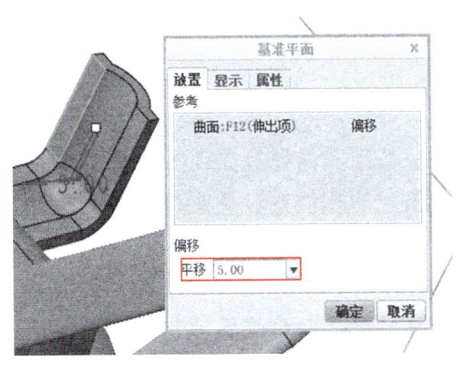
图 4-84 DTM2 面设置

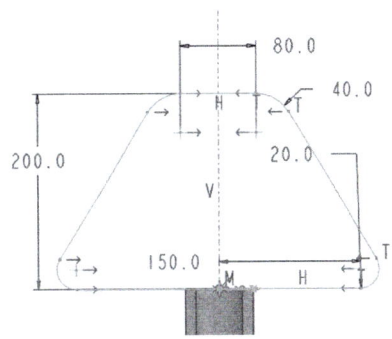
图 4-85 扫描特征 5 轨迹线

（4）创建拉伸特征 2　在模型树内选择扫描特征 5 的轨迹线，在功能区选择拉伸命令，在弹出的拉伸特征操控板中设置拉伸方式为"向两边拉伸"，拉伸深度为 40mm，单击"确认"按钮退出，生成如图 4-87 所示的拉伸特征 2。

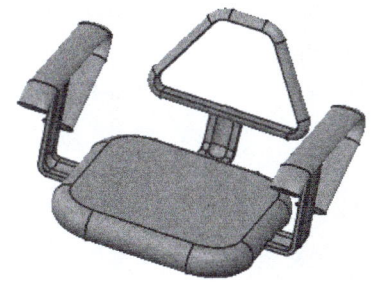
图 4-86 扫描特征 5

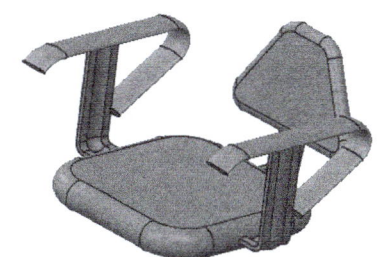
图 4-87 拉伸特征 2

5. 创建椅子底部

在功能区选择旋转命令，选择 TOP 面作为草绘平面，绘制如图 4-88 所示的草图，注意要绘制旋转轴线，确认退出草绘界面，设置旋转角度为 360°，确认退出旋转命令，生成如图 4-89 所示的旋转特征 1，此即为任务五的最终实体模型。

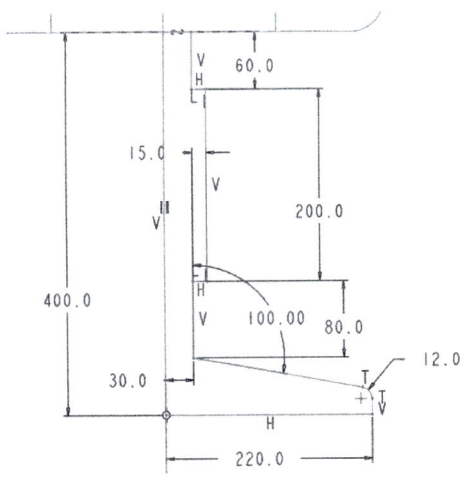
图 4-88 旋转特征 1 截面

图 4-89 旋转特征 1

本章小结

实体特征包括基础实体特征和工程特征两种类型。基础实体特征是工程特征的载体,同时基础实体特征的建模原理与工程特征和曲面特征有很大的相似性,深刻理解基础实体特征的创建原理有助于迅速掌握后两种特征的创建方法。

基础实体特征按照创建原理的不同可以划分为拉伸、旋转、扫描和混合四种类型。前三种特征的建模具有一定的相似性:一定形状和大小的草绘截面沿直线轨迹拉伸即可生成拉伸实体特征;一定形状和大小的草绘截面沿着曲线轨迹即可生成扫描实体特征;一定形状和大小的草绘截面绕轴线旋转即可生成旋转实体特征。混合实体特征的创建原理略有不同:将不同形状和大小的多个截面按照一定顺序依次连接即可创建混合实体特征。

理论自测

1. Creo 软件有多个模块,创建和编辑三维实体模型时用(   )。
   A. 草绘模块   B. 零件模块   C. 装配模块   D. 曲面模块
2. 在 Creo 系统中,特征分为(   )。
   A. 实体特征、曲面特征、基准特征
   B. 实体特征、放置实体特征、曲面特征
   C. 基础实体特征、放置实体特征、基准特征
   D. 实体特征、放置实体特征、基础实体特征
3. 下面特征中属于基础实体特征的是(   )。
   A. 圆孔   B. 拉伸特征   C. 圆角   D. 管道
4. 选取已有实体特征表面作为草绘平面时(   )。
   A. 必须是平面   B. 必须是曲面
   C. 可以是曲面   D. 可以是曲面也可以是平面
5. 在进行草绘时,选取的"参考平面"与"草绘平面"之间的关系为(   )。
   A. 平行   B. 正交
   C. 斜交   D. 没有确定的关系要求
6. 拉伸时,拉伸实体的方向能否改变?(   )。
   A. 任何条件下都可以   B. 任何条件下都不可以
   C. 在特定条件下可以   D. 不确定
7. 以去除材料的方式进行拉伸时,左下方工具条区域会出现(   )改变方向的符号。
   A. 1个   B. 2个   C. 3个   D. 4个
8. 创建旋转实体特征时,旋转轴可以是(   )。
   A. 中心线   B. X 轴   C. Y 轴   D. 直线
9. 对于旋转实体的截面图形,以下说法正确的是(   )。
   A. 图形必须是封闭的   B. 图形可以开放也可以封闭
   C. 图形可以绘制在中心线的两侧   D. 图形必须是开放的

10. 如果要创建一个圆柱体，可以用以下哪种方法？（　　）
A. 旋转混合　　　　B. 可变截面扫描　　C. 一般混合　　　　D. 旋转

应 用 自 测

4-11　应用自测 1

1. 创建如图 4-90 所示的三维实体模型。

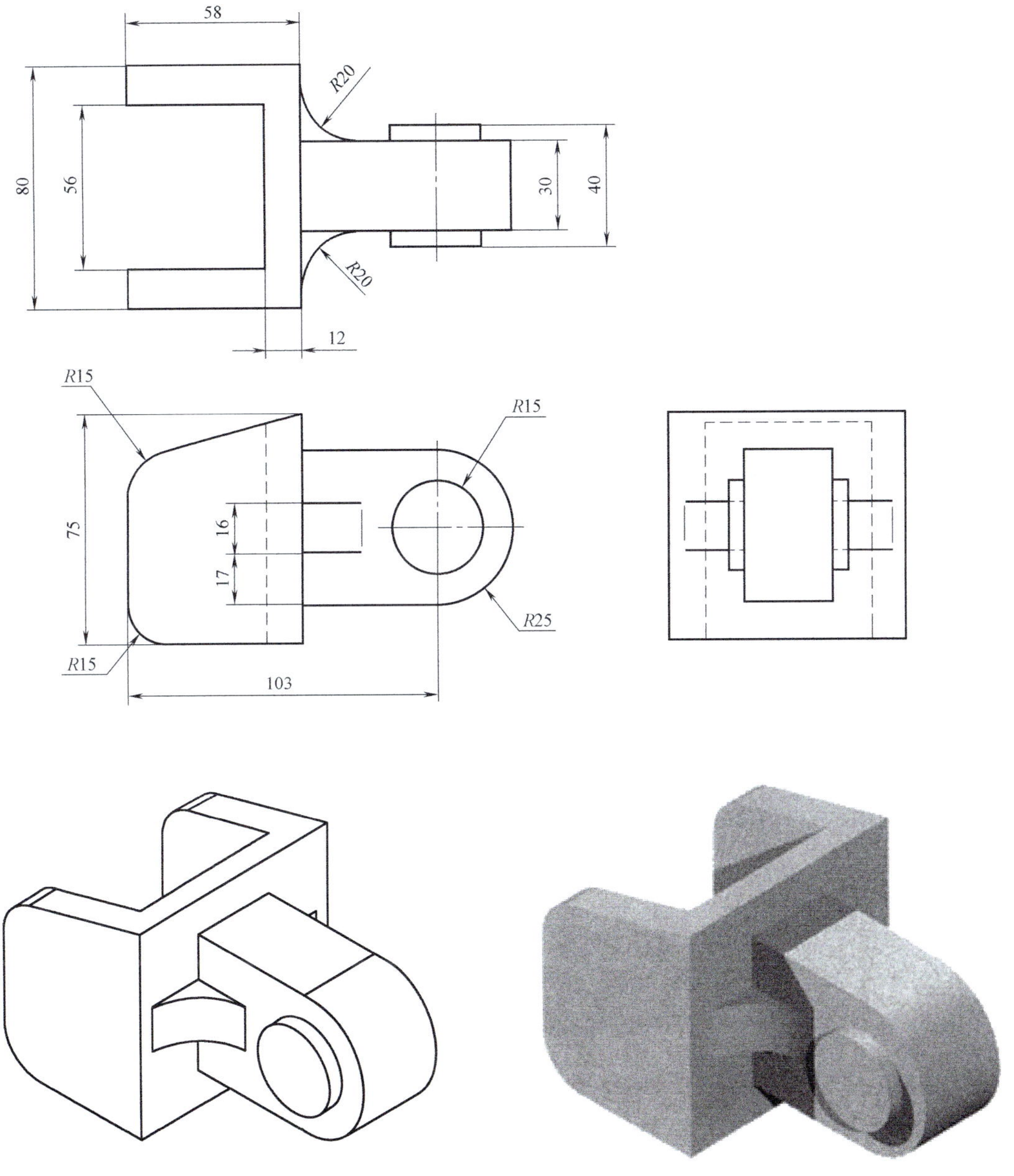

图 4-90　三维实体模型应用自测（一）

2. 创建如图 4-91 所示的三维实体模型。

4-12　应用自测 2

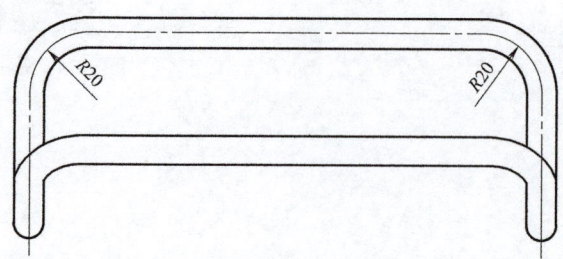

注：圆管直径为10mm。

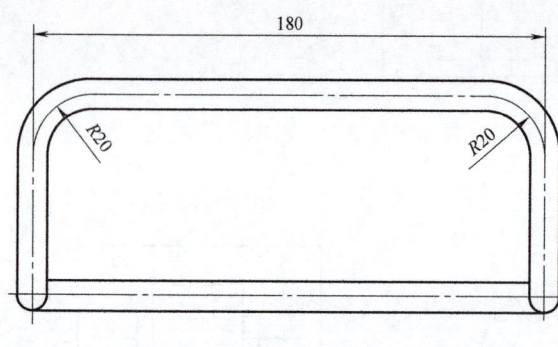

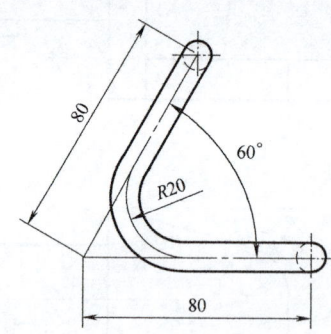

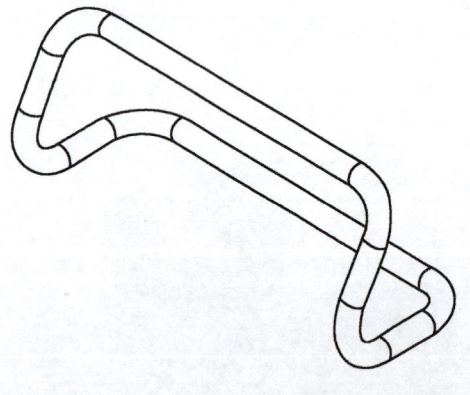

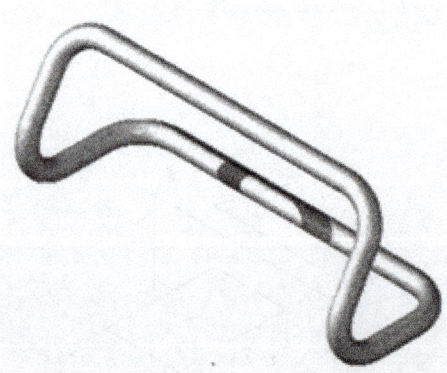

图 4-91　三维实体模型应用自测（二）

3. 创建如图 4-92 所示的三维实体模型。

4-13　应用自测 3

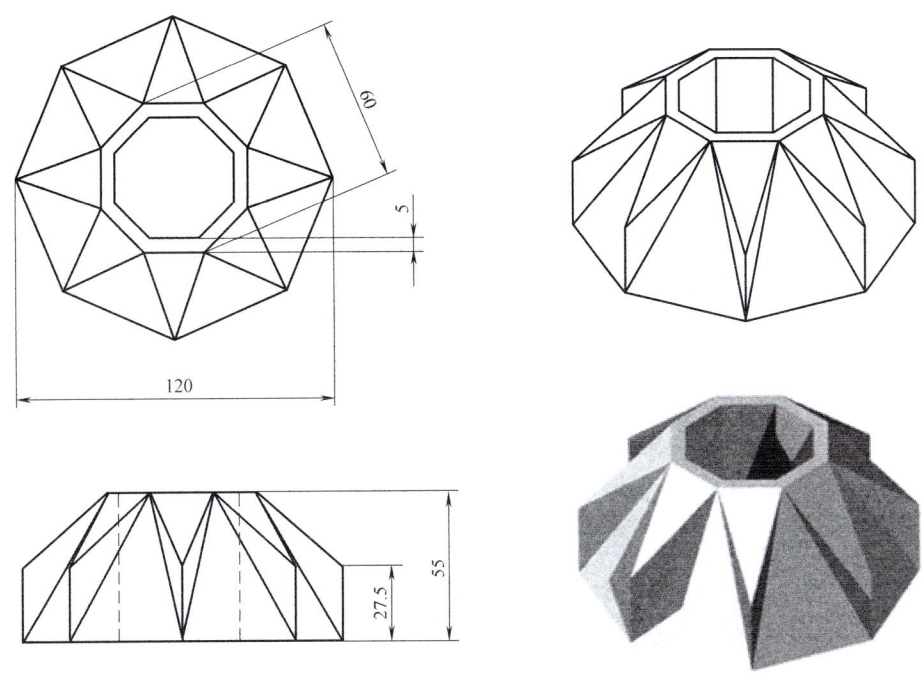

图 4-92 三维实体模型应用自测（三）

4. 创建如图 4-93 所示的三维模型。

4-14 应用自测 4

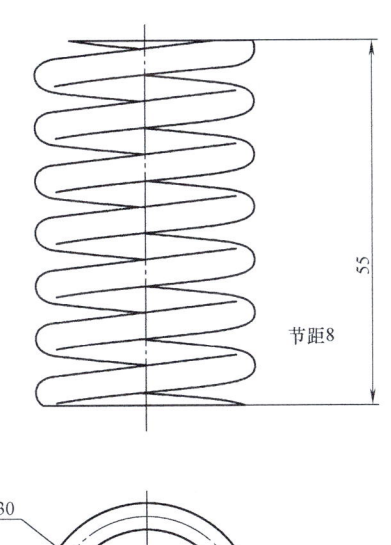

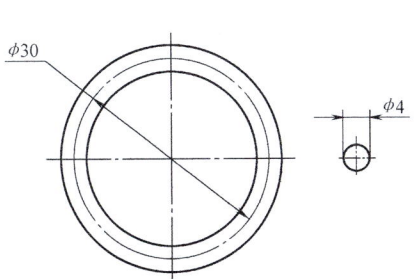

图 4-93 三维实体模型应用自测（四）

5. 创建如图 4-94 所示的三维模型。

4-15 应用
自测 5

图 4-94 三维实体模型应用自测（五）

第5章 创建工程特征

创建了基础实体特征后,还需要在其上创建其他各种特征,本章要介绍创建工程特征。工程特征是指具有一定工程应用价值的特征,比如孔特征、拔模特征、抽壳特征以及环形折弯特征等。工程特征是不能单独存在的,必须依附于其他特征之上。

创建一个工程特征需要确定两种参数,分别是定位参数和定形参数。定位参数是确定工程特征在基础特征上的位置;定形参数是确定工程特征的形状和大小。

本章将依次介绍基础工程特征里的孔特征、抽壳特征、拔模特征、倒圆角特征、倒角特征和筋特征以及高级工程特征里的环形折弯、骨架折弯以及耳特征等。

5.1 基础工程特征

5.1.1 任务分析

图 5-1 所示为具有多种基础工程特征的三维实体模型,在绘制模型的时候要注意工程特征绘制的顺序以及其定位尺寸和定形尺寸。

5.1.2 知识准备

1. 孔特征

(1) 孔的类型 孔特征的形式有很多,放置方式也比较灵活,一般用于零件模型的固定和通道等。在 Creo 软件中,可以创建三种类型的孔特征,如图 5-2 所示。

简单孔:具有圆截面的切口,它始于放置曲面并且延伸到指定的终止曲面或用户定义的深度。

草绘孔:由草绘截面定义的旋转特征。

标准孔:具有基本形状的旋转特征。它基于相关的工业标准,可带有不同类型的末端形状、标准沉孔和埋头孔等,用户可以根据系统提供的标准来查找。

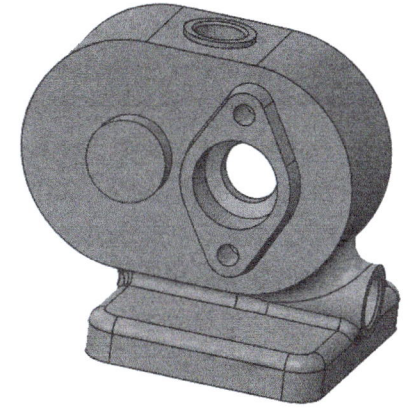

图 5-1 基础工程特征的绘制

(2) 孔的放置方式 在确定完孔的形状之后,就需要确定其定位参数。单击孔特征操控板中的"放置"选项卡,系统弹出如图 5-3 所示的定位参数面板。

1) 定义孔的放置参考。在放置孔特征之前,首先要确定孔的放置参考。孔的放置参考可以是基准平面或零件模型上的平面或曲面,也可以是基准轴。为了直接在曲面上创建孔,该孔必须是径向孔,且该曲面必须是凸起状。

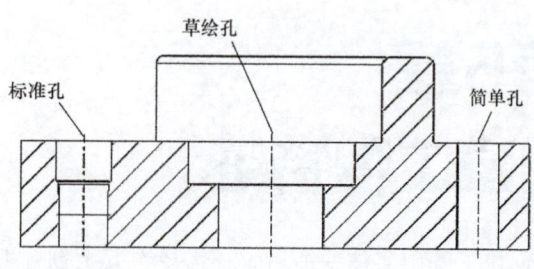

图 5-2 孔的类型

2）定义孔放置的方向。孔是一种减材料特征，如果生成的孔特征方向不对，可以单击"反向"按钮改变孔特征的生成方向。

3）定义孔的偏移参照。仅有放置参照还不能唯一确定孔的放置位置，还需要其他的参照。系统中有四种孔的放置参照类型供设计者使用。

线性：选定两个次参照和两个线性尺寸来确定孔在主参照中的位置，其中线性尺寸表示孔轴线到两个次参照的距离。注意：此时两个次参照为平面或边。该选项仅当选取平面为主参照时可用。

径向：指定一个线性尺寸和一个角度尺寸来确定孔的放置位置。此时的两个次参照

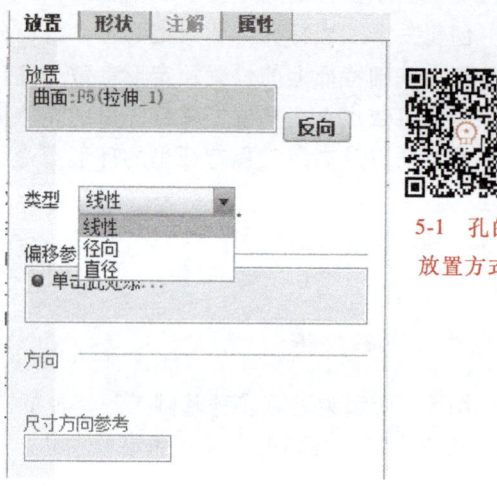

图 5-3 定位参数面板

5-1 孔的放置方式

分别为基准轴和参考平面。其中，线性尺寸表示孔轴线到次参照（为基准轴）的半径（距离），角度尺寸为孔轴线与另一个次参照（参考平面）间的夹角。

直径：指定一个线性尺寸和一个角度尺寸来确定孔的放置位置。此时的两个次参照分别为基准轴和参考平面。其中，线性尺寸表示孔轴线到次参照（为基准轴）的半径（距离），角度尺寸为孔轴线与另一个次参照（参考平面）间的夹角。

同轴：该选项只在选择现有的基准轴作为孔的中心轴时默认出现。

（3）创建简单孔特征　下面介绍以线性放置方式来创建简单孔的操作过程。

1）创建一个拉伸特征。基础工程特征不能脱离其他特征而独立存在，因此先创建一个拉伸特征，如图 5-4 所示。

2）添加孔特征（简单孔）。

5-2 创建简单孔

图 5-4 基础特征

第 1 步，单击"模型"选项卡中"工程"工具栏中的"孔"按钮，弹出如图 5-5 所示的孔特征操控板，选取孔的类型为"创建简单孔"。

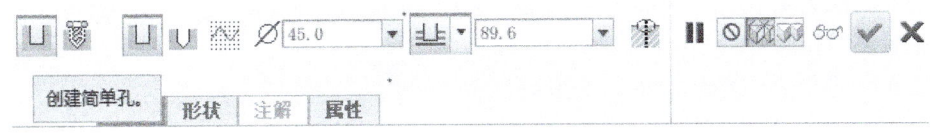

图 5-5　创建简单孔操控板

图 5-5 中所示的孔特征操控板中部分按钮的功能如下：

按钮：创建简单孔。

按钮：创建标准孔，单击该按钮后会激活操控板的"沉头孔"和"沉孔"按钮，可在界面里选择标准和类型。

按钮：与简单孔一起使用，表示使用预定义矩形作为钻孔轮廓。

按钮：与简单孔一起使用，使用标准孔轮廓作为钻孔轮廓，单击该按钮后会激活"沉头孔"和"沉孔"按钮。

按钮：使用草绘定义钻孔轮廓。

第 2 步，定义孔的定位参数。设置"放置"参数面板，选择矩形表面为简单孔的放置参考，选择放置类型为"线性"，选取基础特征的两条边线为偏移参考，如图 5-6 所示。

图 5-6　定义简单孔的定位参数

第 3 步，定义孔的定形参数。在孔特征操控板中单击"使用预定义矩形作为钻孔轮廓"按钮，设置简单孔的定形参数，如图 5-7 所示。

说明：在图 5-7 中，单击"深度类型"按钮，可出现如下几种深度选项：

盲孔：此为默认选项。可通过拖动控制滑块编辑模型上的尺寸或使用操控板来编辑该深度。

对称：在放置平面的两侧对称镗孔。可以像使用盲孔深度选项那样编辑镗孔的总深度。对称深度实际上是盲孔对称深度。

到下一个：使孔深度在延伸方向上所遇到的第一个曲面处终止。不需要深度尺寸，由下一个曲面控制孔深度。

通孔：使孔贯穿整个模型。不需要深度尺寸，由模型本身控制孔深度。

穿至：使孔在选定曲面处终止。不需要深度尺寸，由选定的曲面控制孔深度。注意，孔必须穿过选定曲面。

到选定的：使孔在选定点、线、面处终止。不需要深度尺寸，由选定的参照控制孔深度。与穿至选项不同的是孔不必穿过选定的曲面。

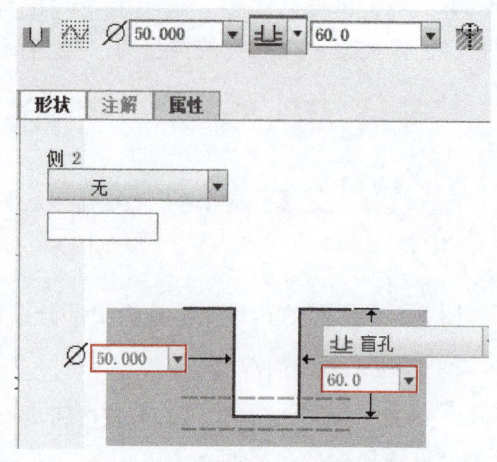

图 5-7 定义简单孔的定形参数

第 4 步，在操控板中单击"完成"按钮，完成简单孔特征的创建。

（4）创建标准孔特征

下面介绍以径向放置方式来创建标准孔的过程。

1）打开如图 5-4 所示的基础特征。

2）添加孔特征。

第 1 步，单击"模型"选项卡中"工程"工具栏中的"孔"按钮，弹出如图 5-8 所示的孔特征操控板，选取孔的类型为"创建标准孔"。

5-3 创建标准孔

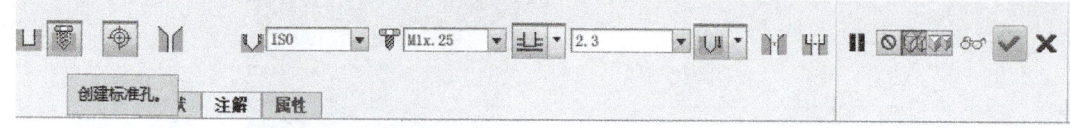

图 5-8 创建标准孔操控板

说明：

：添加螺纹孔。

：创建锥孔。

：螺纹孔的类型。有 ISO、UNC 和 UNF 三种类型，一般选取 ISO。

：螺纹孔的大小。

：设置螺纹孔的深度。

：添加埋头孔。

：添加沉孔。

第 2 步，定义孔的定位参数。设置"放置"参数面板，选择矩形表面为标准孔的放置参考，选择放置类型为"径向"，选取基础特征上的基准轴和侧面为两个偏移参考，如图 5-9 所示。

第 3 步，定义孔的定形参数。选择螺纹类型为"ISO"，螺纹尺寸为 M48×5，设置深度为 70mm，添加沉头孔和沉孔，如图 5-10 所示。

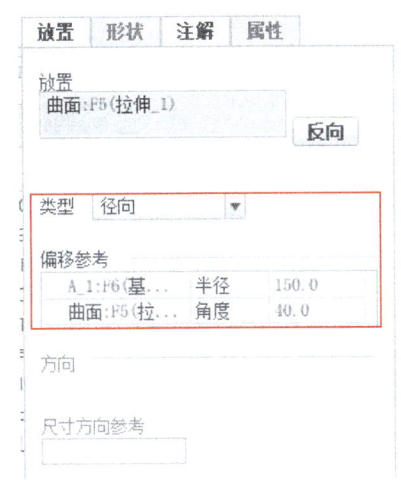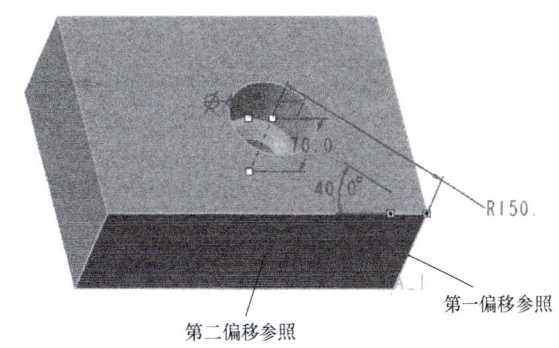

图 5-9　定义标准孔的定位参数

第 4 步，在操控板中单击"完成" 按钮，完成标准孔特征的创建。

说明：创建标准孔时，必须注意单位的选定。即基础实体尺寸的单位要与孔的螺纹类型对应。如果基础实体尺寸的单位为 in，而孔的螺纹类型为"ISO"，默认单位为 mm，两者单位不匹配，这样创建的螺纹孔会很小。

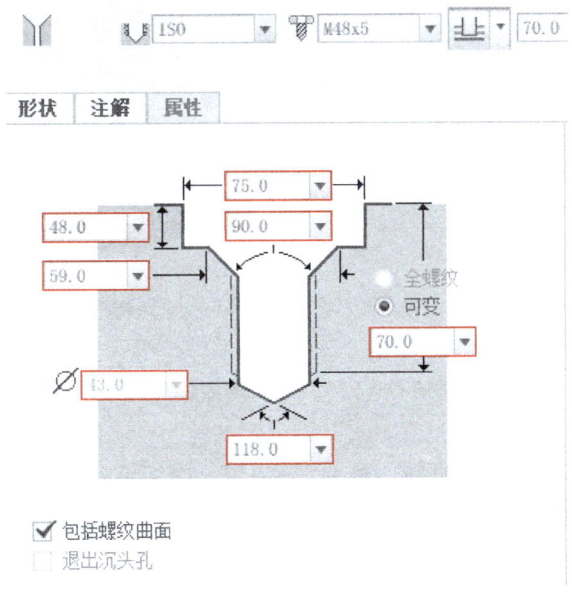

图 5-10　定义标准孔的定形参数

（5）创建草绘孔特征　草绘孔可以创建比较复杂的非标准孔，下面介绍以同轴放置方式来创建草绘孔的过程。

1）打开如图 5-4 所示的基础特征。

2）添加孔特征。

第1步，单击"模型"选项卡中"工程"工具栏中的"孔"按钮，弹出如图5-11所示的孔特征操控板，选取孔的类型为"创建草绘孔"。

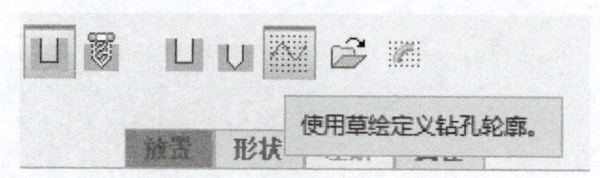

5-4 创建草绘孔

图 5-11 创建草绘孔操控板

说明：

：打开现有的草绘轮廓作为草绘孔的截面。

：激活草绘器以绘制草绘孔的截面。

第2步，定义孔的定位参数。设置"放置"参数面板，选择矩形表面为草绘孔的放置参考，同时选择如图5-12所示基准轴作为偏移参考，此时孔的放置类型显示为"同轴"。

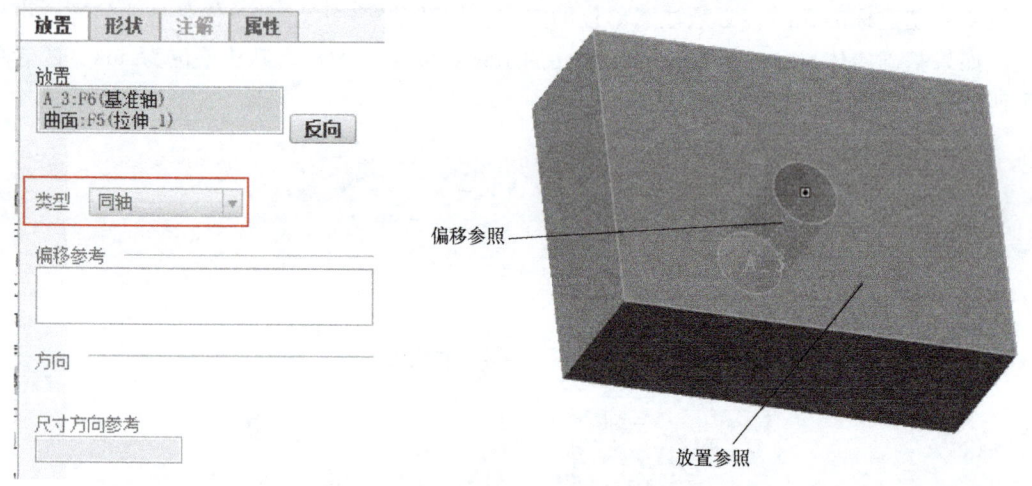

图 5-12 定义草绘孔的定位参数

第3步，定义草绘孔的定形参数。单击 按钮，激活草绘器，在草绘器里绘制如图5-13所示的草绘孔截面。

说明：

① 草绘截面需包含回转轴线。

② 草绘孔截面必须是闭合截面，组成截面的各线段必须首尾顺次连接，并且没有交叉和重合。

③ 全部截面必须位于回转轴的一侧。

④ 孔截面中必须至少有一条线段垂直于回转轴线。

第4步，单击 按钮退出草绘器。

第 5 步,在操控板中单击"完成" 按钮,完成草绘孔特征的创建。

2. 壳特征

壳特征是将实体的一个或几个表面去除,然后掏空实体的内部,留下一定壁厚的壳。在使用该命令时,各特征的创建次序非常重要。一般来说,壳特征应该安排在倒圆角特征和拔模特征之后创建。另外,倒圆角特征也应该安排在拔模特征之后进行,否则拔模特征可能不能正常创建。

(1) 壳特征创建说明　单击"模型"选项卡中"工程"工具栏中的"壳"按钮,弹出如图 5-14 所示的壳特征操控板。

说明:

厚度 4.6 :设置壳特征的厚度。

:改变壳厚度生成的方向。

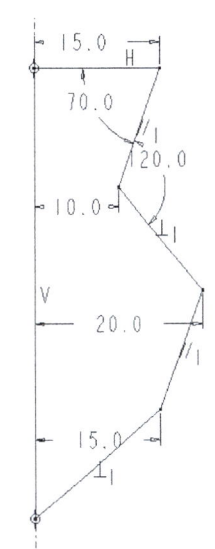

图 5-13　草绘孔截面

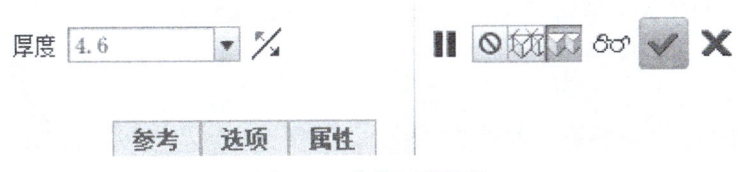

图 5-14　壳特征操控板

单击操控面板上的 参考 按钮,系统弹出如图 5-15 所示的"参考"参数面板。在该面板中选择"移除的曲面"选项来选取创建壳特征时在实体上移除的曲面,如果没有选取移除的曲面,则会在零件的内部掏空创建一个完全封闭的壳体。如果有选取多个移除面,则选取时要按住<Ctrl>键,这样会形成有多个开口的模型。

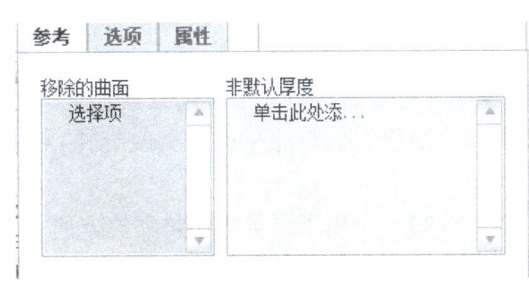

图 5-15　壳特征"参考"参数面板

"非默认厚度"选项用于选取要指定不同厚度的曲面,然后分别为这些曲面指定单独的厚度,其余曲面将统一使用默认厚度。

(2) 创建壳特征　下面通过范例来说明壳特征的创建。

第 1 步,打开壳特征基础实体,如图 5-16 所示。

第 2 步,单击"模型"选项卡中"工程"工具栏中的"壳"按钮,弹出壳特征操控板。

5-5　创建壳特征

第3步，按照如图5-17所示，设置厚度为5mm，设置"参考"参数面板选择"移除的曲面"为基础实体花瓶的上开口面，选择"非默认厚度"的曲面为基础实体花瓶的下底面，设置厚度为10mm。

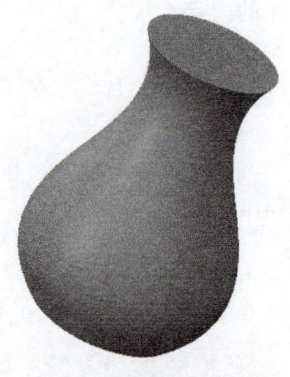

图5-16 壳特征基础实体

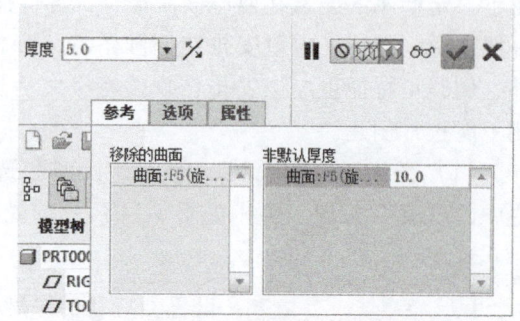

图5-17 壳特征参数设置

第4步，在操控板中单击"完成" 按钮，完成壳特征的创建，如图5-18所示。

3. 拔模特征

在塑料拉伸件、金属铸造件和锻造件中，为了便于加工脱模，通常会在成品与模具型腔之间引入一定的倾斜角，称为"拔模角度"或"脱模角度"。拔模特征就是为了解决此类问题，将单独曲面或一系列曲面中添加一个-30°～+30°的拔模角度。可以选择的拔模面有平面或圆柱面。

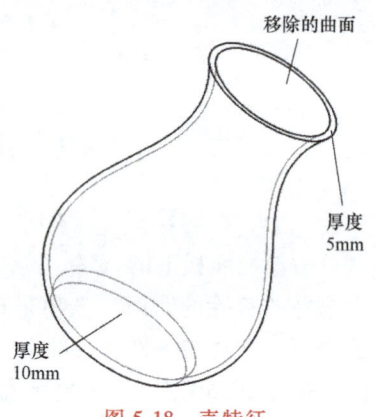

图5-18 壳特征

（1）拔模特征创建说明 下面介绍几个专业术语。

1）拔模曲面——要拔模的模型的曲面。可以拔模的曲面有平面和圆柱面。

2）拔模枢轴——曲面围绕其旋转的拔模曲面上的线或曲线（也称中立曲线）。可通过选取平面（在此情况下拔模曲面围绕它们与此平面的交线旋转）或选取拔模曲面上的单个曲线链来定义拔模枢轴。

3）拖动方向（也称拔模方向）——用于测量拔模角度的方向，通常为模具开模的方向。可通过选取平面（在这种情况下拖动方向垂直于此平面）、直边、基准轴或坐标系的轴来定义它。

4）拔模角度——拔模方向与生成的拔模曲面之间的角度。如果拔模曲面被分割，则可为拔模曲面的每侧定义两个独立的角度。拔模角度必须为-30°～+30°。

基本拔模特征指的是所有拔模曲面具有单一的拔模角度，可变拔模特征指的是一个拔模面中有多个角度的拔模结构，下面以实例来进行介绍。

（2）创建拔模特征

1）打开基础实体，如图5-19所示。

5-6 创建拔模特征

2）添加拔模特征 1。

第 1 步，单击"模型"选项卡中"工程"工具栏中的"拔模" 按钮，系统弹出如图 5-20 所示的拔模特征操控板。

第 2 步，单击操控板中的"参考"按钮，系统弹出"参考"参数面板。设置拔模曲面、拔模枢轴和拖拉方向，如图 5-21 所示。

① 选取拔模曲面：单击选取即可，需要选取多个曲面时，先选取一个曲面，然后按住<Ctrl>键，继续选取其他曲面即可。本例中选取圆柱面和基础实体的一个侧面为拔模曲面。

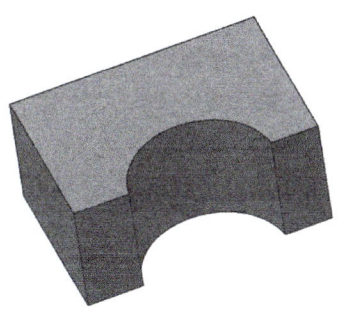

图 5-19　拔模特征基础实体

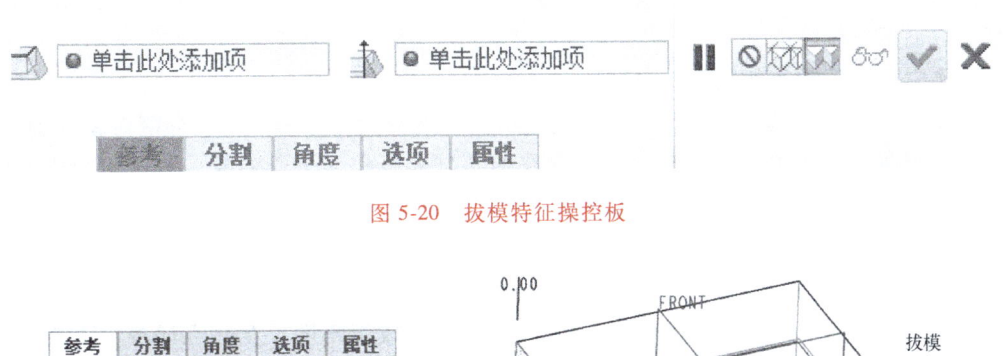

图 5-20　拔模特征操控板

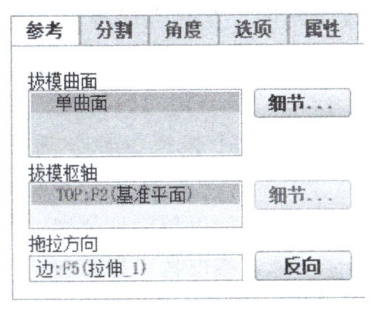
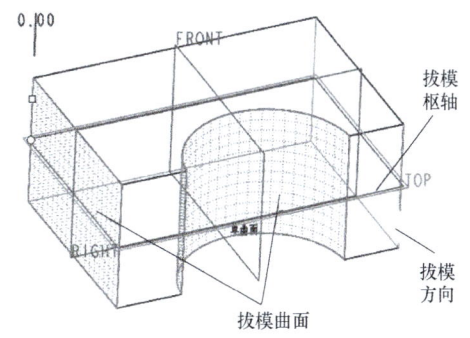

图 5-21　"参考"参数面板设置

② 指定拔模枢轴：选取完拔模曲面后，在"参考"参数面板中单击"拔模枢轴"下面的列表框确定拔模枢轴。通常选取截面作为拔模枢轴，也可以选取曲线作为拔模枢轴。拔模枢轴可以与拔模曲面垂直也可以不垂直；拔模枢轴可以与拔模曲面相交也可以不相交。本例中选取基准面 TOP 面作为拔模枢轴。

③ 确定拖拉方向：在"参考"参数面板中单击"拖动方向"来确定拔模特征的创建方向。拖拉方向参考有以下四种类型。

平面：其法线方向为拖拉方向。

轴线：轴线方向为拖拉方向。

两个点：两点连线方向为拖拉方向。

指定坐标系：坐标系中坐标轴的方向为拖拉方向。本例中选取基础实体的轮廓线 F5 为拖拉方向。

第 3 步，设置分割类型。

通过对拔模曲面进行分割的方法，可以在同一拔模曲面上创建多种不同形式的拔模特征，在操控板中单击"分割"按钮，系统打开"分割"参数面板，如图 5-22 所示。

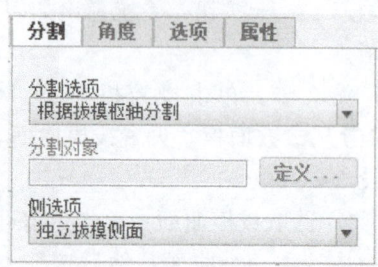

① 设置"分割选项"。有以下三种分割拔模曲面的方法。

不分割：不分割拔模曲面，在拔模曲面上创建单一参数的拔模特征。

根据拔模枢轴分割：使用拔模枢轴来分割拔模曲面，然后在拔模曲面的两个分割区域分别指定参数创建拔模特征。

图 5-22 "分割"参数面板

根据分割对象分割：使用基准平面或曲线等来分割拔模曲面，然后在两个分割区域分别指定参数创建拔模特征。

本例中选取"根据拔模枢轴分割"。

② 设置"分割对象"。只有当"分割选项"中选择的类型为"根据分割对象分割"时，此选项才被激活。此时，可以选取已经存在的基础曲线作为分割对象，也可以单击右侧的"定义"按钮使用草绘的方法临时创建分割对象。

本例中不需要设置分割对象。

③ 设置"侧选项"。"侧选项"下拉列表中提供了分割后拔模面两侧的处理方法。

"独立拔模侧面"：为拔模面的每一侧指定独立的拔模角度。此时在操控板上将添加确定第二侧拔模角度和方向的文本框和操作按钮。

"从属拔模侧面"：为第一侧指定一个拔模角度后，在第二侧以相同的角度、相反方向创建拔模特征，此选项只有在拔模面以拔模枢轴分割和使用两个拔模枢轴分割拔模面时可用。

"只拔模第一侧"：仅在拔模面的第一侧创建拔模特征，第二侧保持中性位置。

"只拔模第二侧"：仅在拔模面的第二侧创建拔模特征，第一侧保持中性位置。

本例中选择"独立拔模侧面"。

第 4 步，设置角度。

在列表框中输入需要的拔模角度即可，注意其取值范围。单击操控板中"拔模角度"列表框后面的 按钮可以反转拔模角度。

在本例中由于"分割选项"中选择了"根据拔模枢轴分割"，并且"侧选项"中选择了"独立拔模侧面"，因此需要设置两个拔模角度，设置如图 5-23 所示。

第 5 步，在操控板中单击"完成"按钮，完成拔模特征 1 的创建，结果如图 5-24 所示。

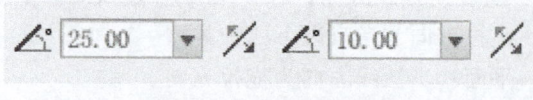

图 5-23 设置拔模角度

3）添加拔模特征 2。

第 1 步，单击"模型"选项卡中"工程"工具栏中的"拔模" 拔模按钮，系统弹出拔模特征操控板。

第2步,设置"参考"参数面板和"分割"参数面板。如图5-25所示选择拔模曲面、拔模枢轴以及拖拉方向。在"分割"参数面板中设置"分割选项"为"不分割"。

第3步,设置"角度"参数面板。单击操控板上的"角度"按钮,打开"角度"参数面板,右击选择"添加角度"命令两次,如图5-26所示设置"角度"参数面板。

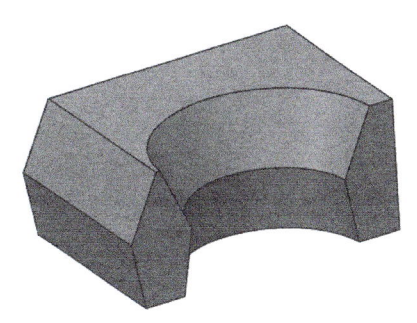

图 5-24　拔模特征1

第4步,在操控板中单击"完成"按钮,完成拔模特征2的创建,结果如图5-27所示。

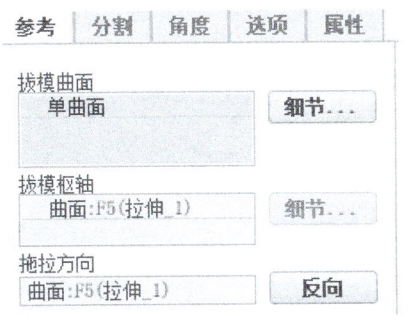

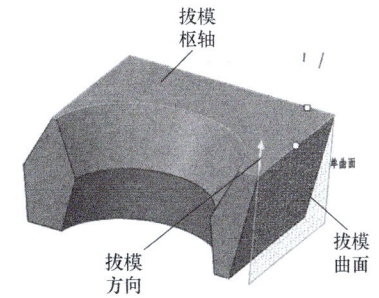

图 5-25　拔模特征2"参考"参数面板设置

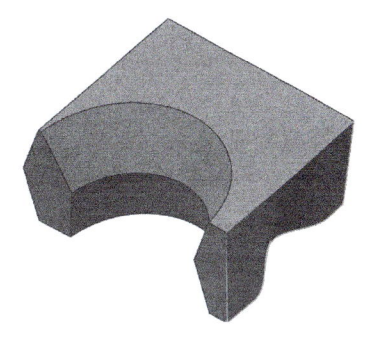

图 5-26　拔模特征2"角度"参数面板设置　　　图 5-27　拔模特征2

4)添加拔模特征3。

第1步,单击"模型"选项卡中"工程"工具栏中的"拔模" 拔模按钮,系统弹出拔模特征操控板。

第2步,设置"参考""分割""角度"参数面板。如图5-28所示选择拔模曲面、拔模枢轴以及拖拉方向。在"分割"参数面板中设置"分割选项"为"不分割"。在"角度"参数面板中角度设置为15°。

第3步,设置"选项"参数面板。单击"选项"按钮,弹出"选项"参数面板,单击"排除环"列表框,如图5-29所示,选择模型中的单一面,将此面排除掉,即此面不进行拔模。

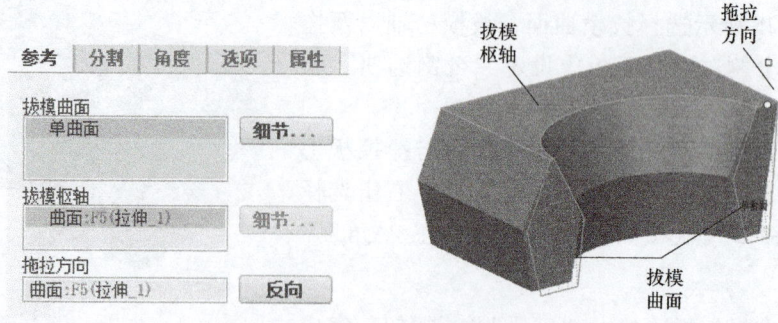

图 5-28 拔模特征 3 "参考"参数面板设置

第 4 步，在操控板中单击"完成" 按钮，完成拔模特征 3 的创建，结果如图 5-30 所示。

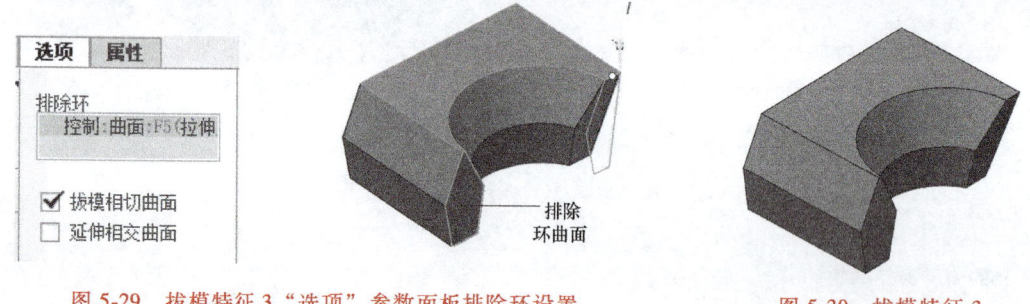

图 5-29 拔模特征 3 "选项"参数面板排除环设置　　　图 5-30 拔模特征 3

4. 倒圆角特征

圆角是产品上的重要结构之一。使用圆角命令可以创建曲面间的圆角或中间曲面位置的圆角。曲面可以是实体模型的曲面，也可以是曲面特征。

在创建倒圆角特征时要注意的是在设计中尽可能在最后阶段建立倒圆角特征，为避免创建从属于倒圆角特征的子项，在标注位置尺寸的时候，尽量不要以边作为参照，以免在以后变更设计时产生麻烦。

倒圆角的方法分为以下几种：固定半径倒圆角、变半径倒圆角、完全倒圆角、曲线驱动倒圆角和自动倒圆角。

（1）倒圆角特征创建说明　单击"模型"选项卡中"工程"工具栏中的"倒圆角"按钮，弹出如图 5-31 所示的倒圆角特征操控板。

1）创建倒圆角集。在操控板中单击"集"按钮，打开如图 5-32 所示的圆角参数面板。左上角为圆角集列表，其中"集 1"为第一个倒圆角集，单击"新建集"可以创建新的圆角集。在选定的圆角集上右击，可以在弹出的快捷菜单中选择"添加"或"删除"命令来创建新的圆角集或者删除选定的圆角集。

2）设定圆角形状参数。在圆角参数面板右上角的"圆形"下拉列表中选取圆角形状，如图 5-33 所示。

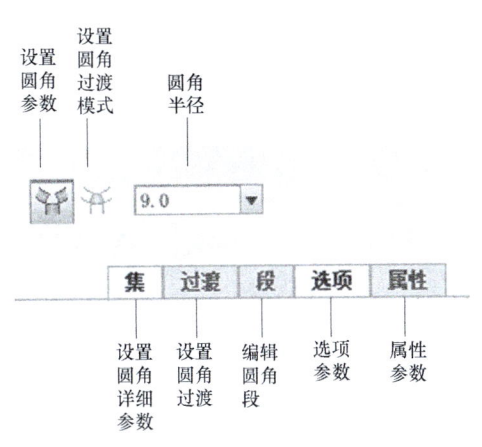
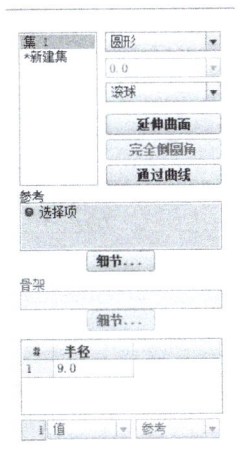
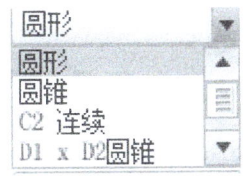

图 5-31　倒圆角特征操控板　　图 5-32　圆角参数面板　　图 5-33　圆角形状

"圆形"：创建圆形截面圆角。

"圆锥"：创建圆锥形截面圆角。

"C2 连续"：创建两个曲面间 C2 连续的圆角。

"D1×D2 圆锥"：创建由参数 D1 和 D2 指定的圆锥圆角。

3）指定圆角放置参照。设置好圆角形状参数后，可以在模型上选取边或指定曲面、曲线作为圆角的放置参照。在选取实体上的边时，如果每次选取一条边，系统将为每一条边创建一个倒圆角集，此种方法适合在每条边上设置不同大小的倒圆角半径值。

在圆角参数面板中选取一个倒圆角集，单击"参考"选项下的"细节"按钮，弹出如图 5-34 所示的"链"对话框，主要用于选择边线的方式，有"标准"和"基于规则"两个选项。"标准"选项主要是系统按默认方式进行选择；而"基于规则"选项有三种规则，分别为相切、部分环、完整环，如图 5-35 所示，其含义如图 5-36 所示。

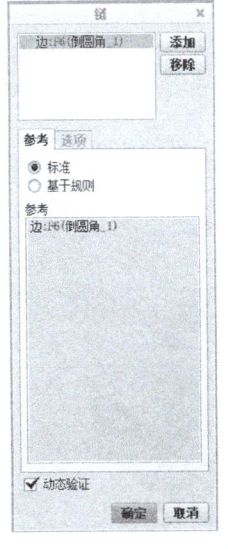
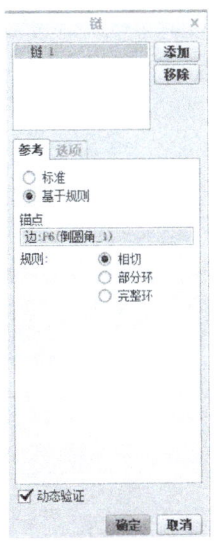

图 5-34　"链"对话框——标准　　　　图 5-35　"链"对话框——基于规则

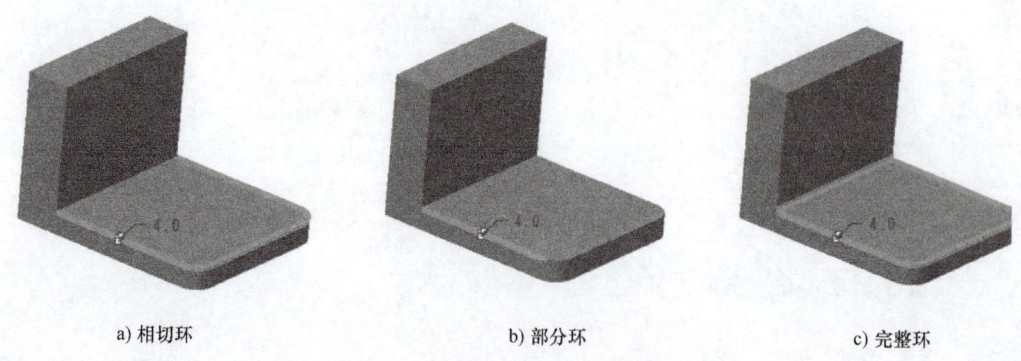

a) 相切环　　　　　　　　b) 部分环　　　　　　　　c) 完整环

图 5-36　"基于规则"的各规则含义

4）定义圆角半径。确定了圆角类型和圆角参照之后，就可以设置圆角的半径。可以在如图 5-31 所示的倒圆角特征操控板中输入单一圆角半径的大小，也可以在如图 5-32 所示的"圆角"参数面板的下部按照模型要求设置圆角半径的大小。

（2）创建倒圆角特征　下面以实例来说明五种倒圆角特征的创建。

1）打开基础特征实体，如图 5-37 所示。

2）添加倒圆角特征 1（固定半径倒圆角）。

第 1 步，单击"模型"选项卡中"工程"工具栏中的"倒圆角"按钮，弹出倒圆角特征操控板。

第 2 步，选择如图 5-38 所示实体模型的一条边，按住<Ctrl>键选择另外一条边线。

第 3 步，设置倒圆角半径为 50mm。

第 4 步，单击"完成" ✔ 按钮，完成倒圆角特征 1。

5-7　创建倒圆角特征

图 5-37　倒圆角基础特征实体

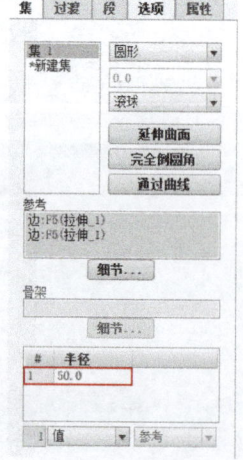

图 5-38　倒圆角特征 1：固定半径倒圆角

3)添加倒圆角特征2(完全倒圆角)。

第1步,单击"模型"选项卡中"工程"工具栏中的"倒圆角"按钮,弹出倒圆角特征操控板。

第2步,选择两个曲面作为参考曲面,如图5-39所示。

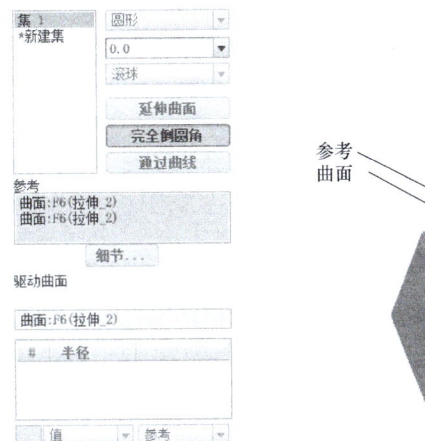
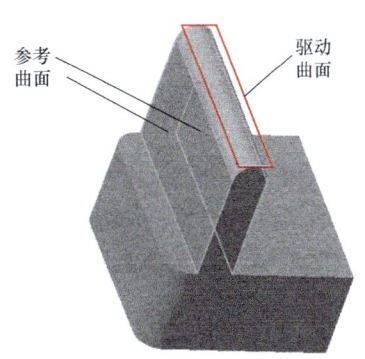

图5-39 倒圆角特征2:完全倒圆角

第3步,单击"完全倒圆角"按钮,选择如图5-39所示曲面为驱动曲面。

第4步,单击"完成" 按钮,完成倒圆角特征2。

4)添加倒圆角特征3(曲线驱动倒圆角)。

第1步,选取实体模型表面作为草绘面,利用样条曲线命令绘制如图5-40所示的样条曲线。

第2步,单击"模型"选项卡中"工程"工具栏中的"倒圆角"命令,弹出倒圆角特征操控板。

第3步,如图5-41和图5-42所示,选取实体边线作为参考曲线,单击"通过曲线"按钮,选择样条曲线作为驱动曲线。

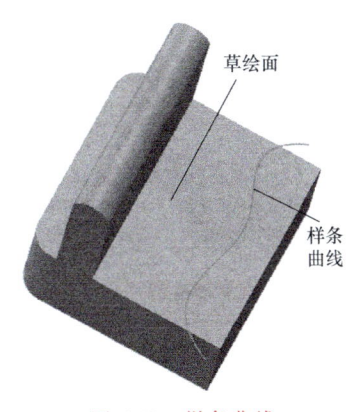
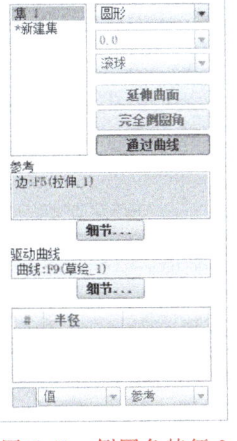
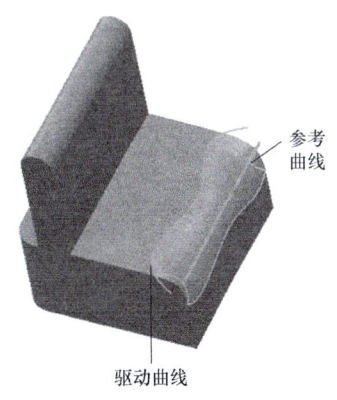

图5-40 样条曲线　　　图5-41 倒圆角特征3 "集"选项　　　图5-42 倒圆角特征3 参考曲线和驱动曲线

第4步,单击"完成"✓按钮,完成倒圆角特征3。

5)添加倒圆角特征4(变半径倒圆角)

第1步,单击"模型"选项卡中"工程"工具栏中的"倒圆角"按钮,弹出倒圆角特征操控板。

第2步,选择如图5-43所示的实体边线作为倒圆角的参考曲线。

第3步,打开"集"选项卡,在下面的"半径"列表框内右击,然后选择"添加半径"命令两次。

第4步,设置"半径"选项如图5-44所示。

第5步,单击"完成"✓按钮,完成倒圆角特征4,如图5-45所示。

6)自动倒圆角。

通过使用"自动倒圆角"命令可以同时在零件的面组上创建多个恒定半径的倒圆角特征。下面通过一个模型来说明创建自动倒圆角的一般过程。

第1步,打开如图5-46所示的基础特征实体。

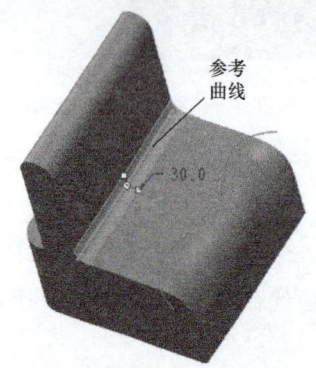

图 5-43　倒圆角特征 4 参考曲线

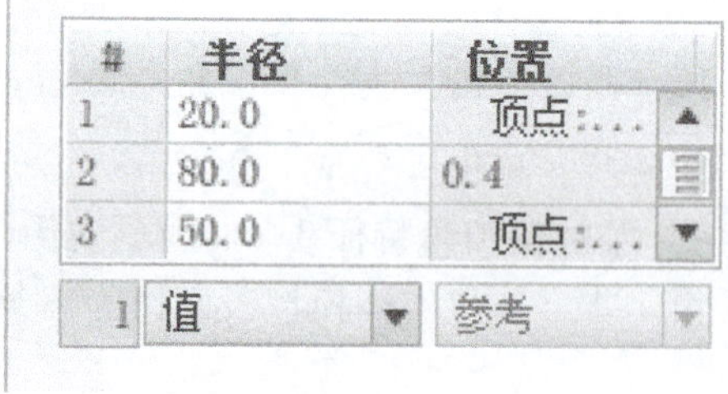

#	半径	位置
1	20.0	顶点：…
2	80.0	0.4
3	50.0	顶点：…

| 1 | 值 | 参考 |

图 5-44　倒圆角特征 4 "半径"选项

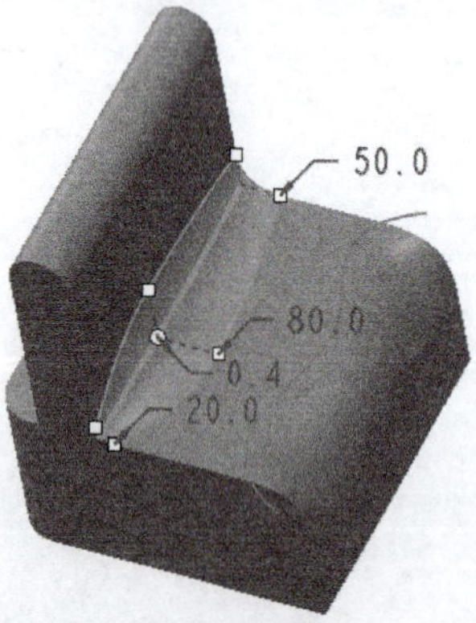

图 5-45　倒圆角特征 4

图 5-46　自动倒圆角基础特征

第2步,单击"模型"选项卡中"工程"工具栏中的"倒圆角"→"自动倒圆角"按钮,弹出如图5-47所示的自动倒圆角特征操控板。

"范围"参数面板说明:

"实体几何"单选按钮:可以在模型的实体几何上创建"自动倒圆角"特征。

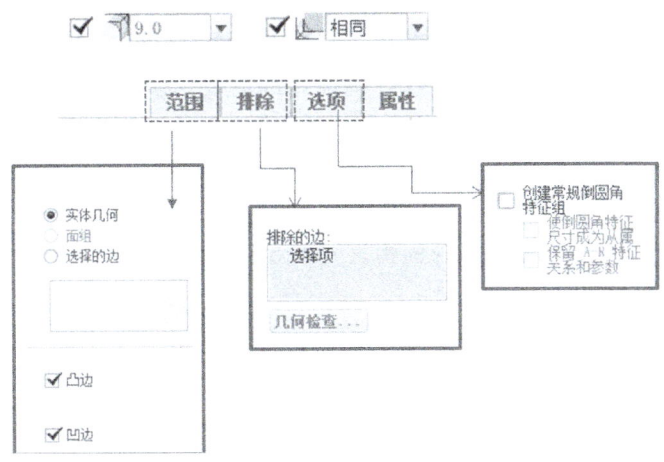

图 5-47　自动倒圆角特征操控板

"面组"单选按钮：一般用于曲面，可为每个面组创建一个单独的"自动倒圆角"特征。

"选择的边"单选按钮：系统只对选取的边或目的链上添加"自动倒圆角"特征。

"凸边"复选按钮：可选取模型中所有的凸边，如图 5-48 所示。

"凹边"复选按钮：可选取模型中所有的凹边，如图 5-48 所示。

"排除"参数面板说明：

"排除的边"选项：如果添加边线到此列表中，系统将不为列表中的边创建倒圆角特征。

"选项"参数面板说明：

"创建常规倒圆角特征组"复选按钮：可以创建一组常规倒圆角特征，而不是创建"自动倒圆角"特征。

第 3 步，在倒圆角特征控制板中设置圆角半径为 20mm。

第 4 步，打开"范围"参数面板，取消选中"凹边"复选按钮。

第 5 步，打开"排除"参数面板，选择排除的边，如图 5-49 所示。

第 6 步，单击"完成" 按钮，完成自动倒圆角特征，如图 5-50 所示。

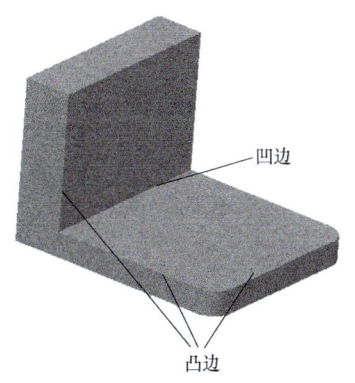

图 5-48　凹边和凸边

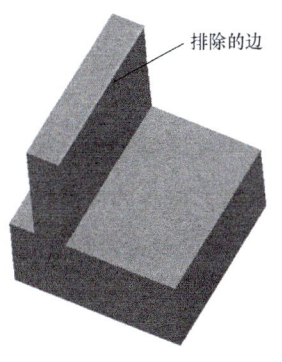

图 5-49　排除的边

图 5-50　自动倒圆角特征

5. 倒角特征

（1）倒角特征创建说明　倒角是对模型的实体边或拐角进行斜切削加工，以避免产品周围棱角过于尖锐，或者是为了配合造型设计的需要。倒角有边倒角和拐角倒角两种方式。

1）边倒角。边倒角是在选定边处截掉一块平直截面的材料，以在共有该选定边的两个原始曲面之间创建斜角曲面。

2）拐角倒角。拐角倒角是在零件的拐角处移除材料。

（2）创建倒角特征

1）打开基础特征实体，如图 5-51 所示。

2）添加倒角特征 1（边倒角）。

第 1 步，单击"模型"选项卡中"工程"工具栏中的"倒角"→"边倒角"按钮，弹出如图 5-52 所示的边倒角特征操控板。

图 5-51　倒角特征基础实体

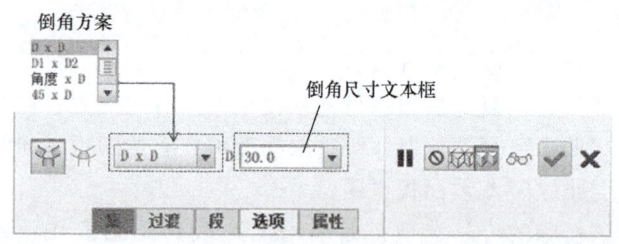

图 5-52　边倒角特征操控板

说明：如图 5-52 所示，边倒角有以下四种方案：

D×D：创建的倒角沿两个邻接曲面距选定边的距离都为 D，随后要输入 D 的值。

D1×D2：创建的倒角沿第一个曲面距选定边的距离为 D1，沿第二个曲面距选定边的距离为 D2，随后要输入 D1 和 D2。

角度×D：创建的倒角沿一邻接曲面距选定边的距离为 D，并且与该面成一指定夹角。只能在两个平面之间使用该命令，随后要输入角度和 D 的值。

45×D：创建的倒角和两个曲面都成 45°，并且每个曲面边的倒角距离都为 D，随后要输入 D 的值。

此处选用默认的 D×D 的倒角方案。

第 2 步，选取实体模型中的边线作为倒角边线，如图 5-53 所示。

第 3 步，设置倒角尺寸。在操控板中输入倒角的尺寸值为 30mm，并按回车键。

第 4 步，单击"完成"　按钮，完成边倒角特征，如图 5-54 所示。

3）添加倒角特征 2（拐角倒角）。

第 1 步，单击"模型"选项卡中"工程"文本框中的"倒角"→"拐角倒角"按钮，弹出如图 5-55 所示的拐角倒角特征操控板。

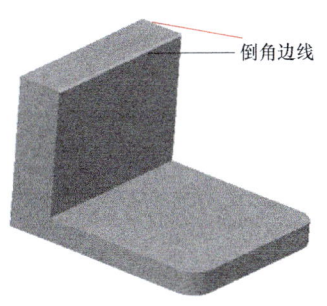
图 5-53 选取倒角边线

图 5-54 边倒角特征

图 5-55 拐角倒角特征操控板

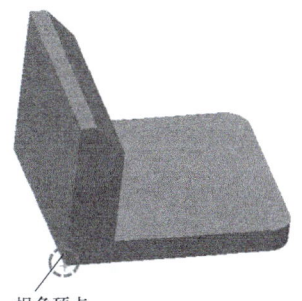
图 5-56 拐角顶点

第 2 步，单击"放置"按钮，单击"拐角收集器"图框，然后选择如图 5-56 所示顶点作为拐角顶点。

第 3 步，按照图 5-57 所示设置拐角倒角特征操控板上的三个拐角距离。

第 4 步，单击"完成" 按钮，完成拐角倒角特征，如图 5-58 所示。

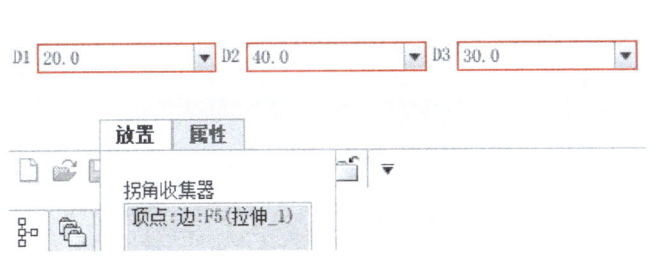
图 5-57 拐角距离设置

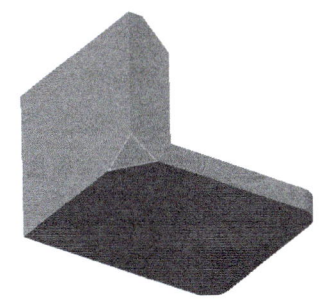
图 5-58 拐角倒角特征

6. 筋特征

（1）筋特征创建说明　筋是用来加固零件的，也是常用来防止零件出现不需要的折弯。筋特征的创建过程与拉伸特征基本相似，不同的是筋特征的截面草图是不封闭的，筋的截面只是一条直线。Creo 软件提供了两种筋特征的创建方法，分别是轨迹筋和轮廓筋。

1）轨迹筋。轨迹筋常用于加固塑料零件，通过在腔槽曲面之间草绘筋轨迹，或者通过选取现有草绘来创建轨迹筋，如图 5-59 所示。

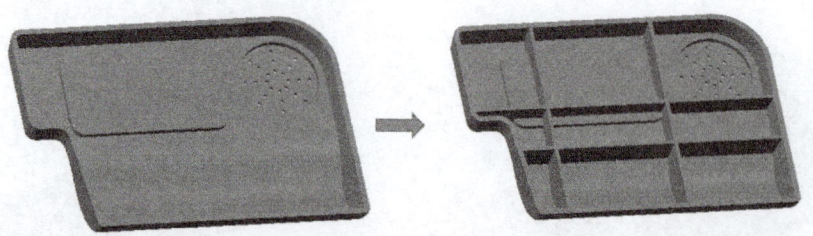

图 5-59 轨迹筋特征

2）轮廓筋。轮廓筋是设计中连接到实体曲面的薄翼或腹板伸出项，一般通过定义两个垂直曲面之间的特征横截面来创建轮廓筋。

（2）创建轨迹筋特征

1）打开基础特征实体，如图 5-60 所示。

2）创建轨迹筋特征。

第 1 步，单击"模型"选项卡中"工程"工具栏中的"筋"→"轨迹筋"按钮，弹出如图 5-61 所示的轨迹筋特征操控板。

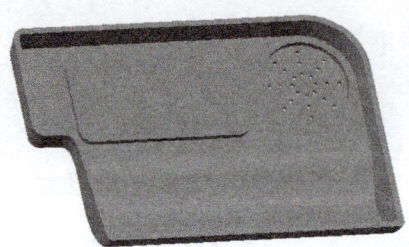

图 5-60 轨迹筋基础特征实体

5-8 创建筋特征

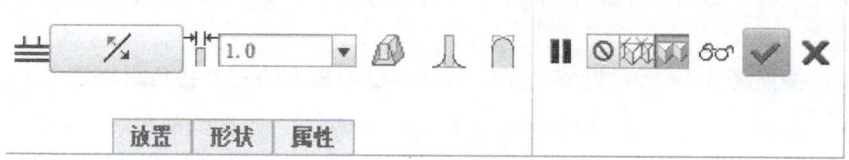

图 5-61 轨迹筋特征操控板

第 2 步，定义"放置"属性。在图 5-61 所示的操控板中"放置"按钮，再单击"定义"按钮，选取实体模型上表面作为草绘面，进入草绘界面，绘制如图 5-62 所示的草绘图形，完成后单击 按钮，退出草绘。

第 3 步，在操控板中定义筋的厚度为 1.0mm。

第 4 步，单击"完成" 按钮，完成轨迹筋特征，如图 5-63 所示。

（3）创建轮廓筋特征

1）打开基础特征实体，如图 5-64 所示。

2）创建轮廓筋特征。

第 1 步，单击"模型"选项卡中"工程"文本框中的"筋"→"轮廓筋"按钮，弹出如图 5-65 所示的轮廓筋特征操控板。

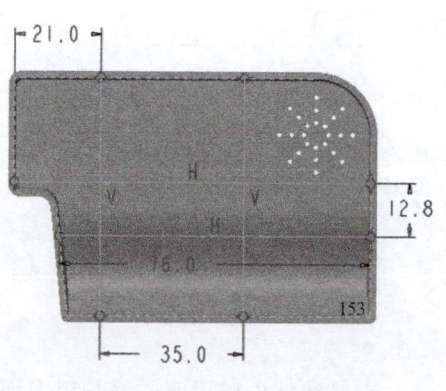

图 5-62 "放置"草绘图形

图 5-63 轨迹筋特征

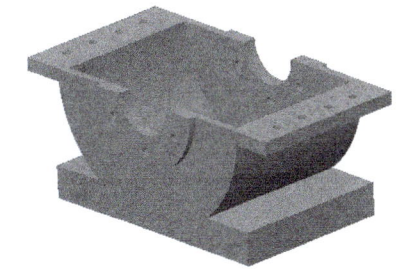

图 5-64 轮廓筋基础特征实体

图 5-65 轮廓筋特征操控板

第 2 步，在轮廓筋特征操控板中单击"参考"按钮，再单击"定义"按钮，选择 DTM1 面作为草绘面，选择 RIGHT 面作为参考面向右放置，绘制如图 5-66 所示的开放草绘截面。完成后单击 ✓ 按钮，退出草绘。

第 3 步，在操控板中定义筋的厚度为 5.0mm。

第 4 步，单击"完成" ✓ 按钮，完成轨迹筋特征，如图 5-67 所示。

第 5 步，阵列筋特征。选择上一步完成的轨迹筋特征，选方向阵列，方向和间隔如图 5-68 所示，筋特征阵列结果如图 5-69 所示。

第 6 步，镜像筋特征。选择上一步完成的阵列筋特征，选择镜像命令，选取 RIGHT 面作为对称面，镜像阵列筋特征，结果如图 5-70 所示。

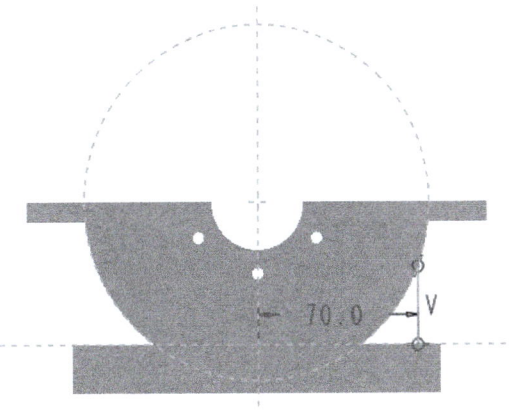

图 5-66 轮廓筋草绘截面

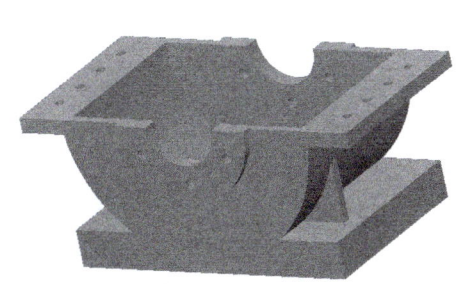

图 5-67 轨迹筋特征

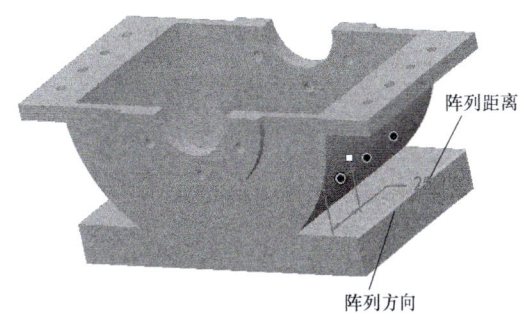

图 5-68 筋特征阵列参数

图 5-69　筋特征阵列结果

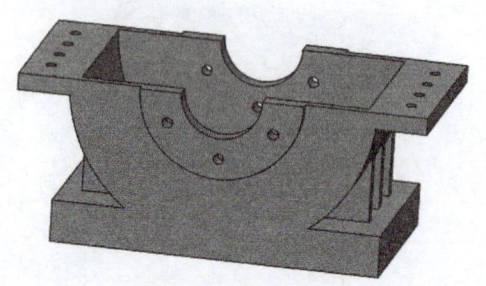

图 5-70　镜像筋特征

5.1.3　基础工程特征创建过程

创建如图 5-1 所示的三维实体模型。

1. 新建文件

在"文件"下拉菜单中选择"新建"命令,系统弹出"新建"对话框,在"类型"选项组中选中"零件"单选按钮,在"名称"文本框中输入"project5-1",修改模板为"mmns_part_solid",单击"确定"按钮进入三维建模环境。

2. 创建第一个拉伸特征

选择 FRONT 面作为草绘平面,绘制如图 5-71 所示截面草绘,设置拉伸方式为向两边拉伸,拉伸深度为 46mm,完成第一个拉伸特征,如图 5-72 所示。

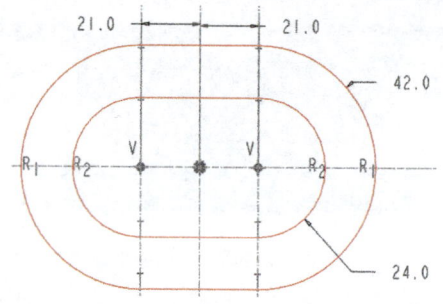

图 5-71　拉伸特征 1 截面草绘

图 5-72　拉伸特征 1

3. 创建第二个拉伸特征

选择第一个特征的表后面作为草绘平面,绘制如图 5-73 所示截面草绘,设置拉伸方向为向零件内部,拉伸深度为 14mm,完成第二个拉伸特征,如图 5-74 所示。

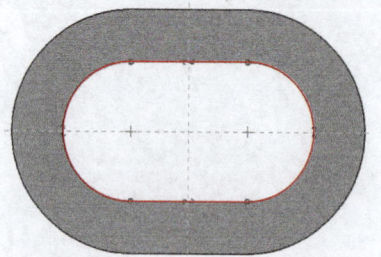

图 5-73　拉伸特征 2 截面草绘

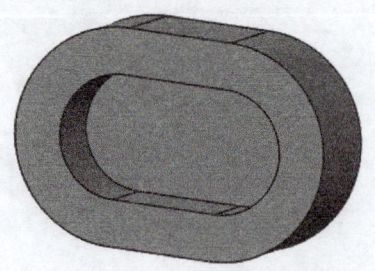

图 5-74　拉伸特征 2

4. 创建第三个拉伸特征

选择创建基准平面命令，从 TOP 面偏移距离 66mm 创建基准面 DTM1。在 DTM1 面上绘制如图 5-75 所示截面草绘，设置拉伸深度为 16mm，创建第三个拉伸特征，如图 5-76 所示。

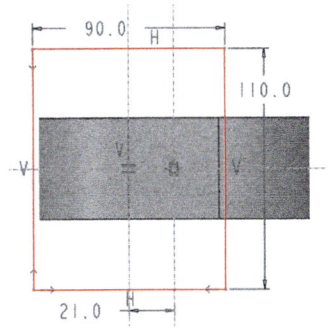

图 5-75　拉伸特征 3 截面草绘

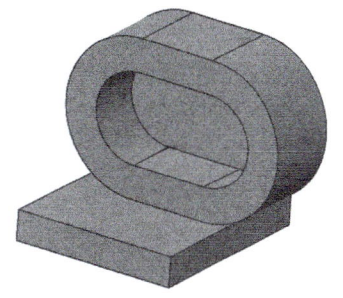

图 5-76　拉伸特征 3

5. 创建倒圆角特征 1 和 2

将拉伸特征 3 的部分边线倒圆角，圆角半径如图 5-77 所示。

6. 创建第四个拉伸特征

从曲面偏移 3mm 的距离，创建基准面 DTM2。在此基准面上绘制如图 5-78 所示截面草绘，设置拉伸方式为到指定的面，创建拉伸特征 4，如图 5-79 所示。

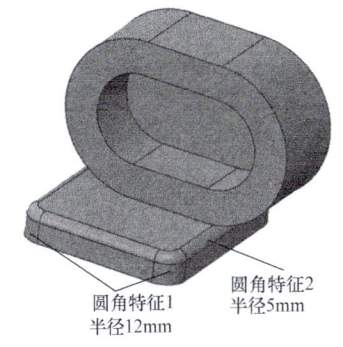

图 5-77　倒圆角特征

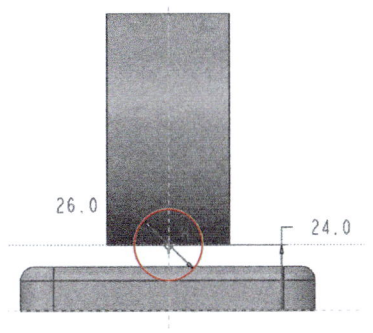

图 5-78　拉伸特征 4 截面草绘

7. 创建倒圆角特征 3

如图 5-80 所示，创建倒圆角特征 3。

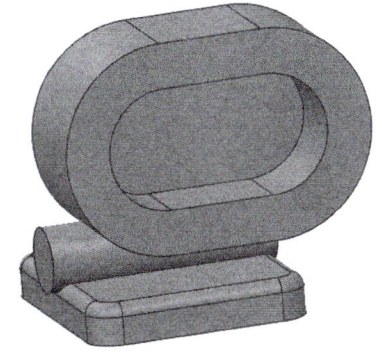

图 5-79　拉伸特征 4

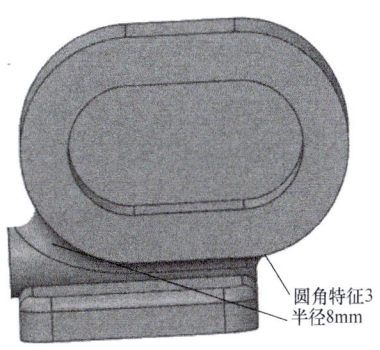

图 5-80　倒圆角特征 3

8. 创建旋转特征 1

选择 FRONT 面作为草绘平面，绘制如图 5-81 所示截面草绘，创建材料切除旋转特征 1，如图 5-82 所示。

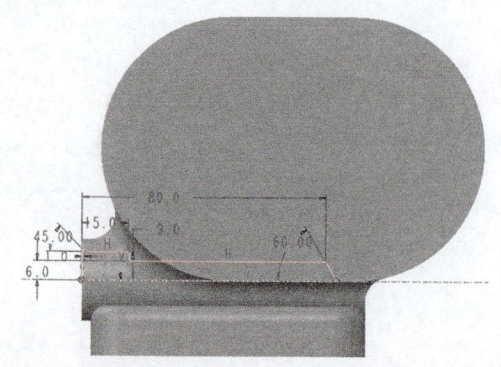 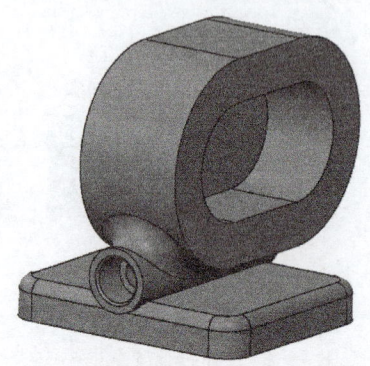

图 5-81　旋转特征 1 截面草绘　　　　图 5-82　旋转特征 1

9. 创建凸台特征

在创建的基准面 DTM1 上绘制如图 5-83a 所示草绘截面，拉伸至下一平面，再选择 RIGHT 为基准面，绘制如图 5-83b 所示草绘截面，创建旋转特征，去除材料，结果如图 5-84 所示。

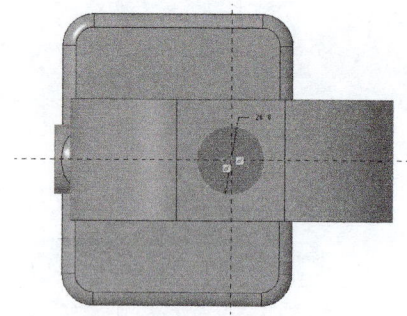 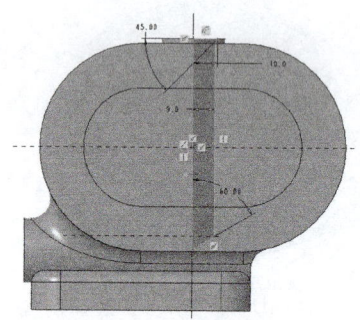

a) 位伸草绘截面　　　　　　　　b) 旋转草绘截面

图 5-83　草绘截面

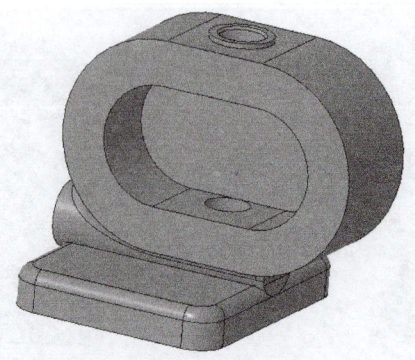

图 5-84　凸台结果

10. 创建旋转特征2

选择 DTM4 面作为草绘平面，绘制如图 5-85 所示截面草绘，创建旋转切除材料特征，结果如图 5-86 所示。

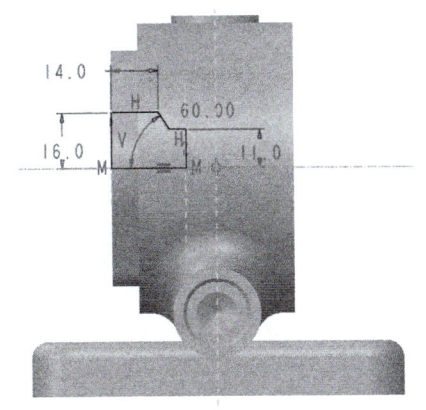

图 5-85 旋转特征 2 截面草绘

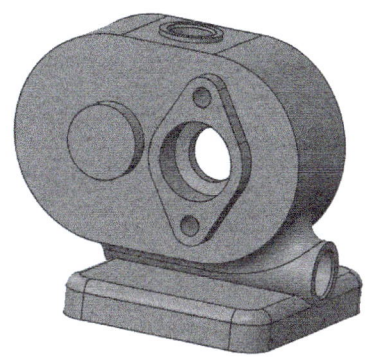

图 5-86 旋转特征 2

11. 创建孔特征1和孔特征2

如图 5-87 所示，选择孔特征 1 的放置方式为同轴方式，选择放置的基准面和基准轴，设置孔的类型为标准孔里的钻孔，直径为 8mm，深度为 15mm，创建孔特征 1。用同样的方式创建孔特征 2，结果如图 5-88 所示。

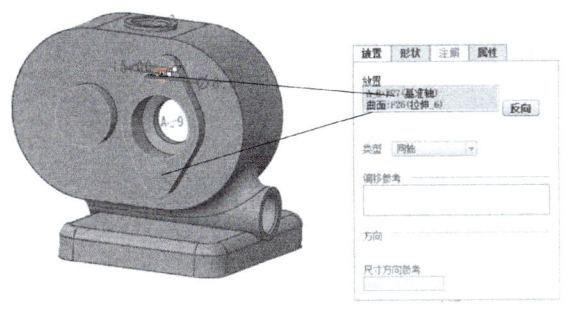

图 5-87 孔特征 1 放置

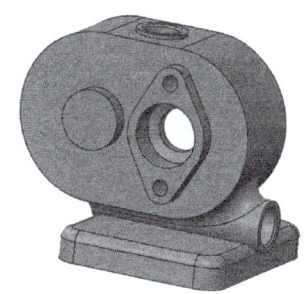

图 5-88 孔特征 2

12. 创建孔特征3

如图 5-89 所示，选择孔特征的放置方式为同轴放置，选择基准面和基准轴，选择孔的类型为钻孔，钻孔直径为 16mm，深度为 14mm，创建孔特征 3，结果如图 5-90 所示。

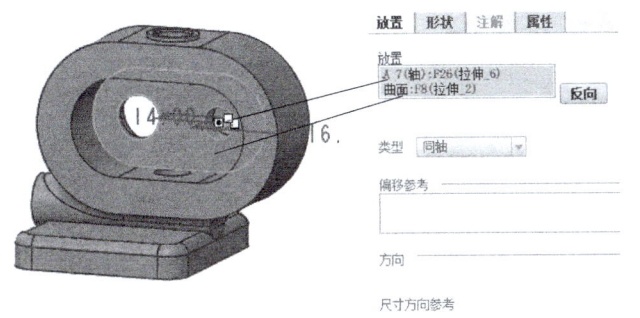

图 5-89 孔特征 3 放置方式

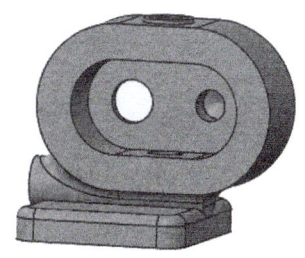

图 5-90 孔特征 3

13. 创建孔特征 4

如图 5-91 所示，设置孔的放置方式和偏移距离，设置孔的类型为普通钻孔，孔径为 8mm，深度为 15mm，创建孔特征 4。沿中间对称面镜像孔特征 4，结果如图 5-92 所示。

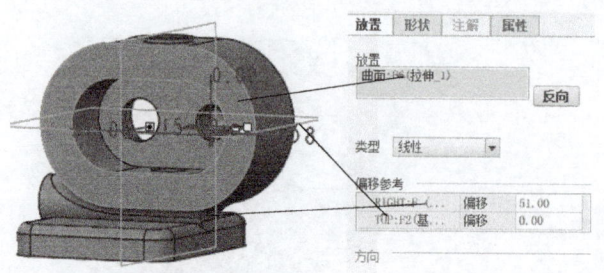

图 5-91　孔特征 4 放置　　　　　　　　图 5-92　孔特征 4

14. 创建倒角特征 1

选择如图 5-93 所示边创建参数为 2×2 的倒角特征。

15. 创建倒圆角特征 4

选择如图 5-94 所示的边创建圆角半径为 3mm 的固定圆角。

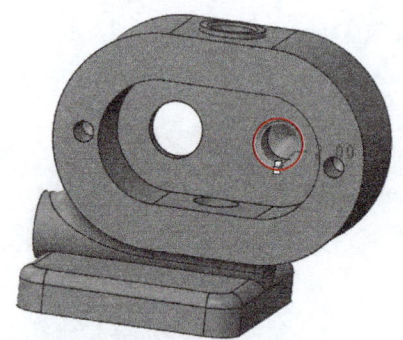

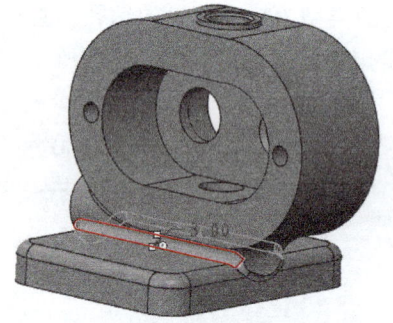

图 5-93　倒角特征 1　　　　　　　　图 5-94　倒圆角特征 4

16. 创建拔模特征 1

如图 5-95 所示，选择拔模曲面、拔模枢轴和拔模方向，设置拔模角度为 20°，增加材料，创建拔模特征 1，如图 5-96 所示，完成该模型的创建。

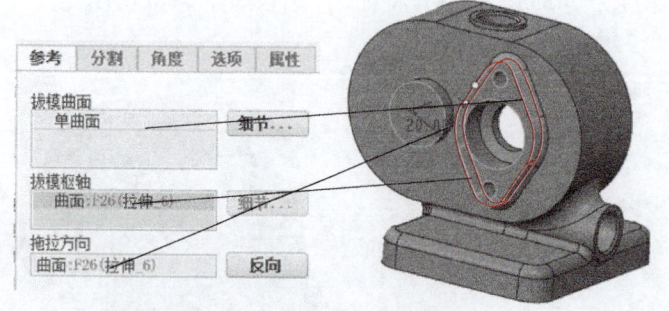

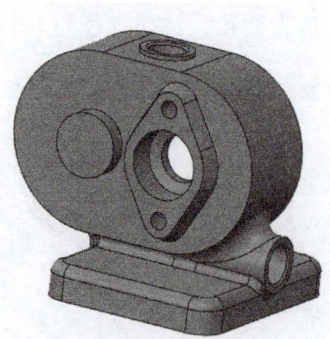

图 5-95　拔模特征参考设置　　　　　　　　图 5-96　拔模特征 1

5.1.4 巩固基础工程特征

创建如图 5-97 所示的三维实体模型。

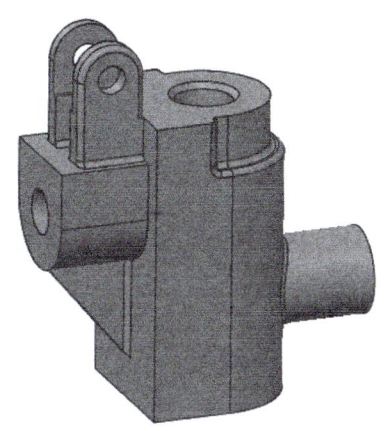

图 5-97 巩固基础工程特征

5.2 高级工程特征

5.2.1 任务分析

图 5-98 所示为具有环形折弯和骨架折弯等多种高级工程特征的三维实体模型。在创建三维模型时要正确选择环形折弯特征的折弯方式以及骨架折弯时骨架线的绘制。

5.2.2 知识准备

1. 环形折弯特征

（1）环形折弯特征创建说明　环形折弯是在两个方向上将所选实体、曲面或者基准特征折弯，从而创建环形或旋转形的模型。该工具经常用于创建轮胎模型。其中，折弯后的形状取决于选取的折弯属性和所绘横截面轮廓。环形折弯横截面轮廓必须是开放的，并且需要平面坐标系辅助定位。图 5-99 所示为环形折弯特征操控板。

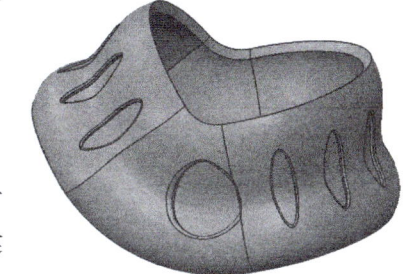

图 5-98 高级工程的特征绘制

创建环形折弯特征的方式有三种，可根据模型的需要在如图 5-99 所示的操控板中进行选取，分别是 360 度折弯、折弯半径以及折弯轴。

在"参考"参数面板中，折弯实体要选中"实体几何"复选按钮，折弯曲面和线要单击"面组"选择项目和"曲线"选择添加项目。"轮廓截面"选项的草绘为定义径向折弯的轮廓，此轮廓需开放，并有坐标系。

"选项"参数面板中包含了曲线折弯的四种方式，分别是标准、保留在角度方向的长度、保持平整并收缩和保持平整并展开。

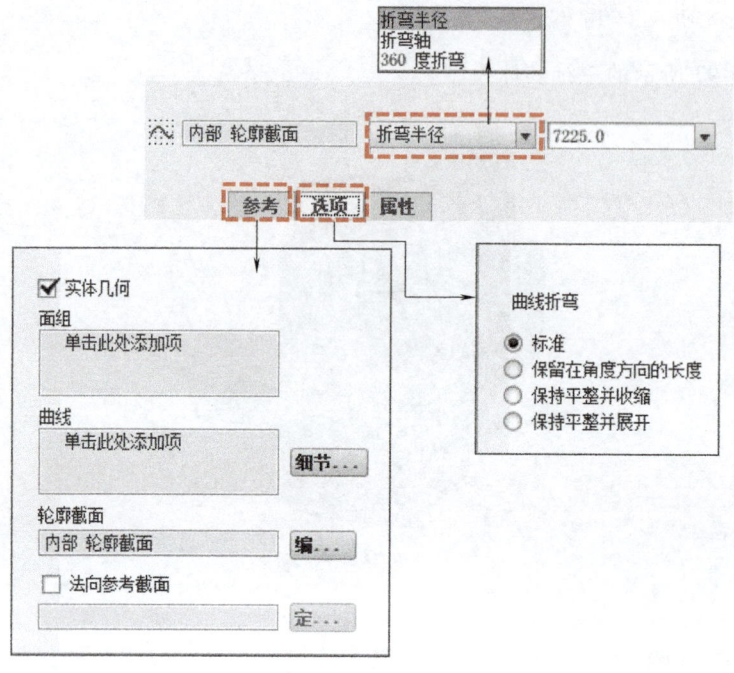

图 5-99　环形折弯特征操控板

（2）创建折弯特征

1）打开基础特征实体，如图 5-100 所示。

图 5-100　基础特征实体

5-9　创建折弯特征

2）创建折弯特征。

第 1 步，单击"模型"选项卡中的 工程▼ 下拉按钮，在系统弹出的菜单中选择"环形折弯"命令，弹出如图 5-101 所示的环形折弯特征操控板，选择如图 5-102 所示的两个平行面定义折弯长度。

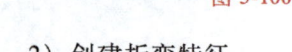

图 5-101　360 度折弯特征操控板

第 2 步，单击"参考"选项卡，在弹出的参数面板中选中"实体几何"复选按钮。

第 3 步，单击"轮廓截面"右边的"定义内部草绘"按钮，按照图 5-103 所示设置草绘平面和草绘参照。

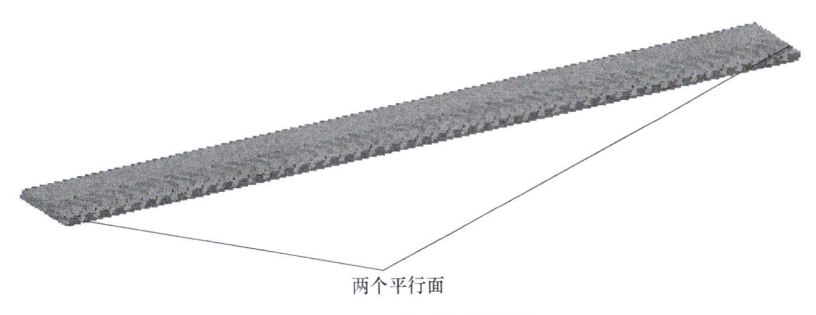

图 5-102　定义折弯长度

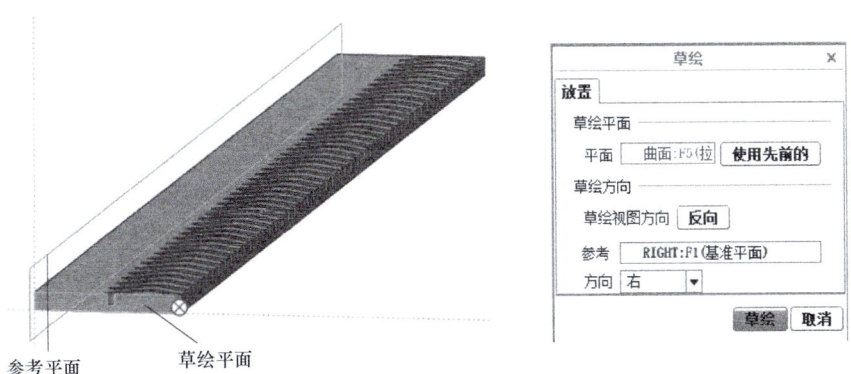

图 5-103　"轮廓截面"的草绘设置

第 4 步，绘制如图 5-104 所示的轮廓截面，注意坐标系的绘制。绘制完成后单击"确认" 按钮，退出草绘。

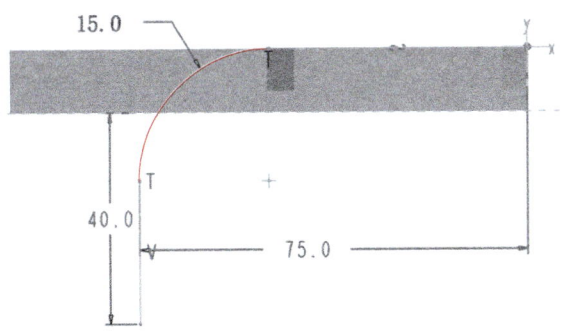

图 5-104　轮廓截面草绘

第 5 步，单击"确认" 按钮，完成环形折弯特征，如图 5-105 所示。

3）镜像环形折弯特征。选择上一步完成的环形折弯特征，选择"镜像"命令，选取 DTM1 面为对称面，单击"确认" 按钮，完成环形折弯特征的镜像，结果如图 5-106 所示。

图 5-105　环形折弯特征

图 5-106　环形折弯特征镜像

2. 骨架折弯特征

（1）骨架折弯特征创建说明　使用"骨架折弯"命令，可以对一个实体或曲面沿着轨迹线进行弯曲。原有实体或曲面的横截面垂直于某条中心轴，弯曲后的截面将垂直于轨迹线，此轨迹线如同骨架形状，将实体或曲面进行弯曲，因此称为骨架折弯。实体弯曲后的体积和表面积都可能改变。使用"骨架折弯"命令时会出现如图 5-107 所示的"菜单管理器"对话框。各选项说明如下：

1）"选择骨架线"：选择已有的曲线作为轨迹线。

2）"草绘骨架线"：绘制弯曲轨迹线。

3）"无属性控制"：最终生成的几何外形不能被调整。

4）"截面属性控制"：用改变截面的方式沿着轨迹线来控制几何形状。该属性利用关系式定义，有两种选择。

①"线性"：起点与终点之间的截面变化特征是线性关系。

②"图形"：起点与终点之间的截面变化特征根据图形变化。

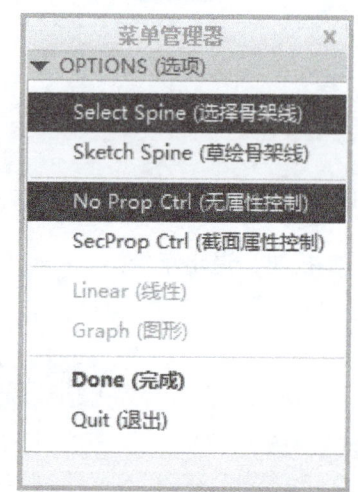

（2）创建骨架折弯特征

1）打开基础特征实体，如图 5-108 所示。

图 5-107　"菜单管理器"对话框

5-10　创建骨架折弯特征

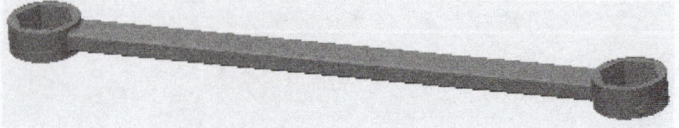

图 5-108　骨架折弯基础特征实体

2）创建骨架折弯特征。

第 1 步，选择 RIGHT 面为草绘平面，绘制如图 5-109 所示的草绘线。

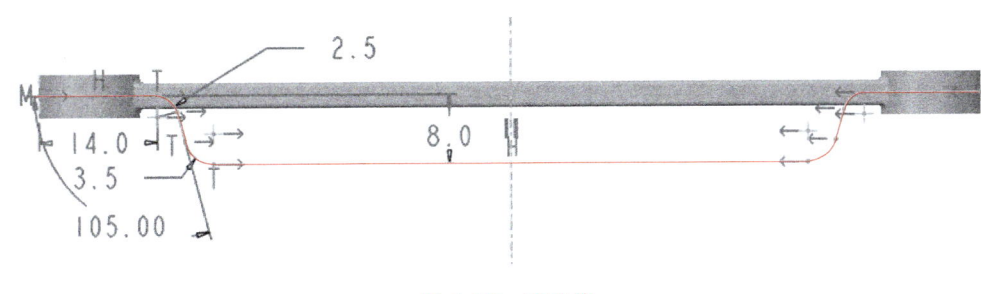

图 5-109　草绘线

第 2 步，单击"模型"选项卡中的 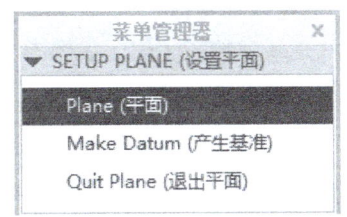 下拉按钮，在系统弹出的菜单中选择"骨架折弯"命令，在弹出的对话框中选择"选择骨架线"和"无属性控制"，然后单击"完成"按钮。

第 3 步，在模型界面选择要折弯的面组或实体：选择基础实体的一个大面作为要折弯的实体。

第 4 步，弹出如图 5-110 所示的"菜单管理器"对话框，依次单击"依次"和"选择"选项，然后按住<Ctrl>键，选取第 1 步绘制的草绘线作为骨架折弯特征的骨架线。选取完毕后单击"完成"选项。

第 5 步，弹出如图 5-111 所示的"菜单管理器"对话框，单击"平面"选项，在模型空间选取 DTM2 面作为定义折弯量的平面。完成的骨架折弯特征如图 5-112 所示。

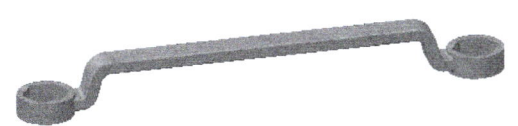

图 5-111　"菜单管理器"对话框（二）

图 5-110　"菜单管理器"对话框（一）　　　　　图 5-112　骨架折弯特征

3. 修饰特征

修饰特征是在其他特征上绘制的复杂的几何图形，并能在模型上清楚地显示出来，如螺钉上的螺纹示意线、零件上的公司徽标等。由于修饰特征也被认为是零件的特征，因此它们一般也可以重定义和修改。下面将介绍几种修饰特征：螺纹、草图和凹槽。

5-11　创建修饰特征

（1）修饰特征创建说明

1）螺纹修饰特征。修饰螺纹是表示螺纹直径的修饰特征。与其他修饰特征不同，不能修改修饰螺纹的线型，并且螺纹也不会受到"环境"菜单中隐藏线显示设置的影响。螺纹以默认极限偏差设置来创建。

修饰螺纹可以是外螺纹或者内螺纹，也可以是不通的或贯通的。可以通过指定螺纹小径或螺纹大径、起始曲面和螺纹长度或终止边来创建修饰螺纹。

单击"模型"选项卡中的 工程▼ 下拉按钮，在弹出的菜单中选择"修饰螺纹"选项，即可创建修饰螺纹特征。

2）草绘修饰特征。草绘修饰特征被"绘制"在零件的曲面上。例如公司徽标或序列号等可"绘制"在零件的表面上。另外，在进行"有限元"分析计算时，也可以利用草绘修饰特征定义"有限元"局部符合区域的边界。

单击"模型"选项卡中的 工程▼ 下拉按钮，在弹出的菜单中选择"修饰草绘"选项，即可创建修饰草绘特征。

3）凹槽修饰特征。凹槽修饰特征是零件表面上凹下的绘制图形，它是一种投影类型的修饰特征，通过创建草绘图形并将其投影到曲面上即可创建凹槽，凹下的修饰特征是没有定义深度的。

注意：凹槽特征不能跨越曲面边界。

单击"模型"选项卡中的 工程▼ 下拉按钮，在弹出的菜单中选择"修饰槽"选项，即可创建修饰槽特征。

（2）创建修饰特征

1）打开基础特征实体，如图5-113所示。

2）创建修饰螺纹特征

第1步，单击"模型"选项卡中的 工程▼ 下拉按钮，在系统弹出的菜单中选择"修饰螺纹"选项，弹出如图5-114所示的修饰螺纹特征操控板。

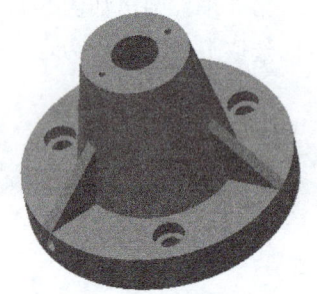

图 5-113　基础特征实体

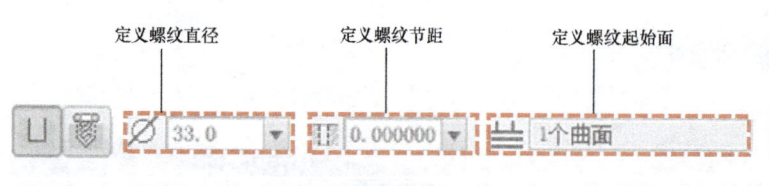

图 5-114　修饰螺纹特征操控板

第2步，单击"放置"按钮，设置螺纹曲面为圆孔的圆柱面，如图5-115所示。

第3步，在修饰螺纹特征操控板中设置螺纹类型为简单螺纹孔，直径为33.0mm，设置螺纹的起始面和深度。

第4步，单击"确认"扫描按钮，完成修饰螺纹特征，如图5-116所示。

3）创建修饰草绘特征。

第1步，单击"模型"选项卡中的 工程▼ 下拉按钮，在系统弹出的菜单中选择"修饰草绘"选项,弹出如图 5-117 所示的"修饰草绘"草绘"放置"面板,按照图示设置草绘平面,单击"草绘"按钮。

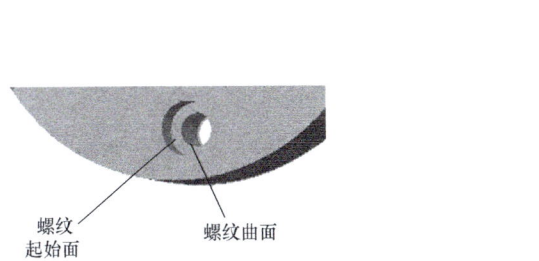

图 5-115　螺纹曲面和起始面

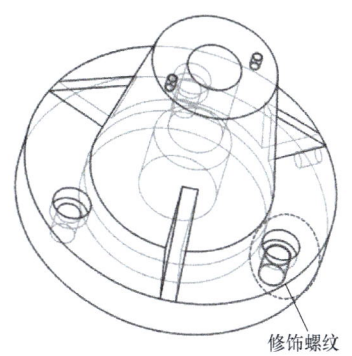

图 5-116　修饰螺纹特征

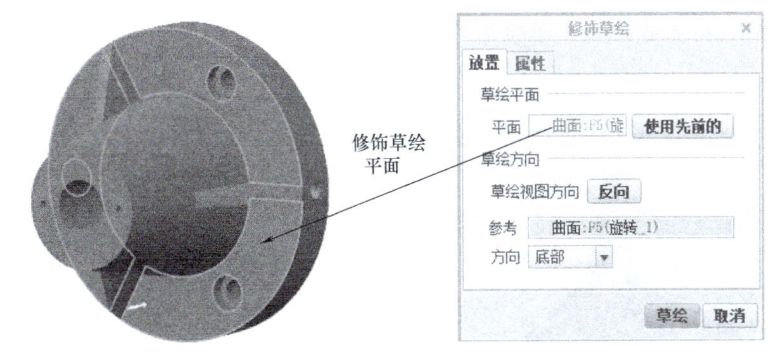

图 5-117　"修饰草绘"草绘"放置"面板

第 2 步,在草绘区绘制如图 5-118 所示草绘图形。

第 3 步,单击"确认"按钮,退出草绘,完成修饰草绘特征,如图 5-119 所示。

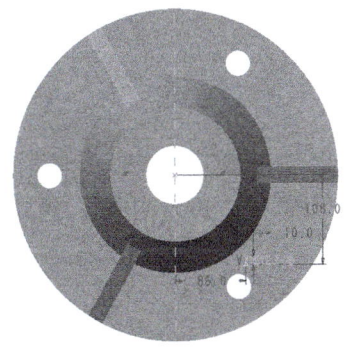

图 5-118　草绘图形

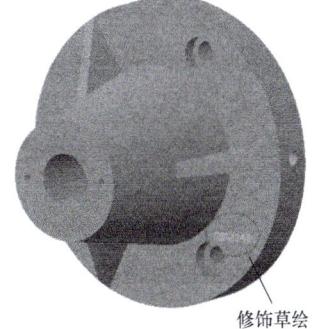

图 5-119　修饰草绘特征

4)创建修饰槽特征。

第 1 步,单击"模型"选项卡中的 工程▼ 下拉按钮,在系统弹出的菜单中选择"修饰槽"选项,弹出如图 5-120 所示的对话框,选择槽的一个面组,单击"完成参考"选项。

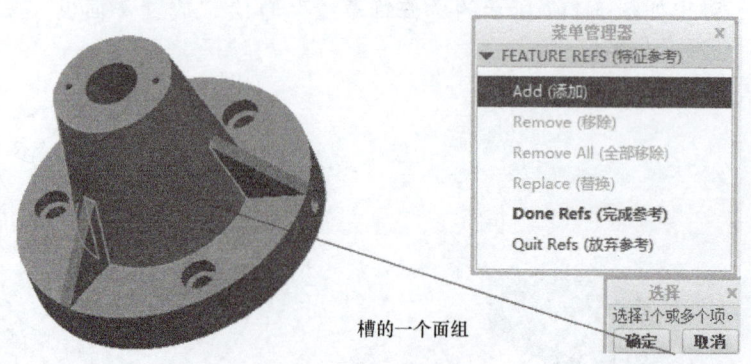

图 5-120　槽特征的特征参考

第 2 步，在弹出的对话框中选取 DTM3 面作为草绘平面，采用默认的方式放置平面，按要求设置基准，绘制如图 5-121 所示的草绘图形，单击"确定" 按钮，退出草绘。

第 3 步，完成修饰槽特征，如图 5-122 所示。

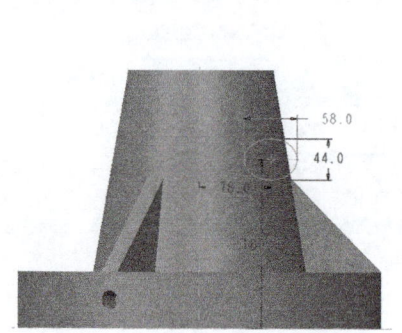

图 5-121　"槽特征"草绘图形

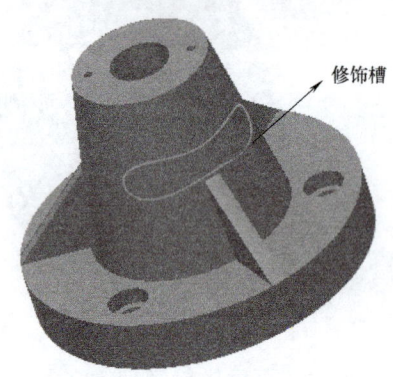

图 5-122　修饰槽特征

5.2.3　高级工程特征创建过程

创建如图 5-98 所示的三维实体模型。

1. 新建文件

在"文件"下拉菜单中选择"新建"命令，系统弹出"新建"对话框，在"类型"选项组中选中"零件"单选按钮，在"名称"文本框中输入"project5-2"，修改模板为"mmns_part_solid"，单击"确定"按键进入三维建模环境。

2. 创建第一个拉伸特征

选择 FRONT 面作为草绘平面，绘制尺寸为 300mm×30mm 的长方形，设置拉伸深度为 2000mm，创建拉伸特征 1，如图 5-123 所示。

3. 创建第二个拉伸特征

选择长方体上表面作为草绘平

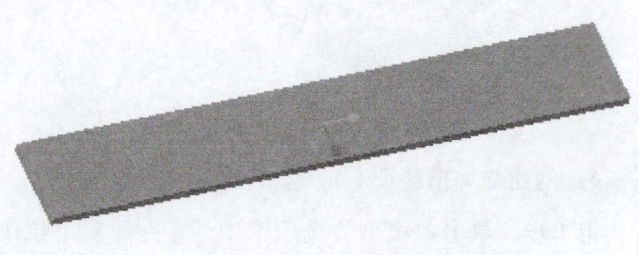

图 5-123　拉伸特征 1

面，绘制如图5-124所示的草绘截面，设置拉伸方向朝向实体内部，去除材料，拉伸深度为12mm，创建第二个拉伸特征。

4. 创建圆角特征

将第二个拉伸特征的边线倒半径为4mm的圆角，将此圆角特征与上一步的拉伸特征2组合。

5. 阵列组1

将组1沿长方体的长边方向进行阵列，设置阵列个数为13，阵列距离为150mm，结果如图5-125所示。

6. 创建环形折弯特征

第1步，单击"模型"选项卡中"工程"工具栏中的 工程▼ 下拉按钮，在弹出的下拉菜单中选择"环形折弯"命令，弹出折弯特征操控板。

第2步，单击"参考"按钮，按图5-126进行设置，绘制横向折弯草绘轮廓，注意不要忘记参考坐标系的绘制。

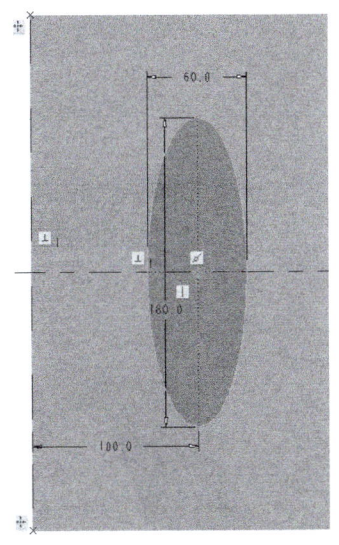

图5-124 草绘截面

图5-125 阵列结果

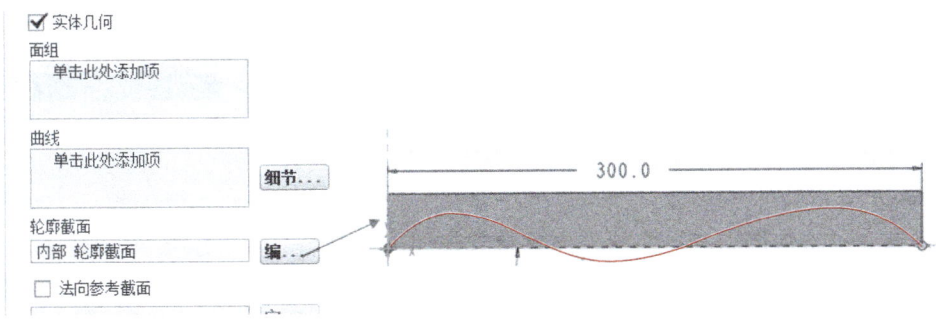

图5-126 折弯特征"参考"设置

第3步，按图5-127设置折弯特征操控板，选择折弯方式为360度折弯，选择两个平行面确定折弯量。

第4步，单击"确定"按钮，完成环形折弯特征，如图5-128所示。

7. 创建骨架折弯特征

第1步，创建骨架线。选择DTM1面作为草绘面，绘制如图5-129所示的草绘线。

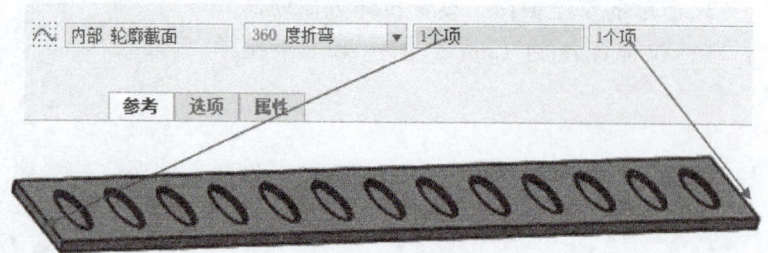

图 5-127 折弯特征操控板设置

图 5-128 环形折弯特征

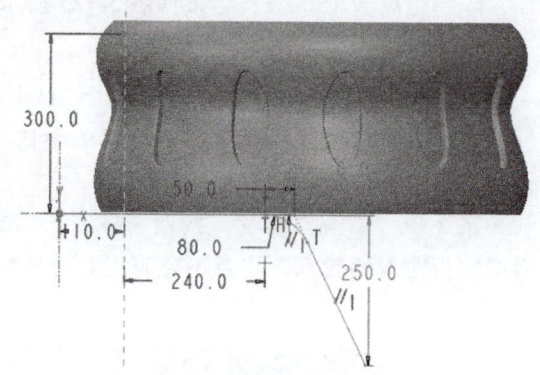

图 5-129 草绘线

第 2 步，单击"模型"选项卡中"工程"工具栏中的 工程▼ 下拉按钮，在弹出的下拉菜单中选择"骨架折弯"命令，弹出骨架特征操控板。

第 3 步，在模型界面选择要折弯的面组或实体：选择基础实体的一个大面作为要折弯的实体。

第 4 步，弹出如图 5-130 所示的"菜单管理器"对话框，依次单击"依次"和"选择"选项，然后按住<Ctrl>键，选取第 1 步绘制的草绘线作为骨架折弯特征的骨架线。选取完成后单击"完成"选项。

第 5 步，弹出如图 5-131 所示的"菜单管理器"对话框，单击"平面"选项，在模型空间选取 DTM3 面作为定义折弯量的平面。完成的骨架折弯特征如图 5-132 所示。

图 5-130 "菜单管理器"对话框（一）

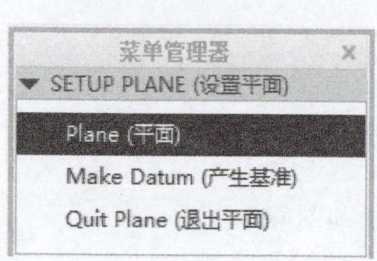

图 5-131 "菜单管理器"对话框（二）

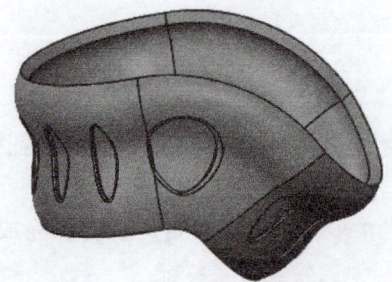

图 5-132 骨架折弯特征

5.2.4 巩固高级工程特征

创建如图 5-133 所示的三维实体模型。

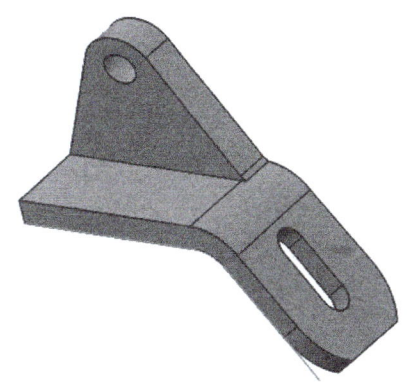

图 5-133　巩固高级工程特征

本 章 小 结

在创建了基础实体后，可以在模型上添加有实际意义的工程特征。本章介绍了基础工程特征和高级工程特征，详细说明了孔特征、倒圆角特征、倒角特征、筋特征、拔模特征、壳特征、环形折弯、骨架折弯以及修饰特征等工程特征。

工程特征依赖于其他特征而存在，不能是零件的第一个特征。创建工程特征时，主要是确定特征本身形状、大小的定形参数和确定工程特征放置位置的定位参数。

理 论 自 测

1. 孔特征、壳特征、倒圆角特征和倒角特征一定是减材料吗？
2. 可以创建哪几种孔特征？
3. 在创建筋特征时，对其截面有什么要求？
4. 在创建工程特征时需要指定哪两类参数？
5. 下列特征中属于放置实体特征的是（　　　）。
   A. 旋转　　　　B. 拉伸　　　　C. 圆角　　　　D. 扫描
6. 下列放置实体特征可以独立于基础实体特征而存在的是（　　　）。
   A. 圆孔　　　　B. 倒角　　　　C. 圆角　　　　D. 管道
7. 下列放置实体特征必须在已有特征实体上创建的是（　　　）。
   A. 圆孔　　　　B. 管道　　　　C. 部分扭曲特征　　　　D. 以上说法都不对
8. 下列特征中是通过添加材料生成放置实体特征的是（　　　）。
   A. 圆孔　　　　B. 圆角　　　　C. 倒角　　　　D. 筋

应 用 自 测

1. 创建如图 5-134 所示的三维实体模型。
2. 创建如图 5-135 所示的三维实体模型。

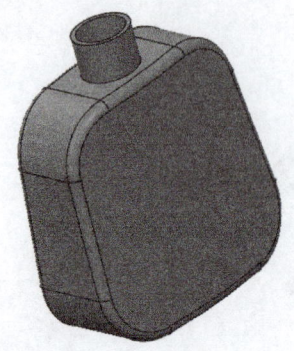

图 5-134　应用自测（一）

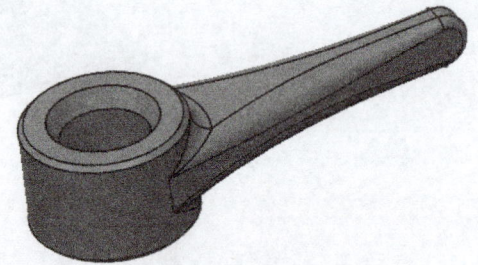

图 5-135　应用自测（二）

3. 创建如图 5-136 所示的三维实体模型。
4. 创建如图 5-137 所示的三维实体模型。

图 5-136　应用自测（三）

图 5-137　应用自测（四）

第6章 参数化模型设计

参数化设计是 Creo 软件的重要设计理念，通过变更参数的方法来修改设计意图。除了可以用参数来控制尺寸值外（特征功能特有），还可以在参数之间建立一些关系（这些特征功能没有），通过改变一些尺寸参数可以实现尺寸驱动。掌握合理的参数化设计的方法和技巧，可以极大地提高零件设计的效率。本章主要介绍参数化模型设计的基本操作方式。

6.1 特征的操作

6.1.1 参数概述

参数是参数化建模的重要元素之一，它可以提供对于设计对象的附加信息，用于表明模型的属性。参数结合关系式一起使用可以创建出参数化模型，并且能通过变更参数的数值来变更模型的形状和模型的大小。

6.1.2 参数设置

在零件模式下，单击"工具"选项卡中的"参数" 参数 按钮，系统弹出"参数"对话框，如图 6-1 所示。其参数设置说明见表 6-1。

6-1 参数基本设置

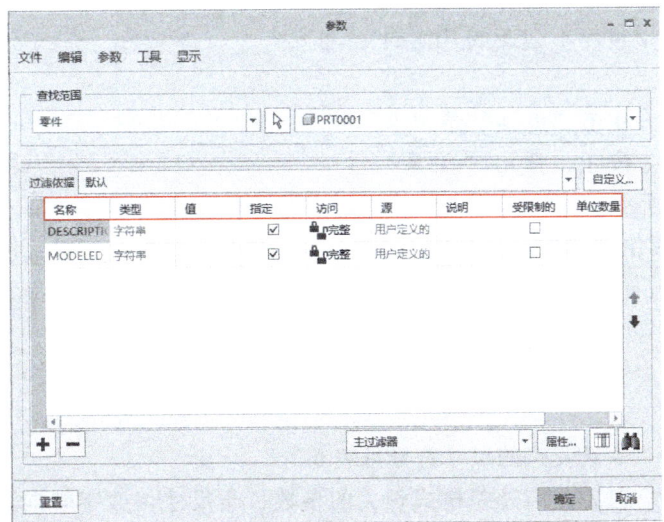

图 6-1 "参数"对话框

表 6-1 "参数"对话框中参数设置说明

参数名称	选项说明
名称	参数的名称和标识,用于区分不同的参数,是引用参数的依据
类型	指定参数的类型: A. 整数:整型数据　B. 实数:实数型数据　C. 字符串:字符型数据　D. 是否:布尔型数据
值	为参数设置一个初始值,该值可以在随后的设计中修改
指定	选中该复选按钮可以使参数在 PDM(产品数据管理)系统中可见
访问	为参数设置访问权限: A. 完整:无限制的访问权,用户可以随意访问参数　B. 限制:具有限制权限的参数 C. 锁定:锁定的参数,这些参数不能随意更改,通常由关系式确定
源	指定参数的来源: A. 用户定义的:用户定义的参数,其值可以随意修改 B. 关系:由关系式驱动的参数,其值不能随意修改
说明	关于参数含义和用途的注释文字
受限制的	创建其值受限制的参数。创建受限制参数后,它们的定义存在于模型中而与参数文件无关
单位数量	为参数指定单位,可以从其下下拉列表框中选择

6.1.3 关系式及其设置

关系是参数化模型设计的重要组成部分,是使用者自定义的尺寸符号和参数之间的等式关系。关系是用于捕获特征之间、参数之间或组件之间的设计关系。当参数化模型建立好后,可以通过更改参数即可生成不同尺寸的零件,而关系是确保在更改参数过程中零件能满足基本的形状要求。如参数化齿轮,可以更改模数、齿数从而生成同系列、不同尺寸的模型,而关系是满足在更改参数的过程中齿轮不会变成其他的零件。

在零件模式下,单击"工具"选项卡中的"关系" d=关系 按钮,弹出"关系"对话框,如图 6-2 所示。

关系式的组成主要有尺寸符号、数字、参数、保留字、注释等。

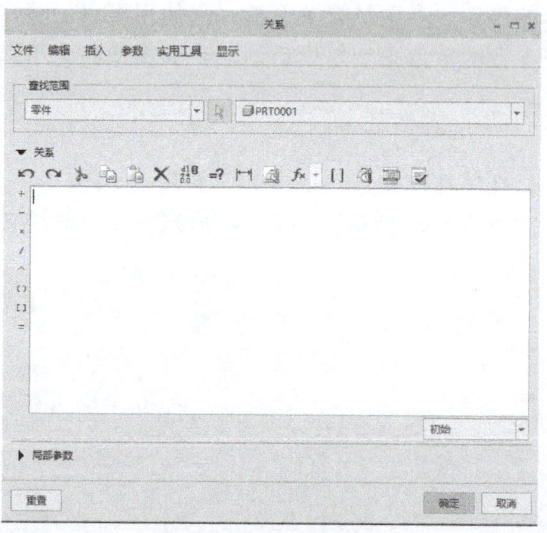

图 6-2 "关系"对话框

1. 符号类型

系统会给每一个尺寸数值创建一个独立的尺寸编号,在不同的模式下,被给定的编号也不同。

(1)尺寸符号　系统支持的尺寸符号见表 6-2。

(2)公差符号　公差是与公差格式相关的参数,当尺寸由数字转向参数的时候出现这些符号。公差符号见表 6-3。

表 6-2　尺寸符号

符　　号	说　　明
sd#	草绘的一般尺寸符号
rsd#	草绘的参考型尺寸符号
d#	零件与组件模式的尺寸符号
rd#	参考型尺寸符号
kd#	已知型的尺寸符号
d#:#	装配模式下的尺寸。第二个#为装配或元件的进程标识
Rd#:#	装配模式下的参考尺寸。第二个#为装配或元件的进程标识

表 6-3　公差符号

符　　号	说　　明
tpm#	加减对称格式中的公差,#是尺寸数
tp#	加减格式中的正公差,#是尺寸数
tm#	加减格式中的负公差,#是尺寸数

（3）实例数　实例数是整数参数，比如阵列方向上的实例个数。实例数见表6-4。

表 6-4　实例数

符　　号	说　　明
p#	阵列实例的个数

注意：如果将实例数改变为一个非整数值，Creo 软件将截去其小数部分，如 2.90 将变为 2。

（4）用户参数　用户参数是用户为了增加参数或关系所定义的参数。

例如：VoluIne = dO * d1 * d2Vendor = "TWTICom"

注意：

1）用户参数名必须以字母开头（如果它们要用于关系的话）。

2）不能使用 d#、kd#、rd#、tm#、tp#或 tpm#作为用户参数名，因为它们是尺寸符号保留使用的。

3）用户参数名不能包含非字母数字字符，例如!、@、#、$。

4）下列参数是系统保留使用的：

PI（几何常数）：3.14159（不能改变该值）。

G（引力常数）：$9.8m/s^2$。

C1、C2、C3 和 C4：默认值，分别等于 1.0、2.0、3.0 和 4.0。

2. 数学函数（表6-5）

表 6-5　数学函数

函数名称	说　　明
三角函数	正弦 sin()、余弦 cos()、正切 tan()
反三角函数	反正弦 asin()、反余弦 acos()、反正切 atan()

（续）

函数名称	说　　　明
双曲函数	双曲正弦 sinh( )、双曲余弦 cosh( )、双曲正弦 tanh( )
平方根	平方根 sqrt( )
对数	log( )以 10 为底的对数、ln( )自然对数
绝对值	abs( )绝对值
取整数	ceil( )不小于其值的最小整数、floor( )不超过其值的最大整数
幂	exp( )e 的幂

3. 关系式中的运算符

下列三类运算符可用于关系中。

（1）算术运算符　算术运算符见表 6-6。

表 6-6　算术运算符

符　号	说　明	符　号	说　明	符　号	说　明
+	加	-	减	( )	分组括号
/	除	*	乘	^	指数

（2）赋值运算符　=是一个赋值运算符，它使得两边的式子或关系相等。应用时，等式左边只能有一个参数。

（3）比较运算符　只要能返回 TRUE 或 FALSE 值，就可使用比较运算符。系统支持的比较运算符见表 6-7。

表 6-7　比较运算符

符号	说明	符号	说明	符号	说明
=	等于	<	小于	>	大于
>=	大于或等于	<=	小于或等于	|	或
!	非	~=	不等于	&	与

运算符 |、&、! 和~扩展了比较关系的应用，它们使得能在单一的语句中设置若干条件。例如，当 d1 在 2 和 3 之间且不等于 2.5 时，下面的关系返回 TRUE：

d1>2&d1<3&d1~=2.5

4. Creo 关系式

Creo 软件提供了为数不少的关系式，范围涵盖广泛，一般常用的仅其中几种，下面列举三大类。

（1）简单式　该类型通常用于单纯的赋值。例如：

m = 2

d1 = d2 * 2

（2）判断式　有时必须加上一些判断语句，以适合特定的情况，其语法是：

1）IF 语句可以加到关系中以形成条件语句。例如：

IF d1>d2

length = 24.5
ENDIF
IF d1 <= d2
length = 17.0
ENDIF

条件是一个值为 TRUE（YES）或 FALSE（NO）的表达式，这些值也可以用于条件语句中。例如，下列语句都可以用同样的方式计算：

IF ANSWER = YES
IF ANSWER = TRUE
IF ANSWER = N0

2）ELSE 语句。即使再复杂的条件结构，都可以通过在分支中使用 ELSE 语句来实现。用这一语句，前一个关系可以修改成：

IF d1 > d2
length = 14.5
ELSE
length = 17.0
ENDIF

在 IF、ELSE 和 ENDIF 语句之间可以有若干个特征。此外，IF-ELSE-ENDIF 结构可以在特征序列（它们是其他 IF-ELSE-ENDIF 结构的模型）内嵌套。IF 语句的语法如下：

IF<条件>　　　若干个关系的序列或 IF 语句
ELSE<可选项>　若干个关系的序列或 IF 语句
ENDIF

注意：

1）ENDIF 必须作为一个字来拼写。

2）ELSE 本身必须占一行。

3）条件语句中的相等必须使用两个等号（==）；赋值号必须是一个等号（=）。

（3）解方程与联立解方程组　联立方程组是这样的若干关系，在其中必须联立解出若干变量或尺寸。在设计时，有时需要借助系统求解一些方程。在 Creo 软件中求解方程的语法是：SOLVE……FOR。若解不止一组方程时系统也仅能返回一组结果。例如，假设有一个宽为 d1、高为 d2 的长方形，并要指定下列条件：其面积等于 200，且其周长要等于 60。

可以输入下列方程组：

SOLVE
d1 * d2 = 200
2 * (d1+d2) = 60
FOR d1 d2… or …FOR d1,d2

所有 SOLVE 和 FOR 语句之间的行成为方程组的一部分。FOR 行列出要求解的变量。

所有在联立方程组中出现而在 FOR 列表中不出现的变量被解释为常数。

联立方程组中的变量必须预先初始化。

由联立方程组定义的关系可以同单变量关系自由混合。选择"显示关系"时，两者都显示,并且它们可以用"编辑关系"进行编辑。

注意:即使方程组有多组解,也只返回一组。但用户可以通过增加额外的约束条件来解决所需要的那一组方程解。比如,上例中有两组解,用户可以增加约束 d1<=d2,程序为:

IFd1>d2
temp=d1
d1=d2
d2=temp
ENDIF

6.1.4 常用曲线方程

Creo 软件中常用曲线方程实例见表 6-8。

表 6-8 常用曲线方程实例

序号	方程名称	方程式	图形
1	正弦曲线	x=50*t y=10*sin(t*360) z=0	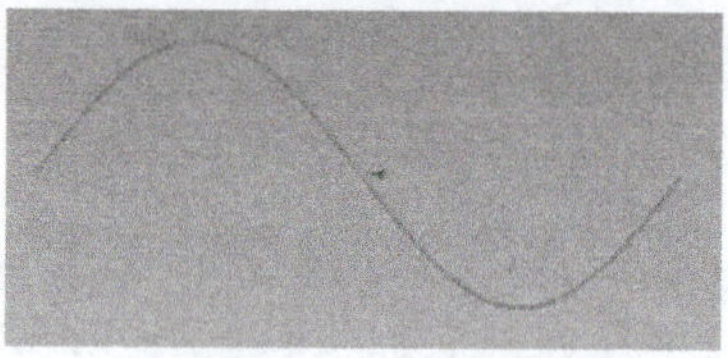
2	螺旋曲线	r=t theta=10+t*(20*360) z=t*3	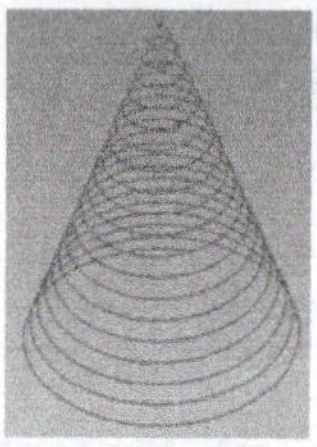
3	螺旋线	x=4*cos(t*(5*360)) y=4*sin(t*(5*360)) z=10*t	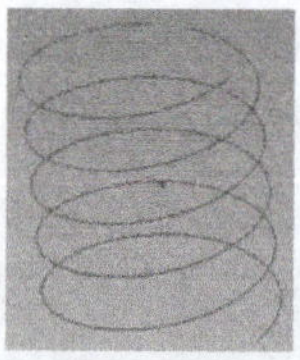
4	阿基米德螺旋线	a=100 theta=t*400 r=a*theta	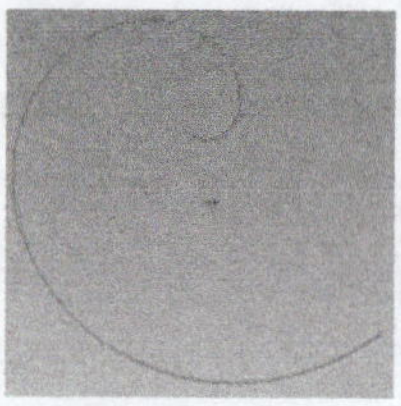

(续)

序号	方程名称	方程式	图形
5	对数曲线	$z = 0$ $x = 10 * t$ $y = \log(10 * t + 0.0001)$	
6	渐开线	$angle = t * 90$ $r = db/2$ $s = (pi * r * t)/2$ /* pi(常数) = 3.1415926 */ $xc = r * \cos(angle)$ $yc = r * \sin(angle)$ $x = xc + (s * \sin(angle))$ $y = yc - (s * \cos(angle))$ $z = 0$	

6.1.5 利用关系式创建参数化曲线

下面用正弦曲线方程来介绍 Creo 软件中参数的设置与关系式的应用方法。

操作步骤如下：

第1步，创建工作目录。

第2步，单击"新建"  按钮，打开"新建"对话框，如图 6-3a 所示。然后新建名称为"正弦曲线"的零件名，再选择公制模板为"mmns_part_solid"并进入零件绘图界面，如图 6-3b 所示。

6-2 参数化曲线

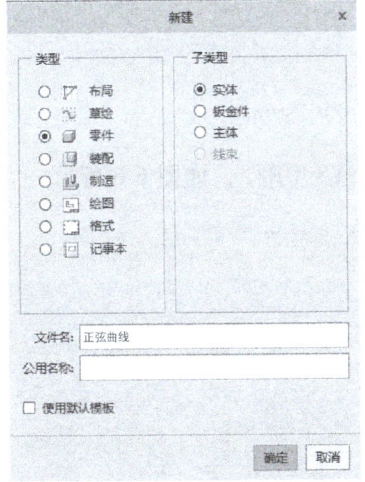

a)"新建"对话框

b) 选择公制模板对话框

图 6-3 新建零件相关设置

第3步，单击"工具"选项卡中的"参数"按钮，在弹出的"参数"对话框中设置参数名称为A，类型为实数，值为50；参数B，类型为实数，值为30，如图6-4所示。

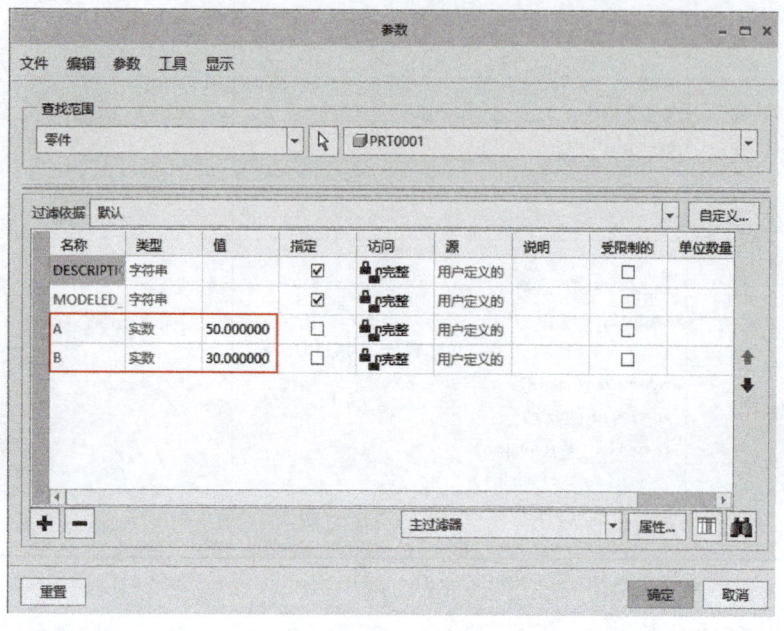

图6-4 参数设置

第4步，单击"模型"选项卡中"基准"模块下"曲线"中的"来自方程的曲线"按钮，打开"曲线：从方程"选项卡，如图6-5所示。

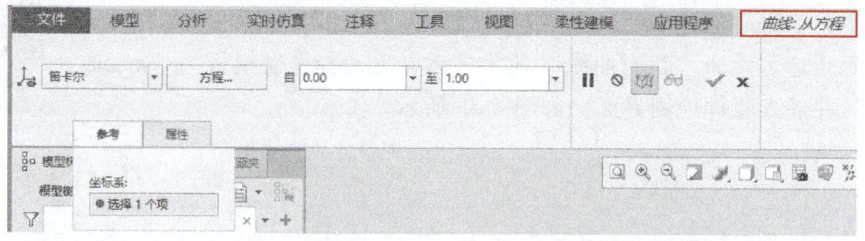

图6-5 "曲线：从方程"选项卡

第5步，选择零件"模型树"中的"PRT_CSYS_DEF"，如图6-6所示。

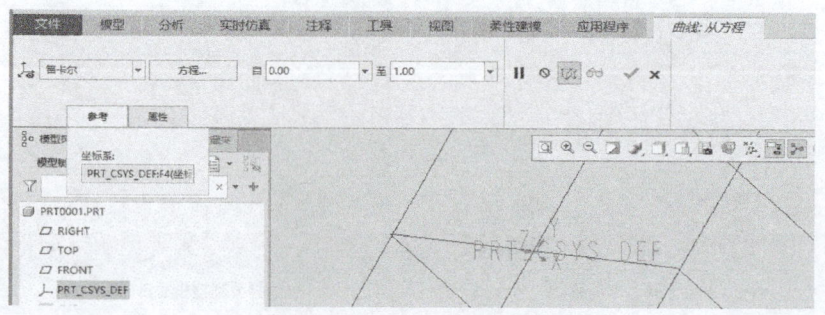

图6-6 坐标系选择

第6步，单击"曲线：从方程"选项卡中的"方程"按钮，在弹出的"方程对话框"中输入正弦曲线的方程，其中 A 和 B 在之前"参数"对话框中已设置，这一步不再重复设置，如图 6-7 所示。

$$X=A*t$$

$$Y=B*\sin(t*360)$$

$$Z=0$$

a) 正弦曲线方程式　　　　　　　　　　　　b) "方程"对话框

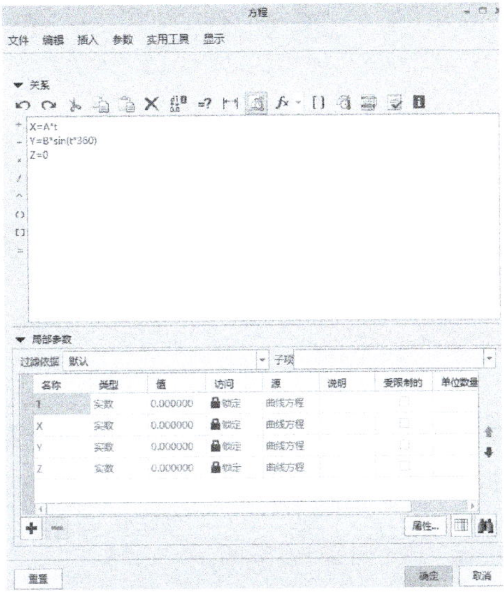

图 6-7　关系式的输入

第7步，单击"完成"按钮。按<Ctrl+D>组合键以默认的标准方向来观察创建的正弦曲线，如图 6-8 所示。

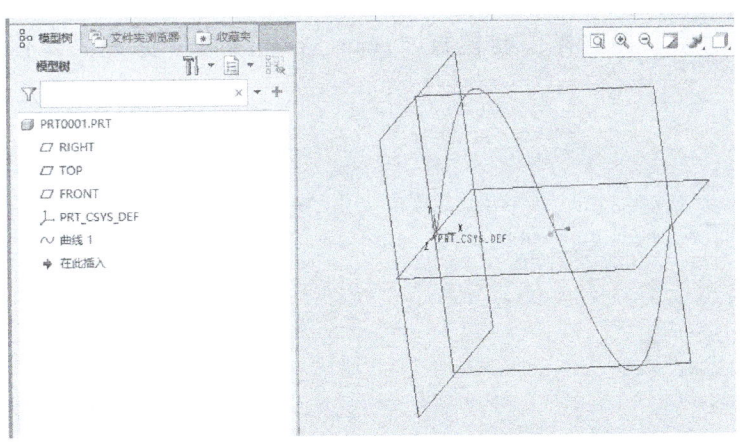

图 6-8　正弦曲线

第8步，在"参数"对话框中修改 A 和 B 的参数值，再在"模型树"中空白处右击选择"重新生成"命令或按<Ctrl+G>组合键，正弦曲线将按新的参数重新生成，如图 6-9 所示。

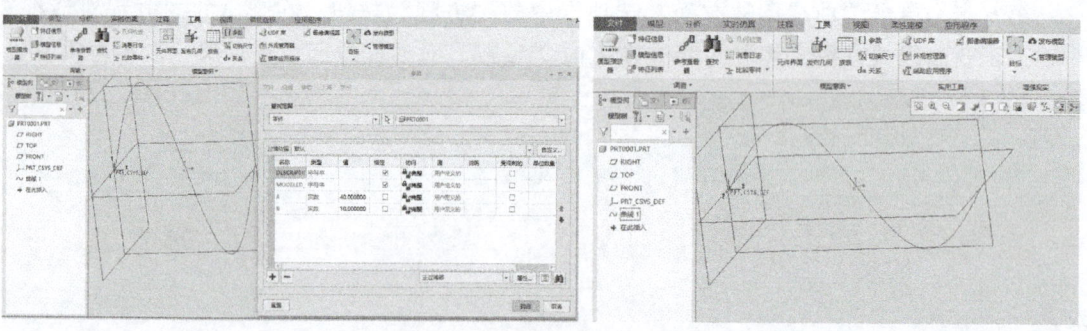

图 6-9 修改后的正弦曲线

6.2 参数化建模

下面将通过齿轮模型的参数化创建来介绍参数化建模的一般方法,帮助读者建立对 Creo 软件的参数化建模认知。

6.2.1 直齿轮的参数化建模

直齿轮由轮齿、键槽、轴孔等基本结构特征组成,其参数化模型如图 6-10 所示。

直齿轮建模的具体操作步骤如下:

第 1 步,创建工作目录。

第 2 步,单击"新建"  按钮,打开 "新建"对话框,如图 6-11a 所示。然后新建名称为 "直齿轮"的零件名,再选择公制模板"mmns_part_solid"并进入零件绘图界面,如图 6-11b 所示。

6-3 直齿轮参数化建模

图 6-10 齿轮参数化模型

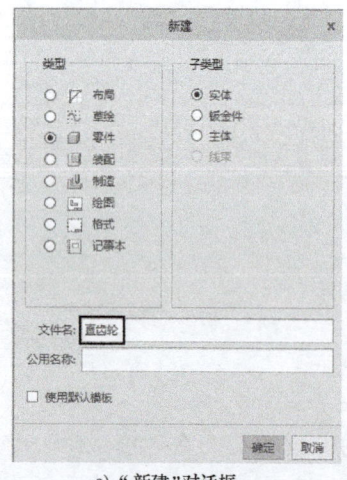

a)"新建"对话框　　　　　　b) 选择公制模板对话框

图 6-11 新建零件相关设置

第3步，创建齿轮设计参数。单击"工具"选项卡中的"参数"按钮，在弹出的"参数"对话框中，依次添加齿轮设计参数及初始值，M（模数）值2.75mm，ALPHA（压力角）值20°，DF（齿根圆直径），DA（齿顶圆直径），DB（基圆直径），D（分度圆直径），B（齿宽）值24mm，Z（齿数）值10。添加完毕单击"确定"按钮，如图6-12所示。

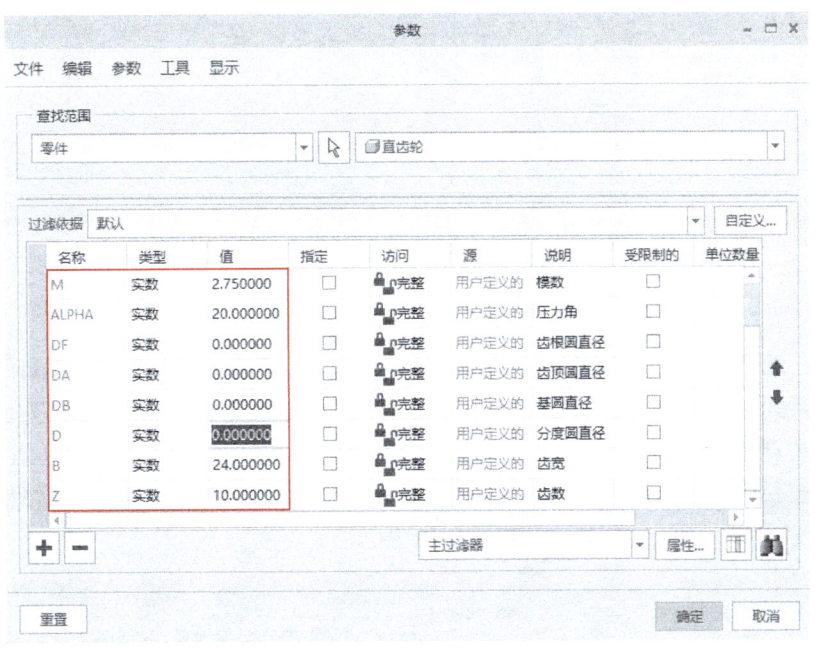

图6-12　直齿轮参数设置

第4步，在绘图区域的空白位置处右击，在弹出的快捷菜单中选择"定义内部草绘"命令，选择"FRONT（基准平面）"作为草绘放置平面，快速进入草绘界面中，如图6-13所示。

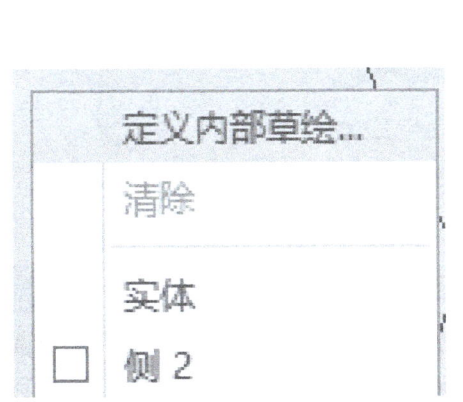

图6-13　选取草绘放置平面

第5步，单击"草绘"选项卡"草绘"工具栏中的"圆"按钮，任意草绘4个同心圆，完成后单击"确认"按钮，如图6-14所示。

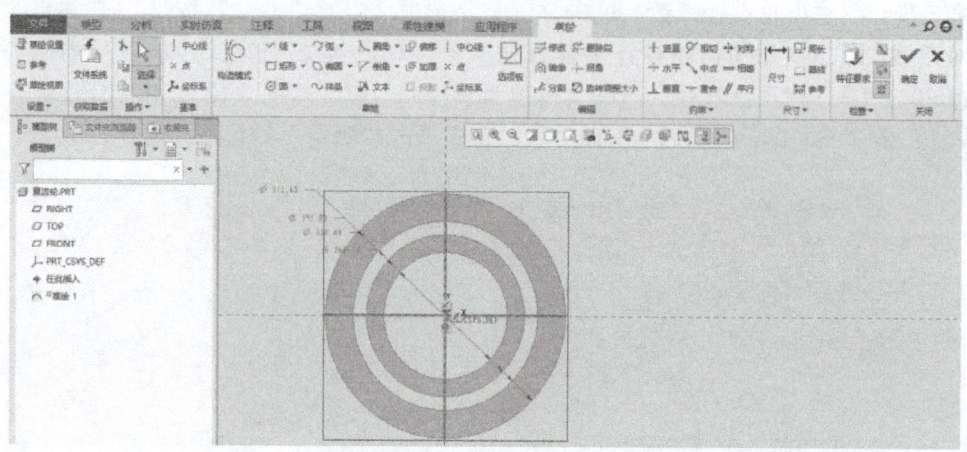

图 6-14 齿轮参考圆

第 6 步，单击"工具"选项卡中的"关系"按钮，在弹出的"关系"对话框中输入齿轮参考圆关系式，输入完毕，在工作区中单击 sd0 尺寸，符号尺寸被添加到关系对话框中，然后建立等式剩余部分"= d"（分度圆）。按照顺序依次添加其他尺寸 df（齿根圆直径）、da（齿顶圆直径）、db（基圆直径）。同时建立等式关系，添加完毕单击"确定"按钮，如图 6-15 所示。

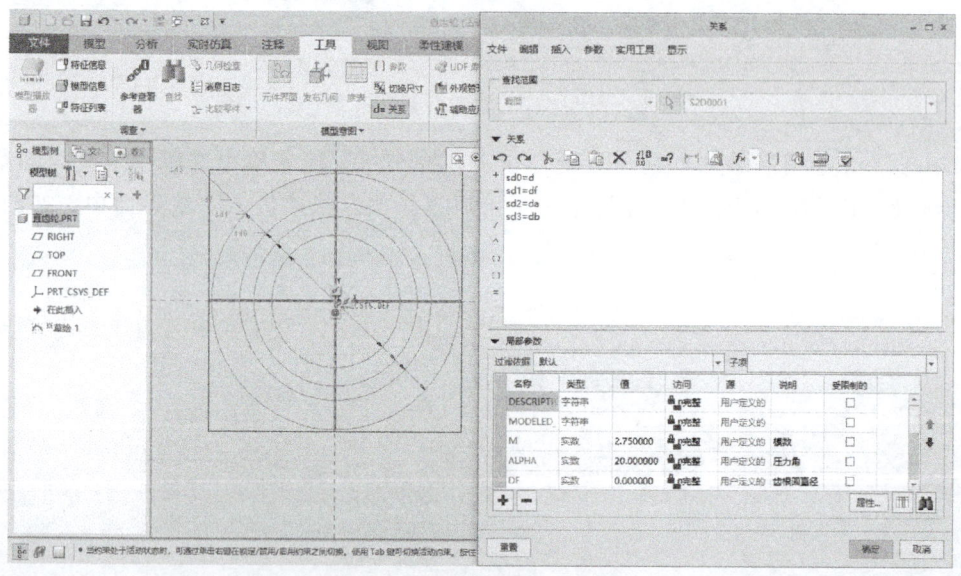

图 6-15 参考圆的关系式建立

第 7 步，继续在关系式中添加方程式，df（齿根圆直径）= z*m−2.5*m，da（齿顶圆直径）= z*m+2*m，db（基圆直径）= z*m*cos（alpha），d（分度圆）= m*z，输入方程式后单击"确定"按钮生成参考圆，如图 6-16 所示。

第 8 步，单击"模型"选项卡中"基准"模块下"曲线"中的"来自方程的曲线"按钮，弹出"曲线：从方程"对话框，参考坐标系选择零件"模型树"中的

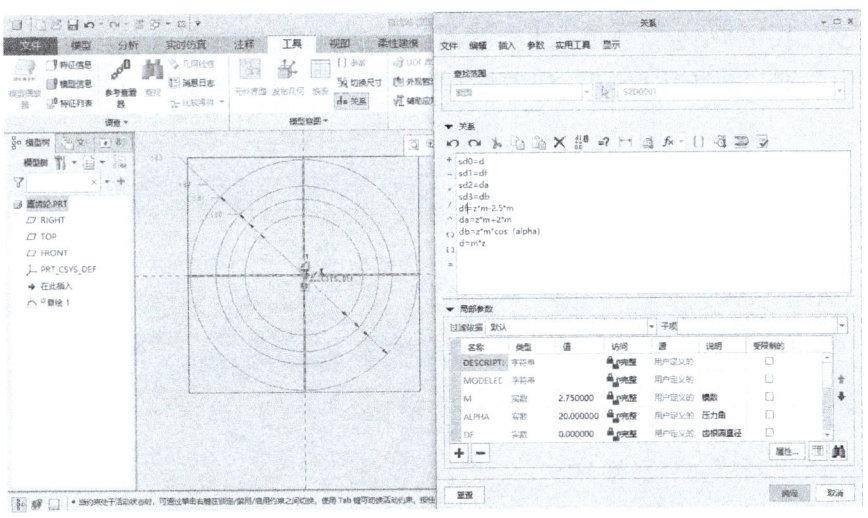

图 6-16　参考圆方程式添加

"PRT_CSYS_DEF"为参考坐标系,在方程中输入渐开线方程,单击"确定"按钮完成渐开线的绘制,如图 6-17 所示。

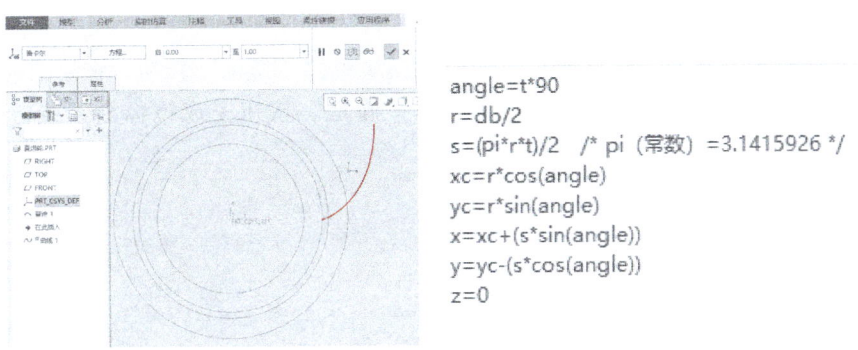

图 6-17　渐开线及方程式

第 9 步,单击"模型"选项卡中"基准"模块下的"基准轴"按钮,在绘图区中选择"RIGHT"和"TOP"基准平面创建基准轴 A_1,单击"确定"按钮完成,如图 6-18 所示。

第 10 步,单击"模型"选项中"基准"模块下的"点"按钮,在绘图区中选择"分度圆"和"渐开线"创建两个相交的基准点 PNT0,单击"确定"按钮完成,如图 6-19 所示。

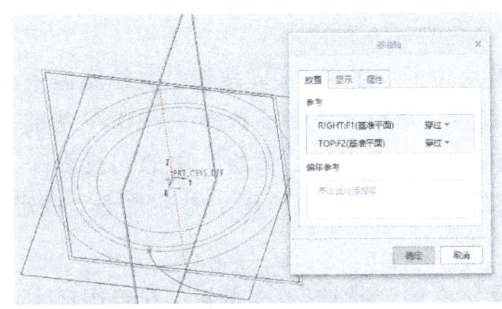

图 6-18　基准轴的创建

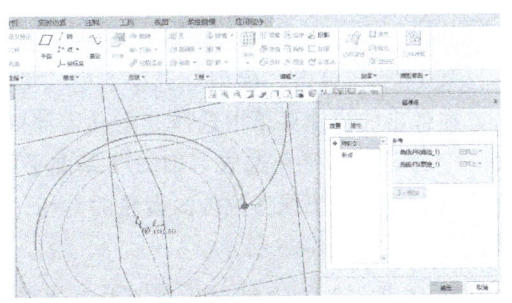

图 6-19　基准点的建立

第11步，单击"模型"选项卡中"基准"模块下的"平面"按钮，在绘图区中选择"基准轴 A_1"和"基准点 PNT0"创建基准面 DTM1，单击"确定"按钮完成，如图6-20所示。

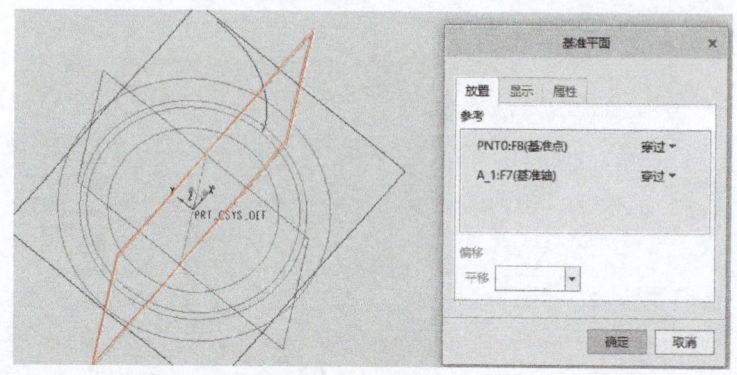

图6-20　基准面 DTM1 的创建

第12步，单击"模型"选项卡中"基准"模块下的"平面"按钮，在绘图区中选择"基准轴 A_1"为旋转中心轴，与"基准面 DTM1"形成夹角为 $360°/(4*z)$，创建基准面 DTM2，单击"确定"按钮完成，如图6-21所示。

第13步，单击"模型"选项卡中"编辑"模块中的"镜像"按钮，在绘图区中选择渐开线特征，以基准面 DTM2 为镜像平面，单击"确定"按钮完成镜像渐开线，如图6-22所示。

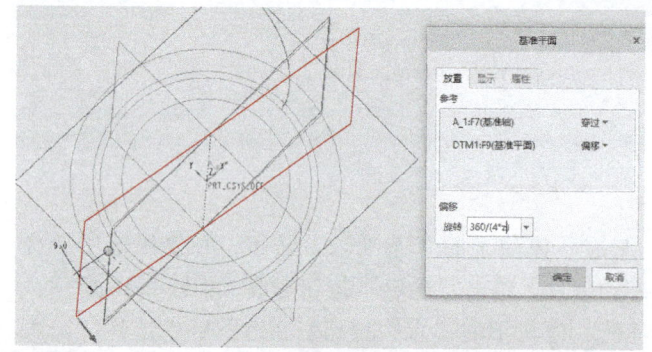   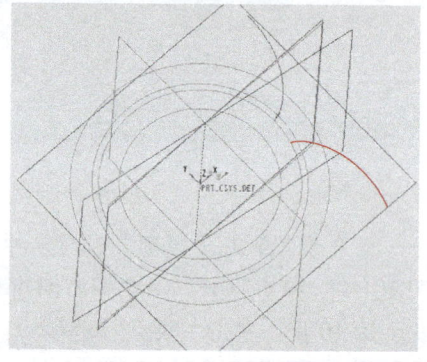

图6-21　基准面 DTM2 的创建　　　　　　图6-22　渐开线的镜像

第14步，单击"模型"选项卡中"形状"模块中的"拉伸"按钮，在绘图区中右击，在弹出的快捷菜单中选择"定义内部草绘"命令，草绘放置平面选择"FRONT 基准平面"，草绘参考平面选取"RIGHT 基准平面"，进入草绘界面用"草绘"中的"投影"工具拾取齿顶圆轮廓线为拉伸的齿轮的毛坯，在拉伸深度中输入数值"B"，然后单击"确定"按钮完成，如图6-23所示。

第15步，单击"模型"选项卡中"形状"模块中的"拉伸"按钮，在绘图区中右击，在弹出的快捷菜单中选择"定义内部草绘"命令，草绘平面选择"使用先前的"

第6章 参数化模型设计

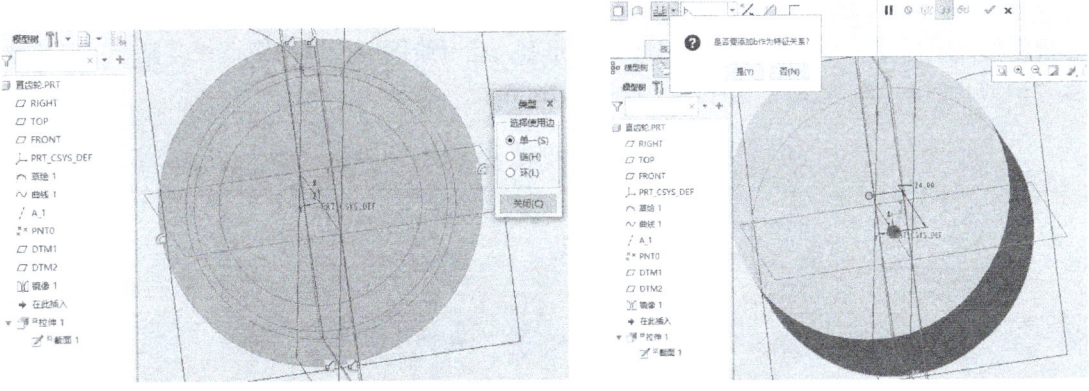

图 6-23　拉伸齿轮毛坯

使用先前的，进入草绘界面，用"草绘"中的"投影"工具拾取渐开线为拉伸的齿槽的轮廓线，拾取渐开线后再使用"直线"命令，沿着渐开线的切线方向绘制与渐开线相切的直线至齿轮的齿根圆相交，使用"圆角"命令，倒齿根圆角，齿槽截面如图 6-24 所示，其中齿根圆角尺寸为 0.5M，齿槽深度为 B。单击"确定"按钮完成齿槽创建。

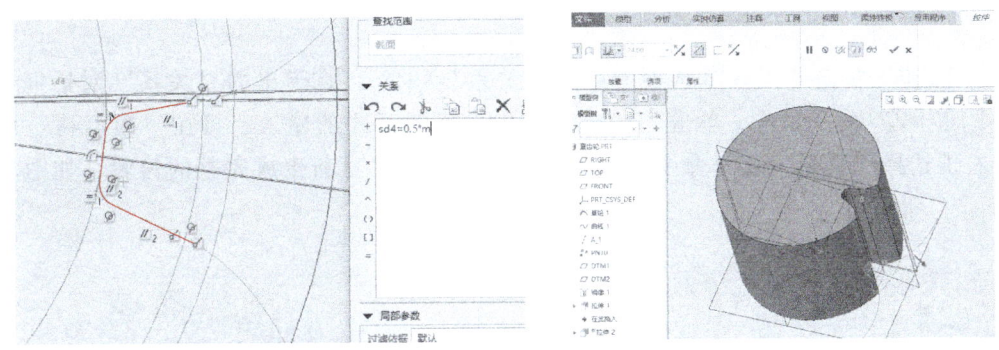

图 6-24　齿槽的创建

第 16 步，阵列齿槽。单击"模型树"中"拉伸 2"特征，再右击在快捷菜单中选择"阵列"命令，在弹出的"阵列"对话框中选择轴阵列，阵列轴为"A_1"，阵列角度为 360°/z，阵列个数为齿数 z，如图 6-25 所示。

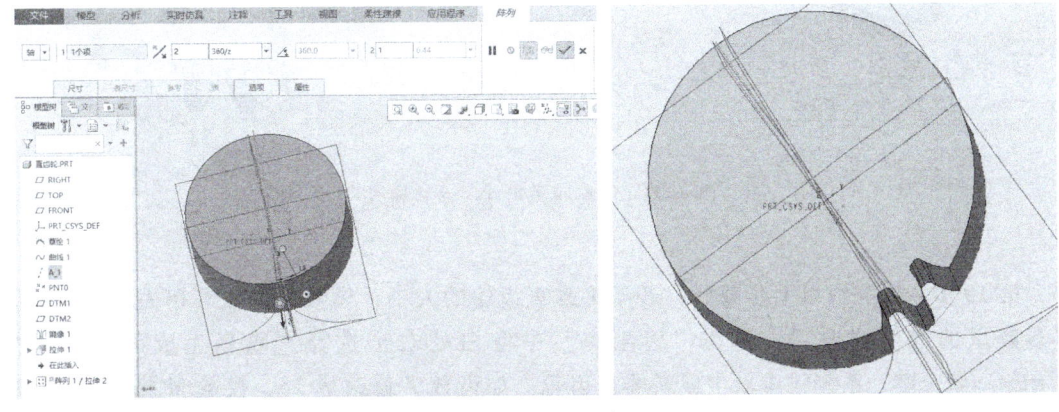

图 6-25　齿槽的阵列

第17步，在"模型树"中选择"阵列"特征，右击选择"编辑尺寸"命令，找到两个齿槽间的间距尺寸，将光标放在齿槽间距尺寸上，此时绘图区齿槽间距尺寸会显示出尺寸编号"p197：F13（阵列_1）"的字样，如图6-26所示。

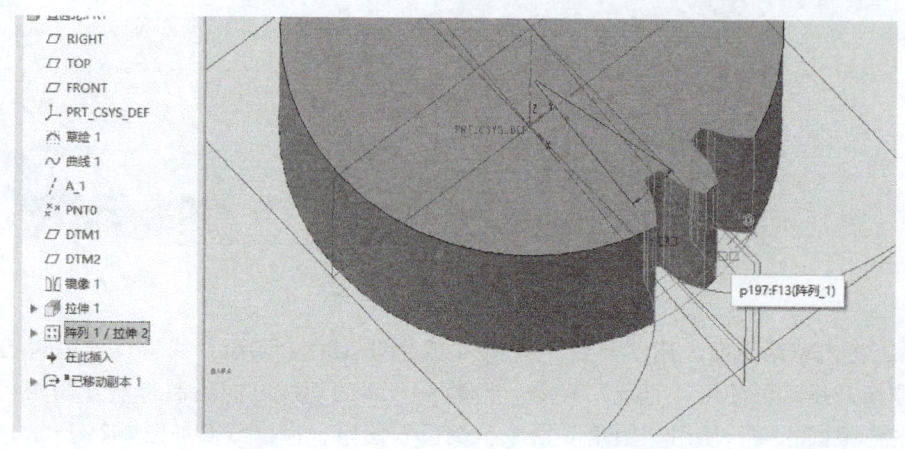

图6-26　齿槽间距尺寸查找

第18步，单击"工具"选项卡中的"关系"按钮，在弹出的"关系"对话框中输入"P197＝Z"的关系式，单击"确定"按钮完成关系式的输入，再在"模型树"中空白处右击选择"重新生成"命令或按<Ctrl+G>组合键，重新生成完整的齿轮，如图6-27所示。

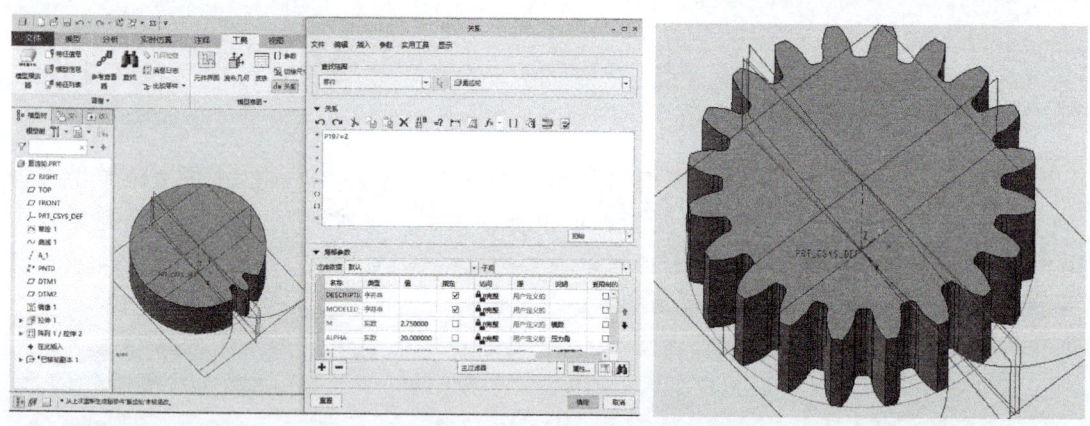

图6-27　齿槽间距尺寸关系式输入

第19步，当完成以上步骤后，若需更改直齿轮的大小、模数、齿数等相关参数，只要将参数里的数值修改后，再在"模型树"中空白处右击选择"重新生成"命令或按<Ctrl+G>组合键，系统将重新生成新的直齿轮。如齿数Z修改成25，模数M修改成3，重新生成齿轮，如图6-28所示。

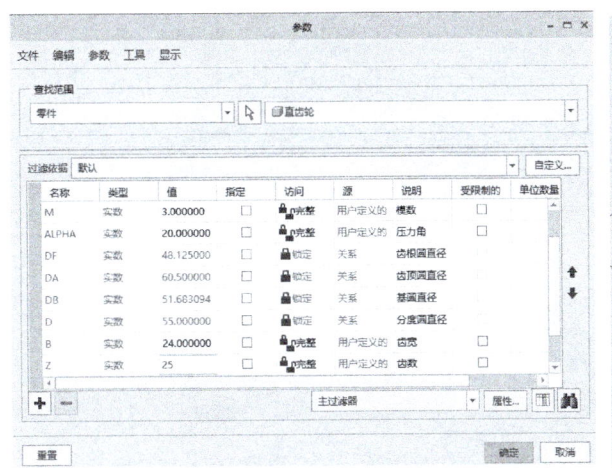
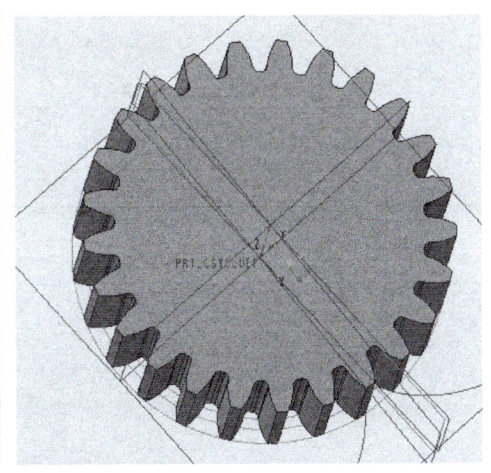

图 6-28　齿数 25、模数 3 的齿轮

6.2.2　六角螺母参数化建模

六角螺母是标准件，型号有多种，本小节以 M4~M8 为例进行参数化建模。

六角螺母的关键尺寸有以下四个，分别为螺母公称直径 D、螺母外形尺寸 S、螺母高度尺寸 M、螺距 P，如图 6-29 所示。螺母的常用规格尺寸见表 6-9。

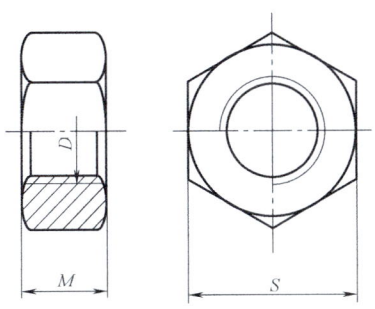

图 6-29　六角螺母

表 6-9　螺母的常用规格尺寸　　　　　　　　　　（单位：mm）

规　格	螺母公称直径 D	螺距 P	螺母高度尺寸 M	螺母外形尺寸 S
M4	4	0.7	3.2	7
M5	5	0.8	4	8
M6	6	1	5	10
M8	8	1.25	6.5	13

六角螺母 M4 建模的具体步骤如下：

第 1 步，创建工作目录。

第 2 步，单击"新建" 按钮，打开"新建"对话框，如图 6-30a 所示。然后新建名称为"六角螺母 M4"的零件名，再选择公制模板"mmns_part_solid"并进入零件绘图界面，如图 6-30b 所示。

6-4　六角螺母参数化建模

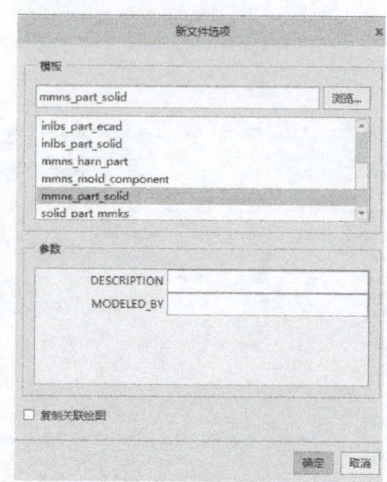

a) "新建"对话框 b) 选择公制模板对话框

图 6-30 新建零件相关设置

第 3 步，创建螺母设计参数。单击"工具"选项卡中的"参数"按钮，在弹出的"参数"对话框中，依次添加 M4 螺母的参数螺母公称直径 D=4，螺母高度尺寸 M=3.2，螺母外形尺寸 M=7，如图 6-31 所示。

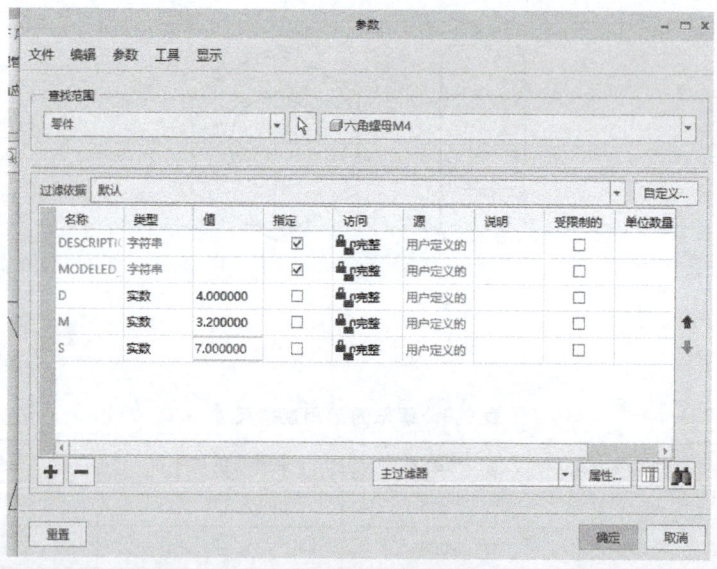

图 6-31 螺母参数设置

第 4 步，单击"模型"选项卡中"形状"模块中的"拉伸" 按钮，在绘图区中右击，在弹出的快捷菜单中选择"定义内部草绘"命令，草绘放置平面选择"FRONT 基准平面"，草绘参考平面选取"RIGHT 基准平面"，进入草绘界面后单击"草绘"选项卡中的"选项板"工具，从"选项板"中导出六边形，将六边形的中心约束到基准平面相交点上，如图 6-32 所示。

第 5 步，单击"草绘"选项卡中的"圆"工具，使六边形的中心与圆的中心重合，并标注尺寸，如图6-33所示。

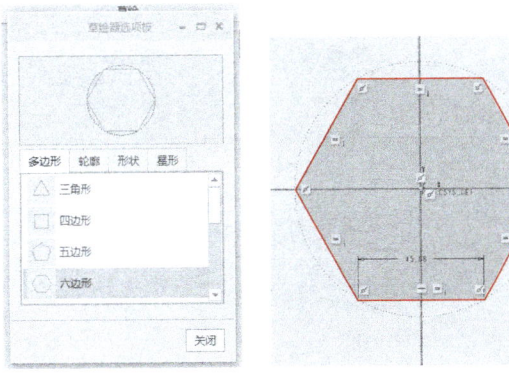
图6-32 草绘六边形

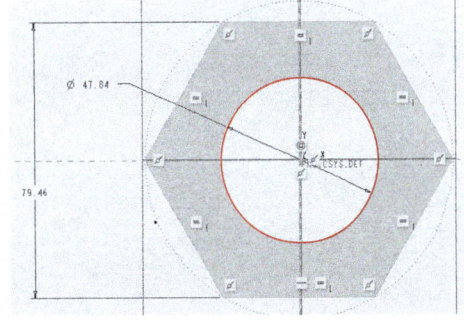
图6-33 草绘中心带圆的六边形

第6步，单击"工具"选项卡中的"关系"按钮，在弹出的"关系"对话框中，编写螺母公称直径D、螺母外形尺寸S的关系式，完成关系式输入后单击"确定"按钮，草绘将按参数设置重新生成图形，如图6-34所示。

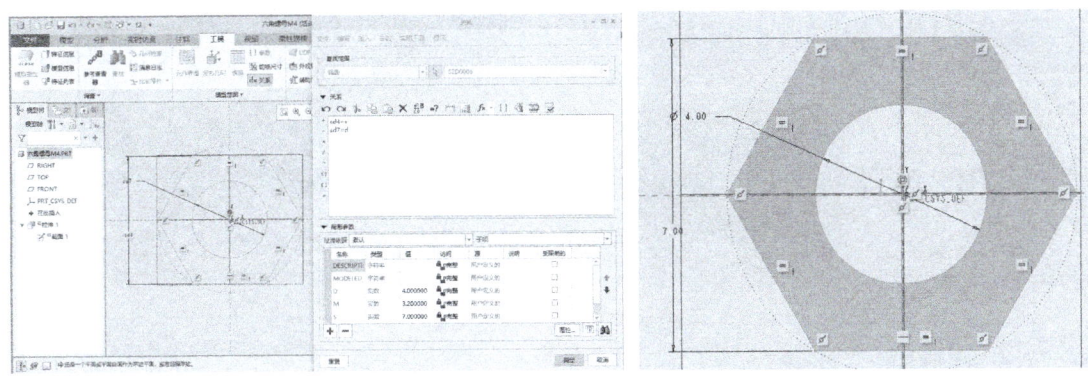
图6-34 关系式的建立

第7步，完成螺母公称直径D、螺母外形尺寸S的关系式设置后，完成草图绘制，设置螺母高度尺寸的关系式，在拉伸高度中选择尺寸与螺母高度尺寸建立关系，如图6-35所示。

第8步，创建螺母螺纹。单击"模型"选项卡中"形状"模块中的"螺旋扫描"按钮，在绘图区右击，选择"定义内部草绘"命令，选取"RIGHT基准平面"为草绘放置平面，进入草绘后绘制如图6-36所示轨迹，轨迹线约束到螺母的内径上，以圆的中心轴为旋转中心轴，再绘制螺纹截面，螺纹截面为等边三角形，其边长为螺距P。

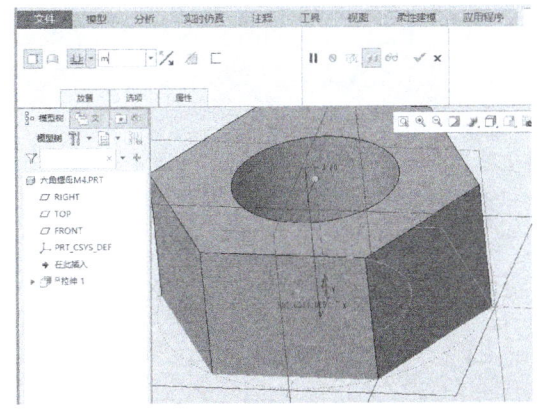
图6-35 螺母高度关系式的建立

第9步，完成螺旋扫描的轨迹和截面绘制后，单击去除材料，并将螺旋扫描的螺距定义为参数 P，如图 6-37 所示，并完成螺母螺纹的创建。

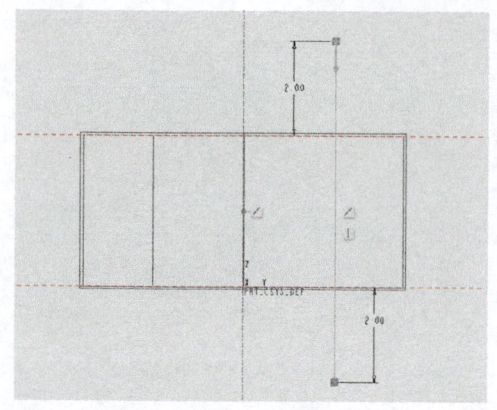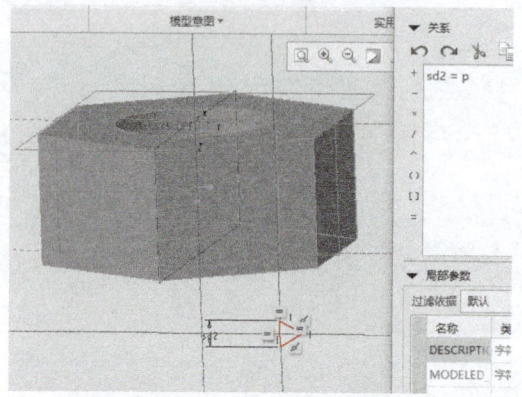

图 6-36　螺旋扫描轨迹及截面

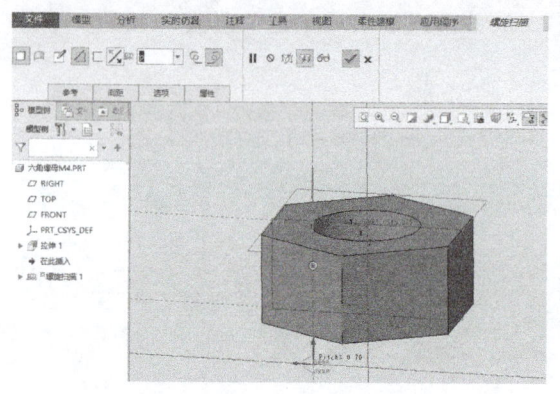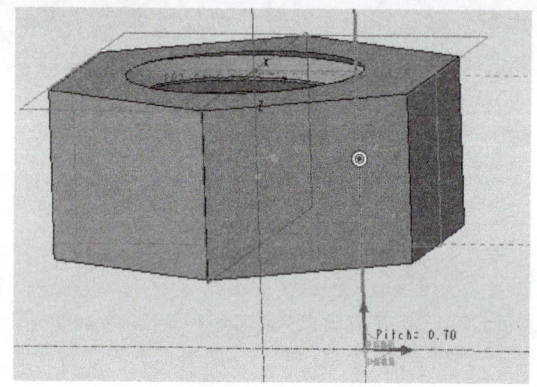

图 6-37　螺母螺纹的创建

第 10 步，上面参数及关系设置好后，将这 4 个参数添加至族表中。单击"工具"选项卡中的"族表" 按钮，在弹出的"族表：六角螺母 M4"对话框中，单击"添加/删除表列" 按钮，弹出的"族项，类属模型：六角螺母 M4"对话框，在"添加项"选项组中选中"参数"单选按钮，如图 6-38 所示，系统会弹出"选择参数"对话框。

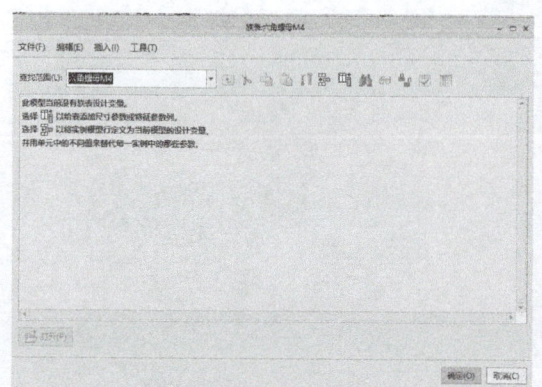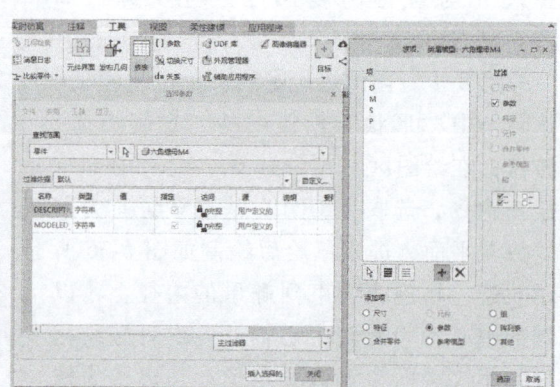

图 6-38　族表设置

第 11 步，将螺母公称直径 D、螺母外形尺寸 S、螺母高度尺寸 M、螺距 P 这 4 个参数用"插入选择的"命令添加到"族项"中，单击"确定"按钮，系统将在族表中设置出相应的参数，如图 6-39 所示。

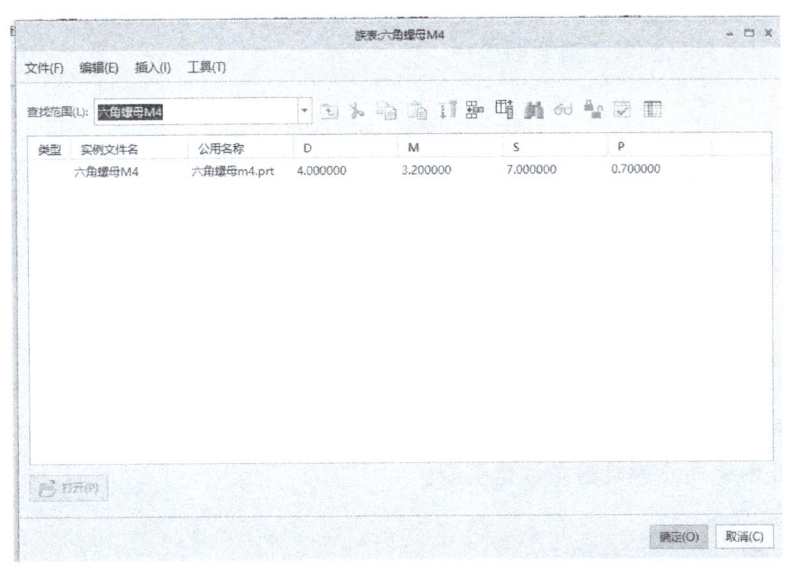

图 6-39　族表参数设置

第 12 步，在"族表：六角螺母 M4"对话框中右击选择"添加实例行"命令，并将 M5、M6、M8 螺母的相关参数添加到族表对话框中，如图 6-40 所示，完成参数添加后单击"确定"按钮，系统将在相应的文件夹中生成相关参数设置的螺母文件。

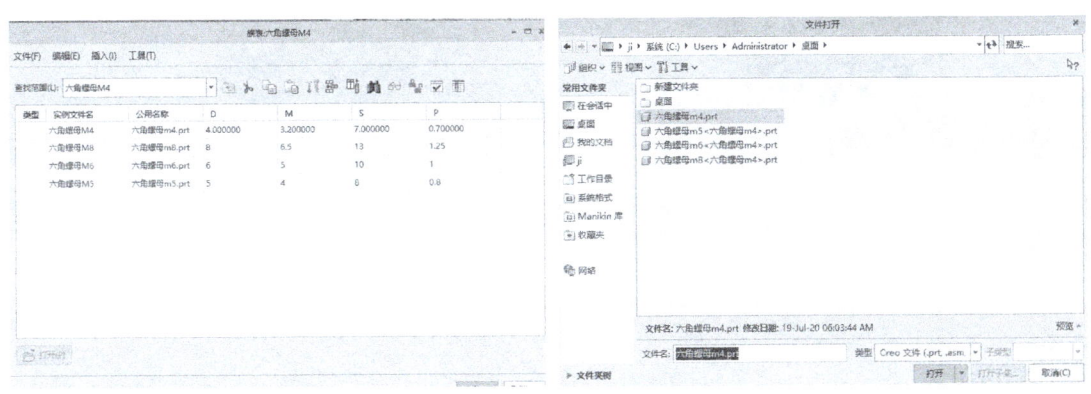

图 6-40　添加参数

本 章 小 结

参数化建模是在 20 世纪 80 年代末逐渐占据主导地位的一种计算机辅助设计方法，是参数化设计的重要过程。在参数化建模环境里，零件是由特征组成的。特征可以由正空间或负空间构成。正空间特征是指真实存在的块（如凸台），负空间特征是指切除或减去的部分。

实现零件（产品）的参数化建模，将大幅提升建模效率。

本章重点介绍了 Creo 软件中的参数设置及关系式建立的基本方法。从简单的参数化曲线的建立，到直齿轮的参数化的创建，再运用族表方式建立标准零件，不难发现，Creo 软件具备完善的参数化建模与数据共享等优势，当零件通过参数化建模后，产品可以快速高效地从设计部门以系列化的形式落实到生产。

理 论 自 测

1. 什么是参数化建模？
2. 关系式中的符号类型有哪些？其含义是什么？

应 用 自 测

1. 创建图 6-41 所示锥齿轮的参数化模型。
2. 创建图 6-42 所示螺栓的参数化模型。

图 6-41　锥齿轮模型

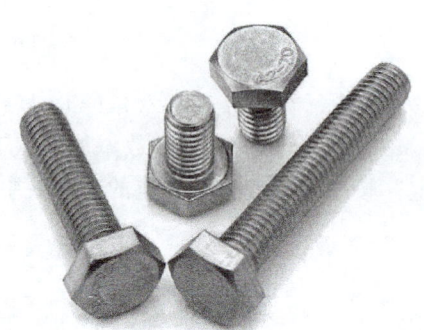

图 6-42　螺栓模型

第7章 创建基本曲面

曲面设计是进行产品设计不可缺少的一项设计内容，Creo Parametric 提供了高级曲面设计功能和各种曲面编辑方式，在这里将拉伸曲面、旋转曲面、扫描曲面、混合曲面、扫描混合曲面和填充曲面等这些曲面统称为 Creo 软件中的基本曲面。要创建这些基本曲面可以是封闭的，也可以是开放的。曲面具有实体特征无法替代的优势，一般情况下曲面的创建比实体特征的创建更加灵活。在执行特征创建工具或命令的过程中，需要选择"曲面"类型（如单击"曲面"按钮），具体的操作方法及步骤和创建实体特征时差不多。本章主要讲解 Creo 软件的基本曲面创建和编辑命令。

7.1 基本曲面的创建

下面将通过典型例子来介绍拉伸曲面、旋转曲面、扫描曲面、混合曲面、扫描混合曲面和填充曲面的绘制方法，帮助读者建立对 Creo 软件中一些基本曲面的认知。

7-1 拉伸曲面

7.1.1 创建拉伸曲面

拉伸曲面是最基础的曲面之一，可以根据需要自由设定拉伸方向、拉伸的方式及开放还是封闭等条件参数，以创建所需的拉伸曲面。

下面通过例子来介绍创建、编辑定义拉伸曲面的方法及一般步骤。

第 1 步，创建工作目录。

第 2 步，单击"新建" 新建(N) 按钮，打开"新建"对话框，如图 7-1a 所示。然后新建名称为"拉伸曲面"的零件名，再选择公制模板"mmns_part_solid"并进入零件绘图界面，如图 7-1b 所示。

第 3 步，单击"模型"选项卡中"形状"模块中的"拉伸" 按钮，在"拉伸"选项卡中单击"拉伸为曲面"按钮，如图 7-2 所示。

第 4 步，在绘图区域的空白位置处右击，在弹出的快捷菜单中选择"定义内部草绘"命令，选择"FRONT（基准平面）"作为草绘放置平面，快速进入草绘界面中，如图 7-3 所示。

第 5 步，在"草绘"选项卡中单击"设置"面板中的"草绘视图"按钮，从而设定草绘平面使其与屏幕平行，绘制拉伸截面，如图 7-4 所示，然后单击"确定"按钮，完成草绘并退出草绘器。

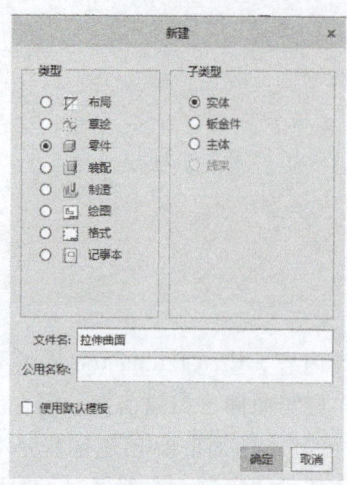
a) "新建"对话框

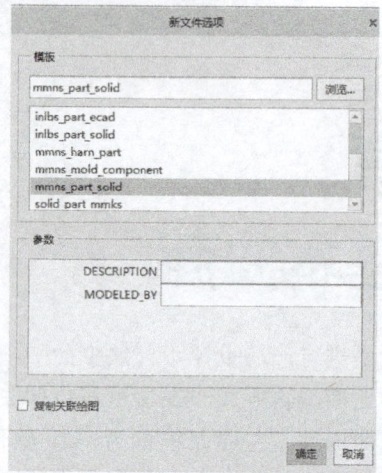
b) 选择公制模板对话框

图 7-1 新建零件相关设置

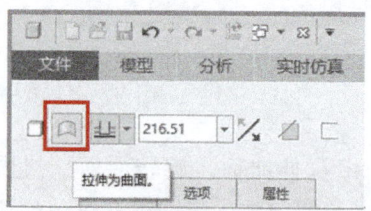

图 7-2 "拉伸为曲面"按钮

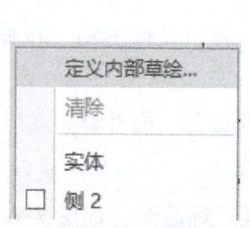
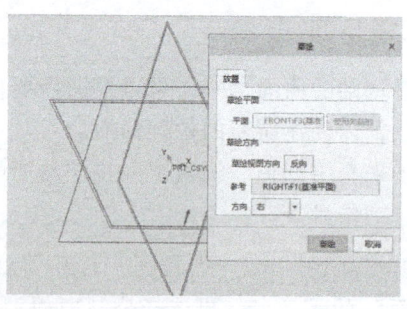

图 7-3 选取草绘放置平面

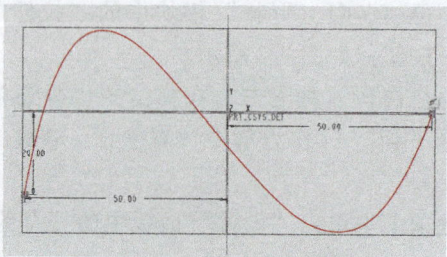

图 7-4 绘制拉伸截面

第6步，在"拉伸"选项卡的"深度选项"下拉列表框中选择"对称"选项，并设置"深度"为"100"，如图7-5所示，完成设置后单击"完成"按钮。按<Ctrl+D>组合键以默认的标准方向来观察创建的曲面。

图7-5 拉伸参数设置

下面的步骤是重新编辑定义该拉伸曲面，将其拉伸截面修改为封闭的图形，并设置使曲面具有封闭端。

第7步，在模型树中右击"拉伸1"特征（即创建的拉伸曲面特征），从弹出的快捷菜单中选择"编辑定义" 编辑定义 (Ctrl+E)命令，如图7-6所示，从而打开创建该特征时所用的"拉伸"选项卡。

第8步，在"拉伸"选项卡中打开"放置"操控面板，接着单击其上的"编辑"按钮，从而进入草绘模式。在草绘界面将草绘线上添加圆弧，使截面形成闭合形式，然后单击"确定" 按钮，如图7-7所示。

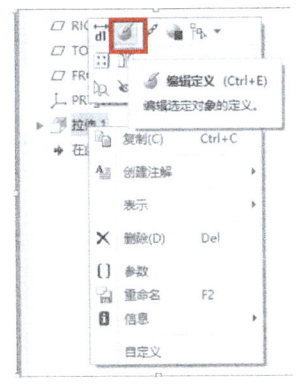

图7-6 "编辑定义"快捷菜单

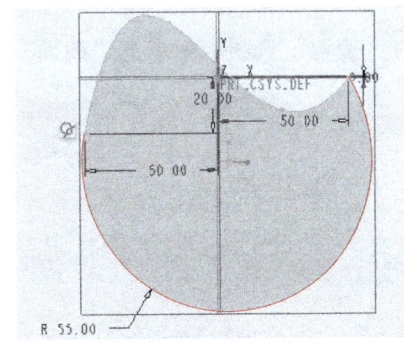

图7-7 草绘截面线

第9步，在"拉伸"选项卡中打开"选项"操作面板，选中"封闭端"复选按钮，接着选中"添加锥度"复选按钮，并设置锥度值为"5"如图7-8所示。

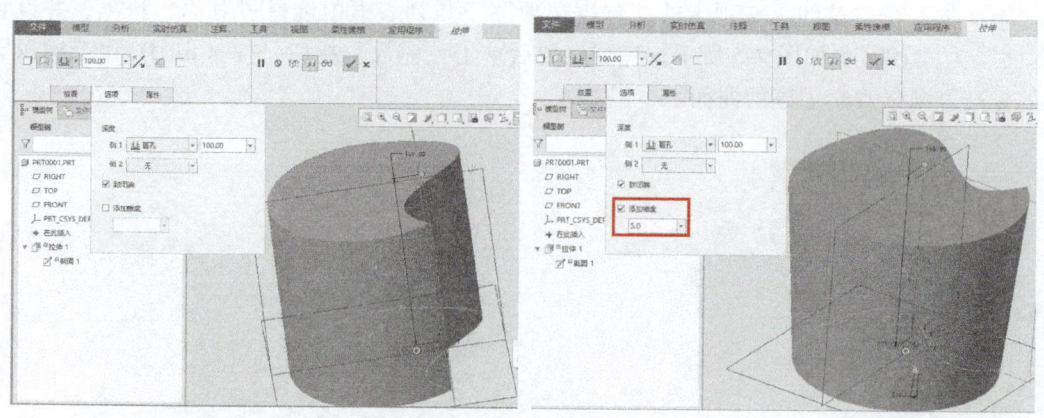

图 7-8 带锥度的拉伸曲面

第 10 步，在"拉伸"选项卡中单击"完成"按钮。按<Ctrl+D>组合键以默认的标准方向来观察创建的曲面效果，如图 7-9 所示。

7.1.2 创建旋转曲面

旋转曲面，也称回转曲面，是一类特殊的曲面，它是一条平面曲线绕着它所在的平面上一条固定直线旋转一周所生成的曲面。

下面通过典型例子来介绍 Creo 软件创建旋转曲面的方法及一般步骤。

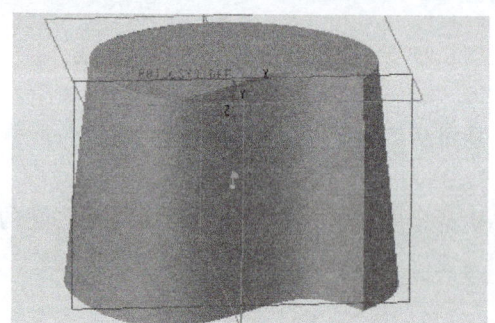

图 7-9 封闭的拉伸曲面

7-2 旋转曲面

第 1 步，打开 Creo 软件。进入界面后，创建一个"mmns_part_solid"公制模板的实体零件文件，该文件名自定。

第 2 步，单击"模型"选项卡中"形状"模块中的"旋转" 旋转按钮，接着在功能区出现的"旋转"选项卡中单击"曲面" 按钮，如图 7-10 所示。

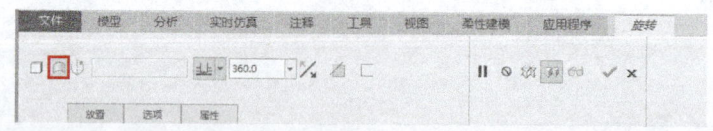

图 7-10 "旋转"选项卡

第 3 步，在绘图区域的空白位置处右击，在弹出的快捷菜单中选择"定义内部草绘"命令，选择"FRONT（基准平面）"作为草绘放置平面，进入草绘模式。接着在功能区出现的"草绘"选项卡中单击"设置"模块中的"草绘视图" 按钮，从而设定草绘平面使其与屏幕平行。

第 4 步，绘制旋转截面和一条竖直的几何中心线，绘制的所有截面曲线段均位于几何中心线的同一侧,所绘制的几何中心线将作为旋转轴。然后单击"确定"按钮,完成草绘并退出草绘模式,如图7-11所示。

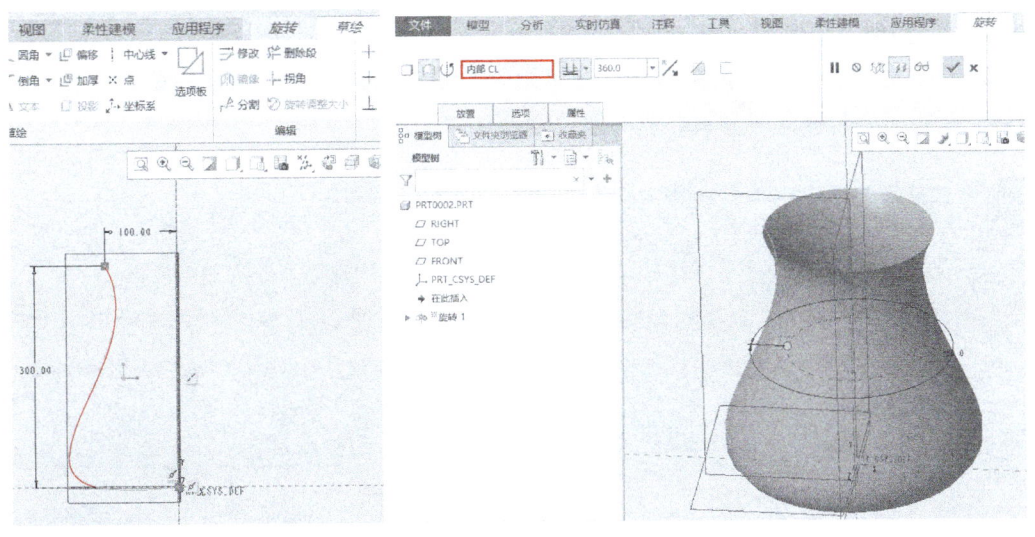

图 7-11 绘制旋转

第 5 步,接受默认的旋转角度为 360°,单击"完成"按钮。按<Ctrl+D>组合键以默认的标准方向来观察创建的旋转曲面,如图 7-12 所示。

7.1.3 创建扫描曲面

扫描曲面是通过某一截面沿一条轨迹线进行构建的。

下面通过典型例子来介绍 Creo 软件创建扫描曲面的方法及一般步骤。

第 1 步,打开 Creo 软件。进入界面后,创建一个"mmns_part_solid"公制模板的实体零件文件,该文件名自定。

第 2 步,单击"模型"选项卡中"基准"模块中的"草绘"  按钮,选择"FRONT(基准平面)"作为草绘放置平面,

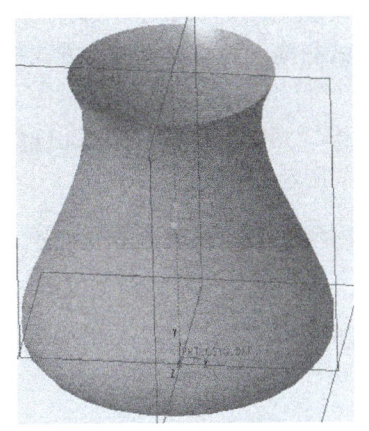

7-3 扫描曲面

图 7-12 旋转曲面

进入草绘模式。在"草绘"选项卡中单击"设置"模块中的"草绘视图" 按钮,从而设定草绘平面使其与屏幕平行。在"FRONT(基准平面)"上绘制扫描轨迹,如图7-13所示。

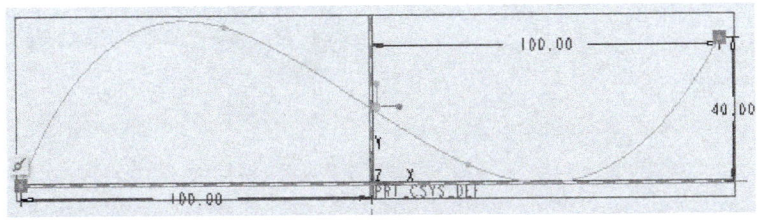

图 7-13 扫描轨迹

第3步，单击"模型"选项卡中"形状"模块中的"扫描" 按钮，接着在功能区出现的"扫描"选项卡中单击"曲面" 按钮，接着选取扫描轨迹线，再单击"编辑扫描截面" 按钮，如图7-14所示。

第4步，进入扫描截面，在扫描轨迹起始处绘制"ϕ50mm"的圆作为截面，然后单击"确认"按钮完成扫描截面绘制，如图7-15所示。

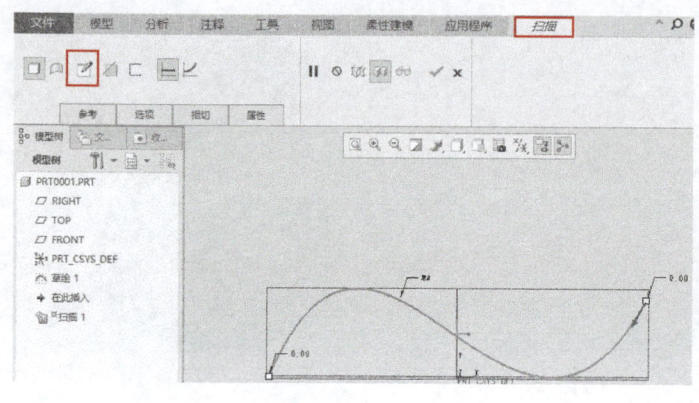 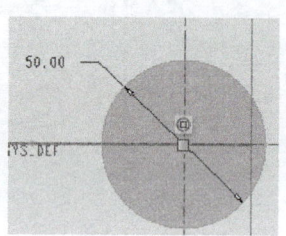

图 7-14　"扫描"选项卡　　　　　　　　图 7-15　扫描截面

第5步，在"扫描"选项卡中，选择以实体方式或者曲面方式扫描，当截面不封闭时，只能选择曲面方式扫描。其中选择曲面方式扫描时，在"选项"中还可以选择是否封闭端，如图7-16a所示。

第6步，单击"完成"按钮。按<Ctrl+D>组合键以默认的标准方向来观察创建的扫描曲面，如图7-16b所示。

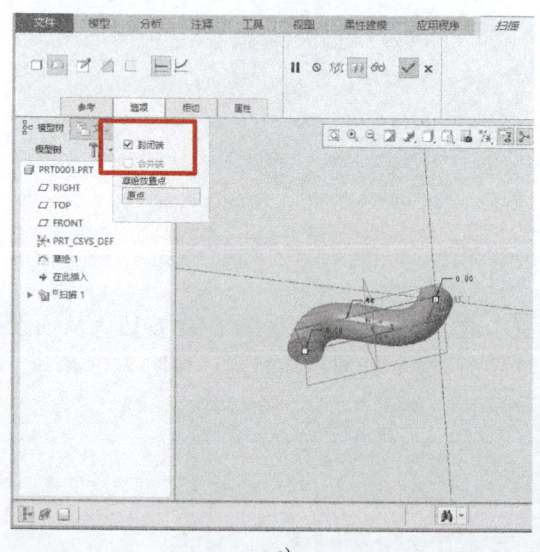 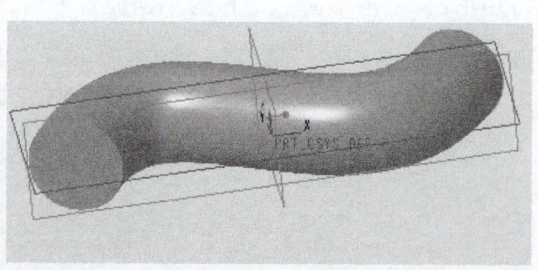

　　　　　a)　　　　　　　　　　　　　　　　b)

图 7-16　曲面封闭端选择和创建的扫描曲面

7.1.4 创建混合曲面

7-4 混合曲面

混合曲面特征是一种复杂的三维曲面特征，通过两个以上的截面组成，并且可以设置该截面的过渡类型，其中包括"平行""旋转"和"一般"。

下面通过典型例子来介绍 Creo 软件创建混合曲面的方法及一般步骤。

第 1 步，打开 Creo 软件。进入界面后，创建一个"mmns_part_solid"公制模板的实体零件文件，该文件名自定。

第 2 步，单击"模型"选项卡中"形状"模块中的"混合" 混合按钮，接着在功能区出现的"混合"选项卡中单击"曲面" 按钮和"与草绘截面混合" 按钮，如图 7-17 所示。

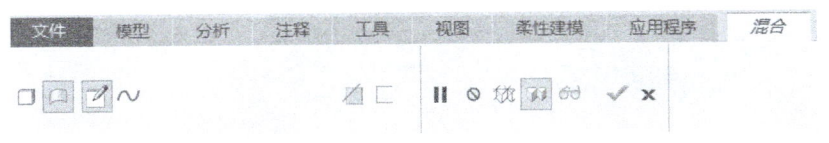

图 7-17 "混合"选项卡

第 3 步，创建混合特征的第一个截面，单击"混合"选项卡中的 截面 按钮，选中"草绘截面"单选按钮，单击"草绘"选项组中的"定义"按钮，如图 7-18 所示。

第 4 步，在草绘界面选取"FRONT 基准平面"为草绘放置平面，选取"RIGHT 基准平面"为参考平面，方向为右，单击 草绘 按钮，系统进入草绘环境。

第 5 步，进入草绘环境后，接受默认参考，绘制 300mm×200mm 的矩形截面草图，完成第一个混合草绘截面，如图 7-19 所示。

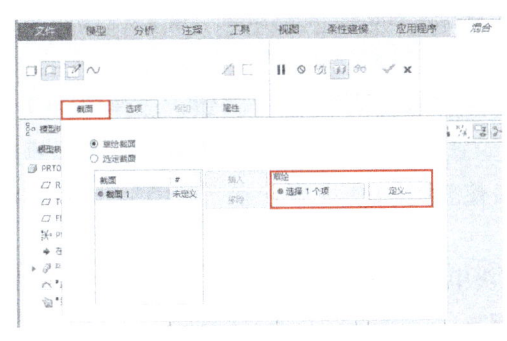

图 7-18 截面草绘定义

图 7-19 第一个混合草绘截面

第 6 步，绘制第二混合草绘截面。选中"草绘截面"单选按钮，单击"插入"按钮，在"截面 1"后添加"截面 2"，选择"截面 2"后单击右侧的"草绘"按钮。进入草绘环境后，接受默认参考，绘制 200mm×100mm 的矩形截面草图，完成第二个混合草绘截面，如图 7-20 所示。

第 7 步，在"选项"操控面板中还可以选择混合曲面是直的还是平滑的，也可以选取是否封闭端，单击"完成"按钮。按<Ctrl+D>组合键以默认的标准方向来观察创建的混合曲面，如图 7-21 所示。

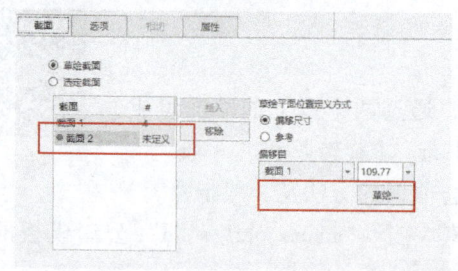
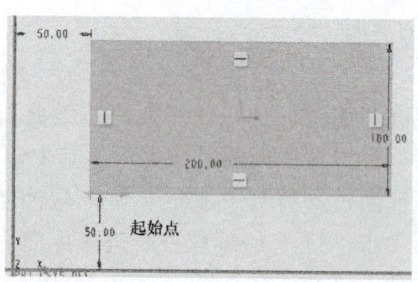

图 7-20　截面 2 设置及草绘截面

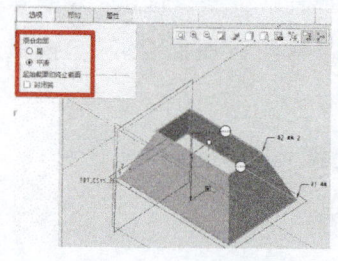
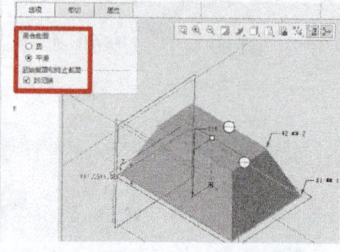
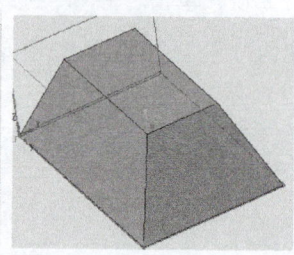

图 7-21　平滑的混合曲面

7.1.5　创建扫描混合曲面

7-5　扫描混合曲面

扫描混合特征同时具备扫描和混合两种特征。在建立扫描混合曲面时，需要有一条轨迹线和多个特征截面，这条轨迹线可以通过草绘曲线和选择相连的基准曲线或边来实现。扫描混合可以具有两种轨迹：原点轨迹和第二轨迹。其中原点轨迹是必不可少的，每个轨迹特征至少具有两个截面。

下面通过典型例子来介绍 Creo 软件创建扫描混合曲面的方法及一般步骤。

第 1 步，打开 Creo 软件。进入界面后，创建一个"mmns_part_solid"公制模板的实体零件文件，该文件名自定。

第 2 步，单击"模型"选项卡中"基准"模块中的"草绘" 按钮，选择"FRONT（基准平面）"作为草绘放置平面，进入草绘模式。在"草绘"选项卡中单击"设置"模块中的"草绘视图" 按钮，从而设定草绘平面使其与屏幕平行。在"FRONT（基准平面）"上绘制扫描轨迹，如图 7-22 所示。

第 3 步，单击"模型"选项卡中"形状"模块中的"扫描混合" 扫描混合按钮，在出现

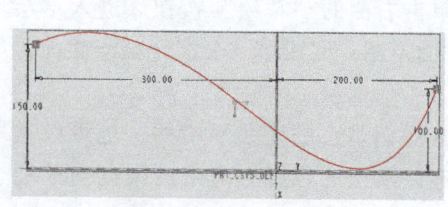

图 7-22　扫描混合轨迹线

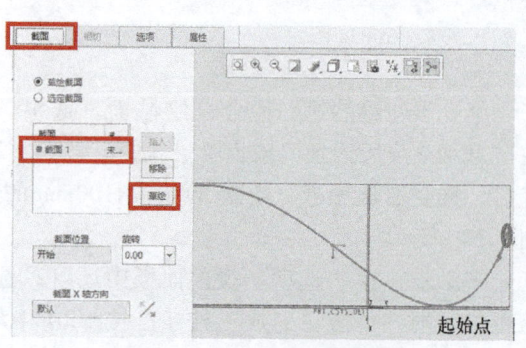

图 7-23　"截面 1"草绘设置

的"扫描混合"选项卡中单击"曲面" 按钮与"截面" 按钮，选取轨迹线，选中"草绘"中的"草绘截面"单选按钮，单击"草绘"按钮，如图7-23所示。

第4步，在起始点位置上绘制"截面1"截面图，如图7-24a所示，在终点处绘制"截面2"截面图，如图7-24b所示，完成"截面1"与"截面2"后扫描混合曲面，如图7-24c所示。

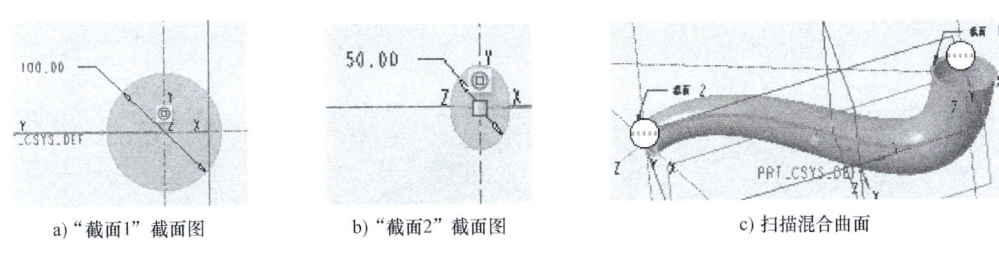

a)"截面1"截面图　　　　b)"截面2"截面图　　　　c)扫描混合曲面

图7-24　扫描混合截面

第5步，可以在轨迹上添加基准点，通过基准点也可以添加截面。在轨迹线上添加两个基准点，单击"模型"选项卡中"基准"模块中的"点" 点按钮，在弹出的"基准点"对话框中建立两个基准点，选取轨迹曲线，设置基准点参数，将基准点放置在轨迹线的0.4和0.6比率处，如图7-25所示。

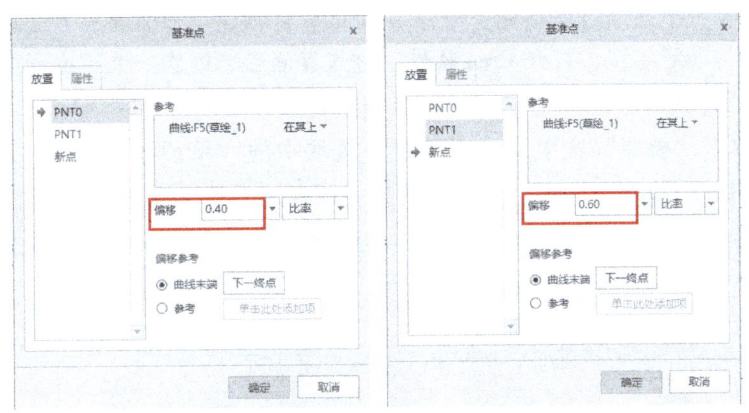

图7-25　基准点设置

第6步，选择轨迹上的基准点，添加"截面3"和"截面4"，在基准点"PNT0"处添加"截面3"，如图7-26a所示，在基准点"PNT1"处添加"截面4"，如图7-26b所示，完成"截面3"和"截面4"草图绘制后扫描混合曲面，如图7-26c所示。

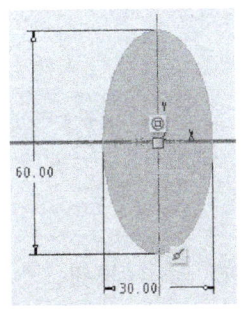 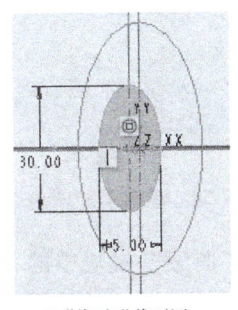 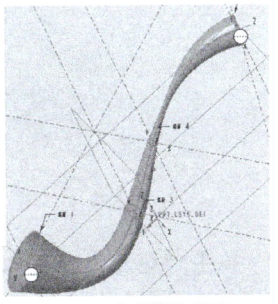

a)"截面3"截面图　　　　b)"截面4"截面图　　　　c)扫描混合曲面

图7-26　扫描混合截面

第7步，单击"完成"按钮，按<Ctrl+D>组合键以默认的标准方向来观察创建的扫描混合曲面，如图7-27所示。

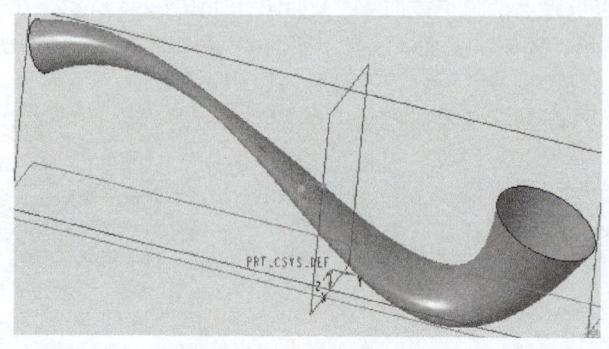

图7-27 扫描混合曲面

7.1.6 创建填充曲面

7-6 填充曲面

填充曲面是将某个平面内封闭的草绘轮廓填充形成封闭的空间。

下面通过典型例子来介绍 Creo 软件创建填充曲面的方法及一般步骤。

第1步，打开 Creo 软件。进入界面后，创建一个"mmns_part_solid"公制模板的实体零件文件，该文件名自定。

第2步，单击"模型"选项卡中"基准"模块中的"草绘" 按钮，选择"FRONT（基准平面）"作为草绘放置平面，进入草绘模式。在"草绘"选项卡中单击"设置"模块中的"草绘视图" 按钮，从而设定草绘平面使其与屏幕平行。在"FRONT（基准平面）"上绘制填充草绘图形，如图7-28所示。

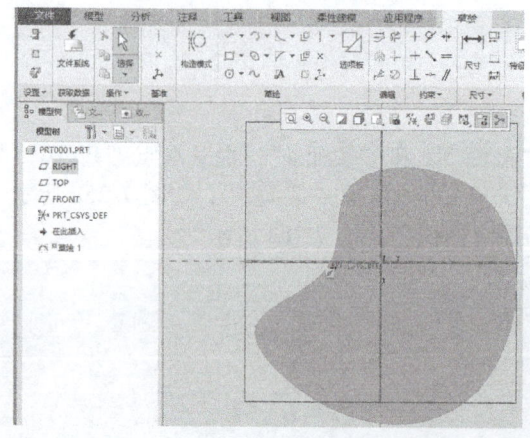 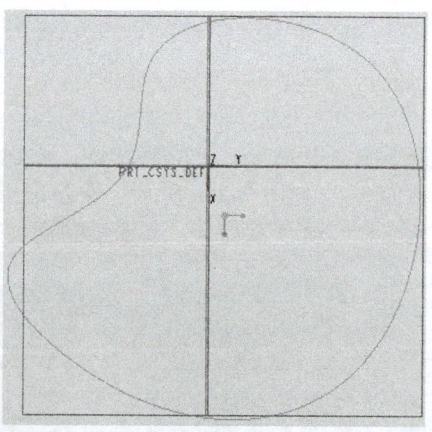

图7-28 填充草绘图形

第3步，单击"模型"选项卡中"曲面"模块中的"填充" 填充按钮，然后选取填充草绘图形使其形成封闭的填充曲面，单击"完成"按钮，按<Ctrl+D>组合键以默认的标准方向来观察创建的填充曲面，如图7-29所示。

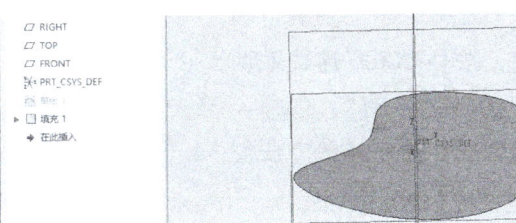

图 7-29　填充曲面

7.1.7　创建边界混合曲面

边界混合曲面是在选定的参考图元（它们在一个或两个方向上定义曲面）之间创建的混合曲面，系统以在每个方向上选定的第一个和最后一个图元来定义曲面的边界。当然，一个方向上可以有超过两条的曲线（或者更多的其他参考图元），以对曲面进行控制。

7-7　边界混合曲面

因此，只要添加更多的参考图元（如控制点和边界），就能更完整地定义曲面形状。选取参考图元的规则如下：

1）曲线、模型边、基准点、曲线或边的端点可作为参考图元使用。

2）在每个方向上，都必须按连续的顺序选择参考图元。

3）对于在两个方向上定义的混合曲面来说，其外部边界必须形成一个封闭的环，这意味着外部边界必须相交。

下面通过典型例子来介绍 Creo 软件中边界混合创建曲面的方法及一般步骤。

第 1 步，打开 Creo 软件。进入界面后，创建一个 "mmns_part_solid" 公制模板的实体零件文件，该文件名自定。

第 2 步，单击"模型"选项卡中"基准"模块中的"草绘" 按钮，选择"FRONT（基准平面）"作为草绘放置平面，进入草绘模式。在"草绘"选项卡中单击"设置"模块中的"草绘视图" 按钮，从而设定草绘平面使其与屏幕平行。在"FRONT（基准平面）"上绘制边界曲线，完成草图绘制后退出草绘，如图 7-30 所示。

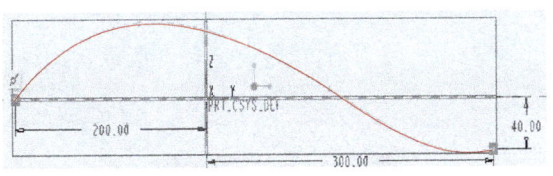

图 7-30　草绘边界曲线

第 3 步，选取边界曲线，单击"模型"选项卡中"操作"模块中的"复制" 按钮，将边界曲线复制后再单击"模型"中"操作"模块中的"选择性粘贴" 按钮，使用"平移" 功能将曲线平行于"FRONT（基准平面）"移动距离设为 100mm，然后单击"选项"按钮，取消选中"选项"面板中的"隐藏原始几何"复选按钮，如图 7-31 所示。

第 4 步，单击"模型"选项卡中"基准"模块中的"平面" 按钮，按住<Ctrl>键选取两条曲线同一侧的端点和"RIGHT 平面"，创建一个平行于 RIGHT 平面的基准面，用同样的方法创建曲线另一端的基准平面，如图 7-32 所示。

第 5 步，单击"模型"选项卡中"基准"模块中的"草绘" 按钮，选择刚创建的基准平面作为草绘放置平面，进入草绘模式绘制连接边界线的曲线，如图 7-33 所示。

第 6 步，单击"模型"选项卡中"曲面"模块中的"边界混合" 按钮，弹出"边界混合"选项卡，如图 7-34 所示。

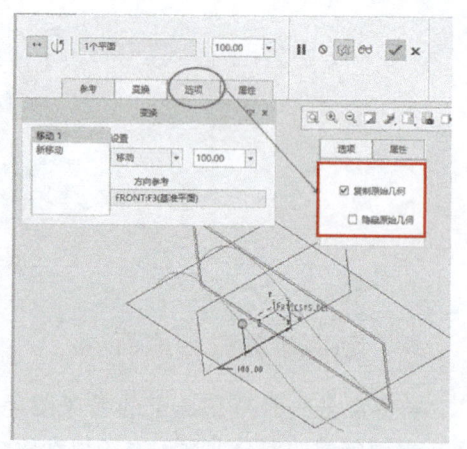

图 7-31　边界曲线平移

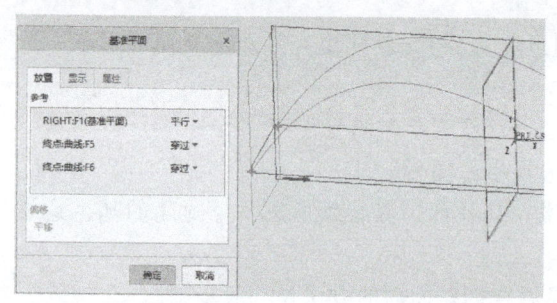 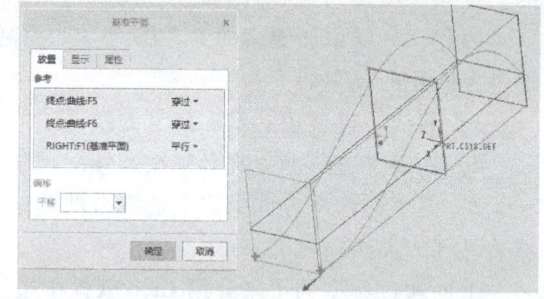

图 7-32　创建基准平面

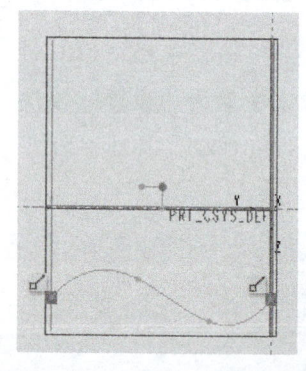 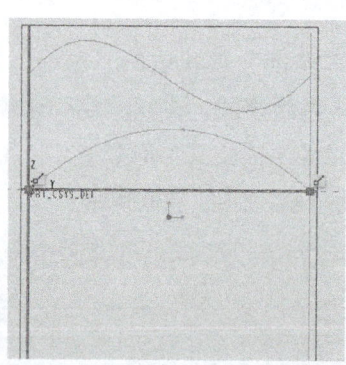 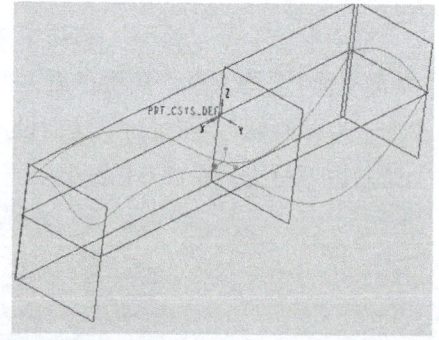

图 7-33　边界连接曲线

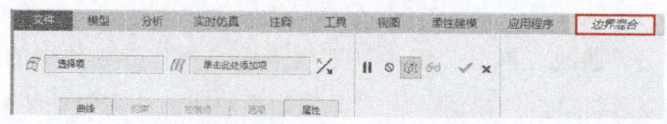

图 7-34　"边界混合"选项卡

第 7 步，单击"边界混合"选项卡中第一方向链 按钮，选择一个方向上的两条曲线，再单击第二方向链 按钮，选择另一个方向上的曲线，如图 7-35 所示。

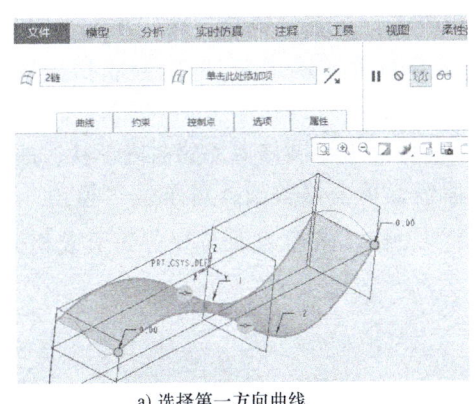 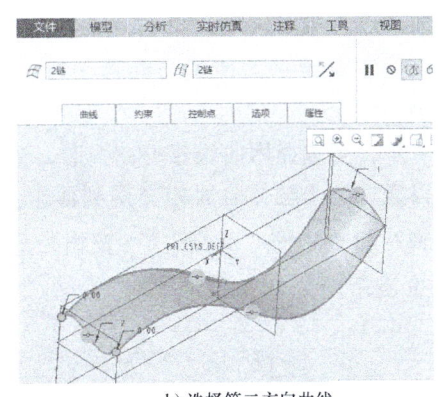

a) 选择第一方向曲线 b) 选择第二方向曲线

图 7-35 边界混合曲线选取

第 8 步，完成边界混合边界选择后，单击"确定" ✓ 按钮，按<Ctrl+D>组合键以默认的标准方向来观察创建的边界混合曲面，如图 7-36 所示。

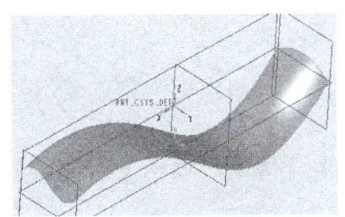

图 7-36 边界混合曲面

7.2 曲面编辑

曲面编辑包括曲面修剪、曲面合并、曲面延伸和曲面偏移。

7.2.1 曲面修剪

曲面修剪分为两种，一种是使用面组上的曲线进行修剪，另一种是使用其他面组或基准平面相交处进行修剪。

7-8 修剪曲面

下面通过典型例子来介绍使用面组上的曲线进行曲面修剪的一般步骤。

第 1 步，打开 Creo 软件。进入界面后，创建一个"mmns_part_solid"公制模板的实体零件文件，该文件名自定。

第 2 步，单击"模型"选项卡中"形状"模块中的"拉伸" 按钮，在"拉伸"选项卡中单击"拉伸为曲面"按钮，选择"FRONT（基准平面）"为草绘平面，绘制如图 7-37 所示的拉伸曲面。

第 3 步，单击"模型"选项卡中"形状"模块中的"拉伸" 按钮，在"拉伸"选项卡中单击"拉伸为曲面"按钮，选择"RIGHT（基准平面）"作为草绘

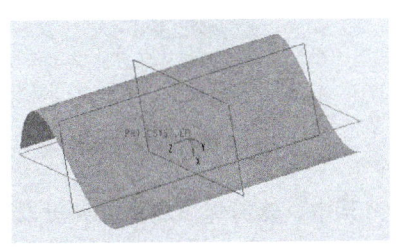

图 7-37 拉伸曲面

放置平面,进入草绘模式。在"草绘"选项卡中单击"设置"模块中的"草绘视图"按钮,从而设定草绘平面使其与屏幕平行。在"RIGHT(基准平面)"上绘制扫描轨迹,如图7-38所示。

第4步,当选择用曲线修剪曲面时,先在修剪面组上绘制修剪用的曲线形状,曲面上的曲线可以通过两个拉伸曲面相交得到面组上的曲线,单击修剪面,再单击"模型"选项卡中"编辑"模块中的"相交"按钮,后选择剪刀面,将剪刀面与修剪面形成相交曲线,如图7-39所示。

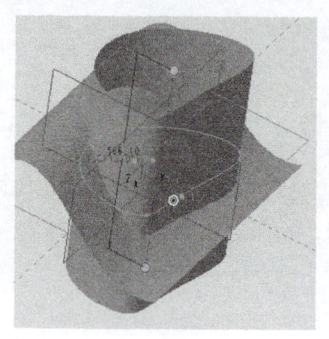
图7-38 扫描轨迹

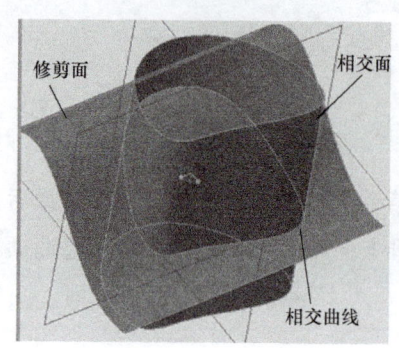
图7-39 相交曲线

第5步,单击修剪面,再单击"模型"选项卡中"编辑"模块中的"修剪"按钮,后选择剪刀曲线,如图7-40所示。

第6步,完成曲面修剪边界选择后,单击"确定"按钮。按<Ctrl+D>组合键以默认的标准方向来观察创建的修剪曲面。

下面通过典型例子来介绍使用其他面组进行曲面修剪的一般步骤。

用面组上的曲线进行修剪的第1步~第3步的曲面来介绍用其他面组修剪。单击修剪面,再单击"模型"选项卡中"编辑"模块中的"修剪"按钮,后选择剪刀面,如图7-41所示。

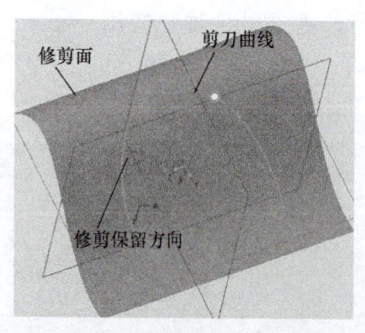
图7-40 曲线修剪曲面

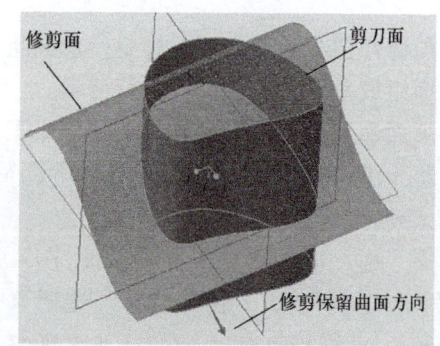
图7-41 曲面与曲面修剪

其中,修剪保留曲面方向可以单击"修剪"选项卡中的方向改变按钮,可以将箭头指向需要保留曲面的一侧、另一侧或双侧之间反向,如图7-42所示。

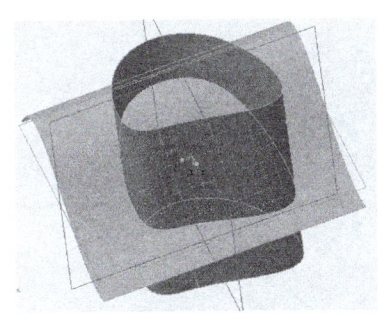 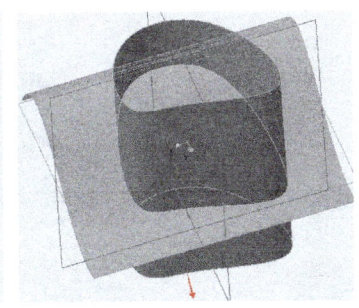 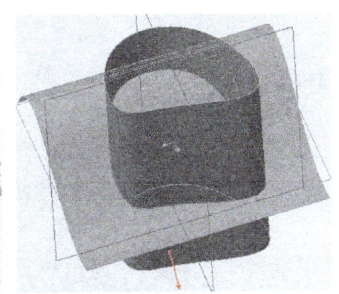

图 7-42　曲面修剪的保留方向

7.2.2　曲面合并

曲面合并是将两个或以上的曲面（面组）通过相交或连接方式合并成一个新的面组。

下面通过典型例子来介绍曲面合并的一般步骤。

7-9　曲面合并

第 1 步，打开 Creo 软件。进入界面后，创建一个"mmns_part_solid"公制模板的实体零件文件，该文件名自定。

第 2 步，单击"模型"选项卡中"形状"模块中的"拉伸"  按钮，在"拉伸"选项卡中单击"拉伸为曲面"按钮，选择"FRONT（基准平面）"为草绘平面，绘制如图 7-43 所示拉伸曲面。

第 3 步，单击"模型"选项卡中"形状"模块中的"拉伸"按钮，在"拉伸"选项卡中单击"拉伸为曲面"按钮，选择"FRONT（基准平面）"为草绘平面，绘制如图 7-44 所示的拉伸合并用曲面。

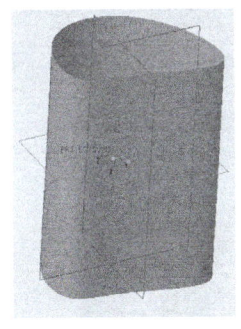

图 7-43　拉伸曲面

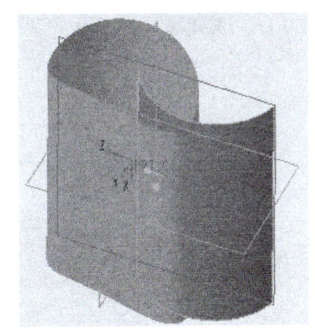

图 7-44　拉伸合并用曲面

第 4 步，单击一个拉伸曲面与合并用曲面，单击"模型"选项卡中"编辑"模块中的"合并"按钮，弹出"合并"选项卡，选择需要保留第一面组的方向，再设置第二面组的方向，如图 7-45 所示。

7.2.3　曲面延伸

曲面延伸是将曲面沿指定边界线延伸一定距离或延伸到参照平面，反

7-10　曲面延伸

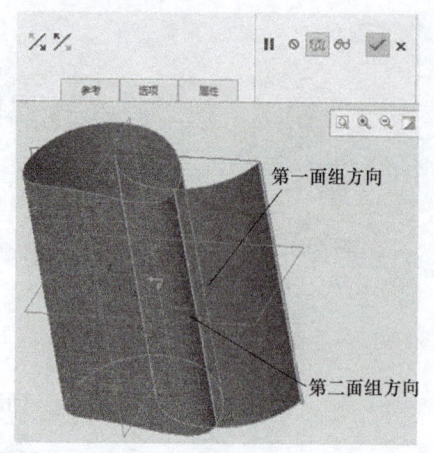 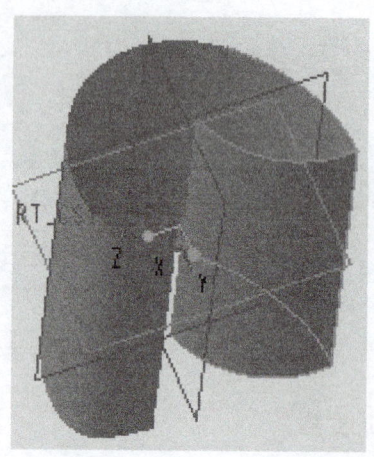

图 7-45 两面组合并

向延伸相当于裁剪。

下面通过典型例子来介绍曲面延伸的一般步骤。

第 1 步，打开 Creo 软件。进入界面后，创建一个 "mmns_part_solid" 公制模板的实体零件文件，该文件名自定。

第 2 步，单击 "模型" 选项卡中 "形状" 模块中的 "拉伸" 按钮，在 "拉伸" 选项卡中单击 "拉伸为曲面" 按钮，选择 "FRONT（基准平面）" 为草绘平面，绘制如图 7-46 所示拉伸曲面。

第 3 步，选择需要延伸的曲面的边，单击 "模型" 选项卡中 "编辑" 模块中的 "延伸" 按钮，系统弹出 "延伸" 选项卡，根据需要设置好相关参数后，单击 "完成" 按钮，如图 7-47 所示。

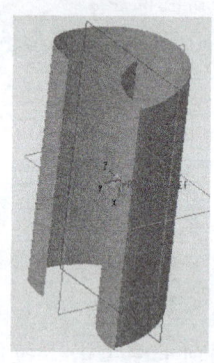

图 7-46 拉伸曲面

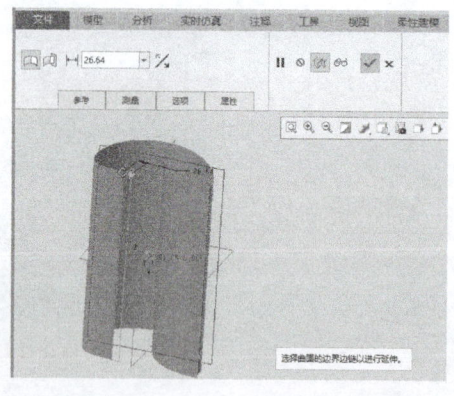 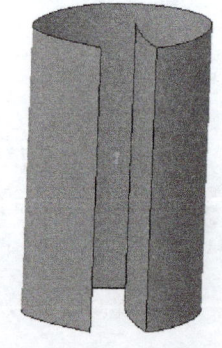

图 7-47 曲面延伸

7.2.4 曲面偏移

偏移曲面总共有四种类型，分别为标准偏移曲面、拔模特征偏移曲面、替换特征偏移曲面和展开特征偏移曲面。

下面通过图 7-48 所示零件来介绍曲面偏移的四种方法。

7-11 曲面偏移

1. 标准偏移曲面

第1步，将主界面右下角过滤器中的"几何"改成"曲面"，如图7-49所示。

图7-48　零件

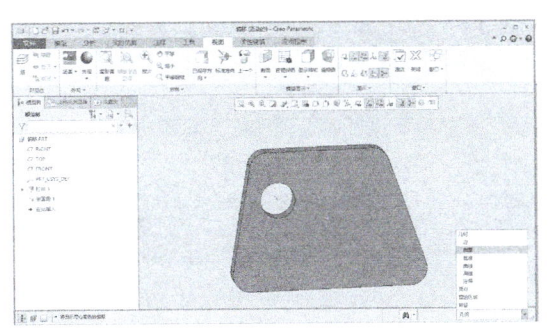

图7-49　过滤器状态选择

第2步，选取偏移面，单击"模型"选项卡中"编辑"模块中的"偏移"按钮，在弹出的"偏移"选项卡中单击"标准偏移曲面"按钮，再输入"偏移值"，如偏移40mm，确定偏移方向，选中"选项"面板中的"创建侧曲面"复选按钮，如图7-50所示。

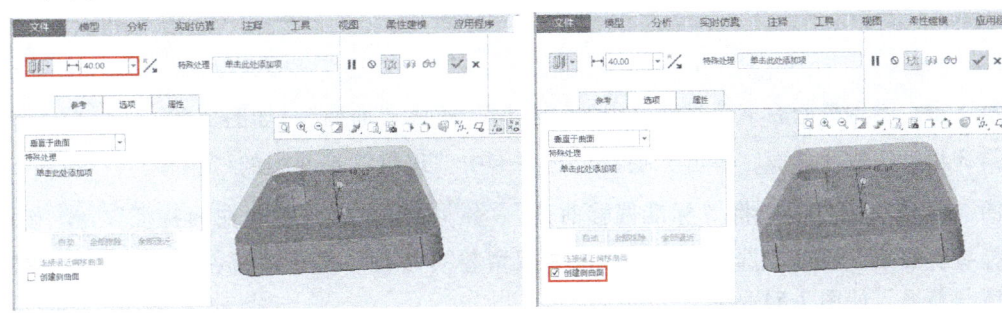

图7-50　标准偏移曲面

2. 拔模特征曲面偏移

第1步，将主界面右下角过滤器中的"几何"改成"曲面"，如图7-49所示。

第2步，选取偏移面，单击"模型"选项卡中"编辑"模块中的"偏移"按钮，在弹出的"偏移"选项卡中将"标准偏移曲面"按钮改成"具有拔模特征"按钮，在绘图区域空白处右击，在弹出的快捷菜单中选择"定义内部草绘"命令，选择平行偏移曲面为基准面，进入草绘界面，绘制长110mm、宽80mm的矩形，如图7-51所示。

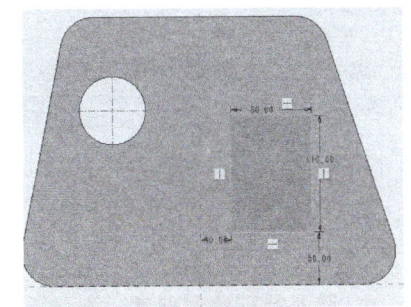

图7-51　矩形草绘图形

第3步，完成草绘图形绘制，在"偏移"选项卡中设置偏移高度、偏移角度与偏移方向，方向向上为增加材料，向下为去除材料，如图7-52所示。

3. 替换曲面特征偏移

第1步，单击"模型"选项卡中"形状"模块中的"拉伸"按钮，在"拉伸"选项卡中单击"拉伸为曲面"按钮，绘制偏移替换曲面，绘制如图7-53所示的拉伸曲面。

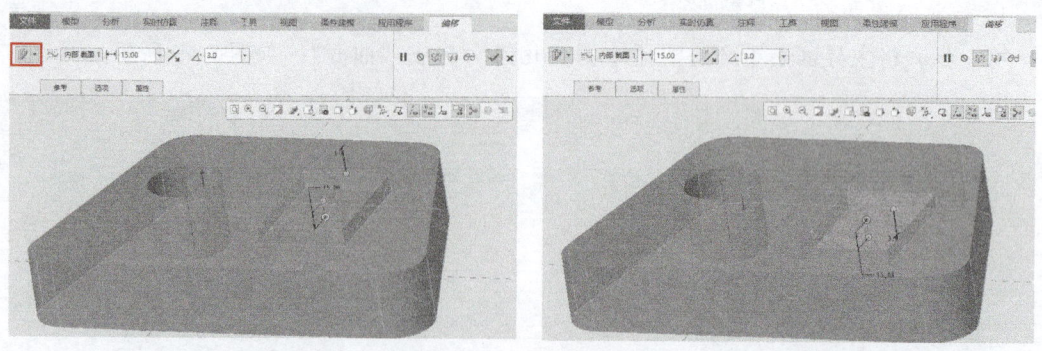

图 7-52 拔模参数设置

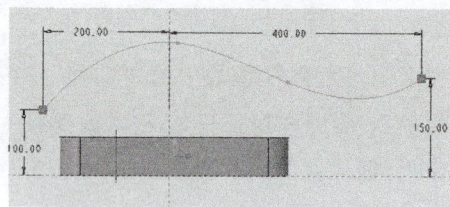
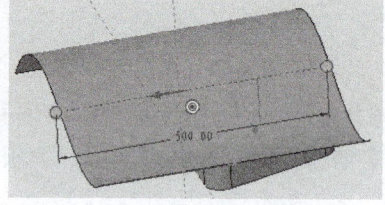

图 7-53 拉伸曲面

第 2 步,将主界面右下角过滤器中的"几何"改成"曲面",如图 7-49 所示。

第 3 步,选取偏移面,单击"模型"选项卡中"编辑"模块中的"偏移"按钮,在弹出的"偏移"选项卡中将"标准偏移曲面"按钮改成"替换曲面特征"按钮,再选择替换曲面,通过"选项"面板中的"保留替换曲面"复选按钮,可以选择替换曲面的保留与替换,如图 7-54 所示。

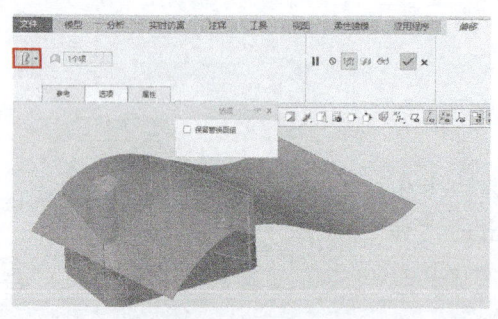
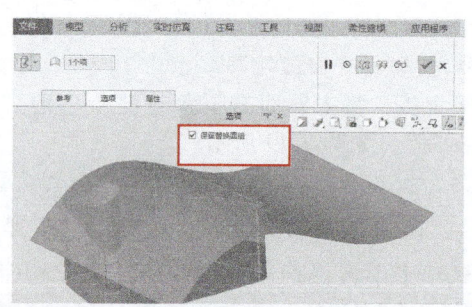

图 7-54 曲面的偏移替换

4. 展开特征曲面偏移

第 1 步,将主界面右下角过滤器中的"几何"改成"曲面",如图 7-49 所示。

第 2 步,选取偏移面,单击"模型"选项卡中"编辑"模块中的"偏移"按钮,在弹出的"偏移"选项卡中将"标准偏移曲面"按钮改成"展开特征"按钮,输入偏移值,选中"选项"面板中的"整个曲面"单选按扭,选择曲面将按一个方向偏移,当选中"选项"面板中的"草绘区域"单选按钮时,在绘图区域空白处右击,在弹出的快捷菜单中选择"定义内部草绘"命令,绘制草绘区域,如图 7-55 所示。

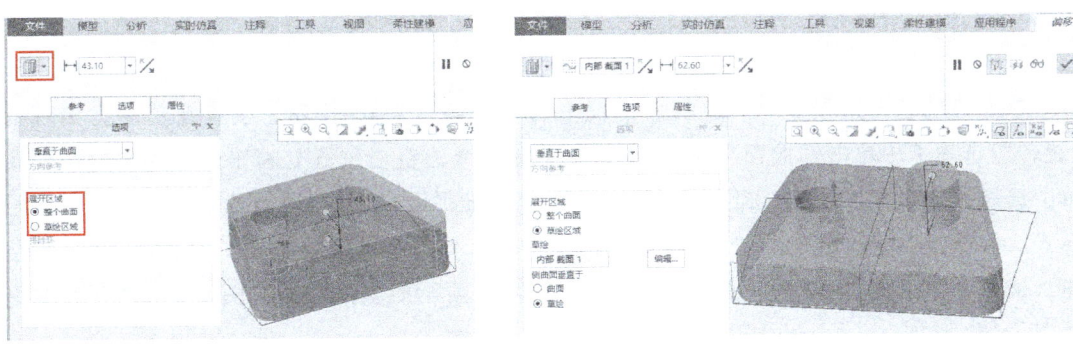

图 7-55　展开特征曲面偏移

7.3　基本曲面创建综合范例

图 7-56 所示为电热水壶模型，该模型由 4 部分组成：底座、壶身、壶盖、手柄。该模型需要利用拉伸、旋转、扫描等功能分别完成底座、壶身、壶盖、手柄的创建。

打开 Creo 软件创建工作目录，并新建名称为"电热水壶"的文件名，再选择公制模板"mmns_part_solid"并进入零件绘图界面，如图 7-57 所示。

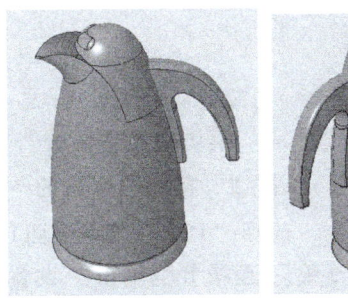

7-12　电热水壶的创建

图 7-56　电热水壶模型

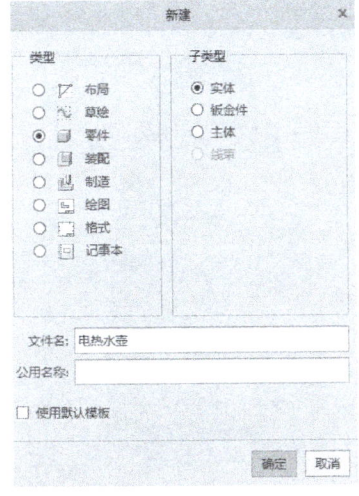

a)"新建"对话框

b) 选择公制模板对话框

图 7-57　新建零件相关设置

7.3.1 创建底座

单击"模型"选项卡中"形状"模块中的"旋转"按钮,接着在功能区出现的"旋转"选项卡中单击"曲面"按钮,在绘图区域的空白位置处右击,在弹出的快捷菜单中选择"定义内部草绘"命令,选择"TOP(基准平面)"作为草绘放置平面,进入草绘模式。接着在功能区出现的"草绘"选项卡中单击"设置"模块中的"草绘视图"按钮,从而设定草绘平面与屏幕平行,绘制如图 7-58a 所示底座部分的草图,底座的回转曲面如图 7-58b 所示。

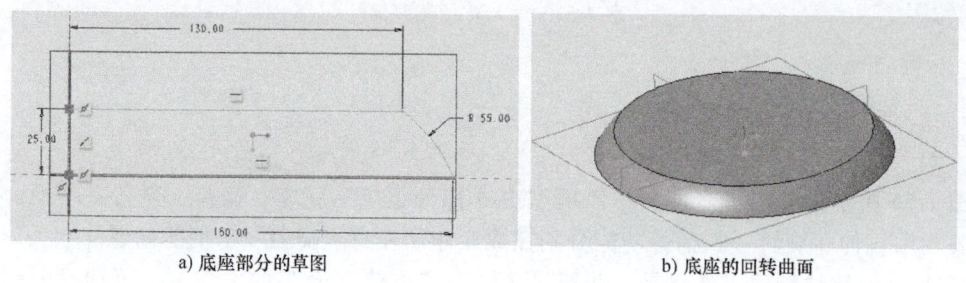

a)底座部分的草图   b)底座的回转曲面

图 7-58 底座创建

7.3.2 创建壶身

按以下步骤在底座上继续创建壶身。

第 1 步,单击"模型"选项卡中"形状"模块中的"旋转"按钮,接着在功能区出现的"旋转"选项卡中单击"曲面"按钮,在绘图区域的空白位置处右击,在弹出的快捷菜单中选择"定义内部草绘"命令,选择"TOP(基准平面)"作为草绘放置平面,进入草绘模式。接着在功能区出现的"草绘"选项卡中单击"设置"模块中的"草绘视图"按钮,从而设定草绘平面与屏幕平行,绘制如图 7-59a 所示壶身回转曲面的草图,壶身的回转曲面如图 7-59b 所示。

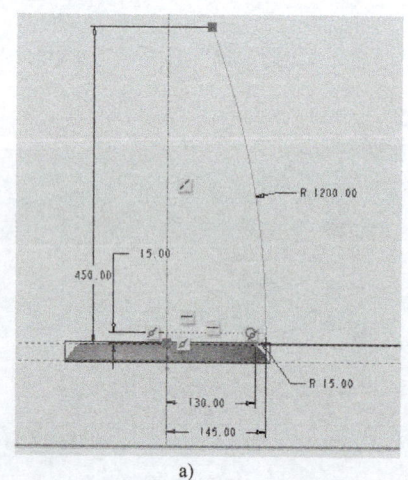 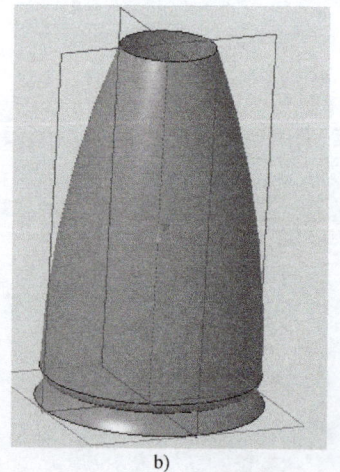

a)   b)

图 7-59 壶身回转曲面

第2步，创建拉伸曲面，单击"模型"选项卡中"形状"模块中的"拉伸" 按钮，在"拉伸"选项卡中单击"拉伸为曲面"按钮，选择"TOP（基准平面）"为草绘平面，绘制如图7-60所示拉伸曲面一。

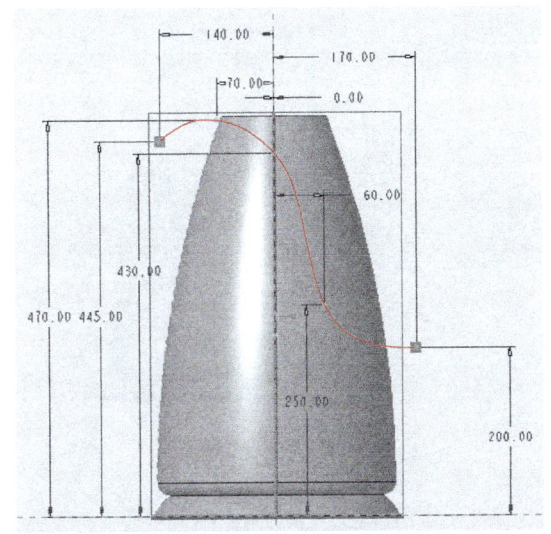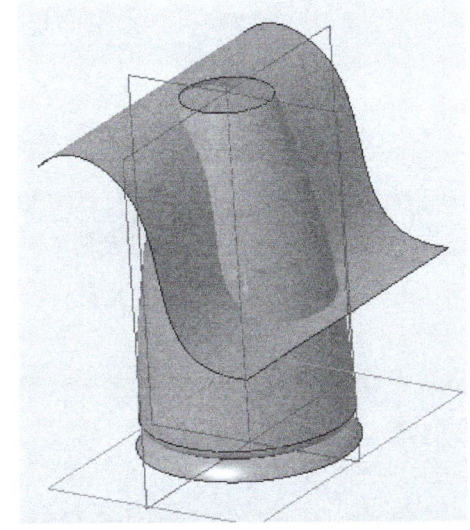

图7-60　拉伸曲面一

第3步，单击"模型"选项卡中"形状"模块中的"拉伸" 按钮，在"拉伸"选项卡中单击"拉伸为曲面"按钮，选择"TOP（基准平面）"为草绘平面，绘制如图7-61所示拉伸曲面二。

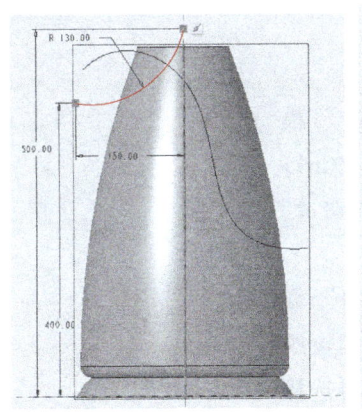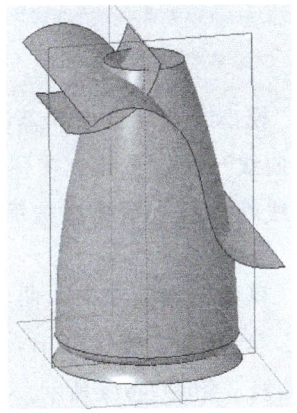

图7-61　拉伸曲面二

第4步，选取拉伸曲面二，单击"模型"选项卡中"编辑"模块中的"相交" 按钮，然后选择回转曲面，将回转曲面与拉伸曲面二形成相交曲线，如图7-62所示。

第5步，单击"模型"选项卡中"基准"模块中的"草绘" 按钮，在TOP基准平面草绘壶嘴曲线，如图7-63所示。

第6步，单击"模型"选项卡中"基准"模块中的"平面" 按钮，在壶嘴曲线端点处创建基准平面,如图 7-64 所示。

第 7 步,在创建的基准曲面 DTM1 上创建壶嘴截面线,在曲线端点处用半径为 30mm 的圆弧线创建壶嘴截面曲线,如图 7-65 所示。

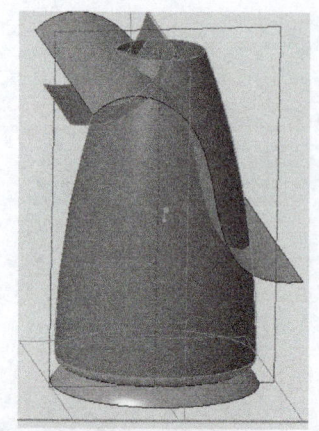

图 7-62 相交曲线

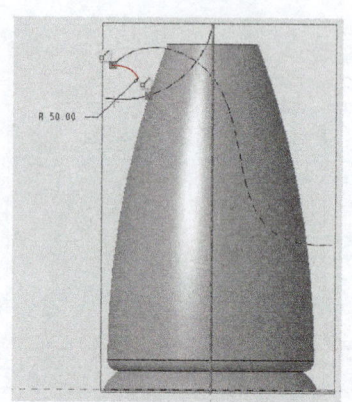

图 7-63 壶嘴曲线

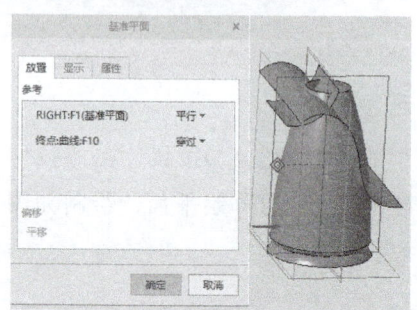

图 7-64 创建基准曲面

图 7-65 壶嘴草绘截面

第 8 步,单击"模型"选项卡中"基准"模块中的"通过点的曲线" 按钮,按住<Ctrl>键单击连接相交曲线端点与壶嘴弧线截面端点,如图 7-66 所示。

第 9 步,单击"模型"选项卡中"曲面"模块中的"边界混合" 按钮,按住<Ctrl>键按顺序选择第一方向链曲线,如图 7-67a 所示,再选择第二方向链曲线,如图 7-67b 所示。

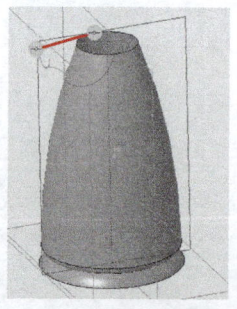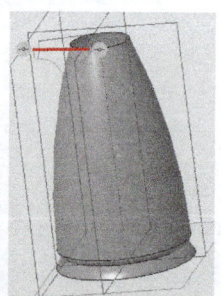

图 7-66 创建壶嘴边界曲线

第 10 步,选取壶嘴曲面,再单击"模型"选项卡中"编辑"模块中的"修剪" 按钮,然后选择拉伸曲面一,修剪壶嘴曲面,如图 7-68 所示。

第 11 步,选取壶身曲面,再单击"模型"选项卡中"编辑"模块中的"修剪" 按钮,然后选择拉伸曲面二,修剪壶嘴曲面,如图 7-69 所示。

第 12 步,选取壶嘴修剪曲面一,再单击"模型"选项卡中"编辑"模块中的"合并" 按钮,然后选择壶嘴修剪曲面二,合并壶嘴曲面,如图 7-70 所示。

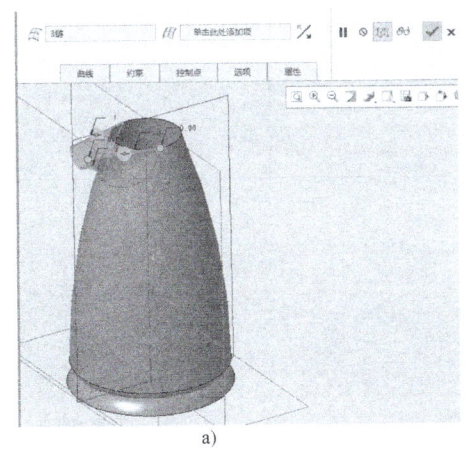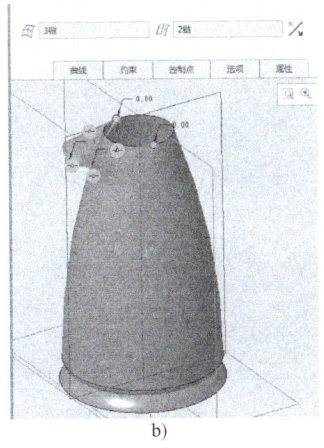

图 7-67　壶嘴曲面

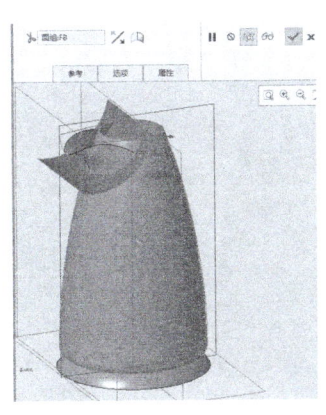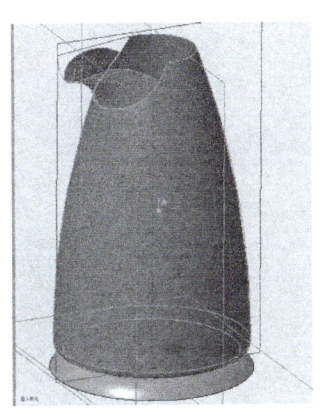

图 7-68　壶嘴修剪曲面一　　　图 7-69　壶嘴修剪曲面二　　　图 7-70　合并曲面

7.3.3　创建壶盖

第 13 步，单击"模型"选项卡中"基准"模块中的"平面"按钮，选取"FRONT 基准平面"为参照平面，在距离"FRONT 基准平面"350mm 处创建基准平面，如图 7-71a 所示。再选取壶身曲面，然后单击"模型"选项卡中"编辑"模块中的"修剪"按钮，选择"DTM2 基准平面"，修剪壶身曲面，将壶身曲面在"DTM2 平面"处上下分割并保留，如图 7-71b 所示。

第 14 步，选择壶身上半部分并单击"隐藏"按钮，单击"模型"选项卡中"形状"模块中的"旋转"按钮，接着在功能区出现的"旋转"选项卡中单击"曲面"按钮，在绘图区域的空白位置处右击，在弹出的快捷菜单中选择"定义内部草绘"命令，选择"TOP（基准平面）"作为草绘放置平面，进入草绘模式。接着在功能区出现的"草绘"选项卡中单击"设置"模块中的"草绘视图"按钮，从而设定草绘平面与屏幕平行，如图 7-72 所示。

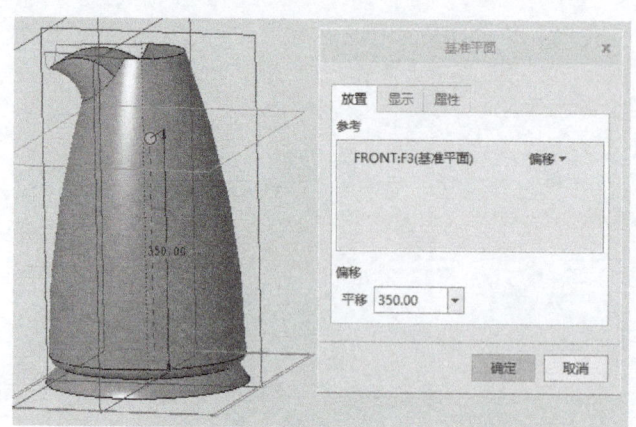
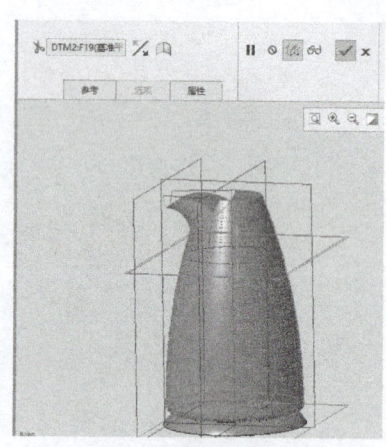

a) 创建DTM2平面　　　　　　　　　　　　　　b) 修剪曲面

图 7-71　修剪曲面

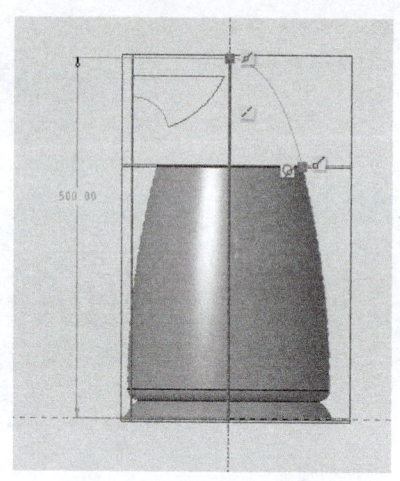
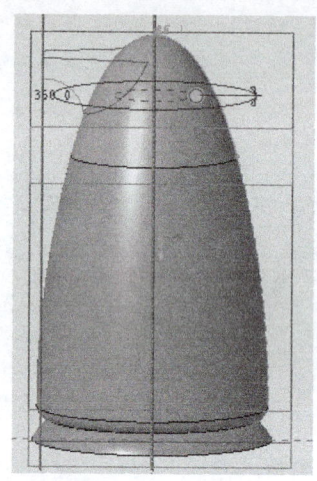

图 7-72　壶盖曲面

第15步，单击"模型"选项卡中"形状"模块中的"拉伸"按钮，在"拉伸"选项卡中单击"拉伸为曲面"按钮，选择"FRONT（基准平面）"为草绘平面，绘制如图7-73所示曲面，并用拉伸去除材料完成壶盖开关位置的固定。

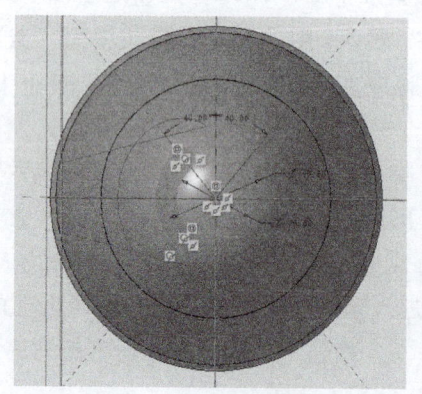
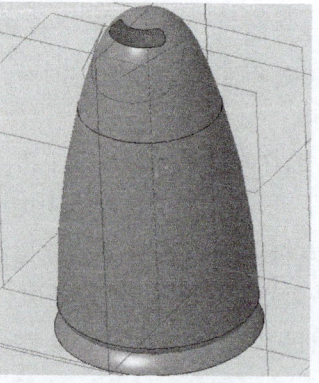

图 7-73　壶盖开关位置

第16步，单击"模型"选项卡中"基准"模块中的"平面" ▱ 按钮，选取旋转中心轴并通过图7-73中草绘圆弧曲线的端点，建立两个旋转平面，并在创建的基准平面上绘制半径为20mm的草绘图形，如图7-74所示。

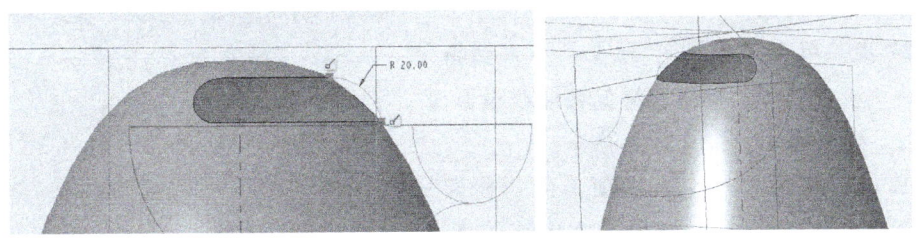

图7-74 半径为20mm的草绘图形

第17步，单击"模型"选项卡中"曲面"模块中的"边界混合" 按钮，选择曲面边界垂直于DTM3（DTM4）平面，如图7-75所示。

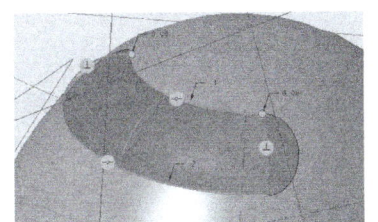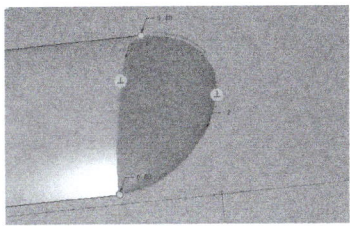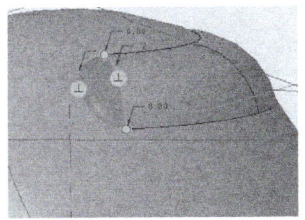

图7-75 边界曲面创建

7.3.4 创建手柄

第18步，单击"模型"选项卡中"形状"模块中的"拉伸" 按钮，在"拉伸"选项卡中单击"拉伸为曲面"按钮，选择"RIGHT（基准平面）"为草绘平面，拉伸长度为350mm的拉伸曲面三，如图7-76所示。

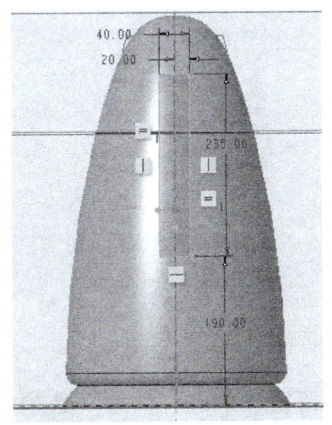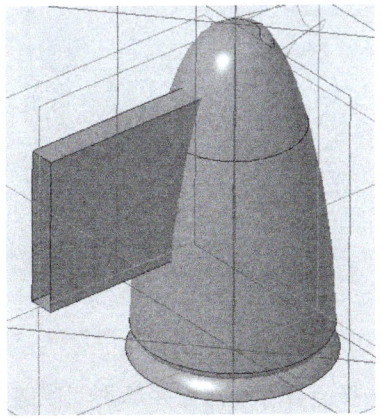

图7-76 拉伸曲面三

第19步，单击"模型"选项卡中"基准"模块中的"草绘" 按钮，选择"TOP

（基准平面）"为草绘平面，绘制手柄草绘，如图7-77所示。

第20步，单击"模型"选项卡中"编辑"模块中的"偏移" 按钮，将手柄曲线偏移7mm，如图7-78所示。

第21步，单击"模型"选项卡中"编辑"模块中的"投影" 按钮，将偏移曲线投影至拉伸曲面三的曲面上，如图7-79所示。

第22步，单击"模型"选项卡中"曲面"模块中的"边界混合" 按钮，选择投影曲线与草绘曲线创建曲面，将边界改成相切，如图7-80所示。

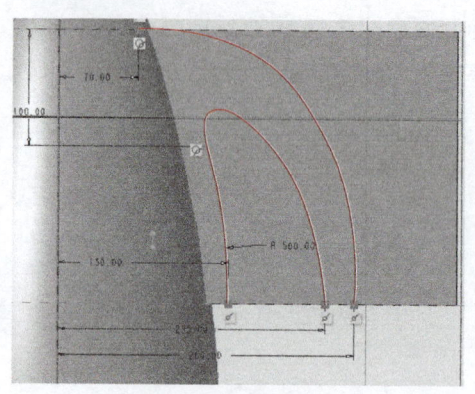

图7-77 草绘手柄曲线

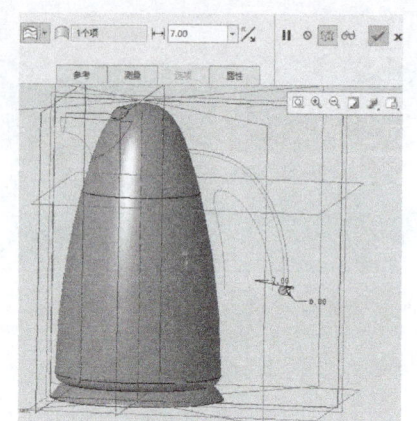
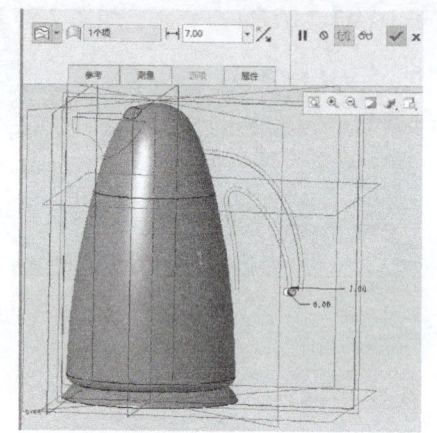

图7-78 偏移曲线

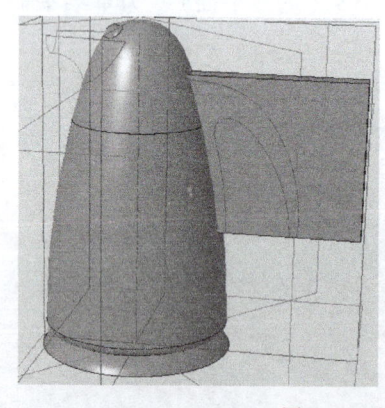
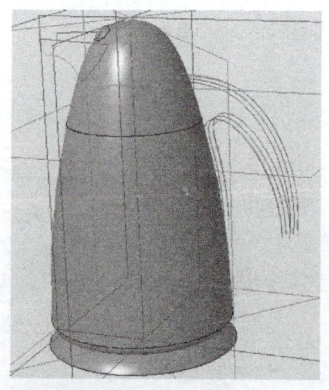

图7-79 投影曲线

第23步，选择壶身上半部分并单击"隐藏"按钮，单击"模型"选项卡中"形状"模块中的"旋转" 按钮，接着在功能区出现的"旋转"选项卡中单击"曲面" 按钮，在绘图区域的空白位置处右击，在弹出的快捷菜单中选择"定义内部草绘"命令，选择"TOP（基准平面）"作为草绘放置平面，进入草绘模式，创建壶身曲面的旋转曲面，如图

7-81 所示。

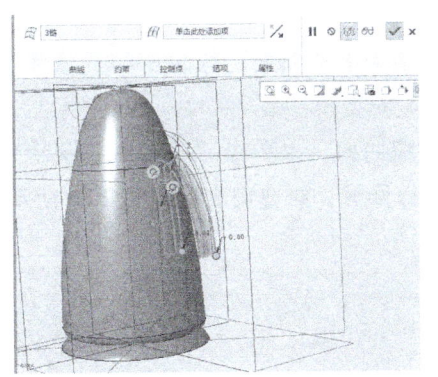 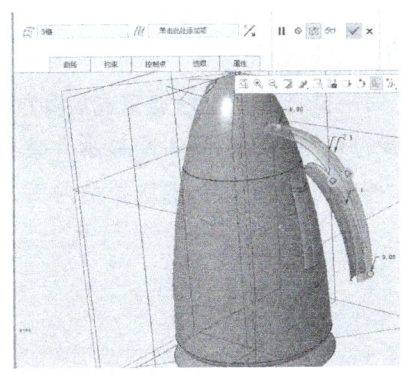

图 7-80　手柄曲面创建

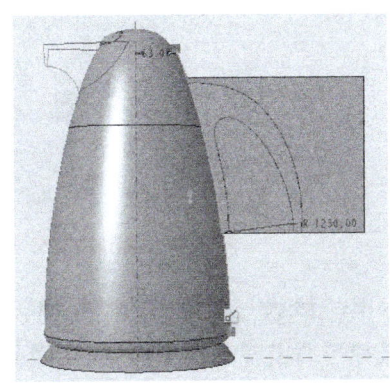 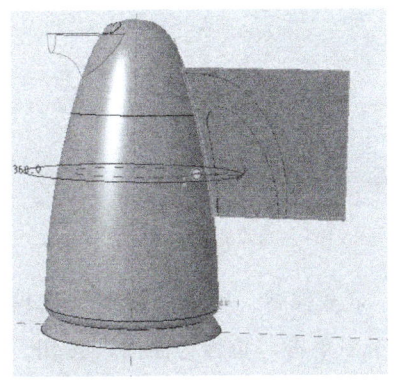

图 7-81　旋转曲面

第 24 步，单击"模型"选项卡中"曲面"模块中的"修剪"按钮，选取拉伸曲面三进行修剪，修剪完成后如图 7-82 所示，并合并修剪后曲面。

第 25 步，单击"模型"选项卡中"工程"模块中的"倒圆角"按钮，选取手柄边为倒圆角边，圆角半径为 4mm，如图 7-83 所示。

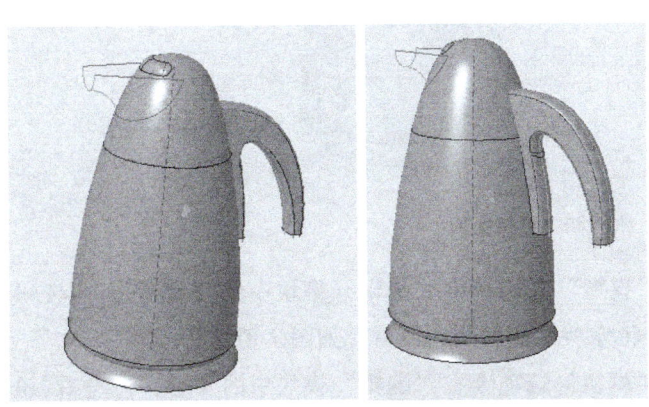 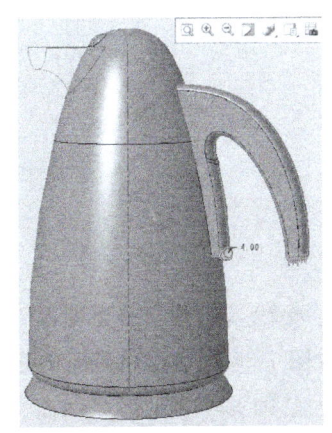

图 7-82　手柄曲面修剪　　　　　　　　　　　　图 7-83　手柄曲面倒圆角

7.3.5 热水壶曲面整理

第26步，选取壶盖曲面，单击"模型"选项卡中"曲面"模块中的"修剪"按钮，选取拉伸曲面一进行修剪，修剪完成后如图7-84所示。

第27步，将隐藏的壶嘴曲面显示并选取壶嘴曲面，再单击"模型"选项卡中"曲面"模块中的"修剪"按钮，选取拉伸曲面一进行修剪，修剪完成后如图7-85所示。

图7-84 壶盖修剪

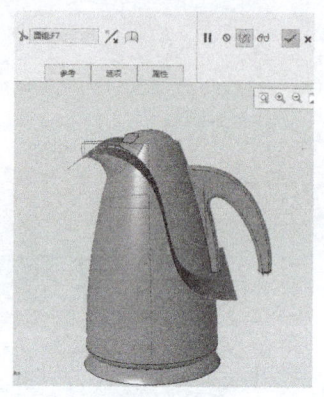
图7-85 壶嘴曲面整理

第28步，壶盖修剪。单击"模型"选项卡中"形状"模块中的"拉伸"按钮，在"拉伸"选项卡中单击"拉伸为曲面"按钮，选择"TOP（基准平面）"为草绘平面，拉伸如图7-86所示曲面。

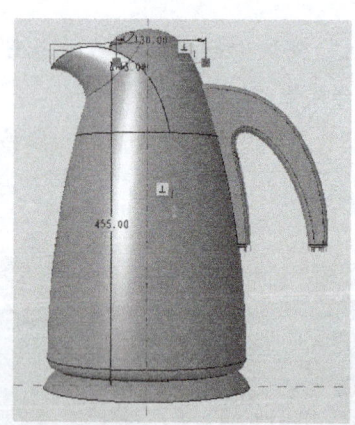

图7-86 拉伸曲面

第29步，选取壶盖曲面，单击"模型"选项卡中"编辑"模块中的"修剪"按钮，选取图7-86所示拉伸曲面进行修剪，将修剪曲面两侧均保留，如图7-87所示。

第30步，选取壶身曲面，单击"模型"选项卡中"编辑"模块中的"合并"按钮，选取壶嘴曲面进行合并，如图7-88所示。

图 7-87　修剪曲面

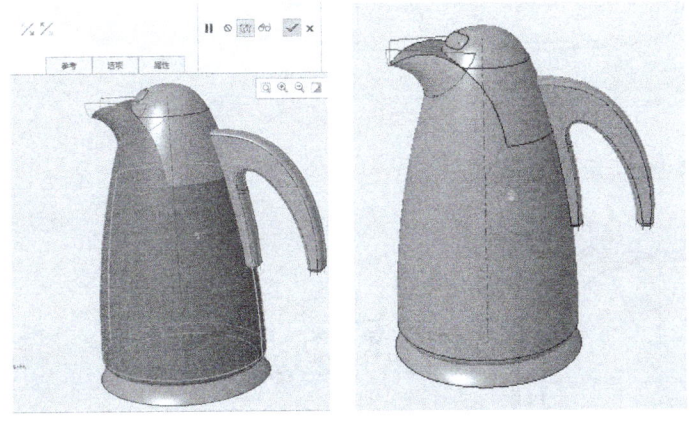

图 7-88　电热水壶

本 章 小 结

　　本章重点介绍了基本曲面的创建和编辑的基本方法。从简单的图形绘制中介绍了拉伸曲面、旋转曲面、扫描曲面、混合曲面、边界混合功能的运用。

　　基本曲面是产品设计中不可或缺的组成部分，根据产品的外观，可以将产品划分为多个区域来构造，然后将其缝合或用过渡面与其连接，无论怎样复杂的产品，都可以用基本曲面组成。

理 论 自 测

　　1. 曲面编辑的方法有哪几种？
　　2. 曲面与实体建模之间有什么区别？

应 用 自 测

　　1. 创建如图 7-89 所示的盒形产品。

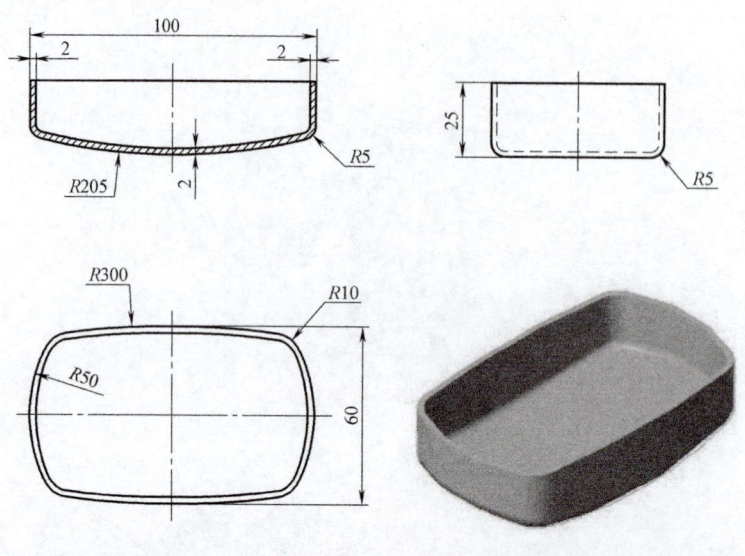

图 7-89 盒形产品

2. 创建如图 7-90 所示的地球仪。

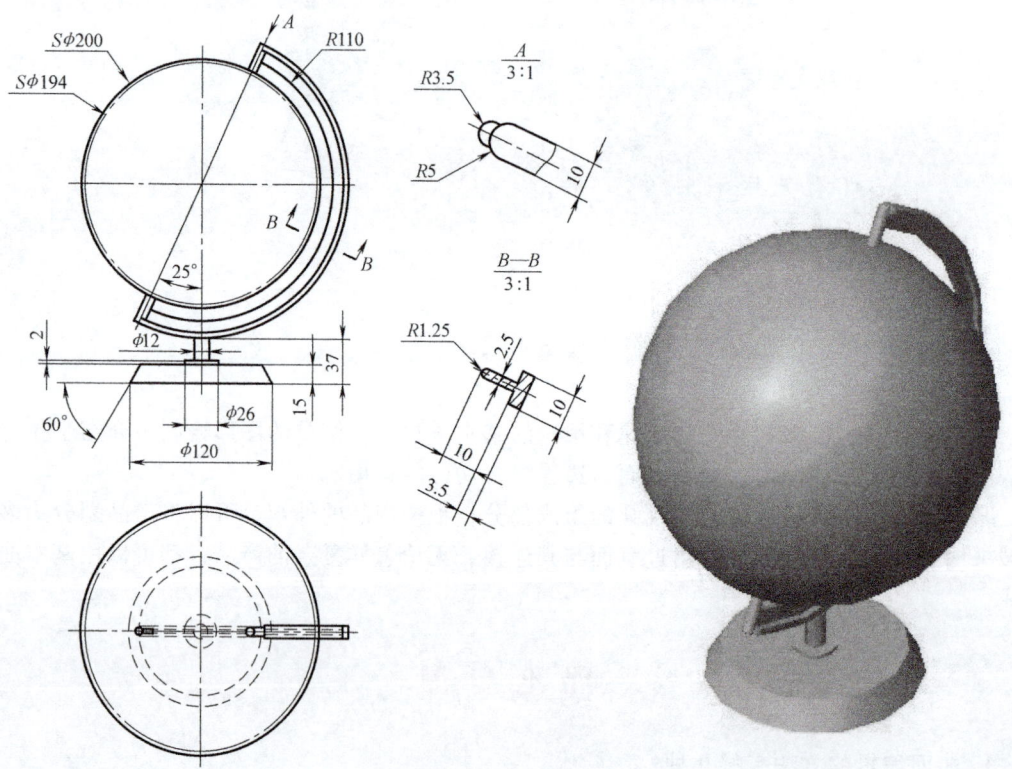

图 7-90 地球仪

第8章 创建ISDX曲面

ISDX 是 Interactive Surface Design Extension 的缩写，即交互式曲面设计扩展包。ISDX 通常用于创建非正规几何曲面和雕刻曲面的软件，在 Creo 软件中形成一个构建自由曲面的模块，ISDX 的指令在 Creo 软件中名称为造型，ISDX 模块的曲线、曲面功能齐全，操作简单而直观，利用该设计环境下的各种工具命令可以方便而迅速地创建自由形式的曲线和曲面，在产品设计造型中是一个非常实用快捷的造型工具。选取"造型"命令后，系统将弹出"样式"选项卡，如图 8-1 所示。其中的常用按钮及说明见表 8-1。

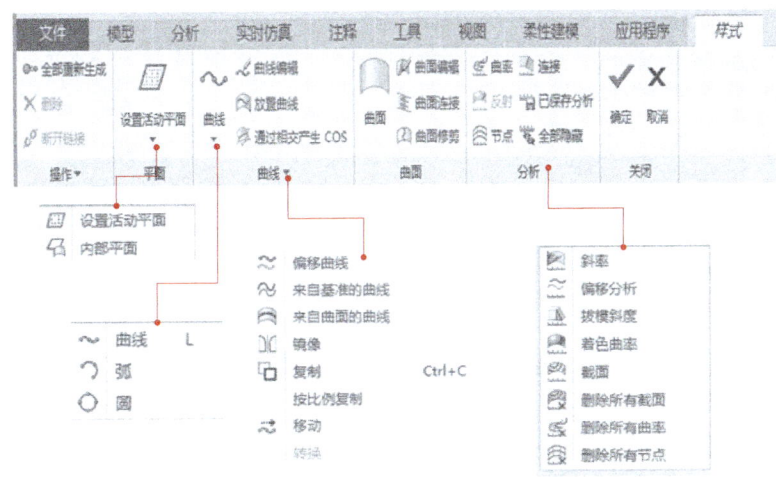

图 8-1 "样式"选项卡

表 8-1 "样式"选项卡中常用按钮及说明

按钮	按钮说明	按钮	按钮说明
全部重新生成	重新生成所有过期的图元	全部隐藏	隐藏所有已保存的分析
放置曲线	通过投影曲线在曲面（COS）上创建曲线	曲面连接	连接两个 ISDX 曲面，一个曲面改变其形状以便与另一曲面相交
通过相交产生 COS	通过相交曲面在曲面（COS）上创建曲线	曲线编辑	编辑 ISDX 曲线
曲面修剪	修剪选定的 ISDX 曲面		从边界曲线创建 ISDX 曲面
已保存分析	检索已保存的分析	曲面编辑	编辑所选定的 ISDX 曲面

（续）

按钮	按钮说明	按钮	按钮说明
曲率	分析曲率参数	节点	分析节点（曲线或曲面）
反射	显示曲面反射		

8.1 创建与编辑 ISDX 曲线

8-1 创建和编辑曲线

  ISDX 曲线是经过两个端点及多个内部点组成的一条光滑样条线，如图 8-2 所示，曲线的内部点越多，曲线的光滑度（质量）越差。ISDX 曲线由端点、内部点和端点切线三部分组成。如果只有两个端点，没有内部点，则 ISDX 曲线为一条直线，如图 8-3 所示。

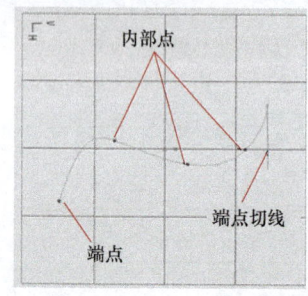

图 8-2 有内部点的 ISDX 曲线

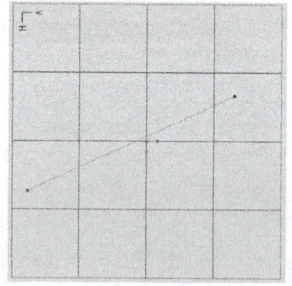

图 8-3 无内部点的 ISDX 曲线

  在造型中曲线和曲线之间的连接关系有三种：连接（C0）、相切（C1）和曲率（C2）连续，如图 8-4 所示。当自由连接时用一条线段表示，在端点切线变成一个单箭头时为相切，而曲率连续则用多箭头表示。

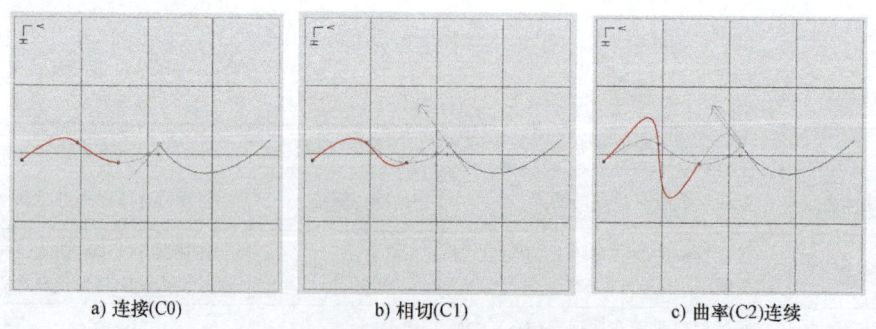

a) 连接(C0)   b) 相切(C1)   c) 曲率(C2)连续

图 8-4 造型曲线与曲线的连接关系

  在曲线形态需要控制时，可以双击曲线来重新编辑曲线，利用控制端点切线来控制曲线的弯曲度，也可以采用在曲线上添加点的形式来调整曲线和编辑控制点的方式来控制曲线，如曲线变化质量要求比较高时建议使用控制点的方式调整曲线，如图 8-5 所示。

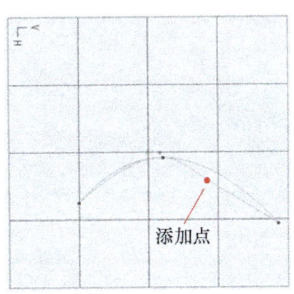 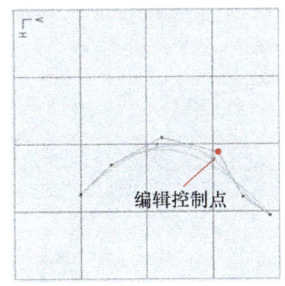 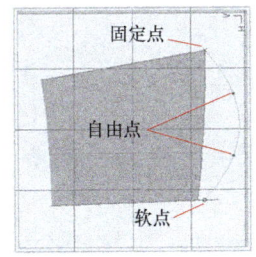

图 8-5　编辑曲线　　　　　　　　　　　　图 8-6　曲线上点的类型

8.1.1　造型（ISDX）曲线上点的类型

曲线都是通过选择多个点进行连接而成的，在造型中曲线上的点分为三类：自由点、固定点、软点，如图 8-6 所示。其中，软点与固定点为约束点，约束点的捕捉方法是选择需要移动的点后按住鼠标左键与<Shift>键进行移动位置约束点，到达位置后约束点就可以捕捉到放置位置了。也可以捕捉到正在创建的曲线端点。

1) 自由点：可以自由拖动。显示样式为小圆点（.）。

2) 软点：可以在其所在的线或者面上自由拖动。当坐落在曲线、模型的边线上时，其显示样式为小圆圈（o）；当坐落在曲面、模型的表面上时，其显示样式为小方框（□）。

3) 固定点：与某一点固定的点，不能拖动。显示样式为小叉（×）。

8.1.2　创建 ISDX 曲线

在造型中有三种曲线类型：自由曲线、平面曲线和曲面上的曲线（COS 曲线）。

1. 自由曲线

自由曲线是在三维空间自由创建的，创建的方法比较灵活，可以在三维空间上选取任意点来构成，并能通过按住<Shift>键的方法来捕捉软点和固定点。

2. 平面曲线

平面曲线是在某个平面上创建的，平面曲线一定是一条二维曲线。创建平面曲线首先要指定一个平面用来放置曲线，选择放置平面系统默认以网格表示，如图 8-7 所示。绘制曲线时切换曲线类型为"平面"，然后就可以通过在平面上选择点来创建曲线。也可以在"偏移"下拉列表框中输入一个数值创建与参考平面偏移一定距离的平面曲线。

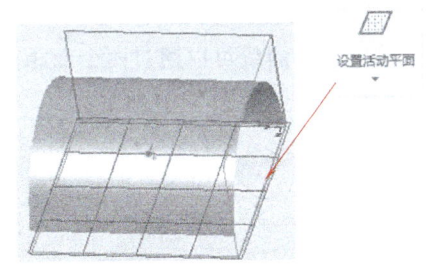

图 8-7　设置活动平面

3. 曲面上的曲线（COS 曲线）

曲面上的曲线是在造型中单击创建曲线按钮，然后单击曲面上的曲线按钮，再在某个曲面上创建 COS 曲线，若要创建封闭的曲线，在确定最后一点时按住<Shift>键并单击第 1 个端点即可封闭，如图 8-8 所示。

4. 放置曲线

放置曲线是将曲线"投影"到指定的曲面上，便产生了放置曲线，投影方向是某个选

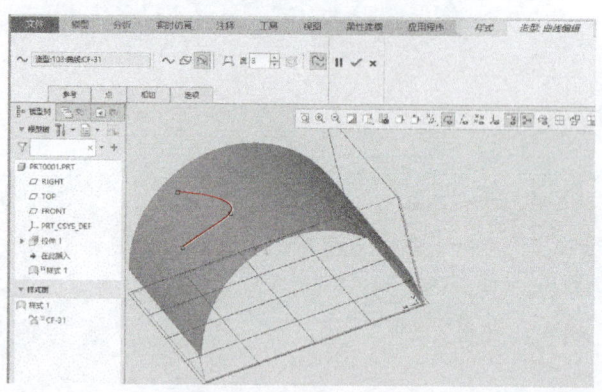

图 8-8 曲面上的曲线

定平面的法线方向。创建时,首先单击放置曲线按钮,再选择需要投影用的曲线,然后选择需要投影到的那个曲面,再确定投影方向就可以将曲线投影到曲面上,如图 8-9 所示,投影用的曲线可以是造型外的基准曲线也可以是草绘曲线。

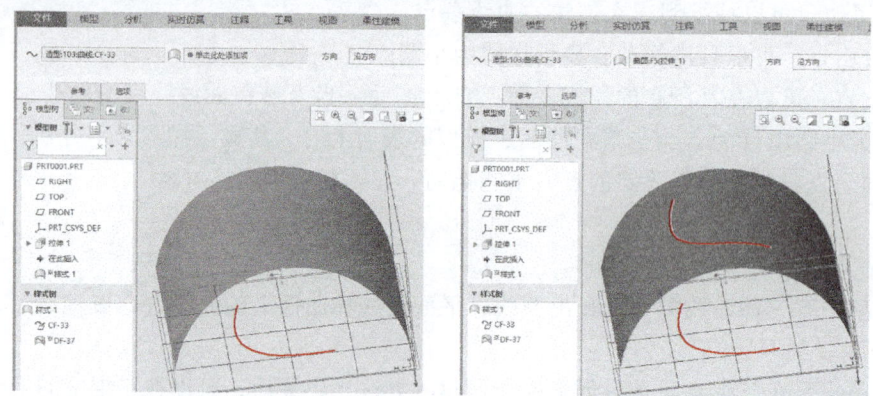

图 8-9 放置曲面

5. 通过相交产生 COS 曲线

曲面上的曲线可以通过两个面相交的方法获得,单击曲面与曲面相交、曲面与基准面相交来创建曲线,如图 8-10 所示。

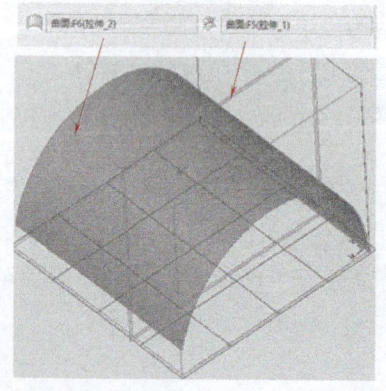 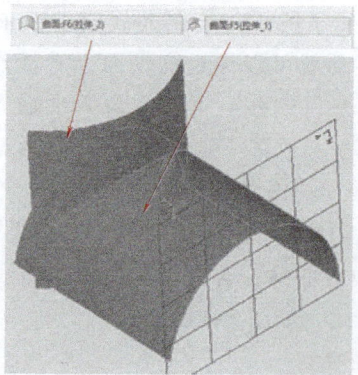

图 8-10 通过相交产生 COS 曲线

8.1.3 曲线的编辑

在造型中，曲线的编辑主要由添加点（控制点）的位置编辑和端点的连接定义，在添加点的编辑中，可以使用鼠标左键直接拖动添加点（控制点），也可以选择控制面板中的"点"操控板中通过输入点的坐标值来进行编辑。坐标值的输入方式有两种：一种是默认的绝对值输入，另一种是相对坐标值输入，选中"相对"复选按钮就可以进行相对坐标值移动，移动的值就是相对当前点的位置变化量，如图 8-11 所示。

坐标值控制可以在造型中更精确地定位点，在一些对尺寸要求较高的情况下使用。

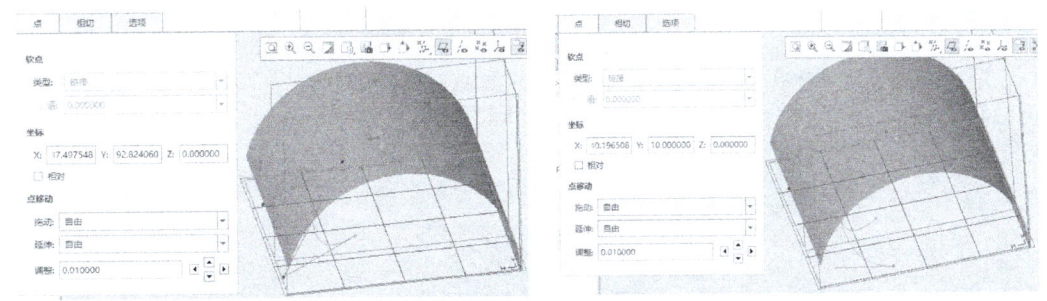

图 8-11　坐标值编辑

编辑曲线除了可以修改曲线内部点的位置外，还可以给曲线的端点切线设置一个约束条件，比如和曲线连接时，可以将一条曲线端点切线修改为相切、曲率等，所有曲线端点连接的约束都可以通过修改端点切线进行设置，如图 8-12 所示。

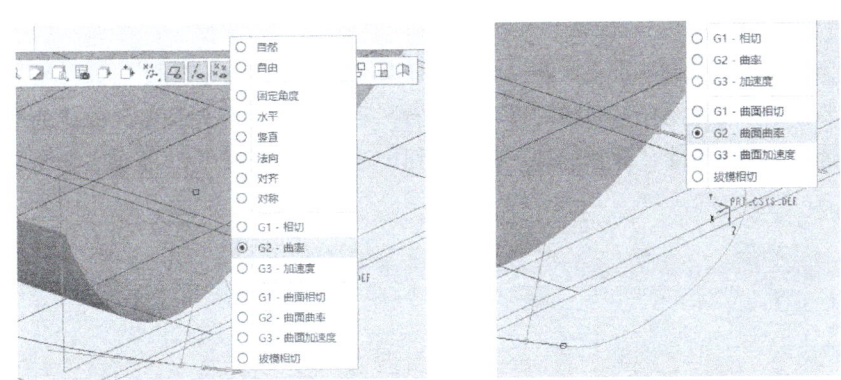

图 8-12　曲线端点切线设置

为了能得到高质量的曲线和连接，可能需要知道曲线的内部曲率变化，这时可以使用曲线曲率分析，为了能即时地在调整过程中有动态显示，需要给曲线加上一个动态的曲率分析。动态曲率分析操作步骤为：选择"样式"→"分析"→"曲率"命令，如图 8-13 所示，将"曲率分析"对话框中的"快速"改成"已保存"。

曲线除了曲线本身的编辑修改外，还可以进行偏移、复制、移动等曲线编辑操作。

1. 偏移曲线

在造型中，曲线的偏移是选择需要偏移的曲线，然后单击"偏移曲线" 偏移曲线 按钮，在弹出的控制选项卡中输入偏移距离，如图 8-14 所示。

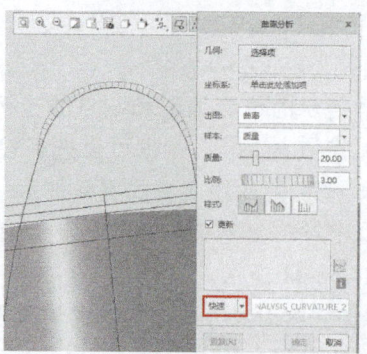 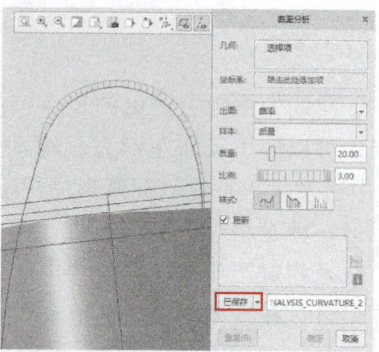

图 8-13　保存曲线曲率分析状态

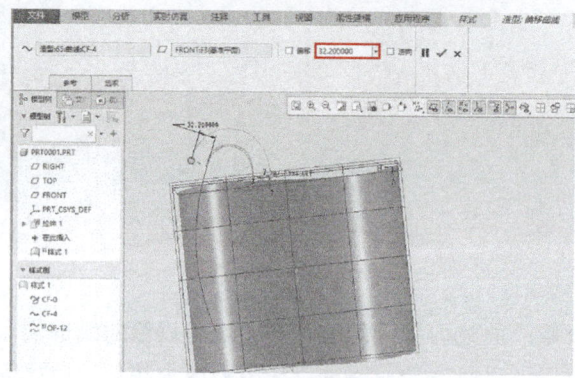

图 8-14　偏移曲线

2. 复制和移动曲线

在造型中，曲线的复制非常方便和灵活，选择曲线，然后单击"复制" 复制 按钮，复制的操作中主要分成移动控制杆（曲线的移动和旋转）和缩放框（单向和多向的比例缩放），移动曲线时可以选中选项卡中的"断开链接"复选按钮，这样曲线将按 1∶1 移动，如图 8-15 所示。

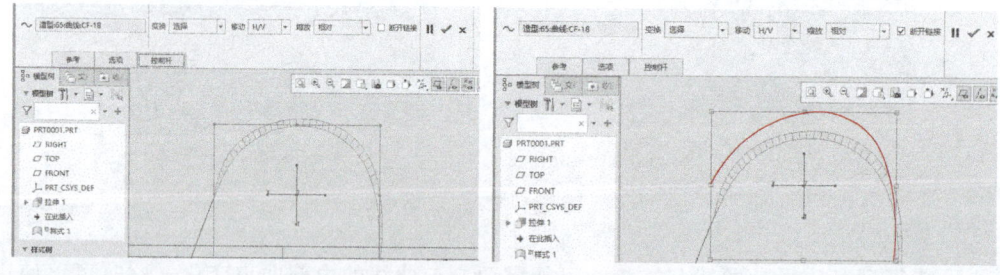

图 8-15　曲线的复制与移动

8.2　创建与编辑 ISDX 曲面

8-2　曲面造型

8.2.1　创建四边面

曲面的创建主要在于曲线的创建，曲线构建好了后就剩下曲面的创建操作。在造型中，可以根据不同的构造曲线选择不同的构面方法，最典型的是四条基本曲线所围起来的四边面，曲面便是由四条两两相交的曲线构成的曲面，曲面内部可以增加一条纵向或横向内部曲线，如图 8-16 所示。要构成四边面，对于四条边的相邻两条要有交点。

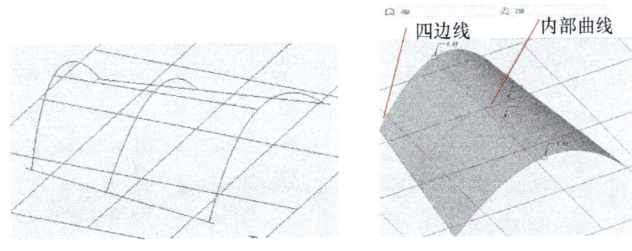

图 8-16　四边面

内部曲线在四边面中也有要求，例如：
1）COS 曲线不能作为内部曲线。
2）内部曲线不能和相邻的两条基本线相交，如图 8-17 所示。

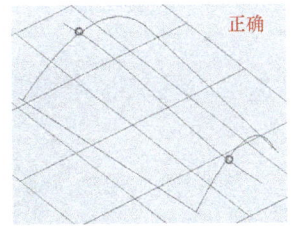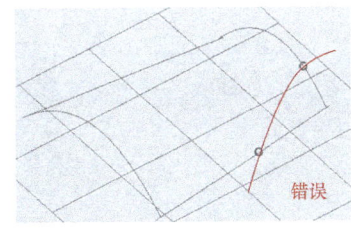

图 8-17　内部曲线

3）内部曲线、基本边界和其他内部曲线交叉时必有交点，如图 8-18a 所示。
4）穿过相同边界的内部曲线不能再在边界内部相交，如图 8-18b 所示。

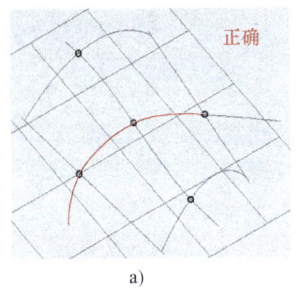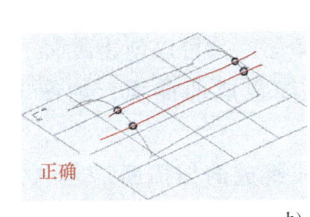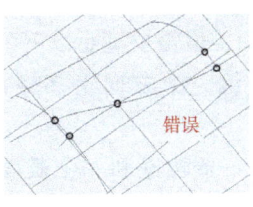

a) 　　　　　　　　　　　　　　b)

图 8-18　内部曲线交叉

5）内部曲线必须与两条边界相交，如图 8-19 所示。

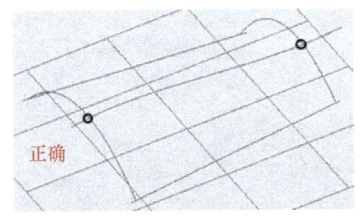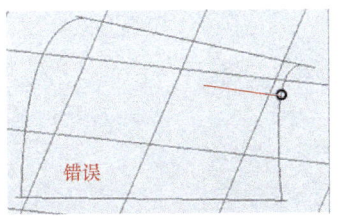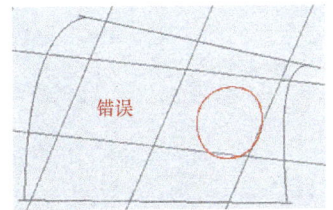

图 8-19　内部曲线与两边界相交

6）内部曲线和边界相交点不能多于两点，如图 8-20 所示。

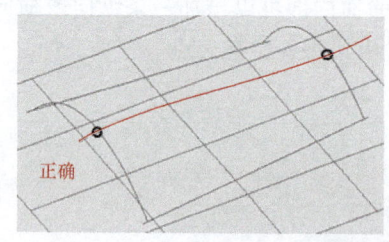 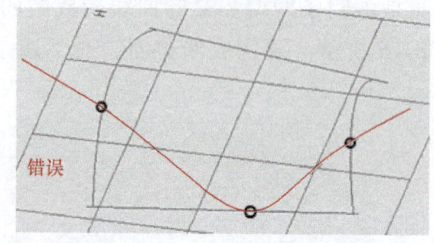

图 8-20　内部曲线和边界相交不能多于两点

8.2.2　创建三角面

三角面中，第一次选取的曲线为自然边，它的对角点称为退化点，经过自然边的内部曲线必经过退化点，而不经过自然边的内部曲线必经过其他两边，如图 8-21 所示。

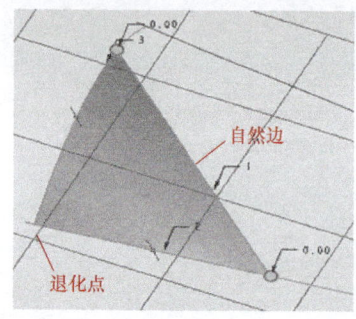 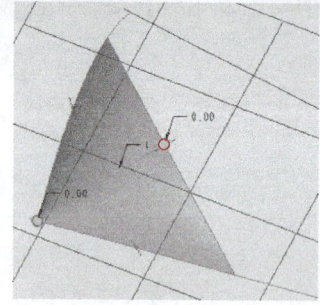 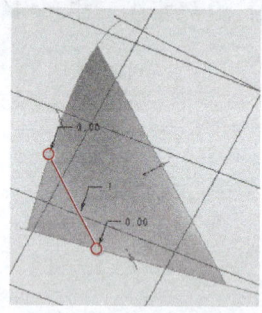

图 8-21　三角面

8.2.3　创建其他形式的曲面

除了四边面和三角面外，在造型中还可以创建其他形式的曲面，但需要满足以下一条原则就可以创建曲面。

1）仅一个方向上多条曲线组成的曲面，如图 8-22 所示。

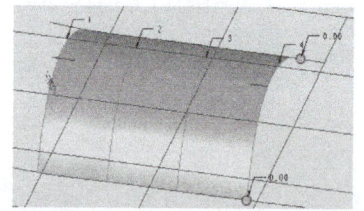

图 8-22　一个方向上多条曲线组成的曲面

2）一条轨迹和一个截面线组成的扫描面，选中"径向"复选按钮，在扫描过程中，截面的角度及长度随曲线的变化而变化，取消选中"径向"复选按钮，则曲面固定与原始截面的方向和大小，如图 8-23 所示。

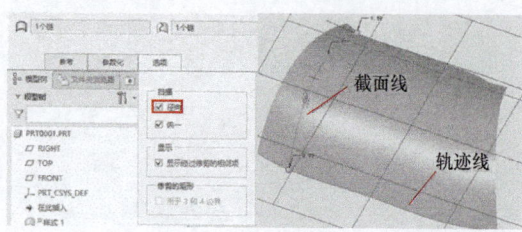 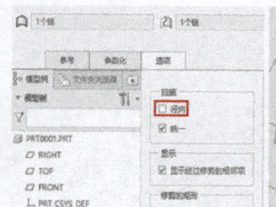 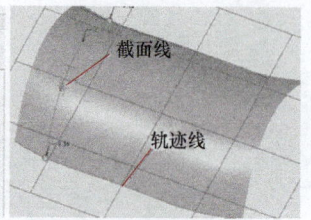

图 8-23　扫描曲面

3) 多条轨迹线的扫描面, 在造型中, 实际上只需记住两个按键的用法: <Ctrl>键用来选择不同的曲线, 也就是两条曲线是同一方向上的同级曲线; <Shift>键用来选择同一条曲线上的不同部分, 所选择的部分组成单一的曲线, 如图 8-24 所示。

8.2.4 编辑曲面

对创建的曲面进行编辑, 可以通过改变参照曲线的形状、曲面间的连接或者添加曲线等对曲面进行修改, 曲面会随着曲线的变

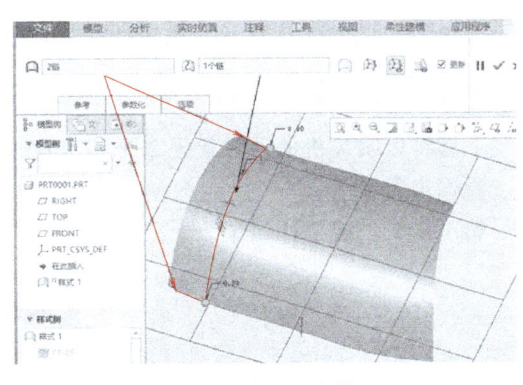

图 8-24 多轨迹扫描面

化而改变。在造型中, 曲面的编辑有两种: 曲面的连接和曲面的修剪。

1) 曲面的连接是两个相邻的曲面需要定义相互间的连接关系。曲面的连接主要有三种连接关系: 位置连接、相切连接和曲率连续连接, 它们在造型中分别以虚线、单箭头和多箭头来表示, 各种连接关系之间的切换需要通过单击连接线来实现, 如图 8-25 所示。在造型

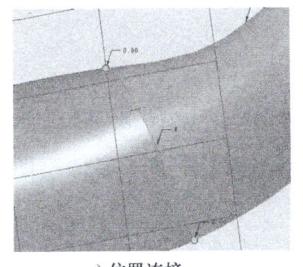
a) 位置连接

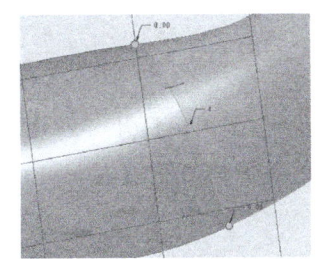
b) 相切连接

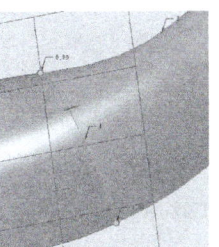
c) 曲率连续连接

图 8-25 曲面连接

过程中就可以进行连接关系切换, 或者选择"曲面连接"指令后在曲面连接处切换连接方式。

2) 曲面修剪时需要单击"曲面修剪"按钮后选择一个需要修剪的曲面, 再选择用于修剪的曲线, 最后选取不需要的被修剪部分; 如果不选择删除部分, 在造型中不删除任何被修剪的部分, 如图 8-26 所示。

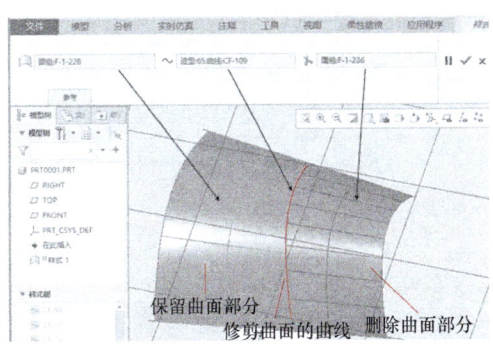

图 8-26 曲面修剪

8.3 ISDX 曲面设计

曲面设计是进行产品设计不可缺少的一项设计内容, 产品质量的好坏取决于产品外观曲面的质量, Creo 软件中的造型设计可以使用曲面设计功能来完成产品的外观建模, 直观地将曲面调整到最佳状态。曲面造型主要用于表面不规则的产品, 构建产品时可以先构建零件

的轮廓曲线，再由轮廓创建曲面并将曲面转化为实体。

8.3.1 吹风机外观曲面创建

下面将以吹风机的外观建模来介绍 ISDX 曲面设计。吹风机外观效果如图 8-27 所示。
操作步骤如下：

第 1 步，创建工作目录。

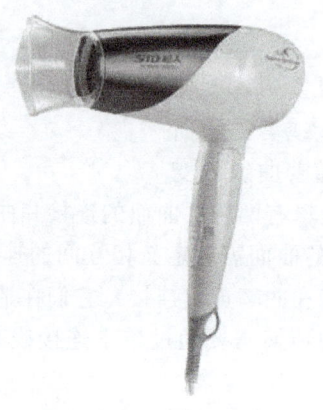

8-3 吹风机的设计

图 8-27 吹风机外观效果

第 2 步，单击"新建" 新建(N) 按钮，打开"新建"对话框，如图 8-28a 所示。然后新建名称为"吹风机"的文件名，再选择公制模板 mmns_part_solid 并进入零件绘图界面，如图 8-28b 所示。

a) "新建"对话框　　　　　　　　b) 选择公制模板对话框

图 8-28 新建零件相关设置

第 3 步，在"FRONT 基准面"上绘制吹风机大小参考草绘矩形，草绘矩形大小为长 230mm、宽 210mm，单击"视图"选项卡中"模型显示"模块中的"图像" 图像 按钮，进入图像操作选项卡，单击"导入" 按钮，选择"FRONT 基准面"为放置平面，将吹风机的参考图导入造型界面中，并调整图片大小至草绘矩形大小以保证设计尺寸，放置好图片后单击"确定" ✓ 按钮，如图8-29所示。

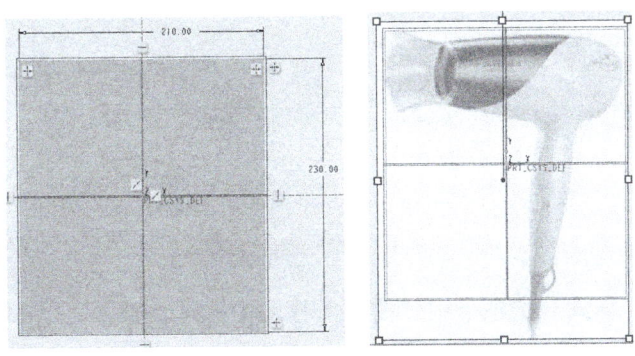

图8-29　图像导入

第4步，单击"模型"选项卡中的"曲面"模块中的"样式" 📖样式 按钮，进入造型界面，在造型中选择图片放置面为活动平面，在活动平面上绘制吹风机轮廓曲线，曲线用两个点绘制一条直线，然后通过端点切线调整曲线的弧度来重合吹风机轮廓，如图8-30所示。

第5步，用造型曲线在"FRONT"活动平面上将吹风机的轮廓线都绘制出来，如图8-31所示。

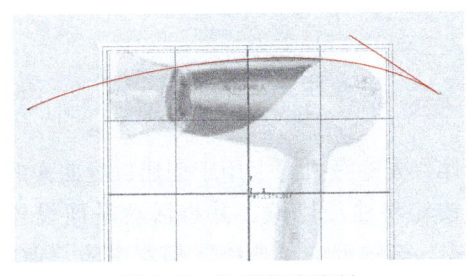

图8-30　造型曲线绘制

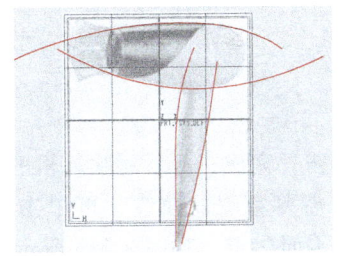

图8-31　轮廓曲线

第6步，在吹风机出风口建立基准平面，用"内部平面"指令将"RIGHT"平面移至图8-32所示的垂直平面位置上，"TOP"平面移至图8-32所示的水平平面位置上。

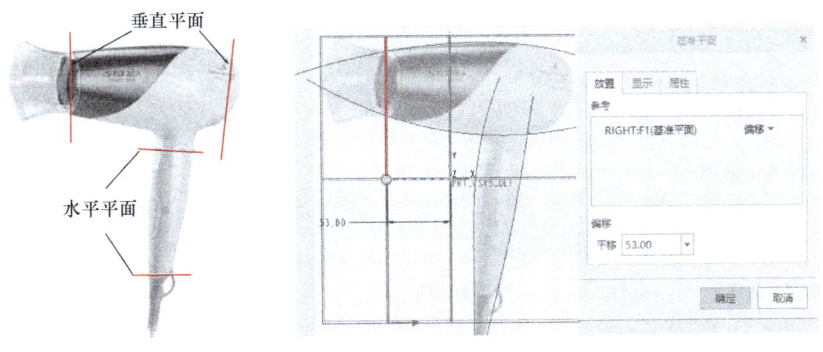

图8-32　平面偏移

第7步，根据吹风机的基本形态，在图8-32所示的水平平面和垂直平面上创建截面曲线，绘制的曲线"法向"于"FRONT"平面并根据设计形态用端点切线调整曲线，保证吹风机在设计过程中左右壳中间对称。在绘制曲线时将活动平面设置在相应平面上，截面曲线如图 8-33 所示。

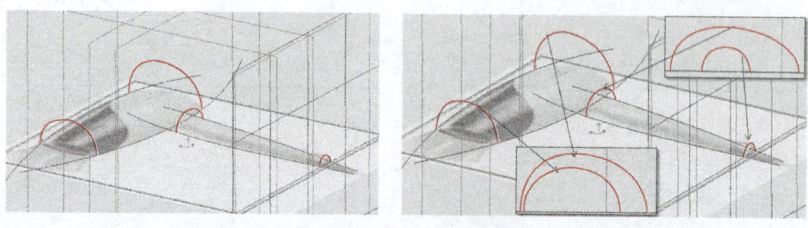

图 8-33　吹风机截面曲线

第 8 步，单击"样式"选项卡中"曲面"模块中的"曲面" 按钮来创建机身曲面，打开曲面指令后按住<Ctrl>键依次单击选择机身轮廓曲线，再修改曲面与"FRONT"平面接触的轮廓线上的小箭头，将其改成"法向"，如图 8-34 所示。

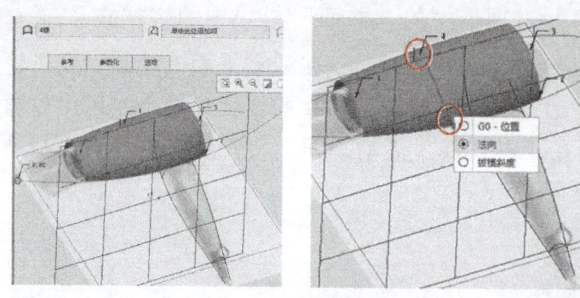

图 8-34　机身曲面创建

第 9 步，完成机身后对吹风机的进风口进行设计，先隐藏机身上用于创建机身曲面的曲线，选择需要隐藏的曲线，再单击"隐藏" 按钮将曲线隐藏，并将活动平面设置在"FRONT 平面"上，如图 8-35a 所示。再单击"样式"选项卡中"曲线"模块中的"曲线" 按钮，用平面曲线绘制进风口的轮廓线，按住<Shift>键将曲线的两端与机身曲面的边约束在一起，并把曲线的端点移至曲面轮廓线的端点处，曲线两端的端点切线改为曲面曲率来约束，如图 8-35b 所示，调整进风口轮廓曲线，如图 8-35c 所示。

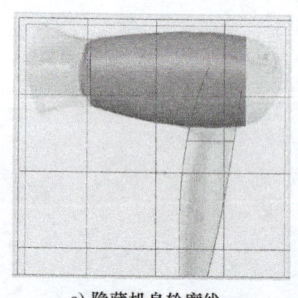 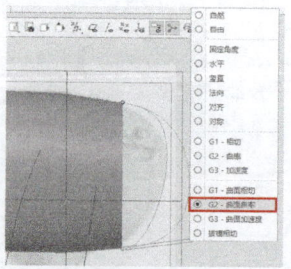 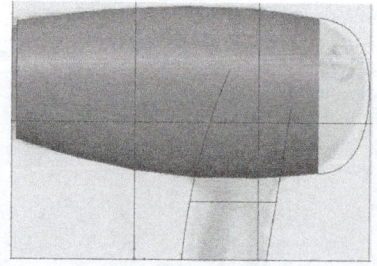

　　a) 隐藏机身轮廓线　　　　　　b) 约束曲线　　　　　　c) 调整曲线形态

图 8-35　吹风机轮廓线

第 10 步，创建进风口曲面的内部线。单击"样式"选项卡中"曲线"模块中的"曲线" 按钮，用空间曲线绘制进风口的内部线，按住<Shift>键将曲线一端约束到机身轮廓线上,将曲线的端点切线改为曲面曲率约束,如图8-36a所示,曲线的另一端与进风口的轮廓线连接,将曲线的端点切线改成"法向"于"FRONT平面",如图8-36b所示,调整曲线的形态,如图8-36c所示。

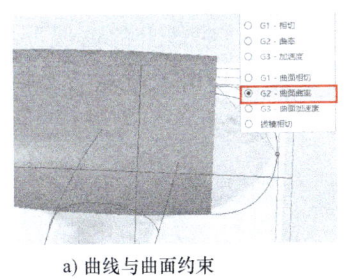 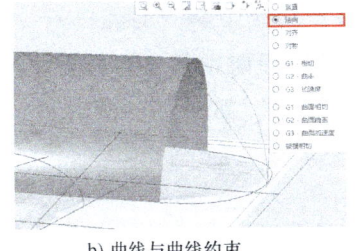 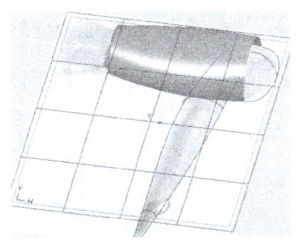

a) 曲线与曲面约束　　　　　　b) 曲线与曲线约束　　　　　　c) 内部与曲线约束

图 8-36　进风口曲面的内部线

第11步,单击"样式"选项卡中"曲面"模块中的"曲面"按钮创建进风口曲面,打开曲面指令后按住<Ctrl>键依次单击选择进风口的轮廓曲线及内部曲线,两曲面连接用曲率约束,如图8-37所示。

第12步,分析进风口曲面质量。单击"样式"选项卡中"分析"模块中的"反射"反射按钮,选择机身曲面和进风口曲面,通过反射分析观察两个曲面间条纹的连续性,在"反射分析"对话框中将"快速"改成"已保存",反射条纹会保存下来再去调整条纹不连续曲面的曲线形态,最终得到相对较连续的曲面,如图8-38所示。

图 8-37　进风口曲面

第13步,单击"样式"选项卡中"分析"模块中的"已保存分析"已保存分析按钮,在"已保存分析"对话框中,选择之前保存的分析文件名,然后单击删除选定的"已保存分析"已保存分析按钮将条纹分析保存删除。

第14步,单击"样式"选项卡中"曲面"模块中的"曲面"按钮创建手柄曲面,打开曲面指令后按住<Ctrl>键依次单击选择手柄轮廓曲线,再修改曲面与"FRONT平面"接触的轮廓线上的小箭头,将其改成"法向",如图8-39所示。

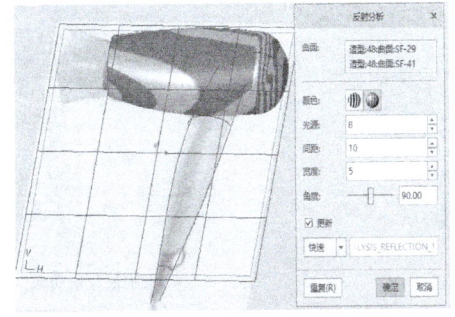 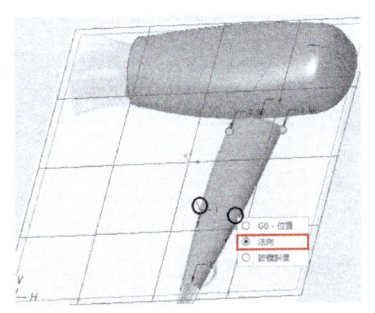

图 8-38　曲面反射分析　　　　　　　　　　图 8-39　手柄曲面创建

第15步，将手柄的轮廓曲线隐藏。单击需要隐藏的曲线，再单击"隐藏" ![按钮] 按钮将曲线隐藏。

第16步，绘制手柄与机身连接曲线，先在机身与手柄连接位置上绘制曲面上的曲线，单击"样式"选项卡中"曲线"模块中的"曲线" ![按钮] 按钮，选取"曲面上的曲线"功能，在机身曲面上绘制曲线，将曲线两端约束到轮廓曲线上，曲线两端切线改成"法向"于"FRONT平面"，并调整曲线形态，如图8-40所示。

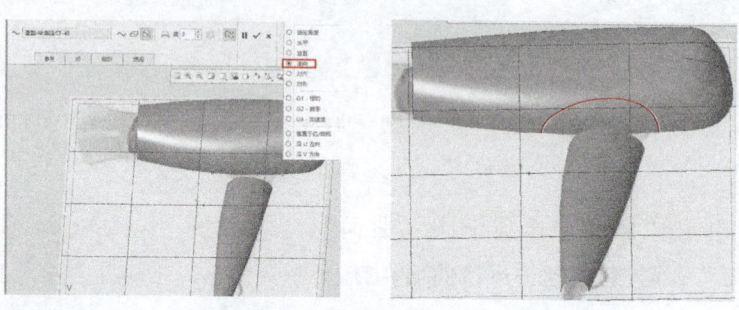

图8-40 曲面上的曲线

第17步，单击"样式"选项卡中"曲面"模块中的"曲面修剪" ![按钮] 按钮，单击机身曲面，再选择曲面上的曲线为修剪曲线，将手柄位置的曲面去除，如图8-41所示。

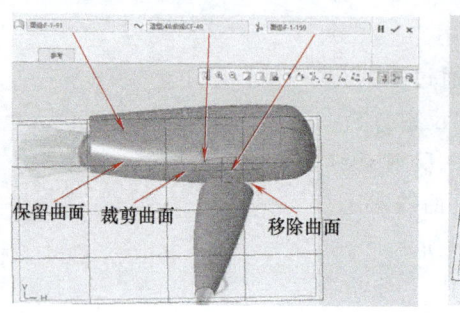 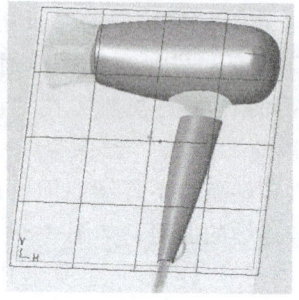

图8-41 修剪曲面

第18步，单击"样式"选项卡中"曲线"模块中的"曲线" ![按钮] 按钮，创建手柄与机身连接曲线，将"活动平面"设置在"FRONT平面"上，绘制FRONT平面曲线，按住<Shift>键将曲线的一端约束到机身的轮廓线上，另一端约束到手柄曲面端点处，如图8-42a

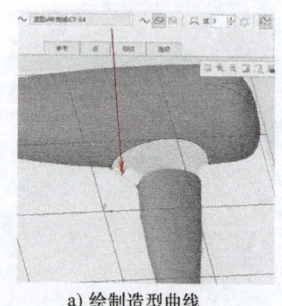 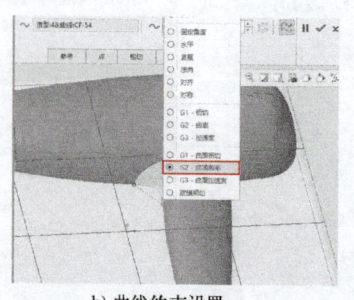 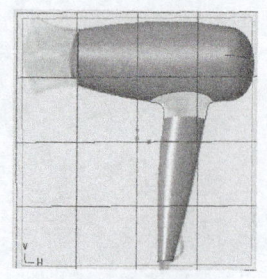

a) 绘制造型曲线　　　　　　b) 曲线约束设置　　　　　　c) 绘制第二条曲线

图8-42 手柄与机身连接曲线

所示，修改曲线的端点切线，将曲线的两端点切线都改成曲面曲率约束，如图 8-42b 所示。用同样的方法绘制手柄曲面与机身曲面连接的另一条曲线，如图 8-42c 所示。

第 19 步，单击"样式"选项卡中"曲面"模块中的"曲面"按钮创建手柄与机身连接曲面，按顺序选取手柄与机身连接曲线，如图 8-43a 所示，修改曲面上的约束条件，将 FRONT 平面连接的边的约束改成"法向"于"FRONT 平面"，将与机身（手柄）曲面连接的曲面约束改成"曲面曲率"，如图 8-43b 所示。

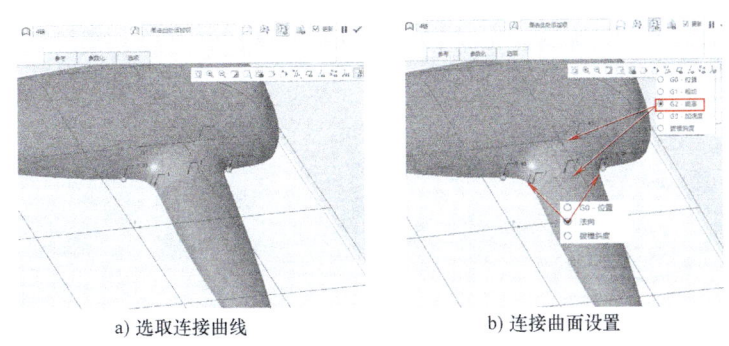

a) 选取连接曲线　　　　　　b) 连接曲面设置

图 8-43　连接曲面创建

第 20 步，分析整机曲面质量。单击"样式"选项卡中"分析"模块中的"反射"按钮，选择整机曲面，通过反射分析观察曲面间条纹的连续性，在"反射分析"对话框中将"快速"改成"已保存"，反射条纹会保存下来，再去调整条纹不连续曲面的曲线形态，最终得到相对较连续的曲面，如图 8-44 所示。

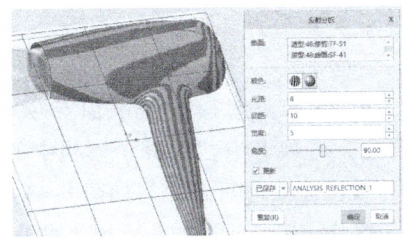

图 8-44　整机曲面分析

第 21 步，单击"样式"选项卡中"分析"模块中的"已保存分析"按钮，在"已保存分析"对话框中，选择之前保存的分析文件名，然后单击"删除选定的已保存分析"按钮将条纹分析保存删除。

第 22 步，完成吹风机左壳曲面创建，退出"样式"界面。选取吹风机曲面，再单击"模型"选项卡中"编辑"模块中的"镜像"按钮，将"FRONT 平面"作为镜像平面，把左壳曲面镜像至右侧，如图 8-45 所示。

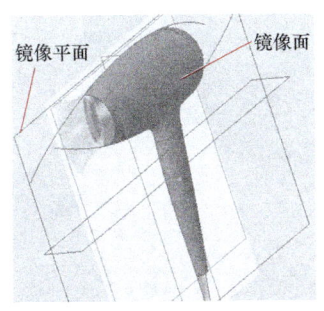 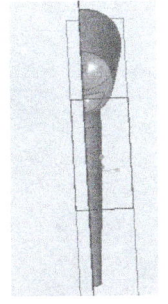 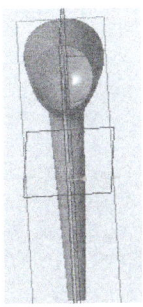

图 8-45　曲面镜像

第23步，单击左壳与右壳的曲面，再选择"模型"选项卡中"编辑"模块中的"合并"按钮，将左壳与右壳曲面合并成一个曲面，如图8-46所示。

第24步，创建平面。选择"模型"选项卡中"形状"模块中的"拉伸"按钮，在"拉伸"选项卡中选择曲面，再选择"FRONT平面"为草绘平面，绘制如图8-47a所示的草绘线，将草绘线对称拉伸为面组，设置合理的高度，高度要大于风筒曲面，如图8-47b所示，完成拉伸曲面的创建，如图8-47c所示。

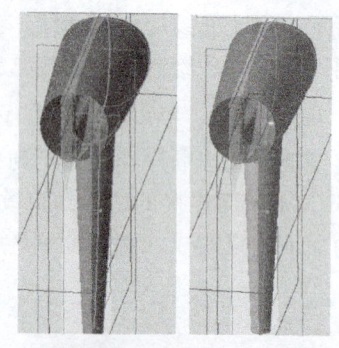

图8-46　机壳曲面合并

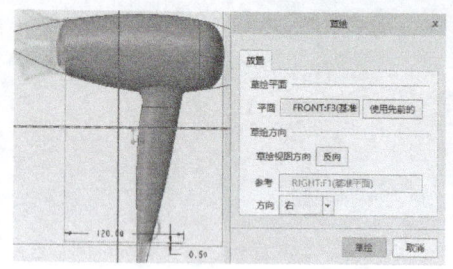

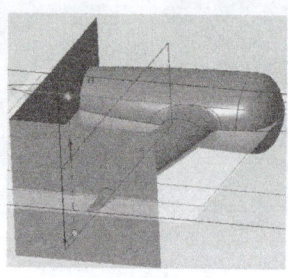

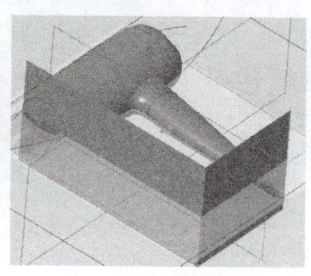

a) 绘制拉伸草绘曲线　　　　　　　　b) 拉伸曲面设置　　　　　　　　c) 拉伸曲面效果

图8-47　创建平面

第25步，选择拉伸平面与吹风机整机曲面，然后单击"模型"选项卡中"编辑"模块中的"合并"按钮，将拉伸平面与整机曲面进行合并，如图8-48所示。

第26步，选取吹风机风筒曲面，然后单击"模型"选项卡中"编辑"模块中的"实体化"按钮，将吹风机的曲面进行实体化处理。

第27步，单击"模型"选项卡中"工程"模块中的"壳"按钮，设置壳壁厚为2mm，单击风筒前端面，将风筒口的曲面移除，如图8-49所示。

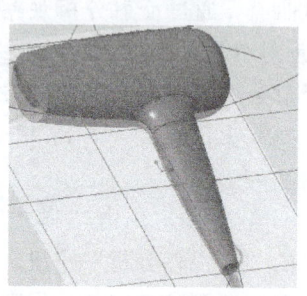

图8-48　曲面合并

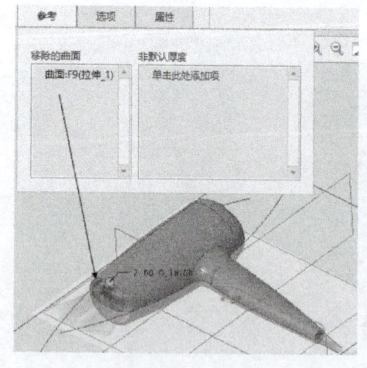

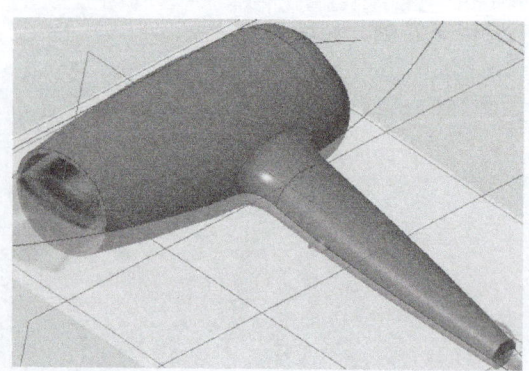

图8-49　壳功能

第28步，单击"模型"选项卡中"基准"模块中的"轴" /轴 按钮，选择进风口曲面的端点，"法向"于"RIGHT平面"，创建基准轴线，完成轴 A_1 的创建，如图 8-50 所示。

第29步，拉伸散热孔。单击"模型"选项卡中"形状"模块中的"拉伸"按钮，在"拉伸"选项卡中单击"移除材料" 按钮，草绘放置平面为"RIGHT平面"，绘制散热孔形状，如图 8-51 所示。

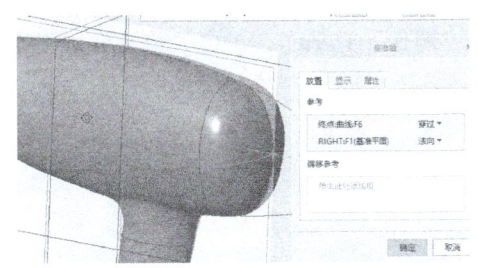

图 8-50 基准轴线创建

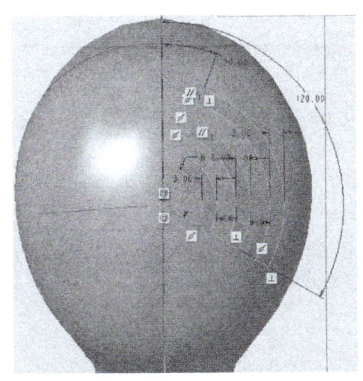
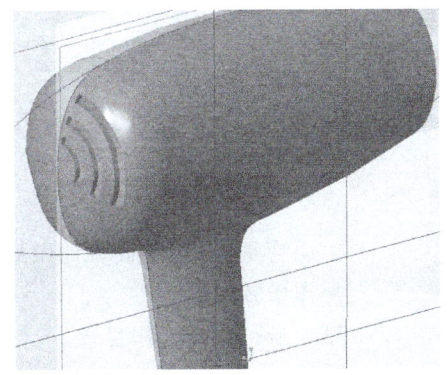

图 8-51 散热孔移除材料

第30步，选择拉伸特征，再单击"模型"选项卡中"编辑"模块中的"阵列"按钮，将"阵列"选项卡中的"尺寸"换成"轴"，选取"轴 A_1"为旋转阵列中心轴，阵列数量为 3 个，360°均分，如图 8-52 所示，完成创建散热孔操作。

第31步，创建手柄过线孔，用"拉伸"指令选择手柄底部平面为草绘平面，绘制相应大小的孔作为过线孔，如图 8-53 所示。

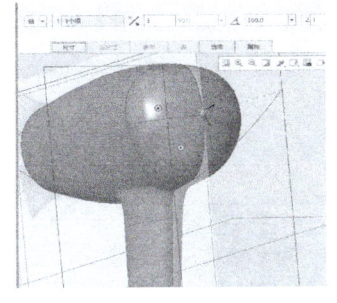

图 8-52 旋转阵列

第32步，选择需要隐藏的曲线，再单击"隐藏" 按钮将曲线隐藏。

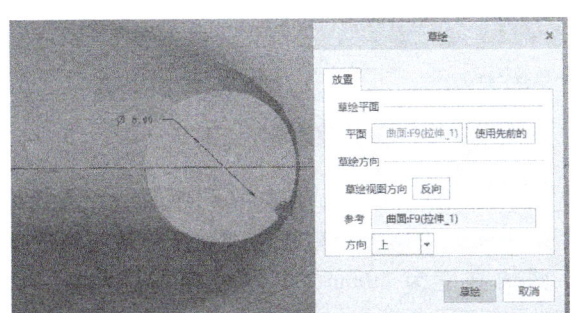
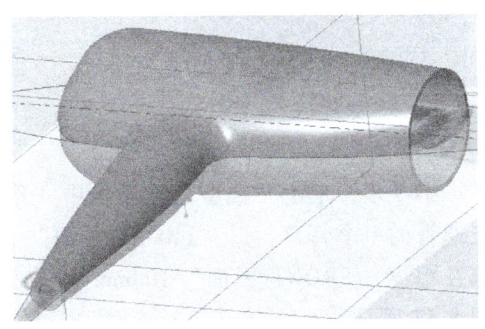

图 8-53 过线孔

第33步，单击"视图"选项卡中"模型显示"模块中的"图像" [图像] 按钮，进入"图像"选项卡，单击"隐藏"按钮将图片隐藏，完成吹风机外观曲面造型，如图8-54所示。

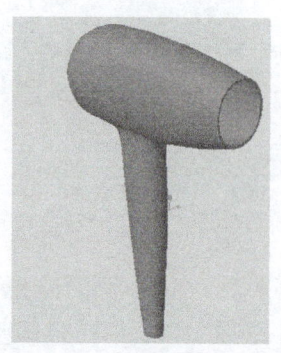
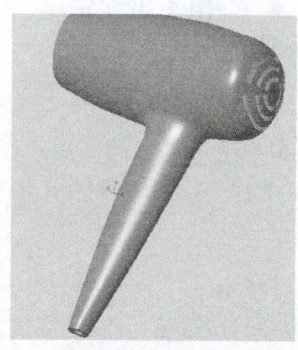

图8-54　吹风机外观

8.3.2　三通管曲面创建

8-4　三通管的设计

三通管是ISDX曲面设计中最常见的一种产品，如图8-55所示。

操作步骤如下：

第1步，创建工作目录。

第2步，单击"新建" [新建(N)] 按钮，打开"新建"对话框，如图8-56a所示。然后新建名称为"三通管"的文件名，再选择公制模板"mmns_part_solid"并进入零件绘图界面，如图8-56b所示。

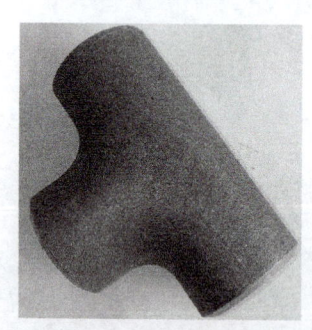

图8-55　三通管

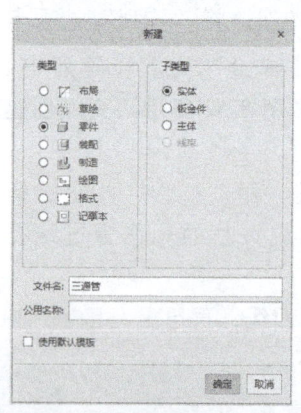

a)"新建"对话框

b)选择公制模板对话框

图8-56　新建零件相关设置

第3步，单击"模型"选项卡中"形状"模块中的"拉伸"按钮，用曲面的方式创建三通管的一个管口，以"FRONT平面"为草绘平面，绘制一个直径为50mm的圆，圆的底部在距离"FRONT平面"100mm的位置，圆的高度为50mm，创建拉伸圆柱曲面，如图8-57所示。

第4步，选择拉伸曲面，再单击"模型"选项卡中"编辑"模块中的"阵列" [阵列] 按钮，用阵列方式创建另外两个管口，选择 X 轴为旋转中心轴，阵列角度为 90°的三个管口曲面，如图 8-58 所示。

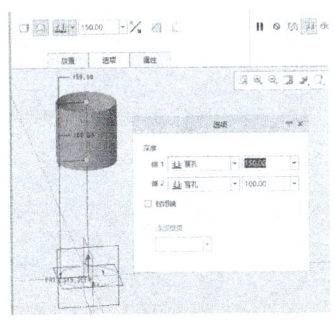

图 8-57　拉伸圆柱曲面

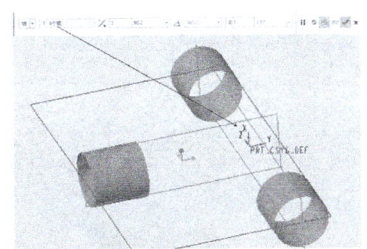

图 8-58　管口阵列

第 5 步，单击"模型"选项卡中"曲面"模块中的"样式"按钮，进入造型界面，在造型界面中选择"RIGHT 平面"放置面为活动平面。再单击"样式"选项卡中"曲线"模块中的"曲线" 按钮，用平面曲线方式绘制两点曲线，按住<Shift>键把曲线两端点约束到曲面上，将曲线的端点切线约束改成曲面曲率约束并移至曲面边上，曲线的相切松弛长度为"30"，如图 8-59 所示。

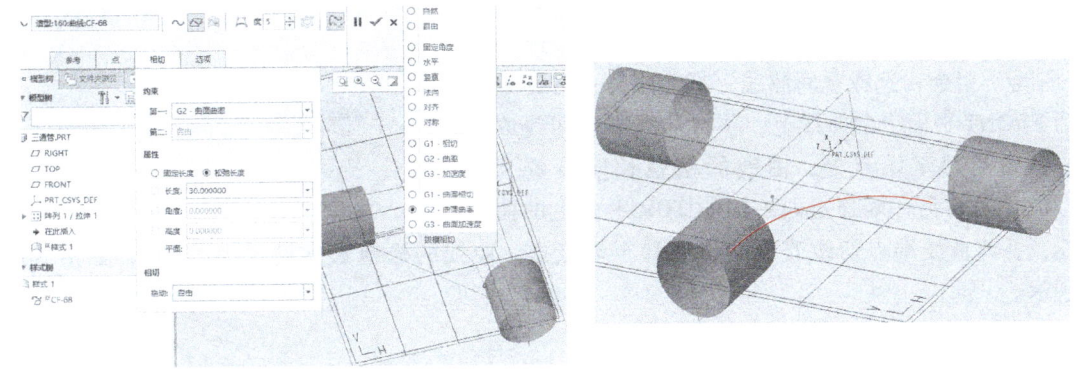

图 8-59　连接曲面用曲线设置

第 6 步，用第 5 步的方法创建如图 8-60 所示的曲线，并将曲线的两端约束到相应的曲面上，曲线的端点切线用曲面曲率约束。

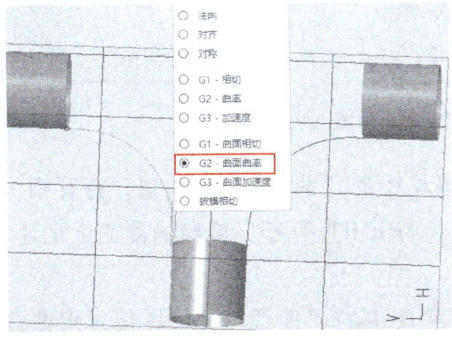 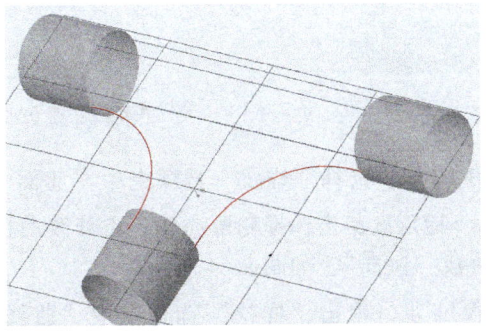

图 8-60　管口连接曲线

第7步，单击"样式"选项卡中"曲面"模块中的"曲面" 按钮，打开曲面指令后按住<Ctrl>键依次单击选择轮廓曲线，再修改曲面与"TOP 平面"接触的曲面上的小箭头，将其改成"法向"，如图 8-61 所示。

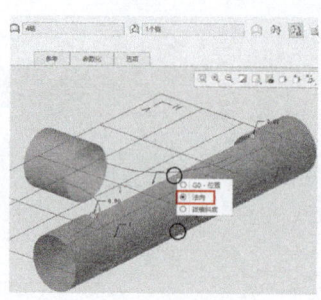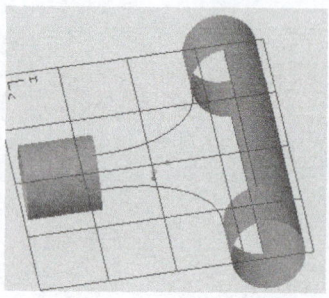

图 8-61 创建直管曲面

第8步，在造型中选择"FRONT 平面"放置面为活动平面。再单击"样式"选项卡中"曲线"模块中的"曲线" 按钮，在"FRONT 平面"上绘制如图 8-62 所示曲线，切线的松弛长度设置为"5"。

第9步，继续绘制弯角曲面用曲线，选择"曲线"指令，选择空间曲线，将曲线的一端约束到 FRONT 平面上的曲线上，并将曲线端点切线改成曲率后移至端点处，曲线的松弛长度设置为"30"，再将另一端移至同一侧的 TOP 平面上的曲

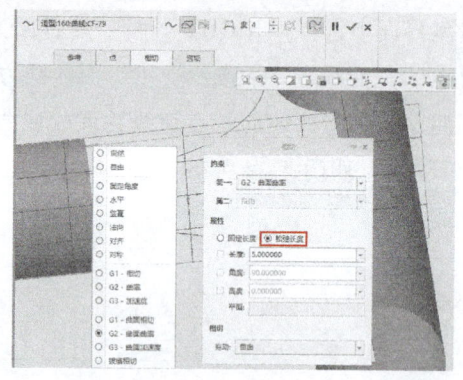

图 8-62 连接曲线

线，并将曲线端点切线改成曲率后移至端点处，曲线的松弛长度设置为"30"，如图 8-63 所示。

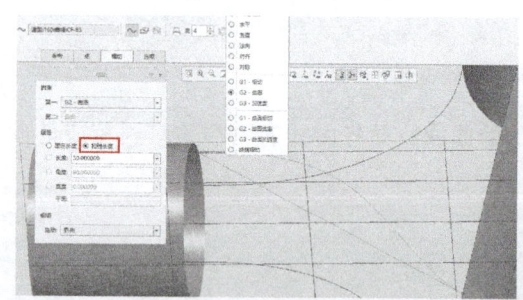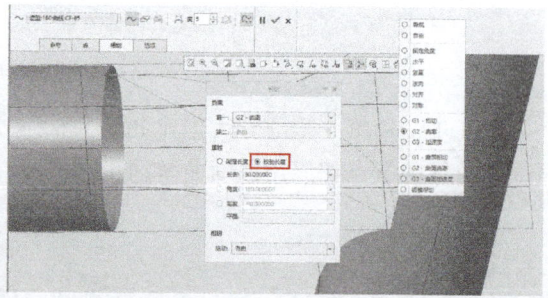

图 8-63 弯角曲线连接与设置

第10步，选择"样式"选项卡中"曲面"模块中的"曲面" 按钮，打开指令后按住<Ctrl>键依次单击选择轮廓曲线，再修改曲面与"RIGHT 平面"接触的曲面上的小箭头，将其改成"法向"，如图 8-64 所示。

第11步，单击"样式"选项卡中"曲线"模块中的"曲线" 按钮，用曲线中的"曲面上的曲线"在弯角曲面上绘制曲线，曲线的两端约束在弯角曲面的两端边，并设置曲

率过渡，曲率的长度设置为"15"，如图8-65所示。

第12步，单击"样式"中"曲面"模块中的"曲面修剪" 曲面修剪 按钮，选择转角曲面上的曲线为裁剪曲线，保留下转角曲面，如图8-66所示。

第13步，按第9步~第12步的步骤完成另一侧的操作，如图8-67所示。

第14步，单击"样式"选项卡中"曲面"模块中的"曲面"按钮，打开指令后按住<Ctrl>键依次单击选择轮廓曲线，在选择转角曲面上的线时，按住<Shift>键将两条转角曲线连接成一条，如图8-68所示。

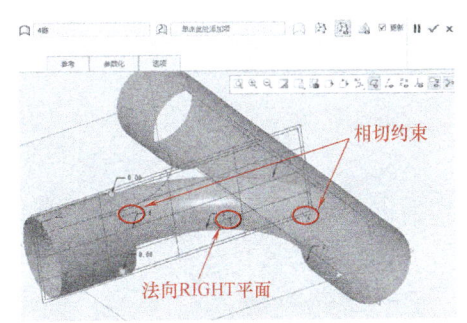

图8-64 转角曲面

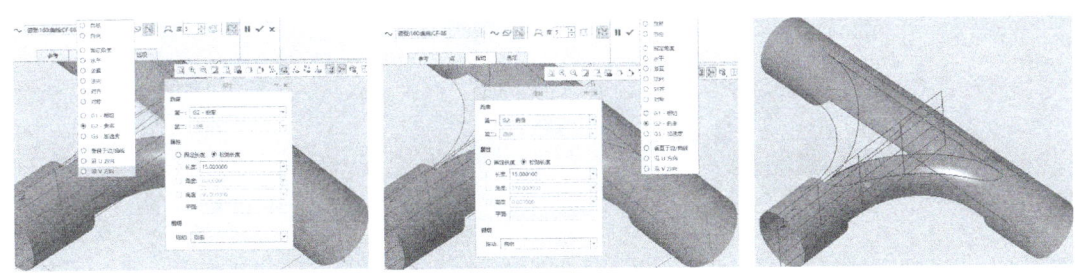

图8-65 转角曲面上的曲线

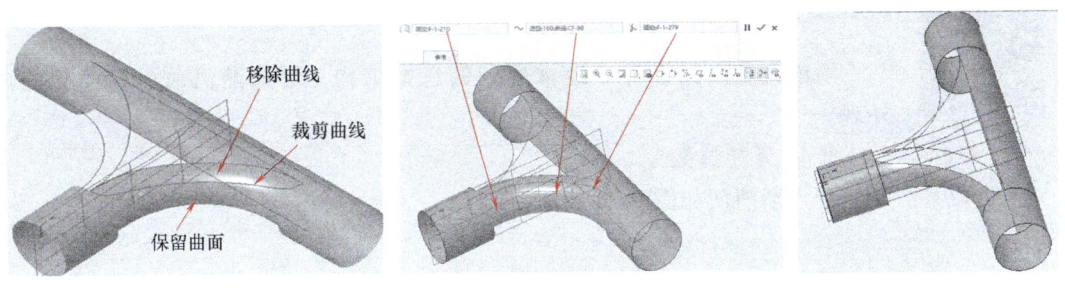

图8-66 裁剪曲面

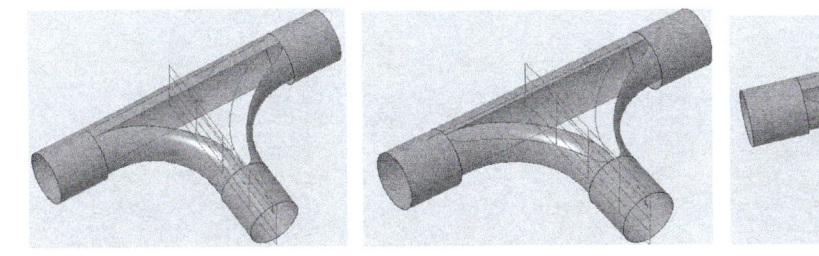

图8-67 转角曲面

第15步，按第8步~第14步的步骤完成另一半的曲面的创建，选择需要隐藏的曲线后

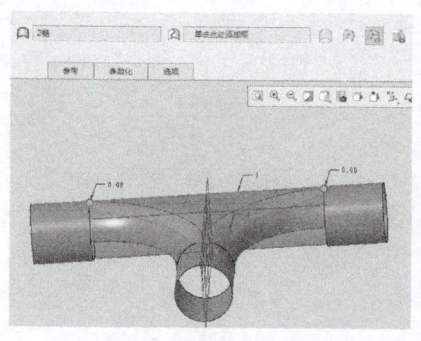
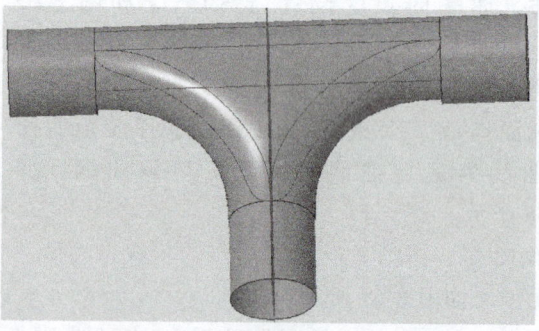

图 8-68 三角曲面创建

单击"隐藏" 按钮,完成操作后单击"确定" 按钮,退出造型绘图模块,最终完成曲面如图 8-69 所示。

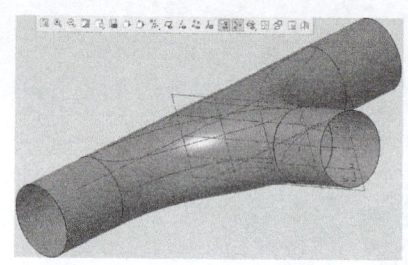
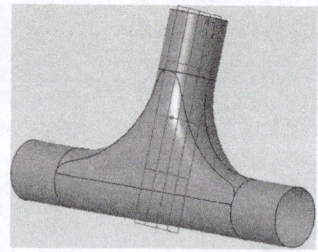
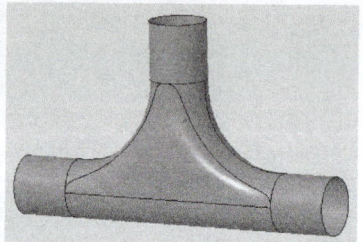

图 8-69 三通管曲面造型

8.3.3 渐消面设计

渐消面是产品设计中经常用到的造型结构,增加渐消面可以美化曲面外观。

8-5 渐消面的设计

1. 月牙渐消面

月牙渐消面如图 8-70 所示。

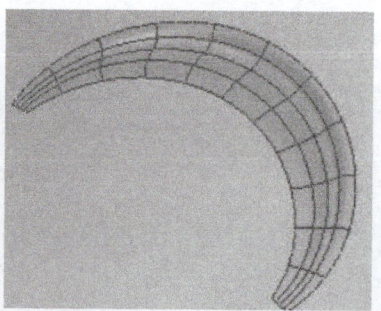

图 8-70 月牙渐消面

操作步骤如下:

第 1 步,创建工作目录。

第 2 步，单击"新建" 按钮，打开"新建"对话框，如图 8-71a 所示。然后新建名称为"渐消面"的零件名，再选择公制模板"mmns_part_solid"并进入零件绘图界面，如图 8-71b 所示。

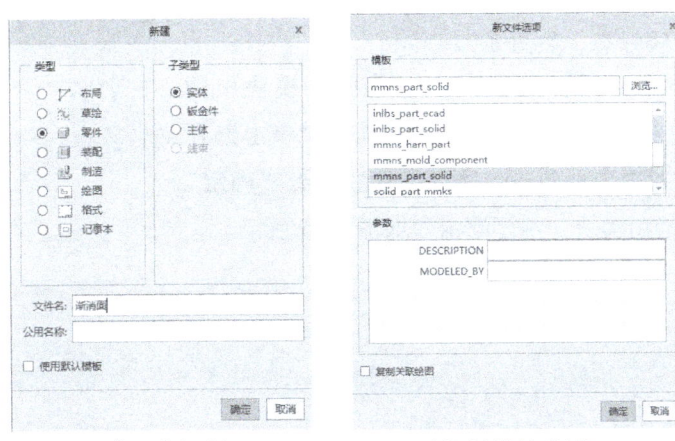

a)"新建"对话框　　　　　　b)选择公制模板对话框

图 8-71　新建零件相关设置

第 3 步，单击"模型"选项卡中"形状"模块中的"拉伸"按钮，用样条曲线创建一个拉伸曲面，以"FRONT 平面"为草绘平面，草绘一条样条线，曲面宽度为"50"，创建拉伸曲面，完成后单击 ✓ 按钮，如图 8-72 所示。

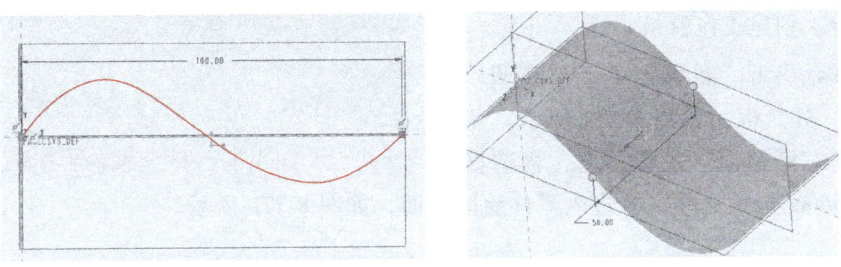

图 8-72　拉伸曲面

第 4 步，单击"拉伸"按钮，在"拉伸"选项卡中单击"移除材料"按钮，绘制月牙形状的草绘图形，在拉伸曲面上移除出月牙形状切口，如图 8-73 所示。

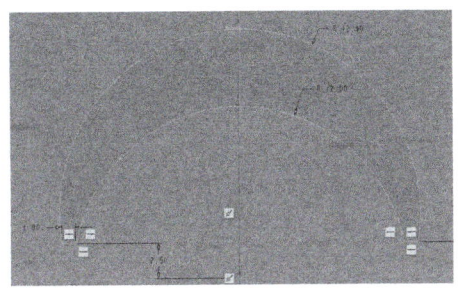 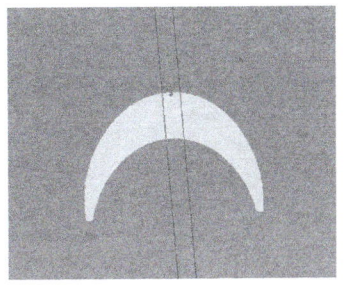

图 8-73　月牙形状去除材料

第5步，单击"模型"选项卡中"曲面"模块中的"样式"按钮，进入造型界面，在造型中选择"RIGHT 平面"放置面为活动平面。再单击"样式"选项卡中"曲线"模块中的"曲线"按钮，绘制一条平面曲线，曲线两端点切线都与曲面曲率（曲面相切）约束，曲线由三点控制，曲线中间点用于调整曲线形态，如图8-74所示。

第6步，单击"样式"选项卡中"曲面"模块中的"曲面"按钮，打开指令后按住<Ctrl>键依次单击选择轮廓曲线，辅助曲线为内部曲线，完成操作后单击"确定"按钮退出造型绘图模块，月牙渐消面如图8-75所示。

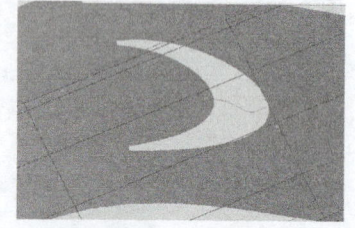

图 8-74　辅助曲线

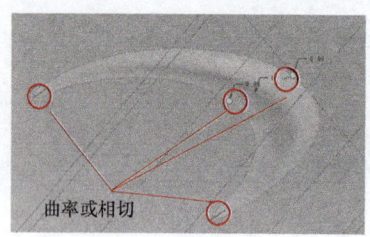 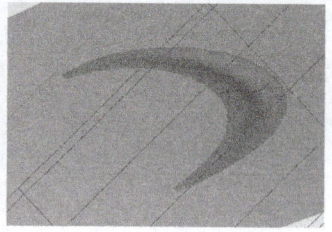

图 8-75　月牙渐消面

2. 大片凹陷的渐消面

大片凹陷的渐消面如图8-76所示。

操作步骤如下：

第1步，创建工作目录。

第2步，单击"新建"按钮，打开"新建"对话框，如图8-77a所示。然后新建名称为"渐消面"的零件名，再选择公制模板"mmns_part_solid"并进入零件绘图界面，如图8-77b所示。

 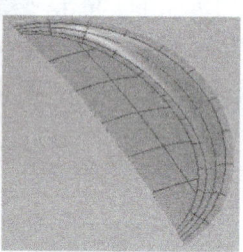

图 8-76　大片凹陷的渐消面

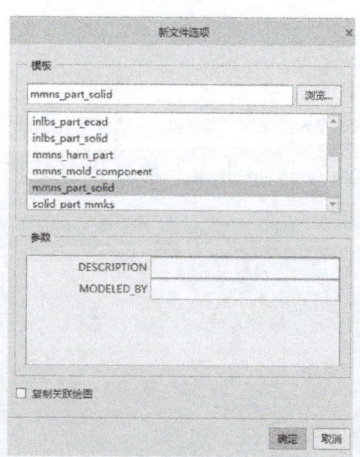

a)"新建"对话框　　b) 选择公制模板对话框

图 8-77　新建零件相关设置

第 3 步，单击"模型"选项卡中"形状"模块中的"拉伸"按钮，用样条曲线创建一个拉伸曲面，以"FRONT 平面"为草绘平面，草绘一条样条线，曲面宽度为"50"，创建拉伸曲面，完成后单击 ✓ 按钮，如图 8-78 所示。

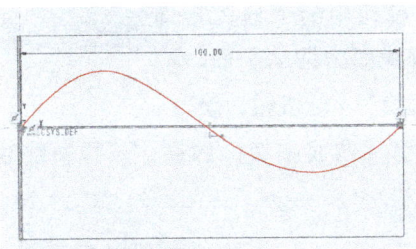 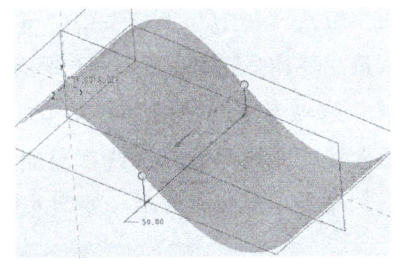

图 8-78　拉伸曲面

第 4 步，单击"拉伸"按钮，在"拉伸"选项卡中单击"移除材料"按钮，绘制缺口形状的草绘图形，在拉伸曲面上移除出凹陷口形状切口，如图 8-79 所示。

第 5 步，单击"模型"选项卡中"形状"模块中的"扫描" 扫描按钮，选取直边为扫描引导边，以"沿曲线进行草绘截面保持不变"的方式进行扫描

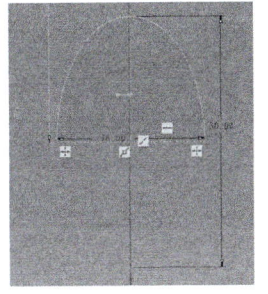 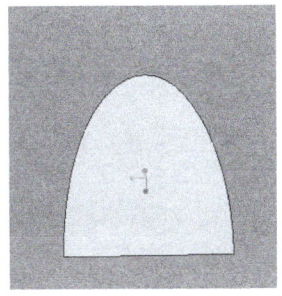

图 8-79　拉伸切口

创建曲面，截面为 $R70mm$ 的圆弧，起始点为曲线的端点，扫描曲面如图 8-80 所示。

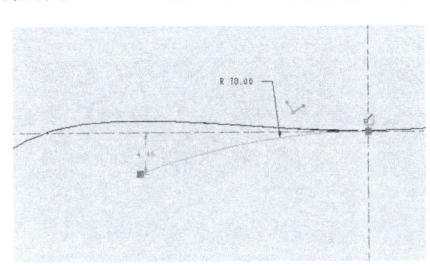 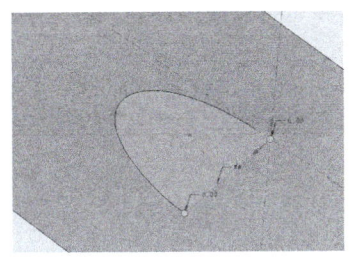

图 8-80　扫描曲面

第 6 步，单击"拉伸"按钮，在"拉伸"选项卡中单击"移除材料"按钮，以"TOP 平面"为草绘平面，绘制缺口形状，在扫描曲面上移除出如图 8-81 所示形状切口。

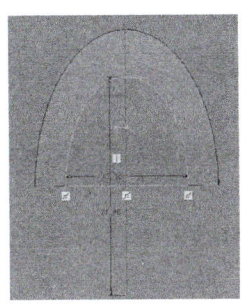 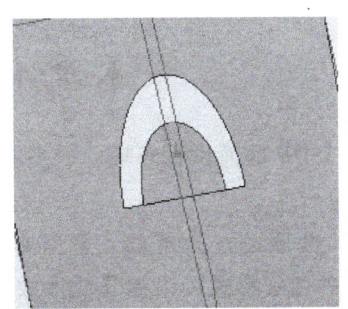

图 8-81　扫描曲面切口

第7步，选取拉伸曲面和扫描曲面，单击"模型"选项卡中"编辑"模块中的"合并" 合并按钮，将拉伸曲面与扫描曲面合并在一起，如图8-82所示。

第8步，单击"模型"选项卡中"曲面"模块中的"样式"按钮，进入造型界面后选择"FRONT平面"放置面为活动平面。单击"样式"选项卡中"曲线"模块中的"曲线" 按钮，绘制一条平面曲线，曲线两端点切线都与曲面曲率（曲面相切）约束，选择曲线端点切线通过端点切线长度来调整曲线形态，如图8-83所示。

图 8-82　合并曲面

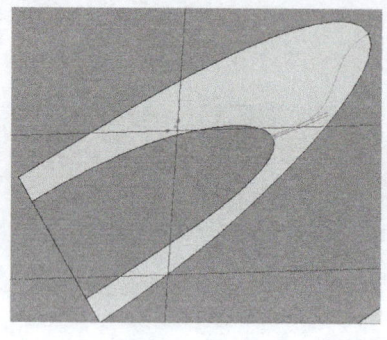 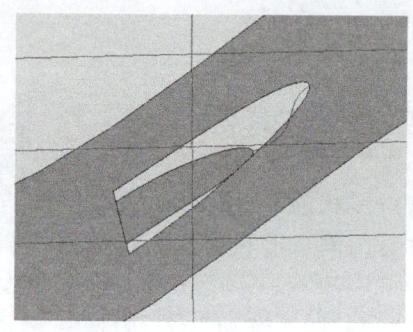

图 8-83　辅助曲线

第9步，单击"样式"选项卡中"曲面"模块中的"曲面" 按钮，打开指令后按住<Ctrl>键依次单击选择轮廓曲线，辅助曲线为内部曲线，完成操作后单击"确定" 按钮退出造型绘图模块，渐消面如图8-84所示。

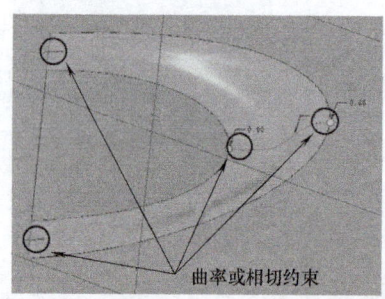 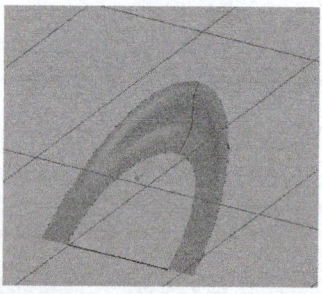

图 8-84　渐消面创建

本章小结

本章重点介绍了ISDX曲面设计环境，造型曲线的绘制与约束，曲面的创建与裁剪，渐消面、曲面质量分析。

造型曲线是ISDX曲面设计的基础，造型曲线分为自由空间曲线、平面曲线、COS曲线。设计时选择合理的曲线形式可以提升设计效率，提高曲线的质量，进而提高曲面质量。ISDX曲面设计是产品外观曲面设计中强大有力的工具。

理 论 自 测

1. 什么是 ISDX 曲面设计?
2. ISDX 曲面的约束有哪些?
3. 造型曲线与曲线的连接形式有哪些? 曲线与曲面的连接形式有哪些?
4. 曲面与曲面的连接形式有哪些? 它们是怎么表示的?

应 用 自 测

1. 创建如图 8-85 所示的渐消面。
2. 粘钩的三维曲面造型如图 8-86 所示,要求建模曲面过渡流畅且漂亮即可。

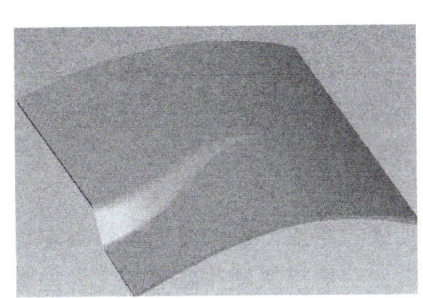

图 8-85　渐消面

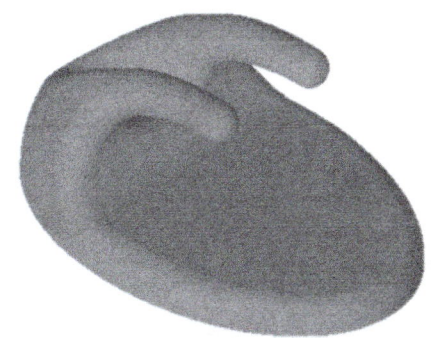

图 8-86　粘钩的三维曲面造型

第9章 装配设计

装配就是将各加工好的零件按设计的约束条件或连接方式装配在一起,从而形成一个能够实现某种功能的产品或机构装置。Creo Parametric 的装配设计是 Creo 软件的主要功能之一,支持大型、复杂组件的构建和管理。本章主要介绍 Creo 软件常用的装配设计方法,通过装配设计认识(装配约束、创建爆炸图、分析装配图)、自底向上装配设计及自顶向下装配设计来进一步学习 Creo 软件的装配设计。

9-1 Creo 软件中装配界面

9.1 装配设计的认识

9.1.1 进入装配环境的方法

一个合格的产品,除了需要有高质量的零件,还需按照设计要求将各个零件组装起来。Creo 软件提供的装配设计功能模块利用各零件之间的约束来限制零件之间的自由度,以模拟实现生活中机构运行的装配效果。

创建新文件时,在如图 9-1 所示的"新建"对话框中"类型"选项组内选中"装配"

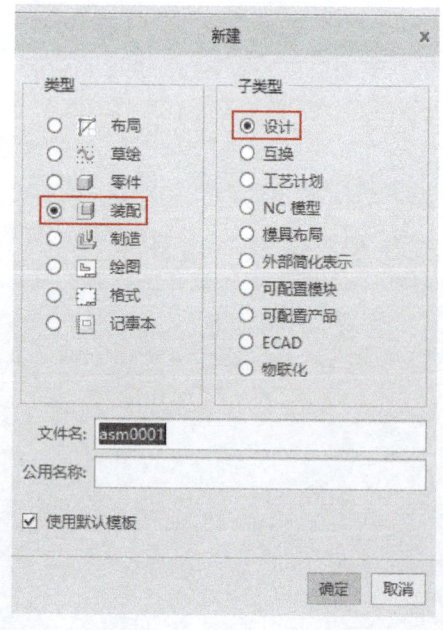
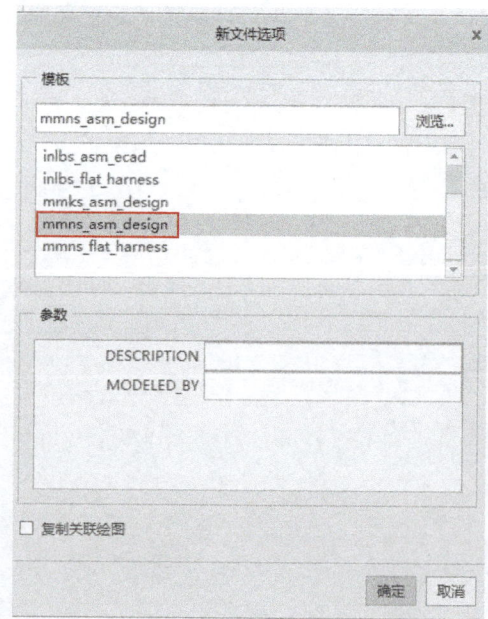

图 9-1 新建装配设计相关设置

单选按钮,"子类型"选项组内选中"设计"单选按钮,并在"文件名"文本框中输入文件名(文件名称可以为零件名称或组件名称及编号),取消选中"使用默认模板"复选按钮,在弹出的"新文件选项"对话框中选择"mmns_asm_design"公制模板。

在此环境下完成的装配图以扩展名为.asm的文件保存。

9.1.2 装配工作环境介绍

进入装配的工作环境后,将显示如图9-2所示的工作界面。该界面是典型的Windows应用程序窗口,主要包括:标题栏、导航区、功能区、装配绘图区、信息区、过滤树等。

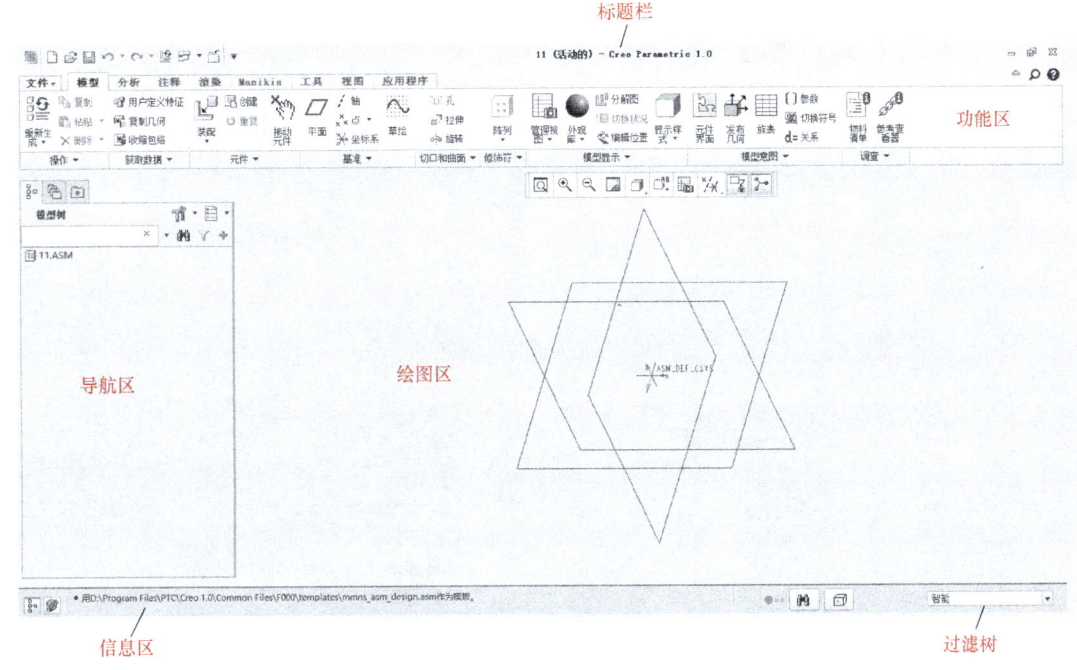

图9-2 装配工作界面

9.1.3 装配元件导入

在"模型"选项卡中单击"元件"面板中的"装配" 按钮(或直接按<A>键),打开选择零件窗口,如图9-3所示,找到需要装配的零件,单击"打开"按钮。同时弹出"元件放置"选项卡,如图9-4所示。

9-2 装配元件导入

在"元件放置"选项卡中,选择"用户定义"的下拉菜单,将弹出包含运动连接装配类型的列表框,如图9-5a所示。选择"自动"选项,将弹出包含基本装配约束类型的列表框,如图9-5b所示。

在"元件放置"选项卡中又包含了"放置""移动""选项""挠性"和"属性"5个面板,其主要面板如图9-6所示。

"放置":用于显示元件放置或连接状况,还可以设定约束类型。

"移动":用于移动正在装配的元件,使元件的取放更加方便。

"属性":用于显示元件名称和元件信息。

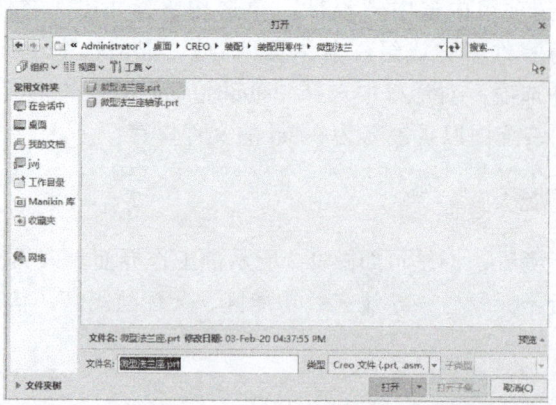

图 9-3 零件选择窗口

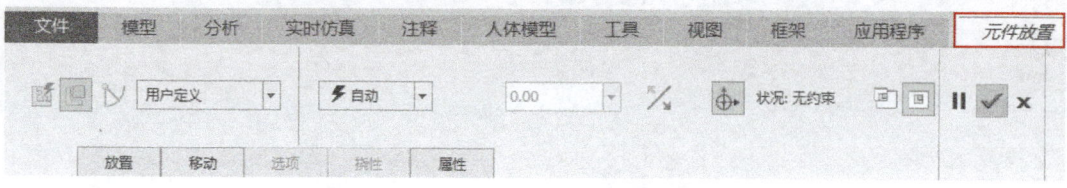

图 9-4 "元件放置"选项卡

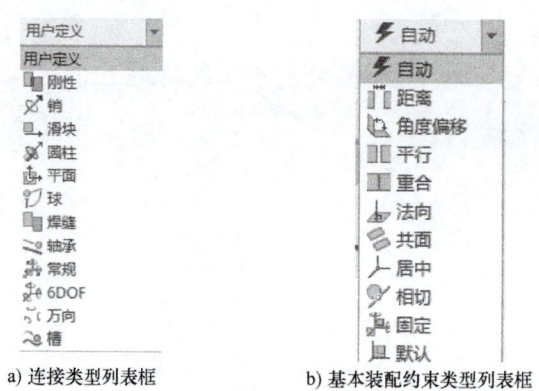

a) 连接类型列表框　　b) 基本装配约束类型列表框

图 9-5 约束类型列表框

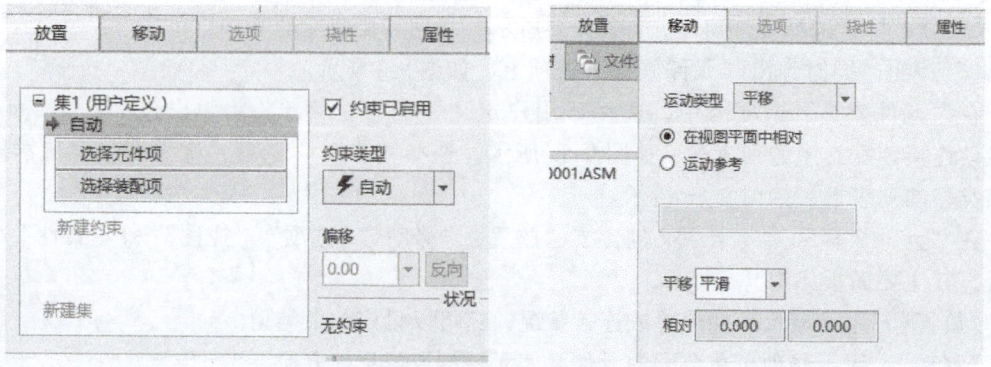

图 9-6 "元件放置"选项卡中的主要面板

9.1.4 装配环境中的装配约束

零件的装配是在组件模块中进行的，完成装配需对元件添加一定的约束条件，限定元件与其他元件之间的关系，通过装配约束可以指定一个元件相对于另一个元件的放置方式和位置。装配约束中常用的有距离、平行、重合以及角度偏移等。一个元件通过装配约束添加到装配组件中后，它的位置会随着与其他约束关系的元件改变而相应改变。

当载入元件后，单击"元件放置"选项卡中的"放置"按钮，打开"放置"面板，其中包含自动、距离、角度偏移、平行、重合等11种类型的放置约束，如图9-7所示。

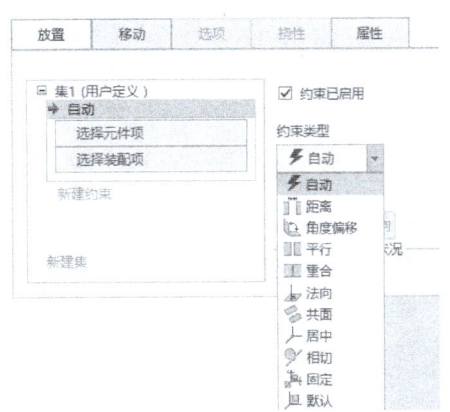

图9-7 装配约束类型

1. 装配约束注意事项：

1）一般建立一个装配约束时应选择元件参照和组件参照，它们是元件和装配体中用于约束定位，以及定向的点、线和面。装配约束时系统一次只能添加一个约束，例如，不能用一个对齐约束将一个元件上的两个不同孔与装配体中的另一元件上的两个孔对齐，必须定义两个不同的对齐约束。

2）要使一个元件在装配体中完整地指定放置和定向（完全约束），往往需要定义数个装配约束。在Creo软件中装配元件时可以将多个所需的约束添加到元件上，即使从数学的角度来说，元件的位置已完全约束，还可能需要指定附加约束以确保装配元件达到设计意图，建议将附加约束限制在10个以内，系统最多允许指定50个约束。

2. 装配中常用的基本装配约束

下面列出Creo软件装配中常用的基本装配约束。

(1)"自动"约束 "自动"约束是系统自动按用户选择的元件参考元素进行智能判断约束类型，一般可用这种约束提高工作效率。

(2)"默认"约束 "默认"约束将系统创建的元件的默认坐标系与系统创建的组件的默认坐标系对齐。组件模型中的第1个元件常使用这种约束方式。"默认"约束装配元件的方法如下：

载入元件后，单击"元件放置"选项卡中的"放置"按钮，打开"放置"面板，选择"默认"约束，如图9-8所示，装配元件按坐标系默认方式"完全约束"。

9-3 基本装配约束

(3)"固定"约束 "固定"约束将元件固定在当前位置，通常用于装配组件中的第1个元件。"固定"约束装配元件的方法如下：

载入元件后，单击"元件放置"选项卡中的"放置"按钮，打开"放置"面板，选择"固定"约束，如图9-9所示，装配元件按载入元件时的位置进行固定，装配元件坐标系与装配组件坐标系不重合，但装配元件已"完全约束"。

(4)"距离"约束 "距离"约束是指元件参考偏离装配参考一定距离的约束。当设置"距离"约束时，约束对象可以是装配元件上的平整表面、边线、顶点、基准点、基准平面和基准轴，所选对象不必是同一类型。当约束对象是两平面时，两平面平行；当约束对象是

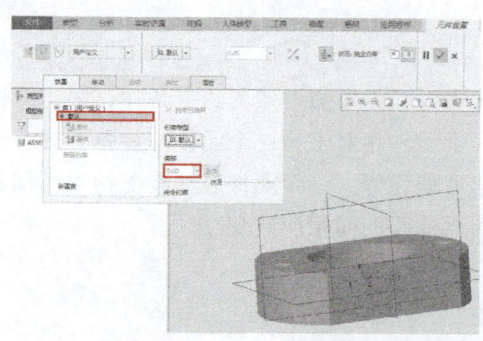 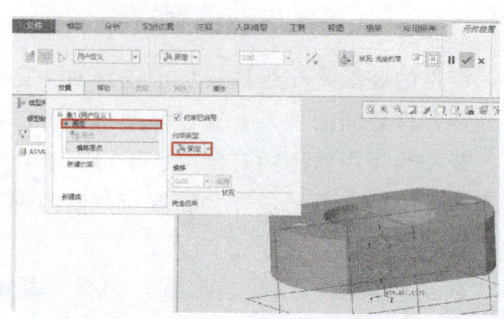

图 9-8　默认约束元件　　　　　　　图 9-9　固定约束元件

两直线时，两直线平行。当距离值为 0 时，所选对象将重合、共线或共面。"距离"约束装配元件的方法如下：

第 1 步，载入元件后，按"默认"约束装配元件的方式约束元件，单击 ✔ 按钮。

第 2 步，采用同样的方法载入第二个元件，同时弹出"元件放置"选项卡，单击"放置"按钮，选择"距离"约束，如图 9-10 所示。

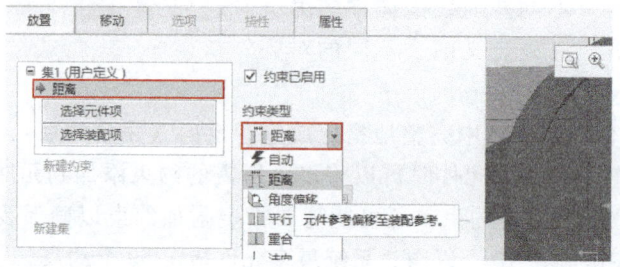

图 9-10　选择"距离"约束

第 3 步，在绘图区模型的安装面上单击，确定元件参考和装配参考面，在"偏移"下方的文本框中输入数值"20"，如图 9-11a 所示，设置好参数后，单击"完成" ✔ 按钮，即可完成"距离"约束元件，效果如图 9-11b 所示。

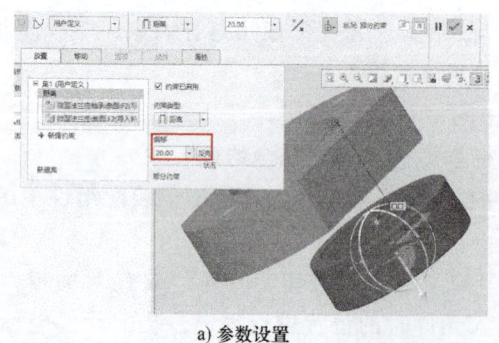

a) 参数设置　　　　　　　　　　　b) "距离"约束元件

图 9-11　"距离"约束

(5) "重合"约束　"重合"约束是装配约束中应用较多的一种类型，该约束可以定义两个装配元件中的点、线和面重合，约束的对象可以是实体上的点、边线和平面，也可以是顶点、基准点、基准平面和基准轴以及具有中心轴的旋转面（柱面、锥面和球面等）。"重合"约束装配元件的方法如下：

第1步，载入元件后，按"默认"约束装配元件的方式约束元件，单击 ✓ 按钮。

第2步，采用同样的方法载入第二个元件，同时弹出"元件放置"选项卡，单击"放置"按钮，选择"重合"约束，如图9-12所示。

第3步，选择第一个元件上的A_2轴，再选择第二个装配元件的A_1轴，并完成轴重合约束，如图9-13a所示。再在"放置"面板中

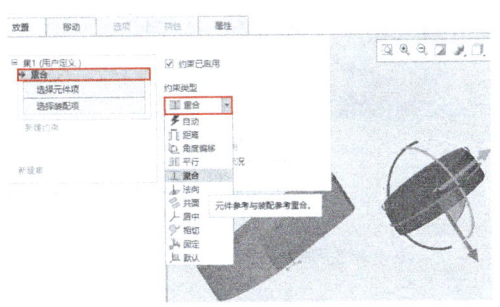

图9-12 选择"重合"约束

选择安装元件的装配面和装配参考面，单击完成元件的装配，即可完成"重合"约束元件，效果如图9-13b所示。

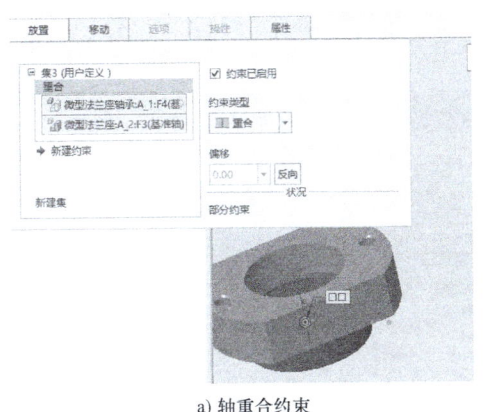

a) 轴重合约束

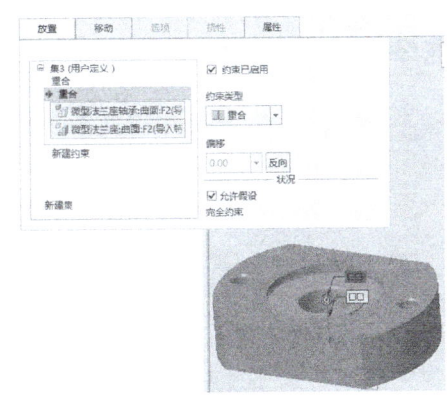

b) 面重合约束

图9-13 "重合"约束元件

（6）"平行"约束 "平行"约束可以定义装配元件参考的两个平面平行，也可以约束线与线平行。"平行"约束装配元件的方法如下：

第1步，载入元件后，按"默认"约束装配元件的方式约束元件，单击 ✓ 按钮。

第2步，采用同样的方法载入第二个元件，同时弹出"元件放置"选项卡，单击"放置"按钮，选择"平行"约束，如图9-14所示。

第3步，在装配绘图区的元件安装面上单击，再选择装配组件上的装配参考面，如图9-15a所示，完成"平行"约束后单击 ✓ 按钮，即可完成"平行"约束元件，效果如图9-15b所示。

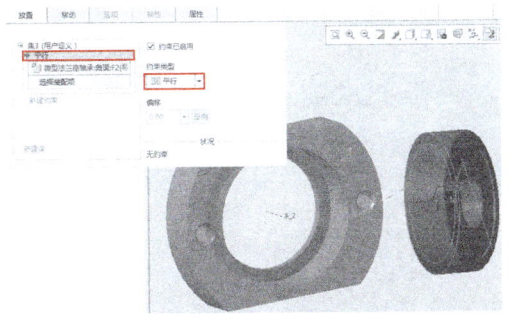

图9-14 选择"平行"约束

（7）"角度偏移"约束 使用"角度偏移"约束时可以定义两个装配元件之间的角度，

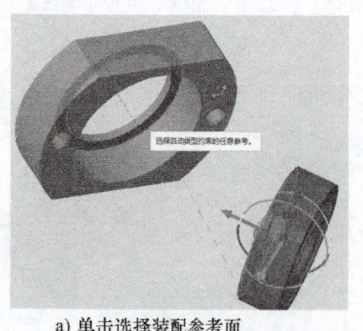

a) 单击选择装配参考面　　　　　　　　b) 平行约束元件

图 9-15　"平行"约束元件

也可以约束线与线、线与面之间的角度。"角度偏移"约束装配元件的方法如下：

第 1 步，载入元件后，按"默认"约束装配元件的方式约束元件，单击 ✓ 按钮。

第 2 步，采用同样的方法载入第二个元件，同时弹出"元件放置"选项卡，单击"放置"按钮，选择"角度偏移"约束，如图 9-16 所示。

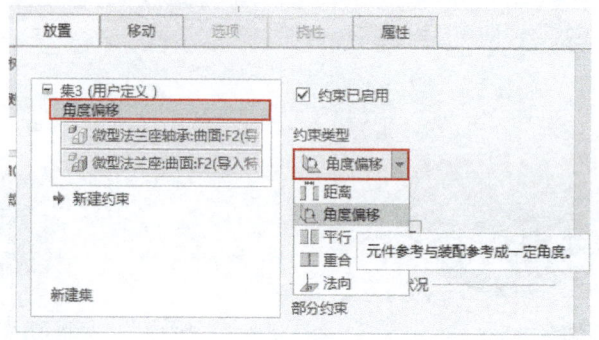

图 9-16　选择"角度偏移"约束

第 3 步，单击绘图区元件安装面，再选择装配参考面，如图 9-17a 所示，在"偏移"下方的文本框中输入数值"20"，完成"角度偏移"约束后单击"完成" ✓ 按钮，即可完成"角度偏移"约束元件，效果如图 9-17b 所示。

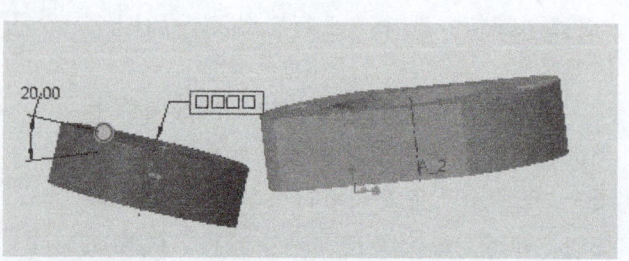

a) 选择装配参考面　　　　　　　　b) "角度偏移"元件

图 9-17　"角度偏移"约束元件

3. 可运动的连接装配

传统的装配元件方法是为元件添加各种固定约束，将元件的自由度约束到 0。因此，元件的位置被完全约束，这样装配的元件就被相对固定从而不能进行运动分析（基体除外）；另一种具有一定自由度的装配元件方法是为元件添加各种组合约束，如"销钉""圆柱""刚体""槽"和"球"等。

9-4 连接装配

使用这些组合约束装配的元件因自由度没有完全消除（刚体、焊接和常规除外），故元件可以自由移动或旋转。这样装配的元件可用于运动分析，这种装配方式称为"连接装配"。

在"元件放置"选项卡中打开"用户定义"连接类型列表框，其中为系统定义的连接装配的约束类型，如图 9-18 所示。对选择的连接类型设定约束操作与上节中无运动装配约束类型相同。

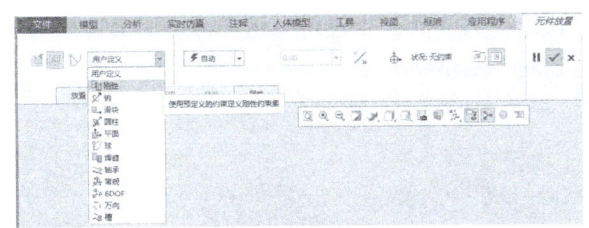

图 9-18　连接装配的约束类型

连接类型如下：

（1）"刚性"连接　"刚性"连接用于连接两个元件，使其相对固定无法移动，即元件之间自由度为零。若刚性连接的自由度完全消失，则元件将被固定在组件上；如果将一个子组件与组件用刚性连接，子组件内各零件也将一起被固定。其原有自由度不起作用，总自由度为零，如图 9-19 所示。

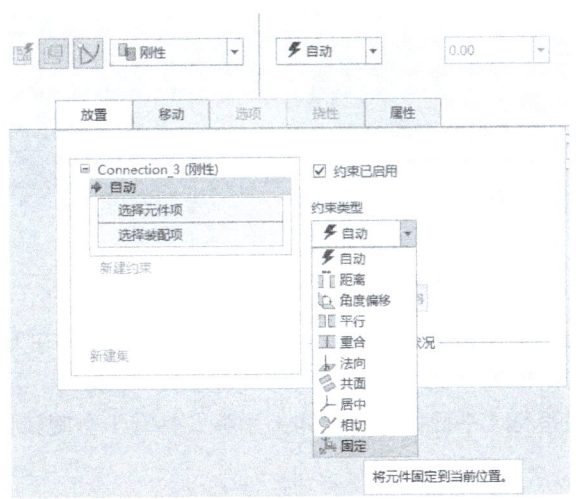

图 9-19　"刚性"连接类型

（2）"销"连接　"销"连接由一个轴对齐和一个垂直的平移约束组成。元件可以绕轴旋转，具有 1 个旋转自由度，总自由度为 1。轴对齐约束可选择直边、轴线或圆柱面，可反向；平面对齐/匹配时，可以设置偏移量，如图 9-20 所示。

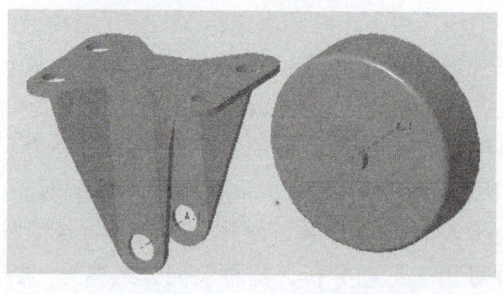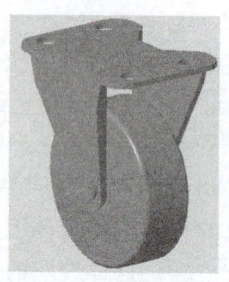

图 9-20 "销"约束元件

（3）"滑块"连接　滑块连接由一个轴对齐和一个旋转约束（实际上就是一个与轴平面平行的平面约束）组成。元件可在轴上滑动平移，具有 1 个平移自由度，总自由度为 1。轴对齐约束可选择直边、轴线或圆柱面；旋转约束选择两个平面，偏移量可以根据元件所在位置自动计算；可反向，如图 9-21 所示。

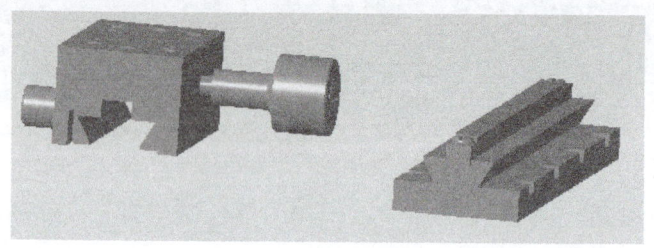

图 9-21 "滑块"连接元件

（4）"圆柱"连接　"圆柱"连接由一个轴对齐约束组成，比"销"连接少了一个平移约束，因此元件在绕轴旋转的同时可以沿轴向平移，轴对齐约束可选择直边、轴线或圆柱面，可反向，如图 9-22 所示。圆柱约束具有 1 个旋转自由度和 1 个平移自由度。

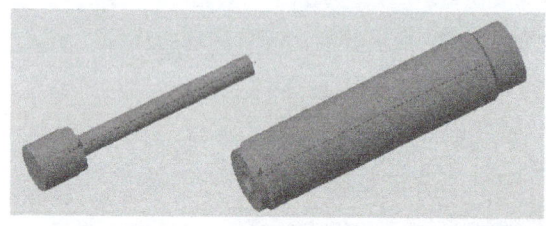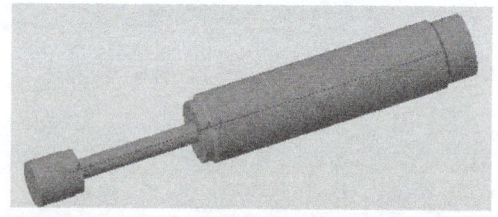

图 9-22 "圆柱"约束元件

（5）"平面"连接　"平面"连接由一个平面约束组成，即在元件的某一个平面与组件上的某个平面之间指定距离（可指定偏移量）或重合，可反向。元件可绕垂直于组件平面的轴旋转，并可以在平行于平面的两个方向上平移，具有 1 个旋转自由度和 2 个平移自由度，如图 9-23 所示。

（6）"球"连接　"球"连接由一个点对齐约束组成，元件上的一个点与组件上的一个点对齐。它可以绕着对齐点任意旋转，具有 3 个旋转自由度，如图 9-24 所示。

（7）"焊接"连接　"焊接"连接使两个坐标系对齐，元件自由度完全约束，自由度为 0。连接后，元件与组件成为一个主体，相互之间不再有自由度。如果一个子组件与组件用焊接连接，那么子组件中的各零件将参照组件坐标系发挥其原有自由度的作用，如图 9-25 所示。

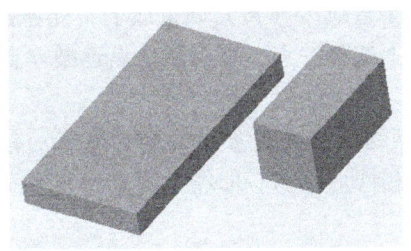 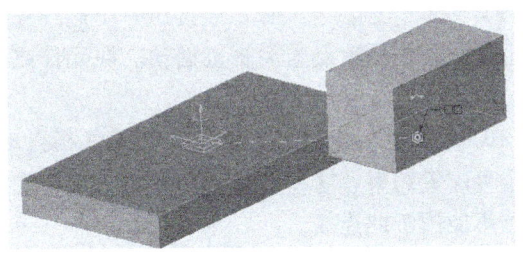

图 9-23 "平面"约束元件

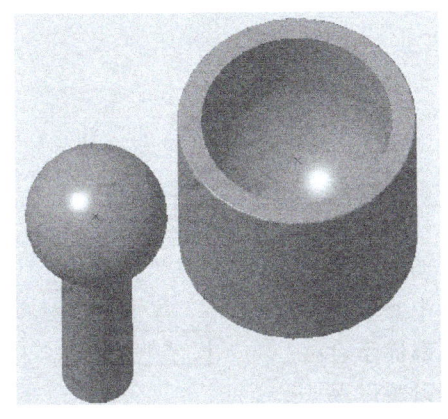 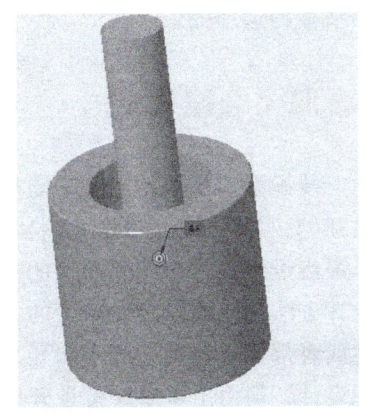

图 9-24 "球"连接元件

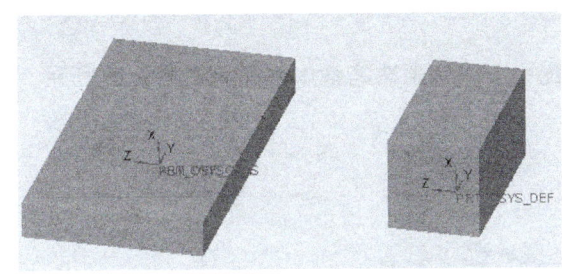 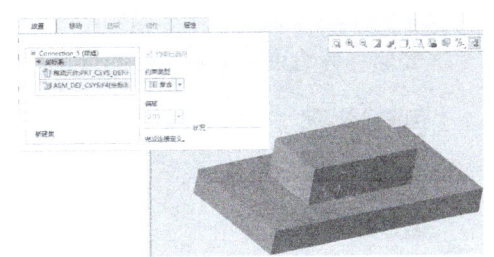

图 9-25 "焊接"连接元件

(8)"轴承"连接 "轴承"连接由一个点对齐约束组成,与常见的机械上的轴承不同。它是元件上的一个点对齐到组件上的一条边或轴上,因此可以沿轴线平移并任意旋转,具有 1 个平移自由度和 3 个旋转自由度,如图 9-26 所示。

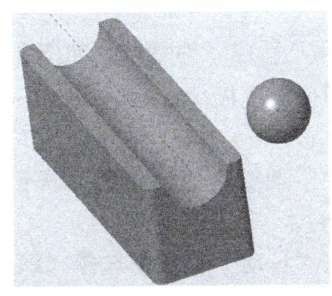 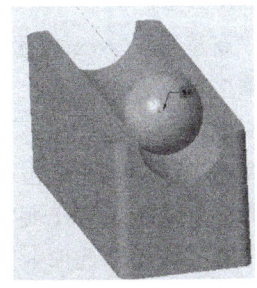

图 9-26 "轴承"连接元件

（9）"槽"连接　"槽"连接由一个点约束到一条直线（非直）轨迹线上，此连接有4个自由度，其中约束点遵循轨迹运动。在元件或组件上选择一点，所参照的点遵循非直参照轨迹。

（10）"常规"连接　"常规"连接选择自动类型约束的任意参照以建立连接，有一个或两个可配置约束，这些约束和用户定义集中的约束相同。相切、曲线上的点和非平面曲面上的点不能用于此连接。

（11）"6DOF"连接　"6DOF"连接需满足坐标系对齐约束关系，不影响元件与组件的相关运动，因而未应用任何约束。元件的坐标系与组件中的坐标系对齐，X、Y、Z轴是允许旋转和平移的运动轴。

9.2 自底向上装配设计

自底向上装配设计是根据产品功能从元件、部件或者相似产品开始，通过各种技巧和经验将各元件或部件相互连接，最终设计出符合产品功能的产品，如图9-27所示。该设计方法是从底部零件开始的，实际中要取用已有的零件或者部件，其设计成本和开发周期都优于自顶向下装配设计，但由于从底层设计开始，所以难以保证整体设计的最佳性。

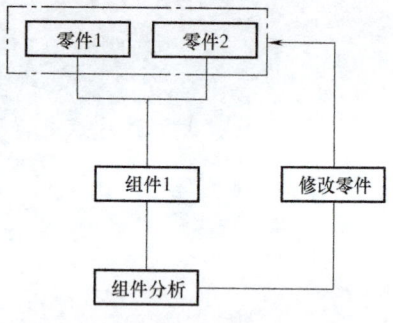

图9-27　自底向上装配设计方法

9.2.1 基本装配约束——中性圆珠笔

本实例将各约束运用到中性圆珠笔的装配中。中性圆珠笔整体装配图如图9-28所示。

9-5　中性圆珠笔装配（自底向上）

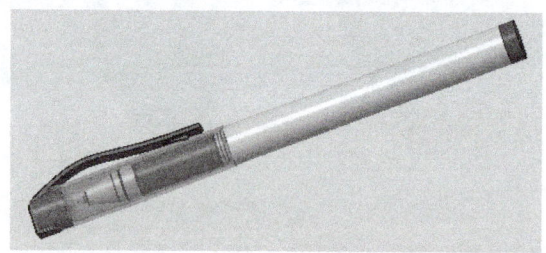

图9-28　中性圆珠笔整体装配图

操作步骤如下：

第1步，创建工作目录。

第2步，单击"新建" ![新建(N)] 按钮，打开"新建"对话框，如图9-29所示。然后新建名称为"中性圆珠笔"的装配组件名，再选择公制模板"mmns_asm_design"并进入装配工作界面，如图9-29b所示。

第3步，在"模型"选项卡中单击"元件"面板中的"组装"按钮，打开零件选择窗口并找到需要装配的首个零件（笔杆-笔筒.prt）。

第4步，在打开的"装配"选项卡中，在"自动"面板中选择"默认"约束，把笔杆-笔筒固定在系统默认的位置上，单击"应用" 按钮，完成笔杆-笔筒的装配，如图9-30

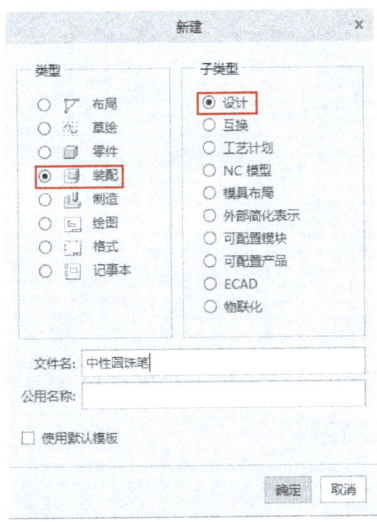
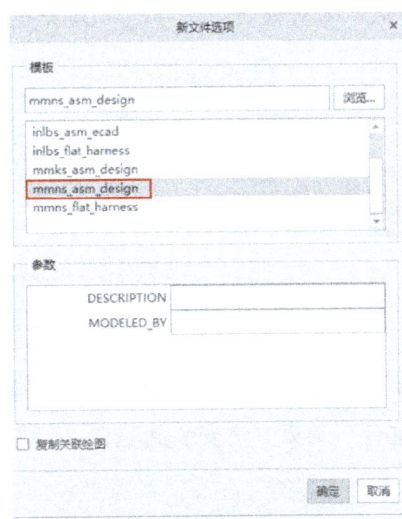

a)"新建"对话框　　　　　　　　　　b)选择公制模板对话框

图 9-29　新建组件文件设置

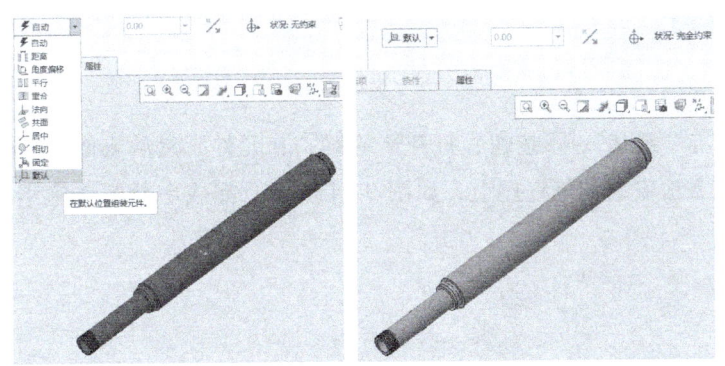

图 9-30　笔杆-笔筒默认约束

所示。

第 5 步，单击"组装"按钮，打开笔套.prt 元件。

第 6 步，在"装配"选项卡中选择"重合"约束，再选择笔杆的中心轴"A_3"和笔套的中心轴"A_1"进行重合，然后再以"距离"约束选择笔套的安装面和笔杆的参考平面距离"0.2"的安装间隙，将笔套安装到笔杆上，如图 9-31 所示。

第 7 步，单击"组装"按钮，打开笔芯.prt 元件，然后将笔芯元件用第 6 步中的

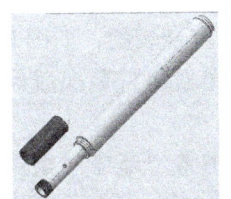
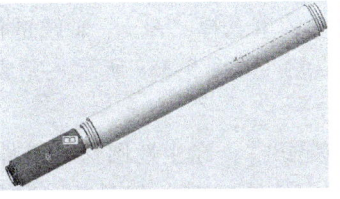
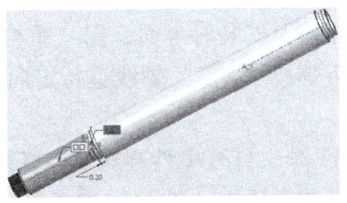

图 9-31　笔套安装

"重合"约束方法安装到笔杆里，如图9-32所示。

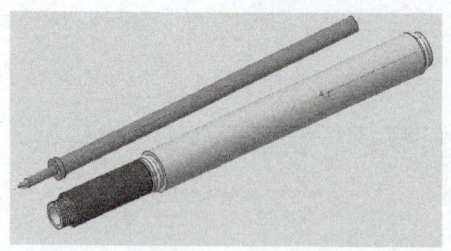 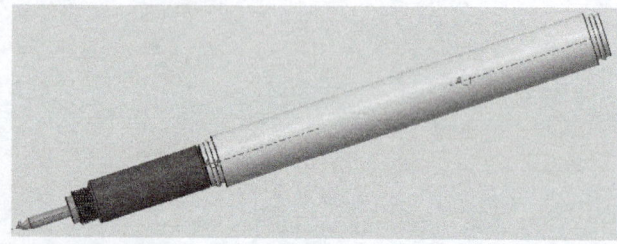

图9-32　笔芯安装

第8步，单击"组装" 按钮，打开笔杆-笔头.prt元件，然后将笔杆-笔头元件用第6步中的"重合"约束方法安装到笔杆上，如图9-33所示。

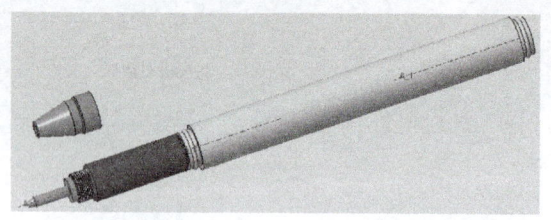 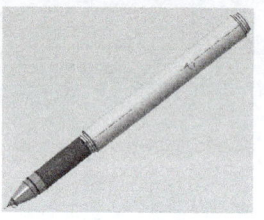

图9-33　笔杆-笔头安装

第9步，单击"组装" 按钮，打开笔尾帽.prt元件，然后将笔尾帽元件用第6步中的"重合"约束方法安装到笔杆尾上，如图9-34所示。完成中性圆珠笔笔杆装配，单击保存组件。

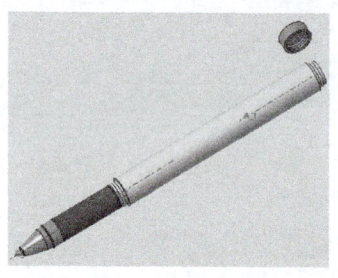 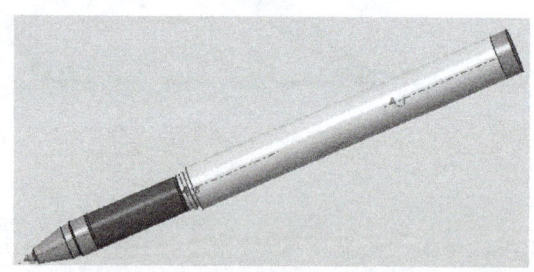

图9-34　笔尾帽安装

第10步，创建中性圆珠笔笔盖组件，按照第1步和第2步的操作方式创建文件名为"笔盖"的组件，进入装配工作环境后，单击"组装" 按钮，打开笔盖-盖体.prt元件并以"默认"约束的形式安装，再打开笔盖-盖头.prt元件，如图9-35a所示。确认笔盖-盖头的安装方向及安装参考面，用"重合"约束选择"A_1"轴线进行重合装配，如图9-35b所示。然后选择"A_2"轴线进行定向装配，如图9-35c所示。完成笔盖组件装配后保存笔盖组件。

第11步，打开中性圆珠笔笔杆装配组件，在中性圆珠笔组件中将"笔盖"组件安装到笔杆上。首先导入"笔盖"组件至"中性圆珠笔"组件中，如图9-36a所示。用"重合"约束选择"盖体"和"笔杆"的轴线进行重合装配，如图9-36b所示。然后，确定"笔盖"

第9章 装配设计

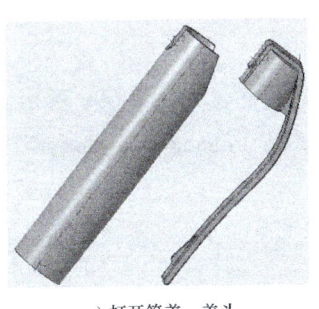 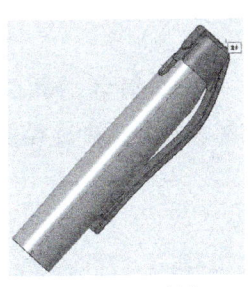 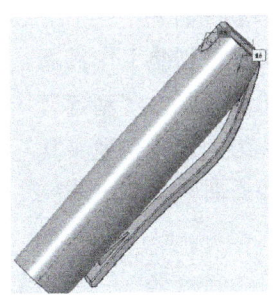

a) 打开笔盖-盖头　　　　　b) 重合"A_1"轴线　　　　　c) 重合"A_2"轴线定向

图 9-35　笔盖装配

组件的安装位置，用"距离"约束将"笔盖"组件安装到"笔杆"上，并输入距离数值，如图 9-36c 所示，完成设置后保存组件。

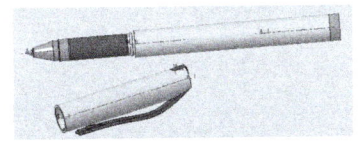  

a) 打开并导入笔盖组件　　　b) 重合盖体与笔杆的轴线　　　c) 用"距离"约束完成装配

图 9-36　笔盖装配

第 12 步，装配最终结果如图 9-37 所示，将装配完成的文件保存在工作目录中。

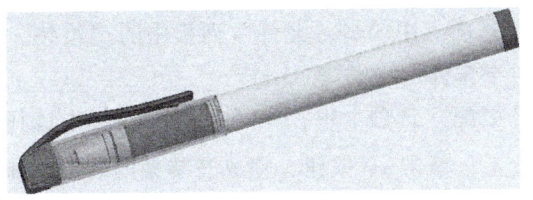

图 9-37　中性圆珠笔装配最终结果

9.2.2　可运动的连接装配——水平快速夹具装配

本实例将连接约束（销、圆柱、平面等）运用到水平快速夹具的装配中。水平快速夹具整体装配图如图 9-38 所示。

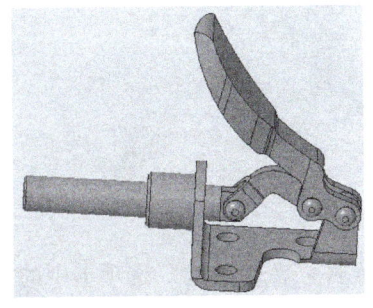

图 9-38　水平快速夹具整体装配图

9-6　水平快速夹具装配

操作步骤如下：

第1步，创建工作目录。

第2步，单击"新建" 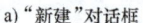 按钮，打开"新建"对话框，如图9-39a所示。然后，新建名称为"水平快速夹具"的装配组件名，再选择公制模板"mmns_asm_design"并进入装配工作界面，如图9-39b所示。

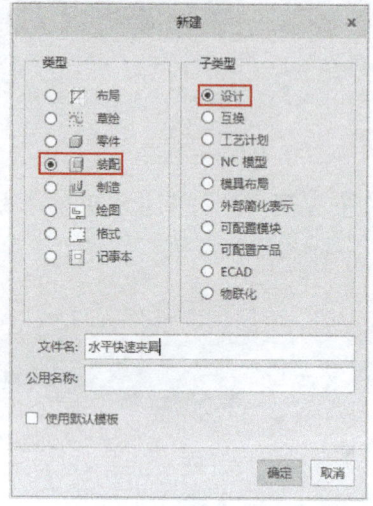
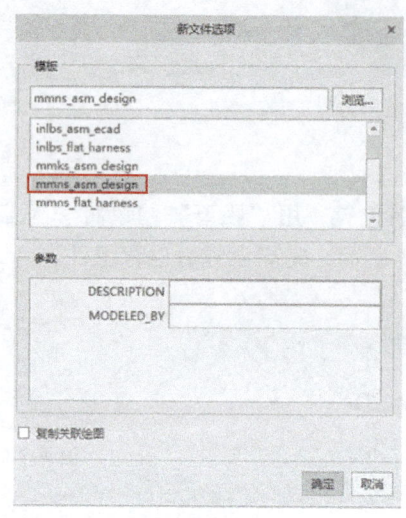

a) "新建"对话框　　　　　　　　　　b) 选择公制模板对话框

图9-39　新建组件文件设置

第3步，在"模型"选项卡中单击"元件"面板中的"组装" 按钮，打开零件选择窗口并找到需要装配的首个零件（安装架.prt）。

第4步，在打开的"装配"选项卡中，在"自动"面板中选择"默认"约束，把安装架固定在系统默认的位置上，单击 按钮，完成安装架的装配，如图9-40所示。

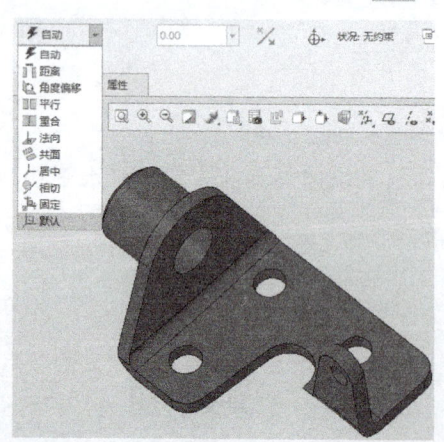
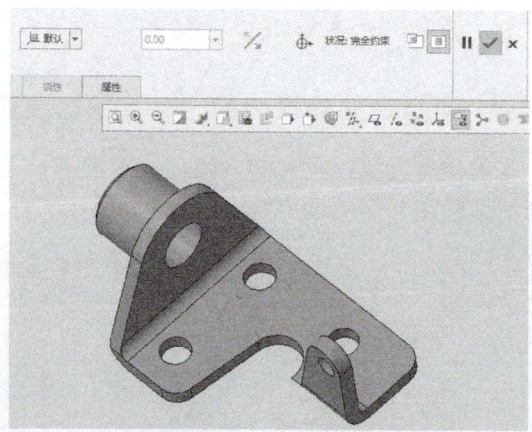

图9-40　安装架默认约束

第5步，单击"组装" 按钮，打开手柄.prt元件。在"装配"选项卡中的"用户定义"下拉列表框里选择"销"约束，再选择手柄"A_2"轴与安装架"A_3"轴进行重合，如图9-41a所示。然后再选择手柄侧面和安装架的侧面作为一组平移约束进行重合装配，如

图 9-41b 所示，组装结果如图 9-41c 所示。

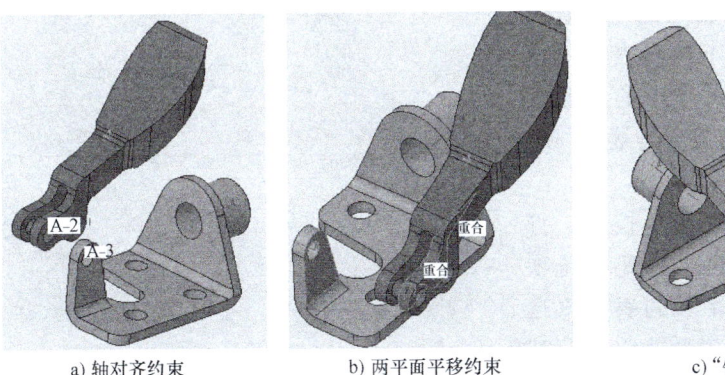

a) 轴对齐约束　　　　　　b) 两平面平移约束　　　　　　c) "销"约束元件

图 9-41　手柄的"销"约束安装

第 6 步，单击"装配"按钮，打开销 1.prt 元件。在"装配"选项卡中的"用户定义"下拉列表框里选择"销"约束，用第 5 步中的安装方法将"销 1"元件安装到如图 9-42 所示位置处。

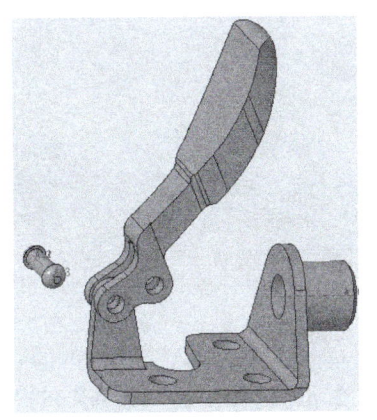

图 9-42　销安装

第 7 步，单击"组装"按钮，打开连接杆.prt 元件。在"装配"选项卡中的"用户定义"下拉列表框里选择"销"约束，用第 5 步中的安装方法将连接件和手柄上的"A_1"轴线进行重合，再将连接杆平移到手柄安装位上，安装后如图 9-43 所示。

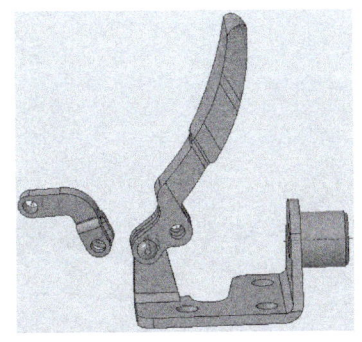

图 9-43　连接杆安装

第 8 步，单击"组装"按钮，打开销 1.prt 元件。在"装配"控制选项卡中的"用户定义"下拉列表框里选择"销"约束，用第 5 步中的安装方法，将"销 1"元件安装到连接杆与手柄连接处，如图 9-44 所示。

第 9 步，单击"组装"按钮，打开压紧头.prt 元件。在"装配"选项卡中的"用户定义"下拉列表框里选择"圆柱"约束，选取安装架的"A_3"轴线与压紧头上的"A_2"轴线进行约

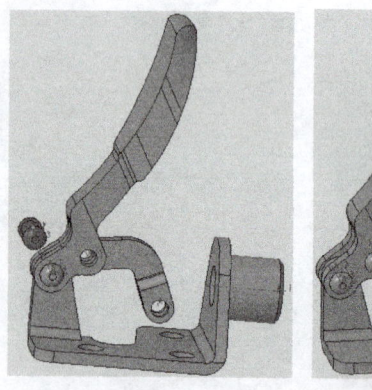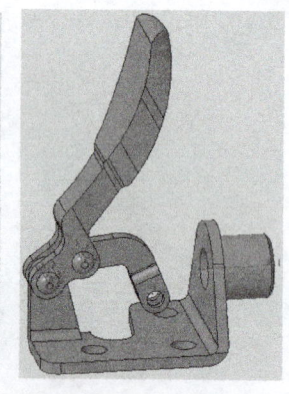

图 9-44 连接杆与手柄销连接

束，如图 9-45a 所示。再在压紧杆的"装配"选项卡中的"放置"面板中单击"新建集"，如图 9-45b 所示，添加下一组"圆柱"约束，然后将连接杆上的"A_2"轴线与压紧杆上的"A_1"轴线对齐，如图 9-45c 所示。

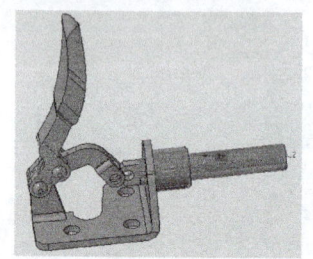 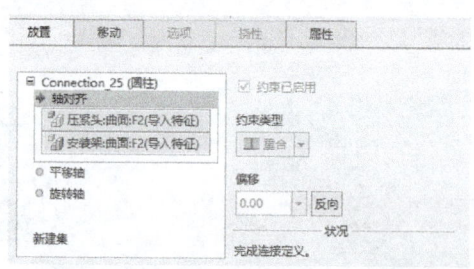 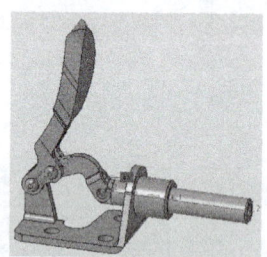

a) 安装架与压紧杆装配　　　　b) 添加第二组"圆柱"约束　　　　c) 连接杆与压紧杆装配

图 9-45 压紧杆的安装

第 10 步，单击"组装"按钮，打开销 2.prt 元件。在"装配"选项卡中的"用户定义"下拉列表框里选择"销"约束，用第 5 步中的方法将"销 2"元件安装到连接杆与压紧杆连接处，如图 9-46 所示。

第 11 步，装配最终结果如图 9-47 所示，将装配完成的文件保存在工作目录中。

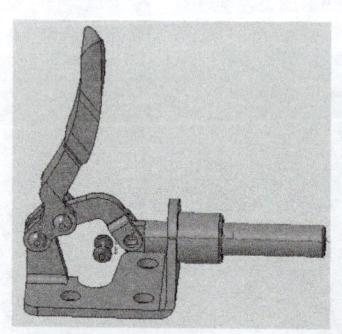 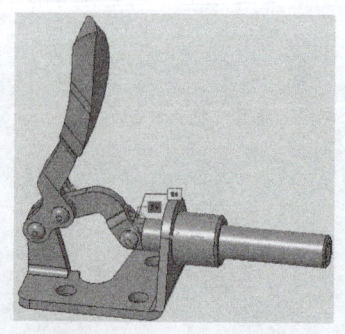 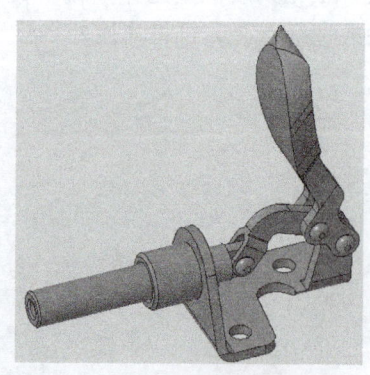

图 9-46 连接杆与压紧杆销连接　　　　图 9-47 水平快速夹具装配最终结果

9.2.3 建立爆炸图

9-7 装配体的分解视图

模型装配完成后，有时需要将组建分解来查看组件中的某个零件的位置，称为"分解图"或"爆炸图"。通过装配组件爆炸图可以清楚地表达装配体内部各元件的位置和装配体的内部结构，爆炸图不改变装配组件中内部元件的装配关系，仅影响装配组件外观。对于组件系统会根据使用的约束默认产生分解视图，但该分解图却无法准确地表达各元件的装配位置，要准确地将各元件的位置表达出来，就必须通过编辑位置来修改分解位置，以便随时使用任意一个已保存的视图，也可以为每个组件设置一个分解状态。

在指定生成分解视图时，系统将按照默认操作方式执行分解视图。在创建或打开一个完整的装配组件后，单击"模型显示"选项卡中的"分解视图" 按钮，系统将自动执行默认分解组件。

为了能更清楚地表达出各元件的安装位置，需要对组件的各元件位置进行编辑。在打开一个完整的装配组件后，单击"模型显示"选项卡中的"编辑位置" 按钮，打开"分解工具"操控板，如图9-48所示。

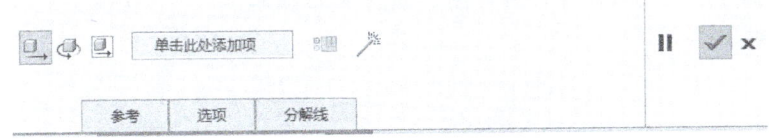

图 9-48 "分解工具"操控板

这里要将"小型滑台"组件的装配体分解开，清楚地表达出各元件的安装位置及分布情况。小型滑台由滑台底座、工作台面、螺杆、螺母1、螺母2、防脱螺母组成，如图9-49所示。在分解视图中"编辑位置"的方法如下：

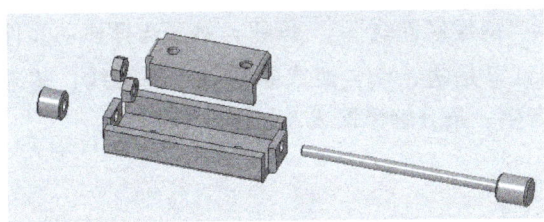 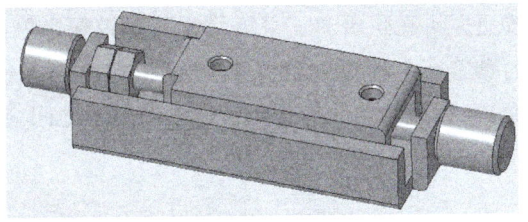

图 9-49 小型滑台

第1步，打开小型滑台.asm文件，单击"模型显示"选项卡中的"分解视图" 按钮，创建分解视图。这时系统会按默认的位置分解装配组件，工作界面显示小型滑台的分解视图，如图9-50所示。

第2步，在"模型显示"选项卡中单击"编辑位置"按钮，弹出"分解工具"操控板，如图9-51所示。

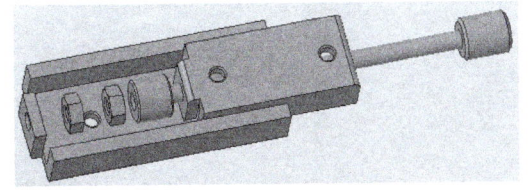

图 9-50 小型滑台默认位置分解视图

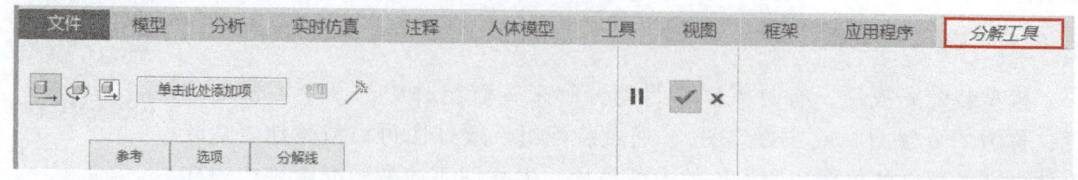

图 9-51 "分解工具"操控板

第 3 步,选择要编辑位置的元件,元件上显示出坐标系,选取要移动方向上的坐标轴,将其拖动到需要放置的位置上,如图 9-52 所示。

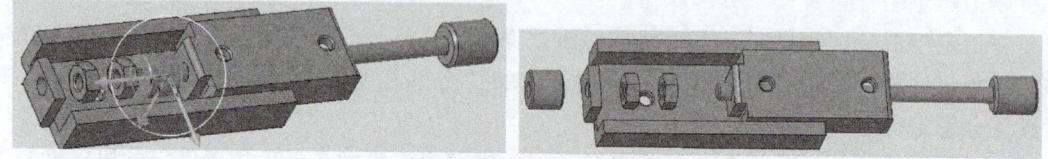

图 9-52 编辑元件的位置

第 4 步,在工作区域继续移动元件,将各元件移动至需要放置的位置上,直至分解视图完成。重新编辑分解视图后的组件爆炸图,如图 9-53 所示。

图 9-53 小型滑台分解视图

第 5 步,分解视图元件的运动修饰线显示。在"模型显示"选项卡中单击"编辑位置"按钮,再在弹出的"分解位置"操控板中单击"创建修饰线"按钮,然后选择移动元件的参考面和固定元件的参考面(其中参考面可以是边、点、面或基准点、基准线、基准面)。完成修饰线操作后,选取的参考之间会产生一条分解修饰线,如图 9-54 所示。

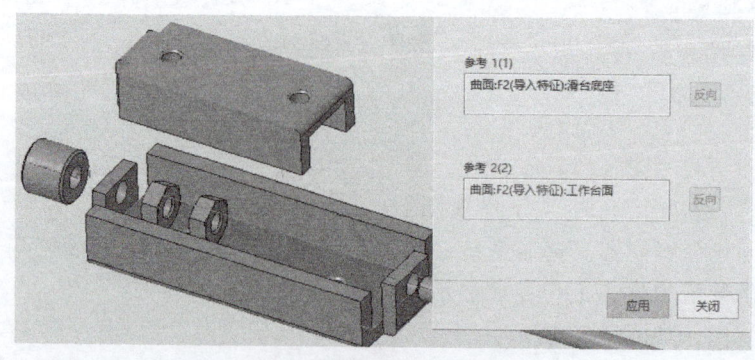

图 9-54 分解修饰线的创建

第 6 步,重新编辑后,带修饰线的装配分解视图如图 9-55 所示。

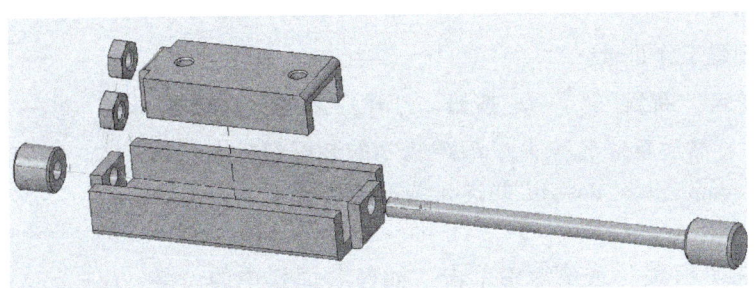

图 9-55 带修饰线的视图分解

9.2.4 装配巩固练习

用自底向上的方式完成如图 9-56 所示蜗杆减速器的装配,将各元件按要求完成装配。

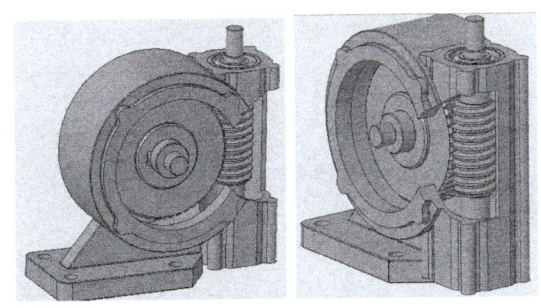

图 9-56 蜗杆减速器的装配

9.3 自顶向下装配设计

自顶向下装配设计就是设计者从产品系统构成的最高层面来进行总体设计和功能性设计,把整机的部件作为系统的一个零件来设计,然后对整个系统进行分解,分解为规模较小、功能简单的局部模块,通过给定的设计约束条件、关键的设计参数等设计信息,自上而下地传递给设计者,设计者通过产品信息开展产品设计的过程。自顶向下装配设计时可以在产品组件的环境下创建零件,在创建零件时也可以参考现有的模型或骨架文件,自顶向下装配设计方法如图 9-57 所示。

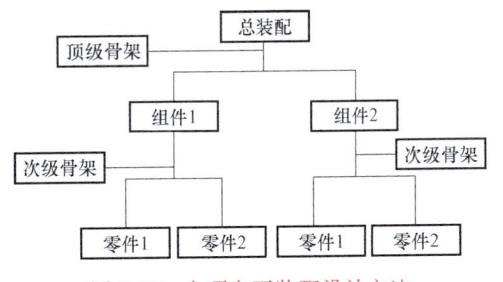

图 9-57 自顶向下装配设计方法

9.3.1 产品设计——自顶向下拆件

自顶向下拆件的方法是产品总体设计零件中拆分出所需的各元件并细化零件。下面通过葫芦瓶拆件来介绍自顶向下拆件的方法。葫芦瓶装配图如 9-58 所示。

9-8 葫芦瓶装配

操作步骤如下：

第 1 步，创建工作目录。

第 2 步，单击"新建" 按钮，打开"新建"对话框，如图 9-59a 所示。然后新建名称为"葫芦瓶"的装配组件名，再选择公制模板"mmns_asm_design"并进入装配工作界面，如图 9-59b 所示。

第 3 步，在"模型"选项卡中单击"元件"面板中的"装配" 按钮，打开零件选择窗口并找到需要装配的首个零件（葫芦瓶.prt）。

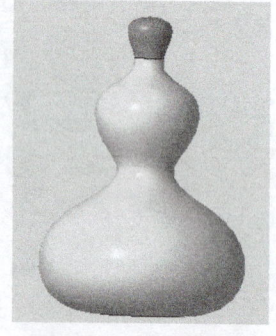

图 9-58　葫芦瓶装配图

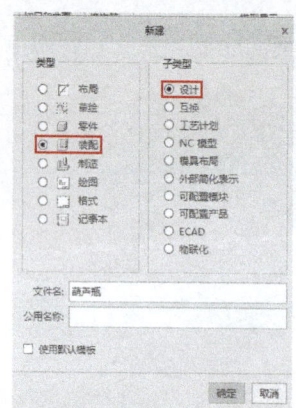

a)"新建"对话框

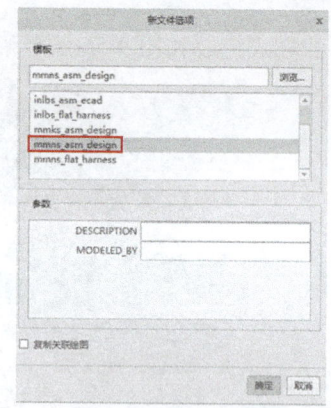

b) 选择公制模板对话框

图 9-59　新建组件文件设置

第 4 步，在打开的"装配"选项卡中，在"自动"面板中选择"默认"约束，把葫芦瓶固定在系统默认的位置上，单击 按钮，完成葫芦瓶的装配，如图 9-60 所示。

第 5 步，新建文件用户拆分零件。在"模型"选项卡中单击"元件"面板中的"创建" 按钮，弹出"创建元件"对话框，如图 9-61a 所示，"类型"选择"零件"，"子类型"选择"实体"，"文件名"文本框中输入"葫芦瓶体"，单击"确定"按钮，在弹出的"创建选项"对话框中，选中"创建方法"选项组中的"空"单选按钮，如图 9-61b 所示，完成元件创建。

图 9-60　葫芦瓶默认约束

第 6 步，在装配导航区中找到刚创建的"葫芦瓶体"文件，单击选择"葫芦瓶体"文件名，再右击，在弹出的快捷菜单中选择"激活" 按钮。

第 7 步，在装配绘图区单击选取葫芦瓶的外观曲面，再右击，在弹出的快捷菜单中选择"选择选项" 按钮，然后选择实体曲面，选取"葫芦瓶"的外观表面，按<Ctrl+C>组合键（复制），然后按<Ctrl+V>组合键（粘贴），将复制的"葫芦瓶"外观曲面粘贴到"葫芦瓶体"元件中，如图 9-62 所示。

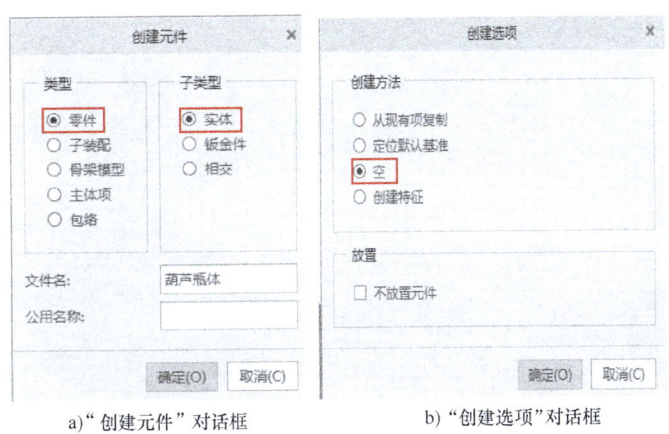

a)"创建元件"对话框　　　　b)"创建选项"对话框

图 9-61　装配工作环境下创建元件　　　　图 9-62　葫芦瓶拆分用曲面复制

第 8 步，在导航区中打开"葫芦瓶体"文件，选取"葫芦瓶体"的曲面进行实体化，然后用拉伸去除材料方法去除瓶盖部分，再对瓶身进行抽壳，如图 9-63 所示。

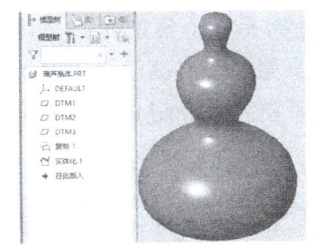 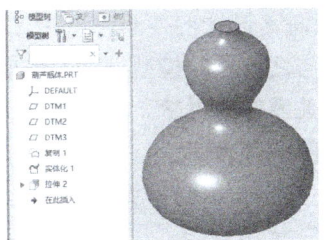 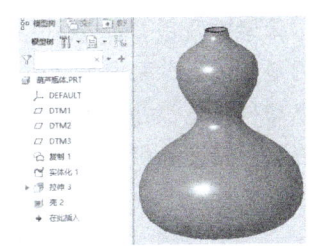

图 9-63　葫芦瓶体优化

第 9 步，重复第 5 步~第 7 步中的操作，在装配中创建名称为"瓶盖"的文件，将葫芦瓶曲面复制到名称为"瓶盖"的文件中进行瓶盖优化操作前准备。

第 10 步，在导航区找到并打开"瓶盖"的元件，选取"葫芦瓶体"的曲面进行实体化，然后用拉伸去除材料方法去除瓶体部分，再对瓶盖拉伸出瓶塞，如图 9-64 所示。

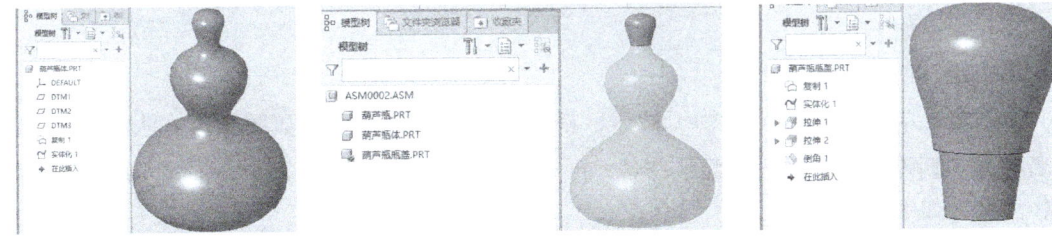

图 9-64　葫芦瓶盖设计

第 11 步，完成瓶体设计和瓶盖设计后，在装配环境中检查分析瓶盖和瓶体之间的间隙，确定瓶盖设计的合理性。在"分析"选项卡中的"检查几何"面板中单击"全局干涉" 按钮，弹出"全局干涉"对话框，如图 9-65a 所示。在"全局干涉"对话框中单击"预览"按钮，其中零件 1 和零件 2 两个零件间重合部分会在体积上显示，如图 9-65b 所示。检查零件设计合理性后，若无须更改，那么零件拆分工作完成。零件拆分后结果显示如图 9-65c 所示。

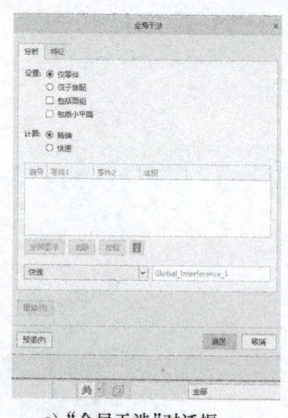
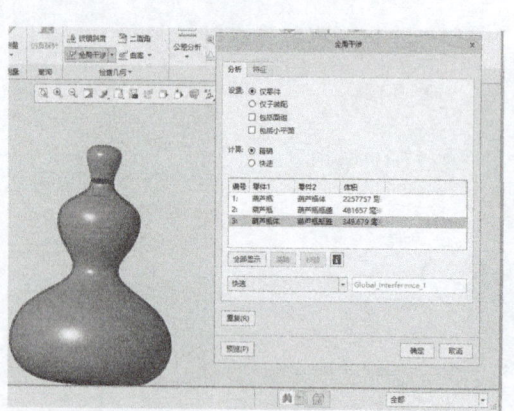

a)"全局干涉"对话框　　　　b)零件干涉检查　　　　c)葫芦瓶装配

图 9-65　零件干涉检查

9.3.2　自顶向下设计骨架模型设计——四连杆机构设计

骨架模型是 Creo 软件中自顶向下设计的一个强有力工具。骨架是一个集中存储设计信息的地方，当骨架发生变化时，与之相连的模型也将发生变化。骨架模型有助于简化设计的建立和可视化，并能控制外部相关零件的更新。本小节通过四连杆机构来介绍骨架模型设计的方法。四连杆机构示意简图如图 9-66 所示。

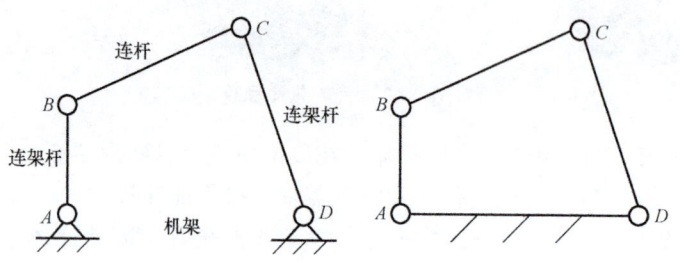

图 9-66　四连杆机构示意简图

9-9　四连杆机构的设计

操作步骤如下：

第 1 步，创建工作目录。

第 2 步，单击"新建" 按钮，打开"新建"对话框，如图 9-67a 所示。然后新建名称为"四连杆机构"的装配组件名，再选择公制模板"mmns_asm_design"并进入装配工作界面，如图 9-67b 所示。

第 3 步，新建文件用户拆分零件。在"模型"选项卡中单击"元件"面板中的"创建" 按钮，弹出"创建元件"对话框，如图 9-68a 所示，"类型"选择"骨架模型"，"子类型"选择"标准"，"文件名"文本框中输入"四连杆机构-SKEL"，再单击"确定"按钮，在弹出的"创建选项"对话框中，选中"创建方法"选项组中的"空"单选按钮，如图 9-68b 所示，完成元件创建。

第 4 步，单击选择"四连杆机构"骨架模型文件，在弹出的快捷菜单中选择"激活" 按钮。

第9章 装配设计

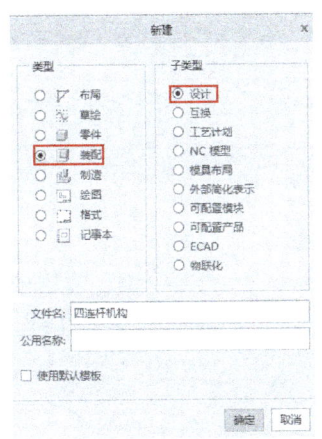
a)"新建"对话框

b) 选择公制模板对话框

图 9-67　新建组件文件设置

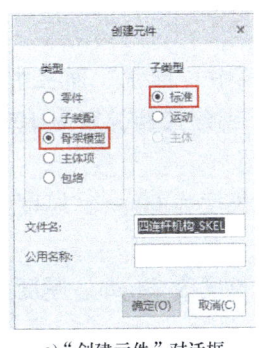
a)"创建元件"对话框

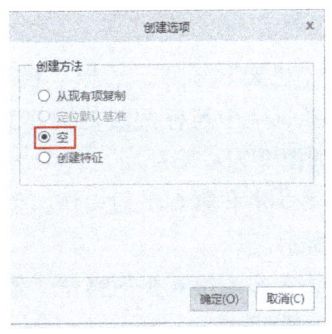
b)"创建选项"对话框

图 9-68　装配工作环境下创建元件

第 5 步，在骨架模型中绘制出如图 9-69 所示的四连杆机构骨架草绘线，骨架线上四个圆约束在骨架线的端点上，完成骨架线后回到装配界面（激活四连杆机构.asm）。

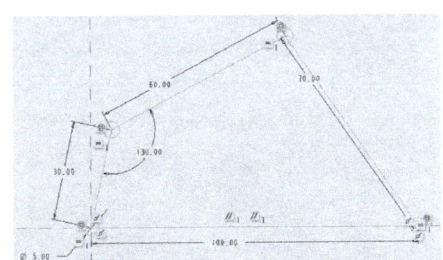
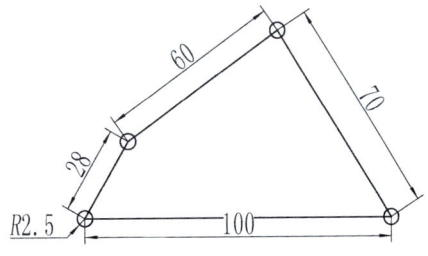

图 9-69　四连杆骨架草绘及尺寸

第 6 步，新建文件用户拆分零件。在"模型"选项卡中单击"元件"面板中的"创建" 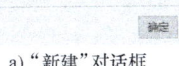 按钮，弹出"创建元件"对话框，如图 9-70a 所示，"类型"选择"零件"，"子类型"选择"实体"，"文件名"文本框中输入"机架"，再单击"确定"按钮，在弹出的"创建选项"对话框中，选中"创建方法"选项组中的"空"单选按钮，如图 9-70b 所示，完成元件创建。

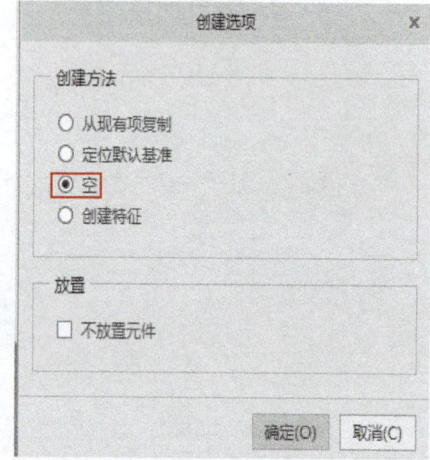

a)"创建元件"对话框　　　　b)"创建选项"对话框

图 9-70　装配工作环境下创建元件

第 7 步，激活"机架"零件，选择"模型"选项中"形状"面板中的"拉伸"指令，拉伸草绘创建时选择骨架中连杆两端的圆作为参照，创建拉伸长度为 100mm、厚度为 5mm 的 AD 机架零件，如图 9-71a 所示。

第 8 步，重复第 5 步和第 6 步的操作，创建拉伸长度为 60mm、厚度为 5mm 的 BC 连杆零件，如图 9-71b 所示。

第 9 步，重复第 5 步和第 6 步的操作，创建拉伸长度为 28mm、厚度为 5mm 的 AB 连架杆零件，如图 9-71c 所示。

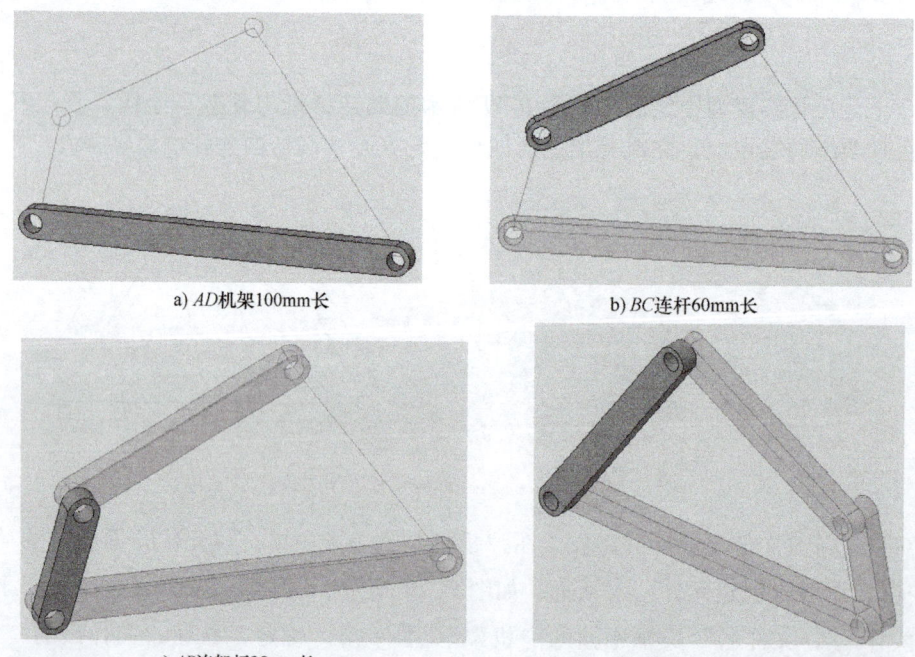

a) AD机架100mm长　　　　b) BC连杆60mm长

c) AB连架杆28mm长　　　　d) CD连架杆70mm长

图 9-71　四连杆零件

第10步，重复第5步和第6步的操作，创建拉伸长度为70mm、厚度为5mm的CD连架杆零件，如图9-71d所示。

第11步，完成四连杆零件的创建后，可以改变骨架模型中的一条边的长度，连杆的长度也会随之改变。

例如，改变CD连架杆的长度，将其长度改为100mm，然后单击"模型"选项中"操作"面板中的"重新生成"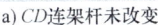按钮，系统将根据修改后的模型重新生成零件，如图9-72所示。

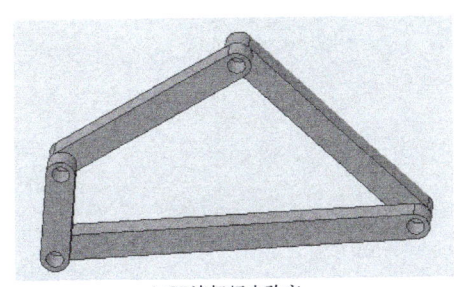
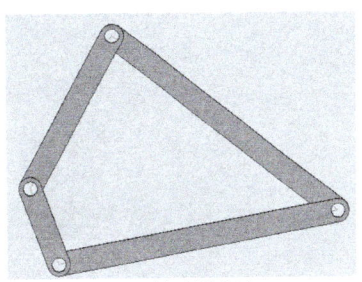

a) CD连架杆未改变　　　　　　　　b) CD连架杆改变后

图9-72　四连杆机构装配图

温馨提醒：在重新生成零件前一定先保存一份现有的文件，因为当子零件间产生父子关系时，零件重新生成会跟着相关零件的变化而变化。利用骨架模型创建，主要是将子零件和骨架模型产生约束关系，不与其他零件产生约束关系，这样修改骨架时重新生成文件就不会出现零件间的相互干扰。

本 章 小 结

本章重点介绍了装配工作环境、基本装配约束的使用、可运动连接装配约束的使用、装配中的分解视图，以及自底向上和自顶向下的装配设计方法应用。零件装配是产品设计的重要组成部分，无论怎样的部件，都由最基本的零件装配而成。设计者可以根据不同设计需求，选择适合自己设计需要的设计方法。

装配约束是部件装配过程中非常有效的工具。在不同的产品设计中选择合理的装配约束将大大提高产品设计的精度及合理性，为企业生产减少不必要的浪费，大大提高生产效率。好的产品设计离不开合理的产品结构，产品结构的合理性可以在装配设计中充分地表现出来。

理 论 自 测

1. 自底向上装配设计和自顶向下装配设计的区别是什么？
2. 装配组件中哪些类型的装配可以进行机构运动分析？
3. 什么是骨架模型？骨架模型使用时需要注意什么？
4. 基本装配约束共有几种？它们的作用是什么？

应 用 自 测

1. 完成如图 9-73 所示的装配，文件名 1.asm。

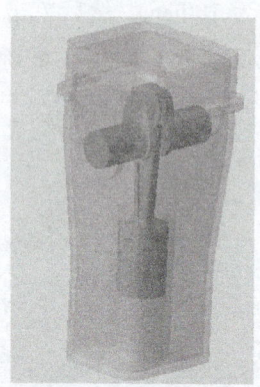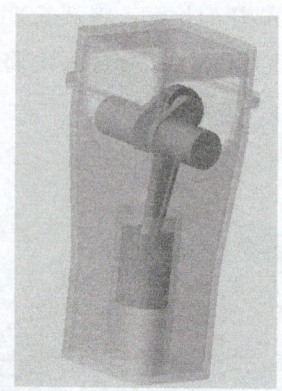

图 9-73　应用自测（一）

2. 完成如图 9-74 所示的装配，文件名 2.asm。

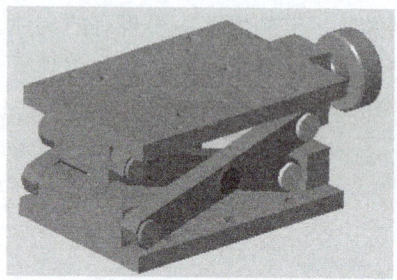

图 9-74　应用自测（二）

第10章 工程图绘制

10.1 Creo 软件工程图的认知

本节简要地介绍以及 Creo 软件工程图的特点，并强调遵循国家制图标准的重要性。

10.1.1 Creo 软件工程图的特点

Creo1.0 软件的工程图模块包含基本的工程图模块和扩展模块 Pro/DETAIL。用户在安装 Creo1.0 的时候，系统会自动安装基本的工程图模块，建议用户安装扩展模块 Pro/DETAIL。

Creo1.0 软件是一个参数化的设计系统。利用 Creo1.0 软件制作的工程图与其零件模型具有相关性。如果修改了三维零件模型，则工程图也随之变化。同样，修改了工程图中视图的尺寸，则再生后零件模型的大小也会做出相应的变化。在 Creo1.0 软件的工程图中，全部视图都是相关的，修改了某个视图的尺寸，则其他相应视图的尺寸也会跟随着变化。这种全相关的、参数化的设计方法给广大设计者带来了便利。

Creo1.0 工程图具有以下特点：

1) 可以方便地创建零件模型的工程图。

2) 可以创建各种各样的工程图视图。与 Creo1.0 软件零件模块交互使用，可以方便地创建视图方位、剖面、分解视图等。

3) 可以灵活地控制视图的显示模式与视图中各边线的显示模式。

4) 可以通过草绘的方式添加图元，以填补视图表达的不足。

5) 可以自动创建尺寸，也可以手动添加尺寸。自动创建的尺寸为零件模型里包含的尺寸，为驱动尺寸。修改驱动尺寸可以驱动零件模型做出相应的修改。尺寸的编辑与整理也十分容易，可以统一编辑整理。

6) 可以通过各种方式添加注释文本，文本样式可以自定义。

7) 可以添加基准、尺寸公差及几何公差，可以通过符号库添加符合标准与要求的表面粗糙度符号与焊缝符号。

8) 可以创建普通表格、零件族表、孔表及材料清单（BOM），并可以自定义工程图的格式。

9) 可以利用图层组织和控制工程图的图元及细节，极大地方便用户对图元的选取与操作，提高工作效率。

10) 用户可以自定义绘图模板，并定制文本样式、线型样式与符号。利用模板创建工程图可以节省大量的重复劳动。

11）可从外部插入工程图文件，也可以导出不同类型的工程图文件，实现对其他软件的兼容。

12）可以输出打印工程图，并且可以使用插件 Pro/BATCH 进行批量出图。

13）用户可以自定义 Creo1.0 软件的配置文件，以使制图符合不同标准的要求。

10.1.2 设置 Creo 软件工程图的配置文件

Creo1.0 软件工程图配置文件在工程图环境中主要设置尺寸高度、注释文本、文本定向、几何公差标准、字型属性、草绘标准、箭头长度和样式等工程图属性。用户可根据需要设置多个工程图配置文件，并将其保存。在后续的设计过程中，可根据需要调用这些保存的工程图配置文件。

配置文件默认的扩展名为 .dtl，用户可在 config.pro 文件中指定工程图的配置文件名称和路径，如果没有指定，系统就会使用默认的配置文件，其中主配置文件的系统默认配置文件为 cns_cn.dtl（中国标准）。假设 Creo1.0 软件安装在 C 盘中，则该文件位于 C：\ProgramFiles\PTC\Creo1.0\B000\CommonFiles\text 目录下，在该目录下还包含了其他配置文件。如 iso.dtl（国际标准）、jis.dtl（日本标准）和 din.dtl（德国标准）等。下面介绍自定义工程图配置文件的操作方法。

1. 自定义工程图主配置文件

用户可以根据需要，自定义符合自己或企业标准的工程图主配置文件，其操作方法有两种：一是通过软件提供的"选项"对话框修改，二是直接修改配置文件中的文本。

方法1：

第1步，单击"新建"按钮，在"新建"对话框中单击"绘图"单选按钮，进入绘图（工程图）环境。

第2步，选择"文件"下拉菜单中的"准备"→"绘图属性"命令，系统弹出图 10-1 所示的"绘图属性"对话框。在对话框中单击"详细信息选项"区域的"更改"按钮，系统弹出图 10-2 所示的"选项"对话框。

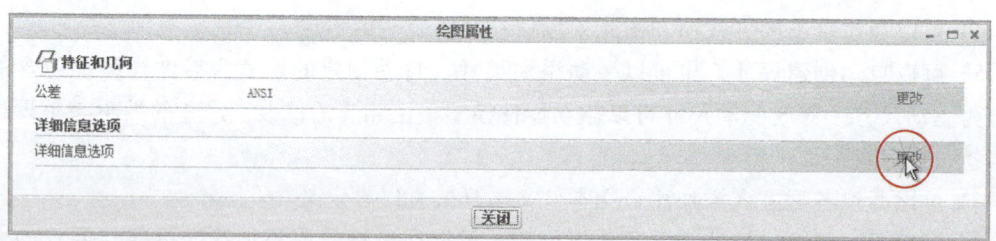

图 10-1 "绘图属性"对话框

第3步，修改选项的值。本例以修改选项"text_height"的值为例，用户可根据需要修改对话框中其他选项的值。先在对话框左侧的选项区选取"text_height"选项，然后在"值"文本框中输入数值"5.0"，依次单击"添加/更改" 添加/更改 按钮和"应用"应用 按钮。

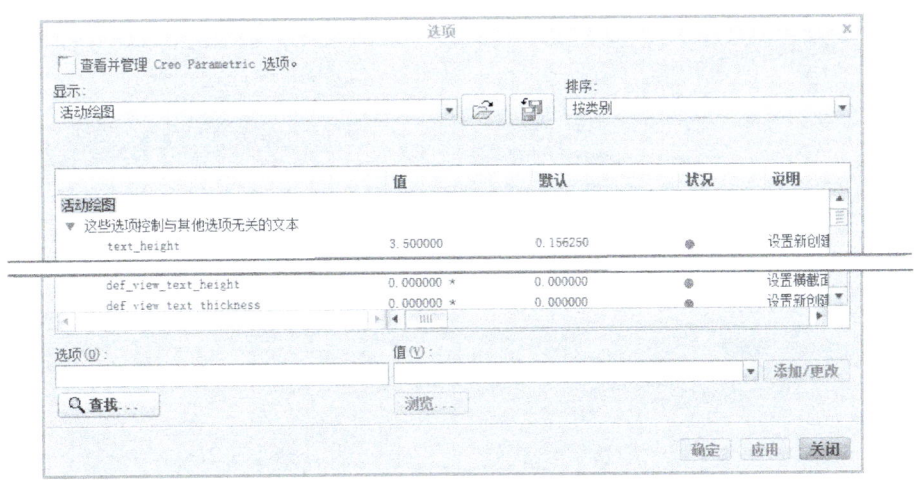

图 10-2 "选项"对话框

第 4 步，保存工程图配置文件。在对话框中单击"另存为" 按钮，在弹出的"另存为"对话框中设置文件名称，并将其保存在所需的文件夹中。

方法 2：

打开文件。假设 Creo 软件安装在 C 盘，打开（用记事本打开）系统默认的工程图主配置文件 C：\ProgramFiles\PTC\Creo1.0\B000\CommonFiles\text\cns_cn.dt，如图 10-3 所示，直接在该文件中输入对应选项的值即可完成更改。

2. Creo1.0 软件的绘图（工程图）环境配置

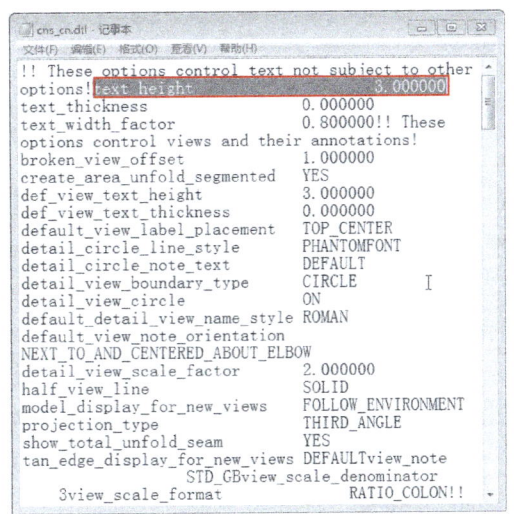

图 10-3 cns_cn.dt 配置文件

工程图的配置文件，假如命名为"GB2.dtl"，它影响绘图的工作环境以及绘图的标准。系统虽然提供默认的配置，但是每个企业都会有自己的特殊要求，需要创建自己的配置文件，然后在"config.pro"中指定配置文件的路径和名称。可用"drawing_setup_file"选项指定配置文件名。用"pro_dtl_setup_dir"指定 .dtl 文件的路径。pro_dtl_setup_dir 指定路径是为了方便查找，并不是必需的。每个工程图都可以有不同的配置文件，想要更快地更改配置文件，可以设置此目录。做好多个配置文件放在这个目录下面，当用户要更换配置文件时就可以快速切换。例如 pro_dtl_setup_dir 指定路径为 "C：\ProgramFiles\PTC\绘图设置目录"，在"选项"对话框中，单击 按钮，出现"打开"对话框，在该对话框的左侧就会出现"绘图设置目录"文件夹，如图 10-4 所示。单击"绘图设置目录"文件夹，在对话框中就会列出该文件夹内的全部工程图配置文件，这样就可以快速切换配置文件。

国家标准（GB）对工程图做了许多要求，例如：对尺寸文本的方位和字高、尺寸箭头的大小等都有明确的规定。本书配套资源中的"Creo1.0systemfile"文件夹中提供了一些

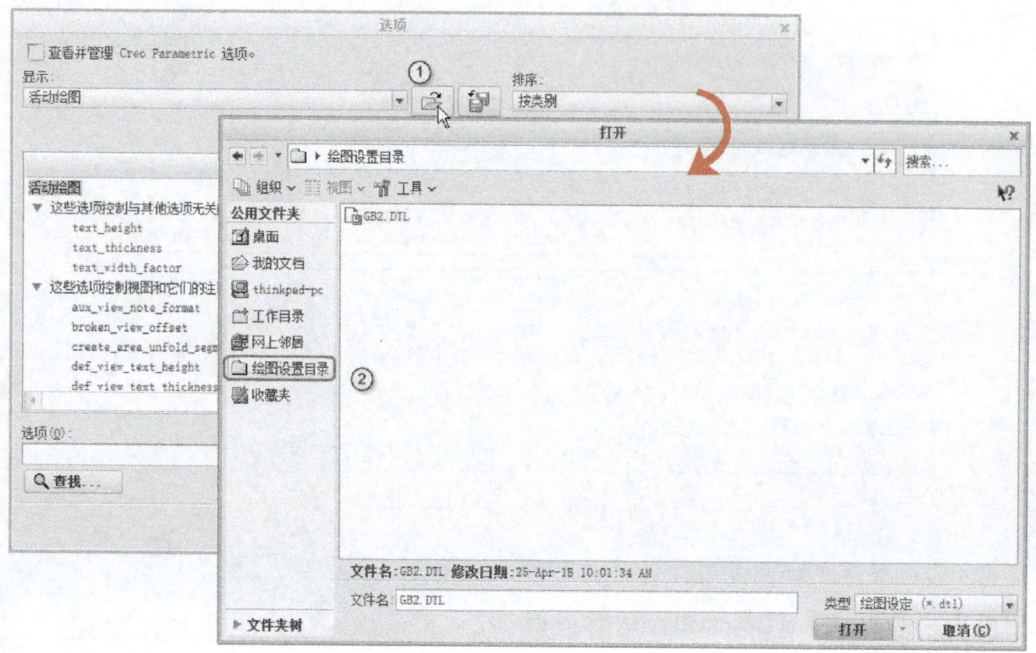

图 10-4 "打开"对话框

Creo 软件的系统文件,对这些系统文件的正确配置,可以使创建的工程图基本符合我国国家标准要求。下面将介绍这些文件的配置方法,其操作过程如下:

第 1 步,将本书配套资源"Creo1.0systemfile"文件夹中的 GB2.dtl 这个文件复制到"C:\ProgramFiles\PTC\绘图设置目录"文件夹中。

第 2 步,启动 Creo1.0 软件。如果在进行上述操作前,已经启动了 Creo1.0 软件,应先退出 Creo1.0 软件,然后再次启动 Creo1.0 软件。

第 3 步,单击"文件"下拉菜单中的"选项"命令,系统弹出图 10-5 所示的"Creo Parametric 选项"对话框。

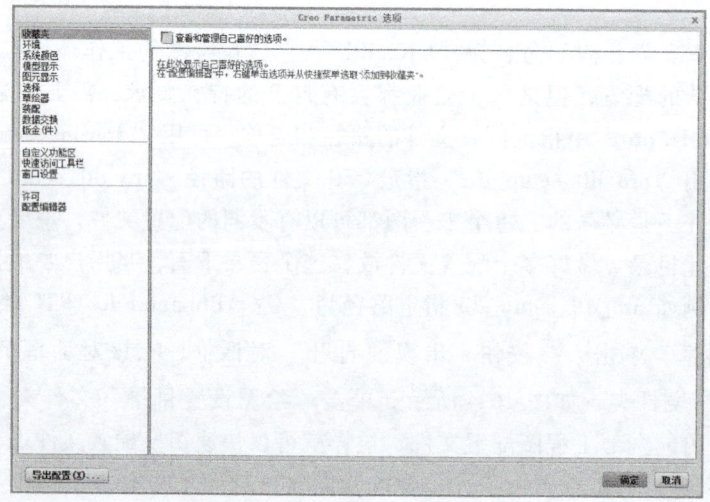

图 10-5 "Creo Parametric 选项"对话框

第 4 步，选择"配置编辑器"选项，即可进入软件环境设置界面，如图 10-6 所示。

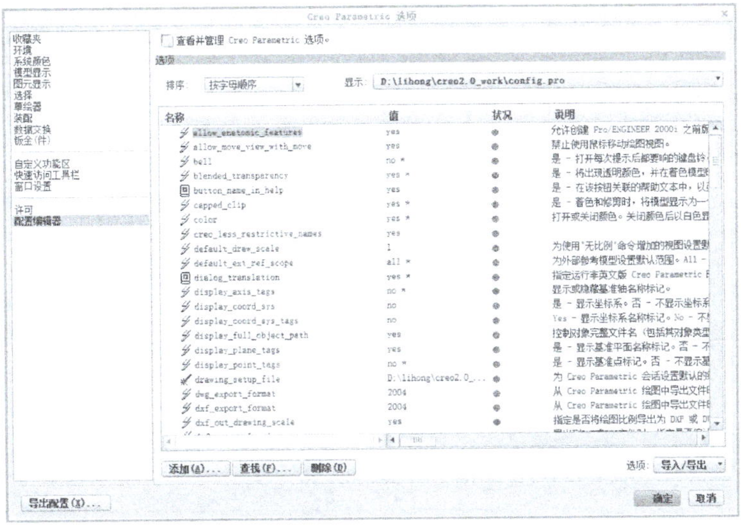

图 10-6 软件环境配置界面

第 5 步，设置配置文件 config.pro 中相关选项的值。

drawing_setup_file 的值设置为 C：\ProgramFiles\PTC\绘图设置目录\GB2.dtl。

pro_dtl_setup_dir 的值设置为 C：\ProgramFiles\PTC\绘图设置目录。

下面仅以 drawing_setup_file 参数设置为例说明操作方法：

1）在图 10-6 所示对话框中单击"添加"按钮，系统弹出图 10-7 所示的"选项"对话框，在"选项名称"文本框中输入"drawing_setup_file"。

图 10-7 "选项"对话框

2）单击"查找"按钮，打开"查找选项"对话框，单击"选取选项"列表框中的"drawing_setup_file"选项，单击"浏览" 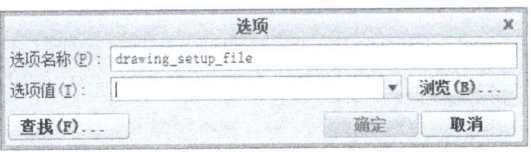 按钮，如图 10-8 所示。

3）在"选择文件"对话框中，选取 C：\ProgramFiles\PTC\绘图设置目录\GB2.dtl。单击该对话框中的"打开"按钮。

4）单击"添加选项"对话框中的"确定"按钮。

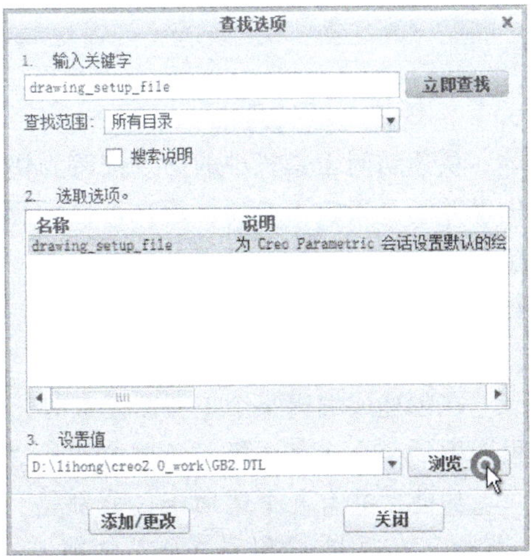

第 6 步，导出配置文件。

1）单击"Creo Parametric 选项"对话框中的"导出配置"按钮，系统弹出"另存为"对话框。

2）保存的文件名为 config.pro，保存在 Creo

图 10-8 "查找选项"对话框

系统的启动目录下或覆盖 C：\ProgramFiles\PTC\Creo1.0\B000\CommonFiles\text\下的 config.pro 文件即可。

第 7 步，退出 Creo1.0 系统，再次启动 Creo1.0 系统，新的配置即可生效。

10.1.3 工程图模块的工作环境

Creo 软件的工程图操作界面与零件模块、草绘模块的界面相似，如图 10-9 所示。按不同功能可将绘图界面分为快速访问工具栏、功能区、导航区、绘图区、页面操作区、智能选取区以及消息区。

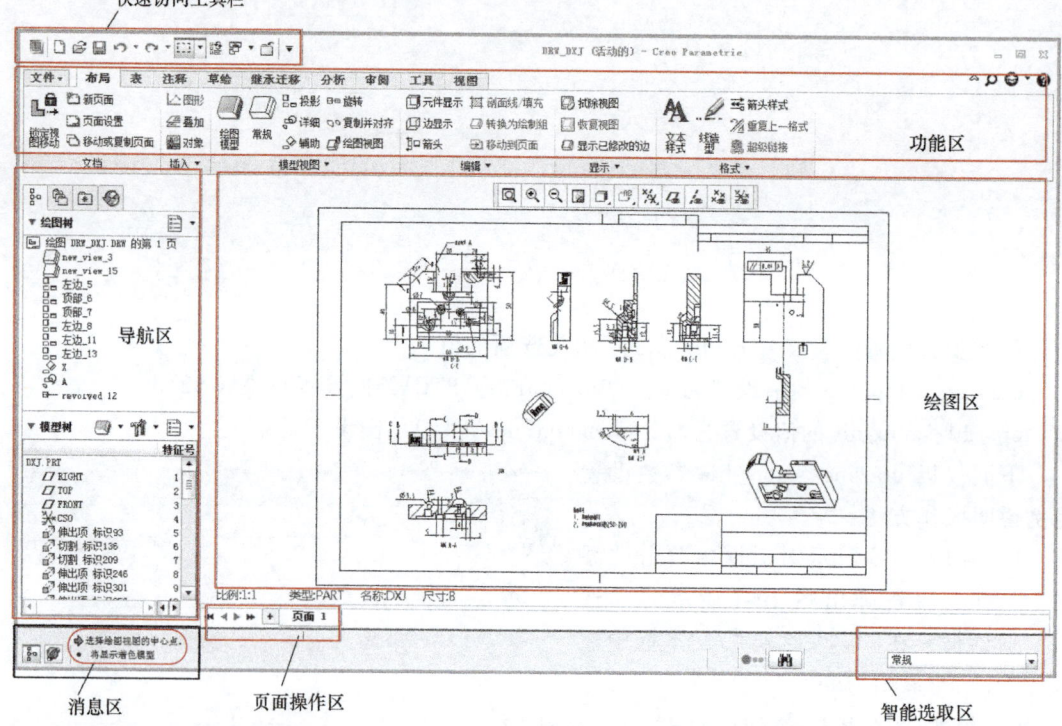

图 10-9 工程图界面

1. 快速访问工具栏

快速访问工具栏中的命令按钮为快速进入命令提供了极大的方便。这些工具栏的有无和位置并不是固定不变的，用户可以根据具体情况定制工具栏。具体做法是单击"文件"下拉菜单中的"选项"命令，然后选择"快速访问工具栏"选项，即可对快速访问工具栏进行定制。

2. 功能区

在创建或编辑某个工程图元素时，必须先进入相应的功能选项卡。例如，如果要编辑工程图中的某个文字注释，必须先进入"注释"选项卡，否则无法选中注释文字。

功能区共有九个选项卡，分别是"布局"选项卡、"表"选项卡、"注释"选项卡、"草绘"选项卡、"继承迁移"选项卡、"分析"选项卡、"审阅"选项卡、"工具"选项卡和"视图"选项卡，如图 10-10 所示。

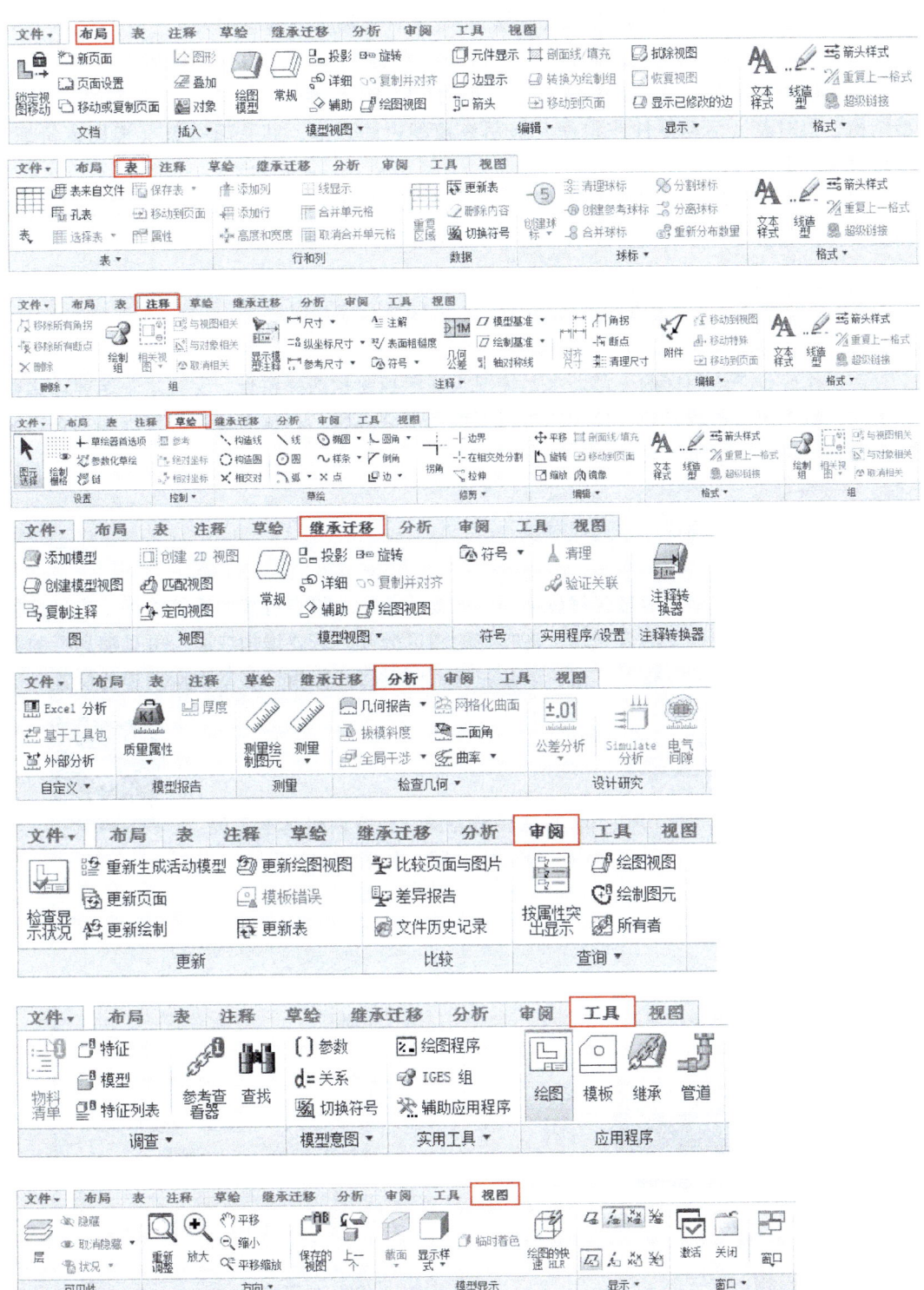

图 10-10 功能区各选项卡

3. 导航区

导航区包括三个选项卡：模型树（或层树）、文件夹浏览器和收藏夹。

Creo 1.0 软件工程图的模型树分为绘图树和模型树两个区域，其中绘图树中列出了当前绘图界面中的所有视图；模型树中列出了活动文件中的所有零件及特征，并以树的形式显示模型结构，根对象（活动零件或组件）显示在模型树的顶部，其从属对象（视图或特征）位于根对象之下。

层树可以有效组织和管理模型中的层。文件夹浏览器类似于 Windows 的资源管理器，用于浏览文件。收藏夹可以有效组织和管理个人资源。

4. 绘图区

绘制 Creo1.0 软件工程图的区域为绘图区，该区域为平面区域。

5. 页面操作区

页面操作区位于绘图区的下部。有些情况为详尽地表达图样信息，一张工程图要由多张页面组成，每个页面可相互独立地表达工程图中的部分内容。在该区域中，可以根据自己的需要添加新的页面，还可以自由地切换页面。

6. 智能选取区

可以通过过滤器准确快速地选择对象。

7. 消息区

在操作软件的过程中，消息区将显示相关的提示信息，用户可按照系统的提示来进行各种操作。消息区有一个可见的分隔线，将其与绘图区分开，若要增加或减少可见消息行的数量，可将光标指针置于分隔线上，按住鼠标左键，同时将光标指针移动到所期望的位置。

10.2 基本视图的创建

本节以图 10-11 所示的 10-01.prt 零件模型为例，介绍创建基本工程视图即主视图、投影视图、轴测图的一般操作过程，如图 10-12 所示。

10-1 基本视图的创建

图 10-11　10-01.prt 零件

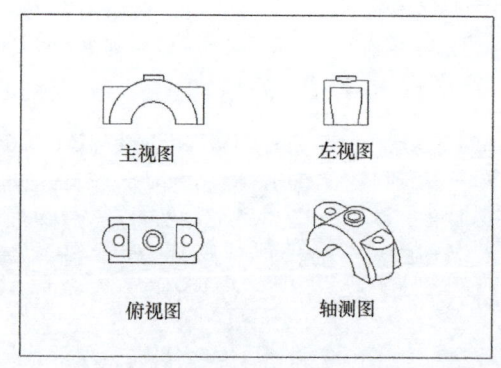

图 10-12　10-01.prt 零件工程图

10.2.1 主视图

第 1 步，设置工作目录。选择"文件"下拉菜单中的"管理会话"→"选择工作目录"命令，将工作目录设置至 D:\creo1.0\work\ch10。

第 2 步，在快速访问工具栏中单击"新建" 按钮，输入名称为"10-01"，如图10-13所示，单击"确定"按钮。

第 3 步，在随后打开的"新建绘图"对话框中，单击"浏览"按钮，选取三维模型10-01.prt（文件路径为 D：\creo3.7\work\ch10\10-01.prt）为绘图模型，指定模板选取"空"，方向为"横向"，幅面大小为 A2，如图 10-14 所示，单击"确定"按钮，进入工程图模块。

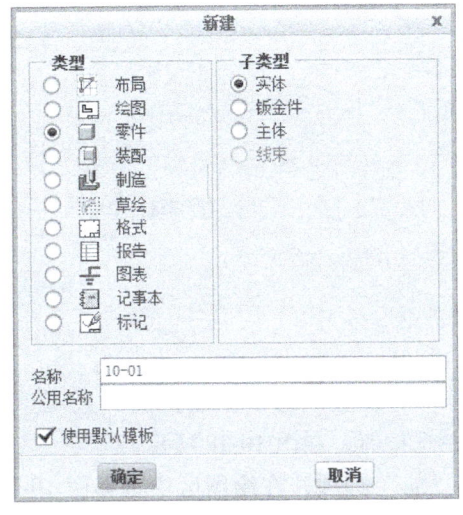 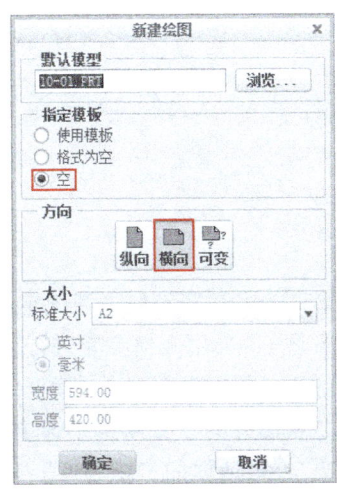

图 10-13 "新建"对话框　　　　　　　图 10-14 "新建绘图"对话框

第 4 步，在绘图区中右击，系统弹出图 10-15 所示的快捷菜单，选择"插入普通视图"命令。

第 5 步，系统弹出"选择组合状态"对话框，如图 10-16 所示。在该对话框的列表区域中选择"无组合状态"选项，单击"确定"按钮，即可进入工程图环境；在该对话框中选中"不要提示组合状态的显示"复选按钮，以后不再弹出该对话框。

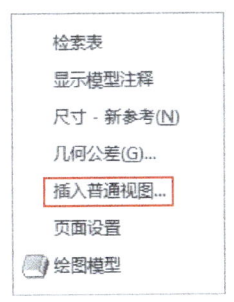 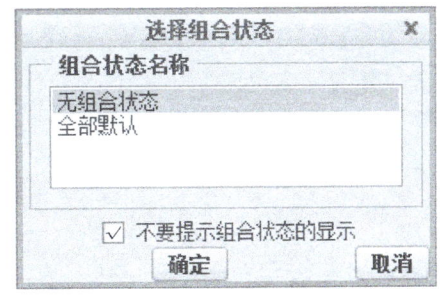

图 10-15　快捷菜单　　　　　　　　图 10-16 "选择组合状态"对话框

还有一种进入"插入普通视图"命令的方法，在功能区的"布局"选项卡中单击"常规" 按钮。如果在图 10-14 所示的"新建绘图"对话框中没有默认模型，也没有选取模型，那么在单击"常规" 按钮后，系统会弹出一个"打开"对话框，让用户选取一个三维模型来创建其工程图。

第 6 步，在系统信息区"选择绘图视图的中心点"的提示下，在绘图区选取一点。此时绘图区会出现系统默认的零件轴测图,并弹出"绘图视图"对话框,如图10-17所示。

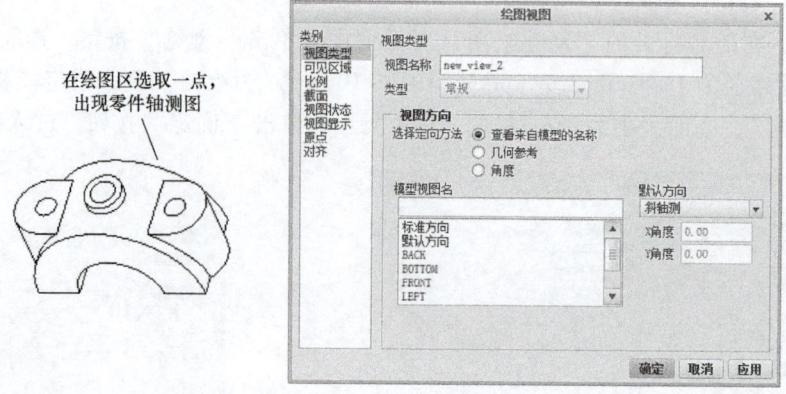

图 10-17　轴测图和"绘图视图"对话框

第7步,视图定向。视图定向一般采用两种方法。

方法1:采用几何参考进行定向。

1)在"绘图视图"对话框中,选取"类别"列表框中的"视图类型"选项。在对话框的"视图方向"选项组中选中"几何参考"单选按钮,如图10-18所示。

2)在对话框的"参考1"下拉列表中选取"前"选项,在绘图区中选择图10-19所示的面1。该操作的意义是将所选模型的面1放置在前面,即与屏幕平行的位置。

3)定义放置参照2。在对话框的"参考2"下拉列表中选取"顶"选项,在绘图区中选取图10-19所示的面2。该步操作的意义是将所选模型的面2法向朝上,此时模型视图的方位如图10-12中的主视图所示。

说明:如果此时希望返回以前的默认状态,请单击对话框中的"默认方向"按钮。

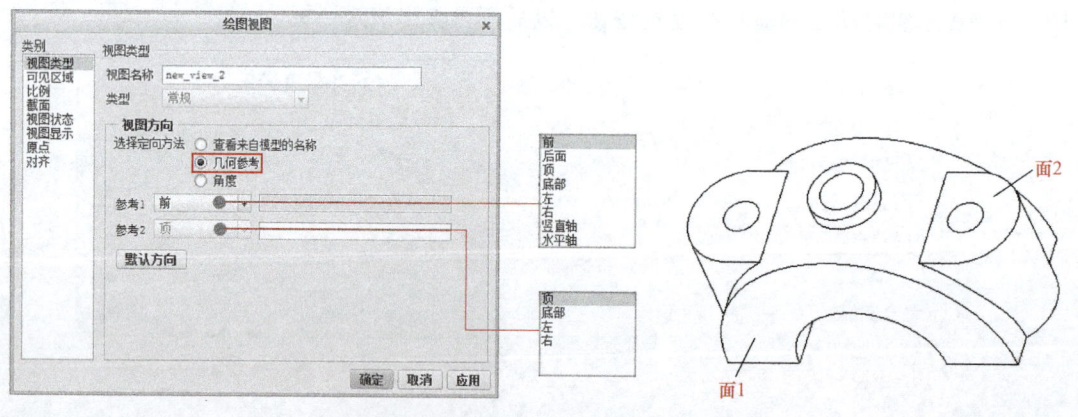

图 10-18　"绘图视图"对话框　　　　　图 10-19　视图定向

方法2:采用已保存的视图方位进行定向。

在图10-20a所示"绘图视图"对话框的"视图方向"选项组中选中"查看来自模型的名称"单选按钮,在"模型视图名"的列表中选取已保存的视图"FRONT",然后单击"确定"按钮,系统将按"FRONT"的方位定向视图。

第8步，定制比例。在"绘图视图"对话框中选择"类别"列表框中的"比例"选项，选中"自定义比例"单选按钮，并输入比例数值1，如图10-20b所示。

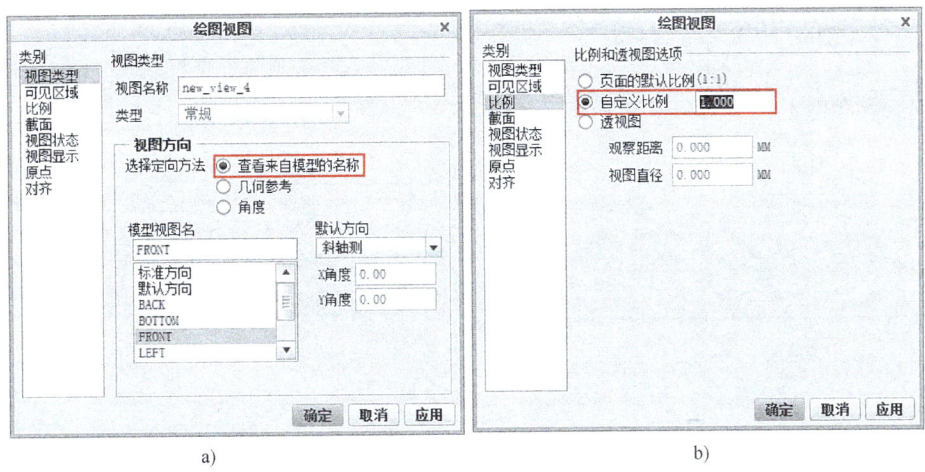

图 10-20 "绘图视图"对话框

第9步，单击"绘图视图"对话框中的"确定"按钮，关闭对话框，在工具栏中单击"消隐"按钮，将视图的显示状态设置为消隐状态。至此，完成了主视图的创建，如图10-12所示。

10.2.2 投影视图

在 Creo1.0 软件中，可以创建投影视图，投影视图包括右视图、左视图、俯视图和仰视图。下面以创建左视图为例，说明创建投影视图的一般操作过程。

第1步，单击在上一小节中创建的主视图，然后右击，系统弹出图10-21所示的快捷菜单，在快捷菜单中选择"插入投影试图"命令。

说明：还有一种进入"投影视图"命令的方法，即在功能区的"布局"选项卡中单击"投影"按钮。利用这种方法创建投影视图，必须先单击选中其父视图。

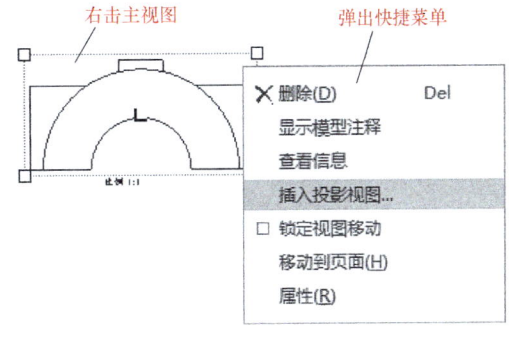

图 10-21 快捷菜单

第2步，在系统信息区"选择绘图视图的中心点"的提示下，在绘图区主视图的右方任意位置单击，系统自动创建左视图。在主视图的下方（或左方）任意选取一点，则会生成俯视图（或右视图），如图10-22a所示。

第3步，最后生成的工程图如图10-22b所示。

10.2.3 轴测图

在工程图中创建图10-23所示的轴测图的目的主要是方便读图，其创建方法与主视图基

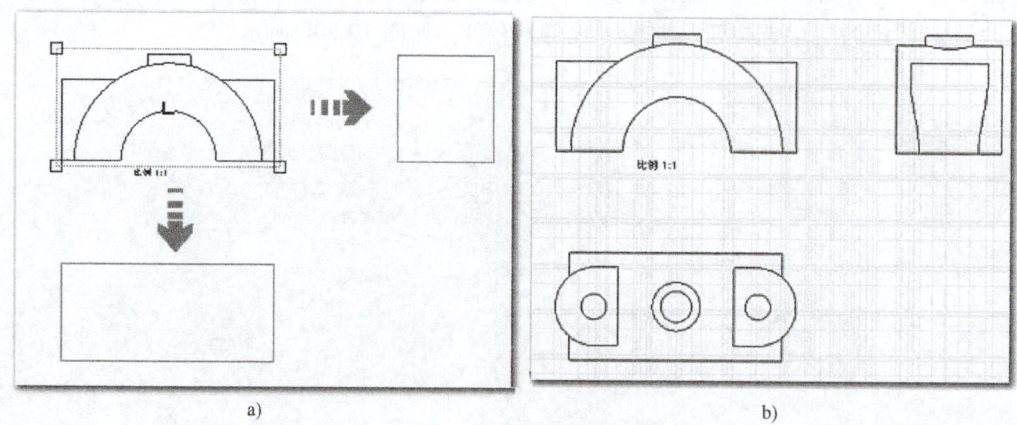

图 10-22 生成投影视图操作

本相同，它也是作为"一般"视图来创建的。通常轴测图是作为最后一个视图添加到图样中的。下面说明其操作的一般过程。

第 1 步，在绘图区右击，系统弹出的快捷菜单中选择"插入普通视图"命令。

第 2 步，在系统信息区"选择绘图视图的中心点"的提示下，在绘图区左视图的下方任意位置单击作为放置轴测图位置点。

第 3 步，系统弹出图 10-24 所示的"绘图视图"对话框，在"默认方向"下拉列表中选取"等轴测"。

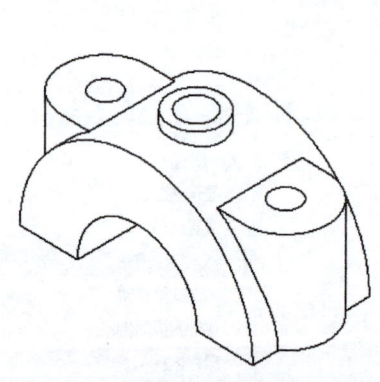

图 10-23 轴测图

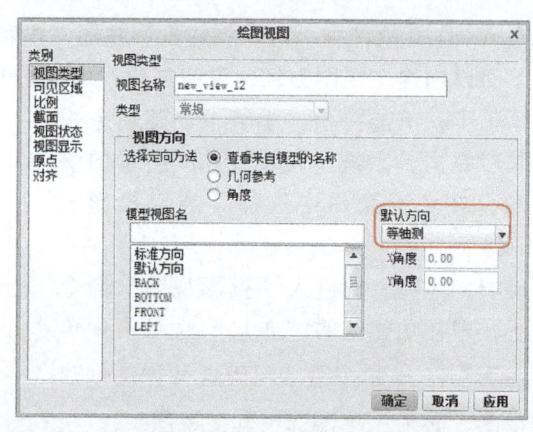

图 10-24 "绘图视图"对话框

第 4 步，定制比例。在"绘图视图"对话框中，选取"类别"列表框中的"比例"选项，选中"自定义比例"单选按钮，并输入比例数值 1。

第 5 步，单击对话框中的"确定"按钮，关闭对话框。

注意：要使轴测图的摆放方位满足表达要求，可先在零件或装配环境中，将模型在空间摆放到合适的视角方位，然后将这个方位保存成一个视图名称（如 ZC），然后在工程图中，在添加轴测图时，选取已保存的视图方位名称（如 ZC），即可进行视图定向。这种方法很灵活，能使创建的轴测图摆放成任意方位，以满足不同的表达要求。

10.3 辅助视图的创建

10.3.1 全剖视图

图 10-2 全剖视图的创建

全剖视图属于二维截面视图,在创建全剖视图时需要用到截面。操作步骤如下:

第1步,将工作目录设置至 D:\creo1.0\work\ch10,打开 10-02.prt 零件文件及 10-02.drw 工程图文件,如图 10-25 和图 10-26 所示。

第2步,选取图 10-26 所示的主视图并右击,从弹出的快捷菜单(图 10-27)中选择"属性"命令,系统弹出图 10-28 所示的"绘图视图"对话框。

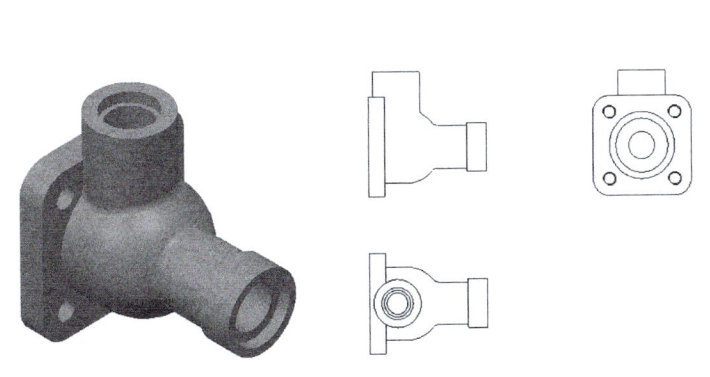
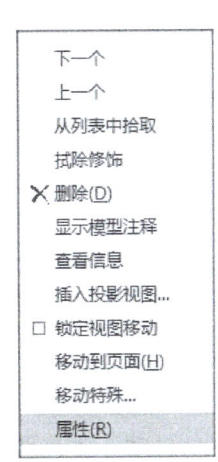

图 10-25 10-02.prt 零件 　　图 10-26 10-02.drw 工程图 　　图 10-27 快捷菜单

第3步,设置"截面"选项。

1)在图 10-28 所示的对话框中,选取"类别"列表框中的"截面"选项。

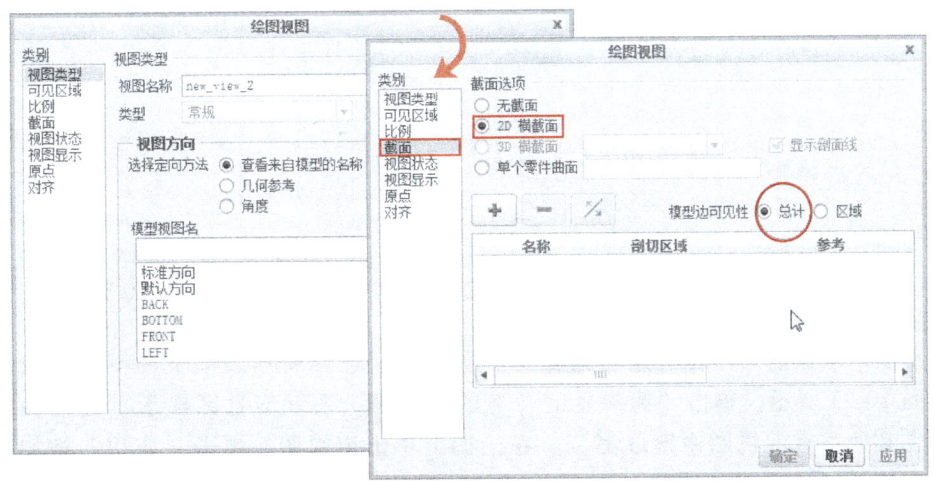

图 10-28 "绘图视图"对话框

2）将"模型边可见性"设置为"总计"。

3）将"截面选项"设置为"2D 横截面",然后单击 ![+] 按钮。系统弹出"菜单管理器"对话框,如图 10-29 所示。在"菜单管理器"对话框中选择"平面"和"单一"选项后,单击"完成"。系统在绘图区的顶部出现"输入横截面名"文本框,在文本框中输入任意的横截面名,如"A",然后单击后面的 ![√] 按钮。系统出现"菜单管理器"对话框,如图 10-30 所示。

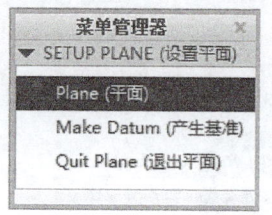

图 10-29　"菜单管理器"对话框（一）　　　　图 10-30　"菜单管理器"对话框（二）

4）单击"平面显示"图标,再单击"重画"图标,使基准平面在图上显示出来。再在俯视图上选择"FRONT"平面为全剖视图的剖切面,回到"绘图视图"对话框,在"剖切区域"下拉列表框中选择"完全"选项,如图 10-31 所示。单击"应用"按钮,零件主视图已成为全剖视图,截面名为 A-A,如图 10-32 所示。

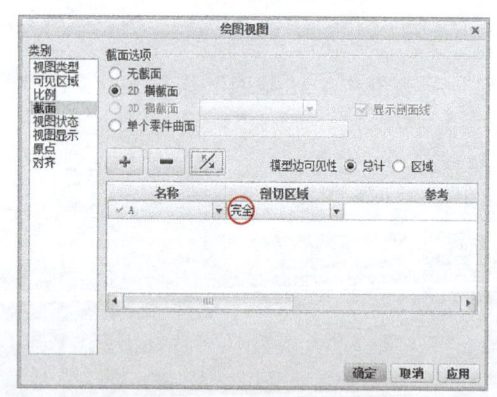

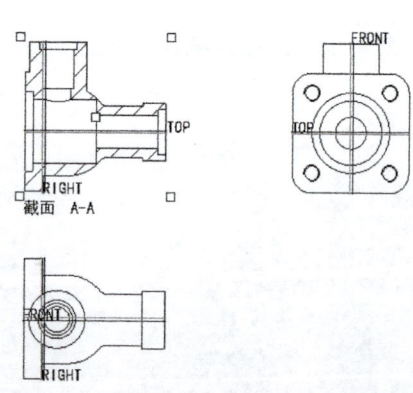

图 10-31　"绘图视图"对话框　　　　　　　　图 10-32　全剖视图

第 4 步,添加箭头。在"绘图视图"对话框中,把截面列表框下的滑动条拉到最右端,如图 10-33 所示。单击"箭头显示"下的文本框,系统信息区提示"给箭头选出一个截面在其处垂直的视图中键取消。",在绘图区单击俯视图,单击"应用"按钮,系统自动生成箭头,如图 10-34 所示。单击"绘图视图"对话框中的"关闭"按钮,完成全剖视图创建。

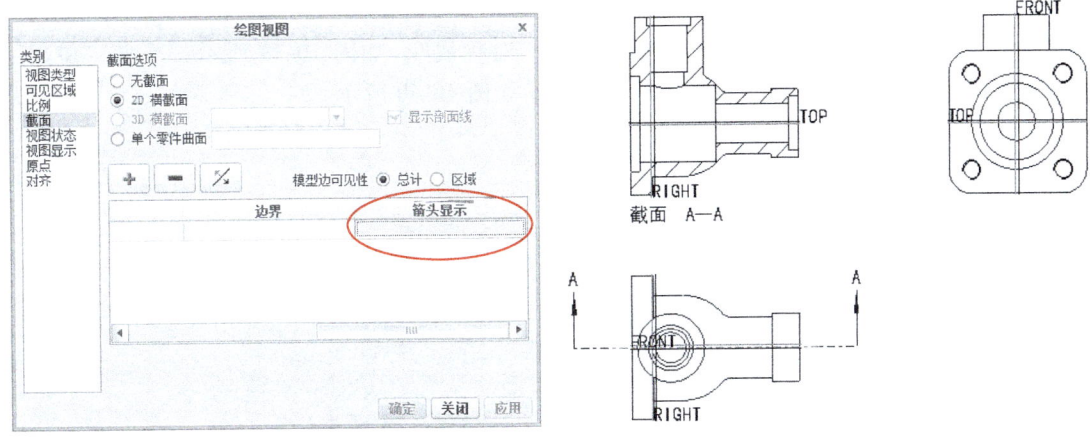

图 10-33 "绘图视图"对话框　　　　图 10-34 生成箭头

10.3.2 半视图与半剖视图

半视图常用于表达具有对称形状的零件模型，更加简洁明了。创建半视图时需选取一个基准平面来作为参照平面（此平面在视图中必须垂直于屏幕），视图中只显示此基准平面指定一侧的视图，另一侧不显示。

在半剖视图中，参照平面指定的一侧以剖视图显示，而在另一侧以普通视图显示，所以需要创建剖面。

半视图和半剖视图分别如图 10-35 和图 10-36 所示，下面分别介绍其操作步骤。

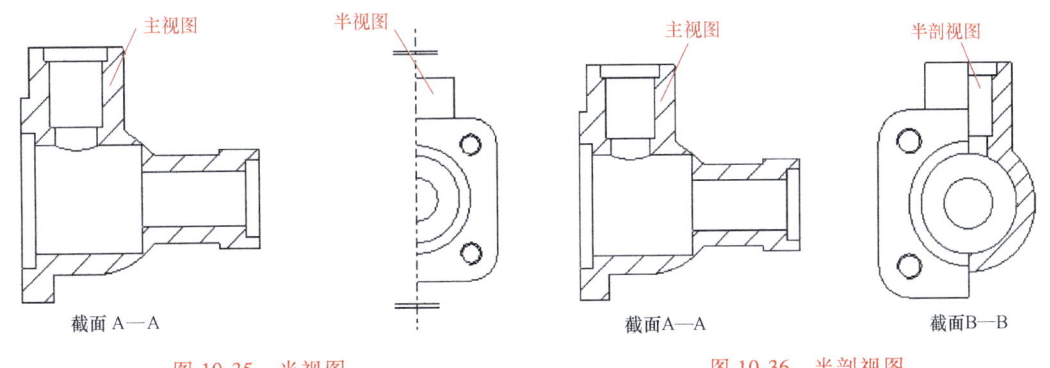

图 10-35 半视图　　　　图 10-36 半剖视图

1. 创建半视图

第 1 步，将工作目录设置至 D：\creo1.0\work\ch10，打开 10-02.prt 零件文件及 10-02_1.drw 工程图文件，如图 10-37 所示。

第 2 步，双击左视图，系统弹出"绘图视图"对话框，如图 10-38 所示。

第 3 步，在"类别"列表框中选取"可见区域"选项，将"视图可见性"设置为"半视图"。

10-3 半视图的创建

第 4 步，系统信息区提示"给半视图的创建选择参照平面。"，选取图 10-39 所示的 FRONT 基准平面，图中箭头为半视图的创建方向（箭头指向右侧表示仅显示右侧部分，箭头指向左侧表示仅显示左侧部分；单击"绘图视图"对话框中的"保持侧" 按钮，可以切换箭头指向），将"对称线标准"设置为"对称线"，如图 10-38 所示；单击"应用"按钮，再单击"关闭"按钮，系统生成半视图，如图 10-40 所示。

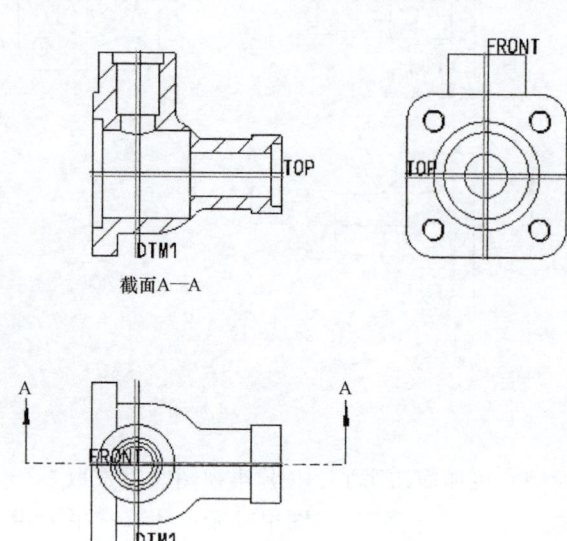

图 10-37　10-02_1.drw 工程图　　　　　图 10-38　"绘图视图"对话框

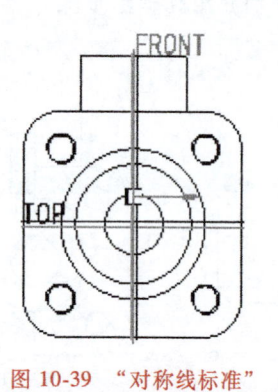
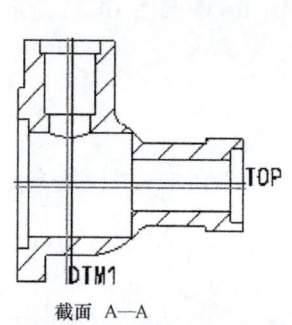

图 10-39　"对称线标准"　　　　　图 10-40　半视图
　　　　设置为"对称线"

2. 创建半剖视图

第 1 步，将工作目录设置至将工作目录设置至 D：\creo1.0\work\ch10，打开 10-02.prt 零文件及 10-02_1.drw 工程图文件。

第 2 步，选取图 10-37 所示的左视图，然后右击，从弹出的快捷菜单中选择"属性"命令，系统弹出"绘图视图"对话框。

第 3 步，设置截面选项。

1）在图 10-41 所示的"绘图视图"对话框中，选取"类别"列表框中的"截面"选项。

2)将"截面选项"设置为"2D 横截面",将"模型边可见性"设置为"总计",然后单击 ✚ 按钮,系统弹出"菜单管理器"对话框,如图 10-42 所示。在"菜单管理器"对话框中选择"平面"和"单一"选项后,单击"完成"。系统在绘图区的顶部出现"输入横截面名" 文本框,在文本框中输入任意的横截面名,如"B",然后单击后面的 ✔ 按钮,系统出现"菜单管理器"对话框,如图 10-43 所示。

3)在系统信息区"选择平面曲面或基准平面"的提示下,选取图 10-37 所示的 DTM1 基准平面,回到"绘图视图"对话框,在"剖切区域"下拉列表框中选"一半"选项。单击左视图中的 FRONT 基准平面,此时视图如图 10-44 所示,图中箭头为半剖视图的创建方向。

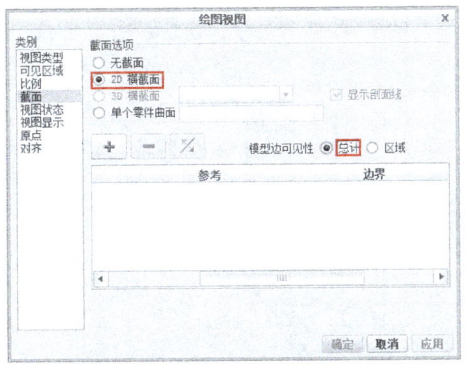

图 10-41 "绘图视图"对话框

图 10-42 "菜单管理器"对话框(一)

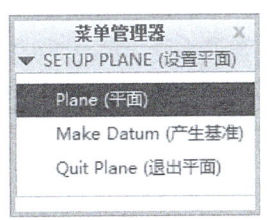

图 10-43 "菜单管理器"对话框(二)

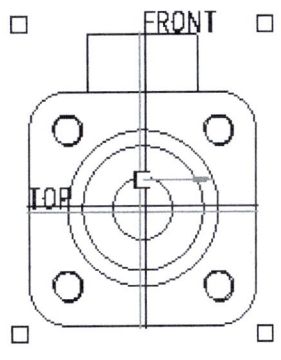

图 10-44 箭头表示创建方向

4)单击对话框中的"应用"按钮,系统生成半剖视图,如图 10-45 所示。此时"绘图视图"对话框如图 10-46 所示,单击"绘图视图"对话框中的"关闭"按钮。

第 4 步,添加箭头。

1)右击信息区图 10-45 所示的半剖视图,从弹出的快捷菜单中选"添加箭头"命令。

2)在系统信息区"给箭头选出一个截面在其处垂直的视图。中键取消。"的提示下,单击俯视图,系统在俯视图上自动生成箭头,如图 10-47 所示。

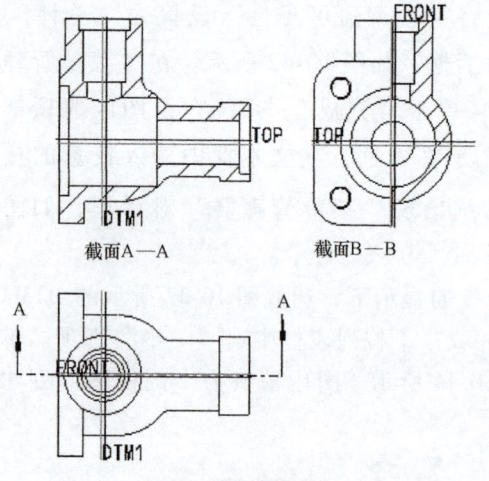

图 10-45 半剖视图

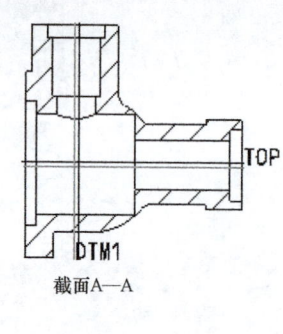

图 10-46 "绘图视图"对话框

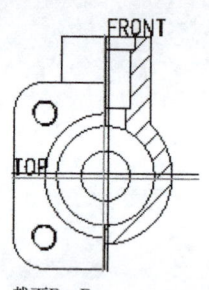

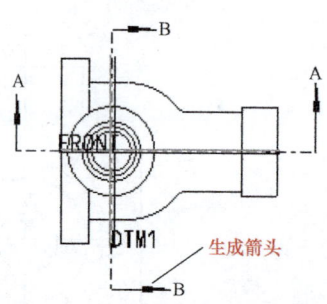

图 10-47 生成箭头

10.3.3 局部视图与局部剖视图

局部视图只显示视图要表达的部位，且将视图的其他部分省略或断裂，创建局部视图时需先指定一个参照点作为中心点并在视图上草绘一条样条曲线以选定一定的区域，生成的局部视图将显示以此样条曲线为边界的区域。

局部剖视图是指以剖视的形式显示所选定区域的视图，可以用于某些复杂的视图中，使图样简洁，增加图样的可读性。在一个视图中还可以做多个局部剖面，这些剖面可以不在一个平面上，用以更加全面地表达零件的结构。

1. 创建局部视图

局部视图如图 10-48 所示，操作步骤如下：

第 1 步，将工作目录设置至 D：\creo1.0\work\ch10，打开 10-02new.drw 工程图文件，如图 10-49 所示。

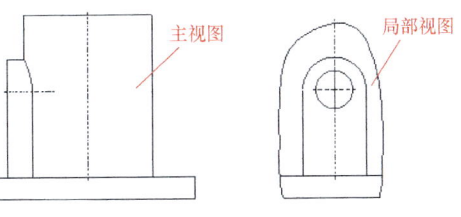

图 10-48 局部视图

10-4 局部视图的创建

第 2 步，双击左视图，或选中左视图右击，在弹出的快捷菜单中选择"属性"命令，系统弹出"绘图视图"对话框，选取"类别"列表框中的"可见区域"选项，将"视图可见性"设置为"局部视图"，如图 10-50 所示。

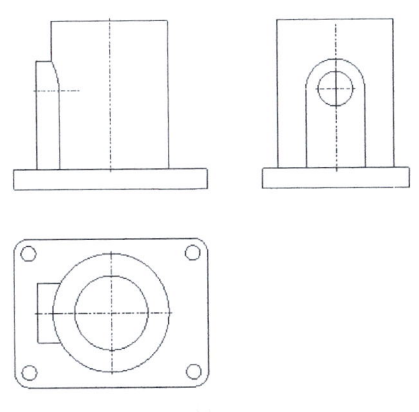
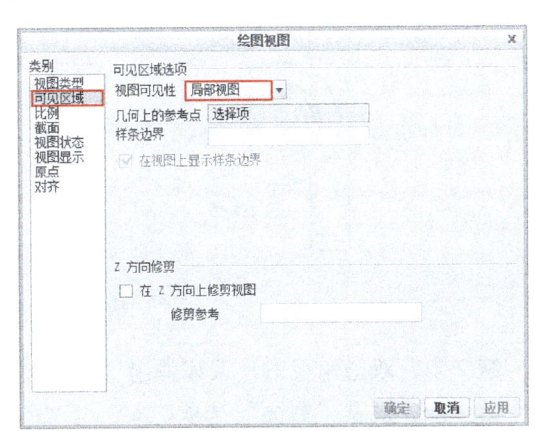

图 10-49 10-02new.drw 工程图

图 10-50 "绘图视图"对话框

第 3 步，绘制局部视图的边界线。

1) 此时系统信息区提示"选择新的参考点"，单击"确定"按钮，在投影视图的边线上选取一点（如果不在模型的边线上选取点，则系统不认可），这时在选取的点附近出现一个十字线，如图 10-51 所示。

注意：在视图较小的情况下，此十字线不易看见，可通过放大视图区来观察。移动或缩放视图区时，十字线可能会消失，但不妨碍操作的进行。

2) 在系统"在当前视图上草绘样条来定义外部边界。"的提示下，直接绘制图 10-52

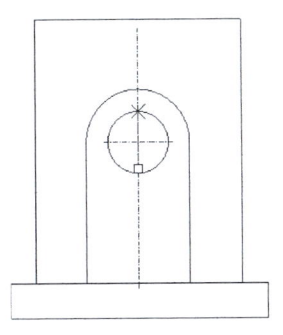
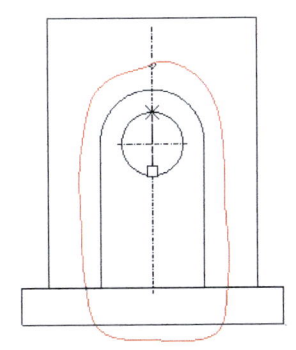

图 10-51 定义边界中心点

图 10-52 定义外部边界

所示的样条曲线来定义外部边界。当绘制到封闭时，单击中键结束绘制（在绘制边界线前，不要选择样条曲线的绘制命令，可直接单击进行绘制）。

第 4 步，单击对话框中的"确定"按钮，关闭对话框。局部视图创建完成，如图 10-48 所示。

2．创建局部剖视图

局部剖视图如图 10-53 所示，操作步骤如下：

第 1 步，将工作目录设置至 D：\creo1.0\work\ch10，打开 10-02_1.drw 工程图文件，如图 10-37 所示。

10-5　局部剖视图的创建

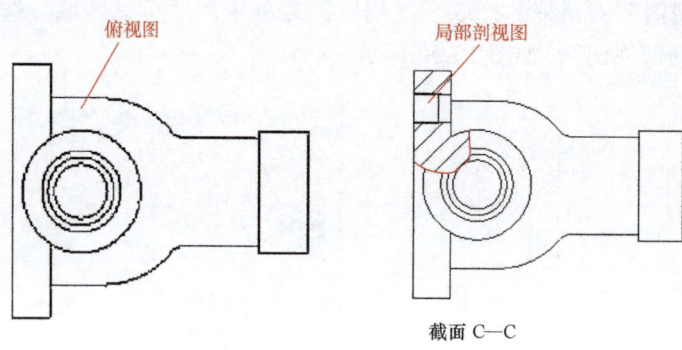

图 10-53　局部剖视图

第 2 步，双击俯视图，系统弹出"绘图视图"对话框。

第 3 步，设置"截面"选项。

1）在"绘图视图"对话框中，选取"类别"列表框中的"截面"选项。

图 10-54　"菜单管理器"对话框（一）

2）将"截面选项"设置为"2D 横截面"，将"模型边可见性"设置为"总计"，然后单击 按钮。系统弹出"菜单管理器"对话框，如图 10-54 所示。在"菜单管理器"对话框选择"平面"和"单一"选项后，单击"完成"。系统在绘图区的顶部出现"输入横截面名 " 文本框，在其中输入任意的横截面名，如"C"，然后单击后面的 按钮。系统出现"菜单管理器"对话框，如图 10-55 所示。

3）在系统"选择平面曲面或基准平面。"的提示下，选取 DTM2 基准平面，如图 10-56 所示。回到"绘图视图"对话框，在"剖切区域"下拉列表框中选"局部"选项。

第 4 步，绘制局部剖视图的边界线。

1）此时系统提示"选择截面间断的中心点。"，在俯视图的边线上选取一点（如果不在模型的边线上选取点，则系统不认可），这时在选取的点附近出现一个十字线，如图 10-57 所示。

2）在系统"草绘样条，不相交其他样条，来定义一轮廓线。"的提示下，直接绘制图 10-58 所示的样条曲线来定义外部边界。当绘制到封闭时，单击中键结束绘制。单击"应用"按钮，此时"绘图视图"对话框如图 10-59 所示。

第 5 步，单击"关闭"按钮，关闭对话框，局部剖视图创建完成，如图 10-53 所示。

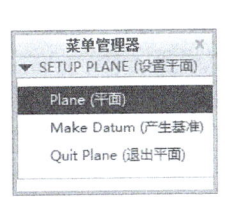
图 10-55 "菜单管理器"对话框（二）

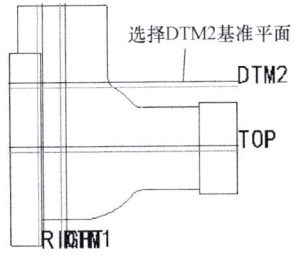
图 10-56 选择基准平面

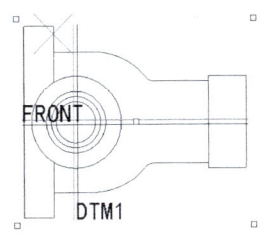
图 10-57 显示十字线

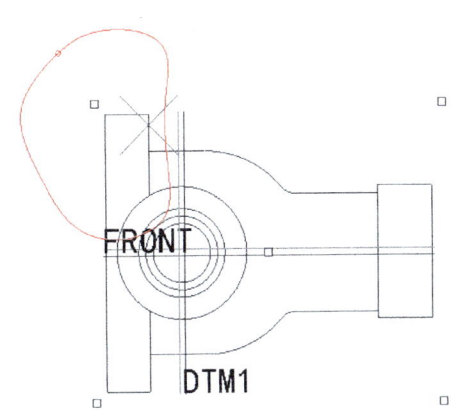
图 10-58 定义外部边界

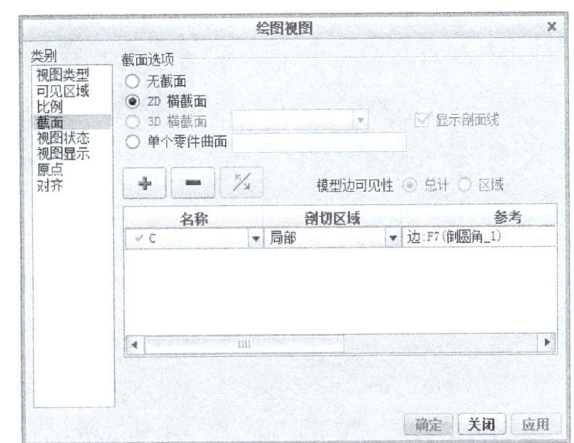
图 10-59 "绘图视图"对话框

10.3.4 旋转视图与旋转剖视图

旋转视图又叫旋转截面视图，因为在创建旋转视图时常用到剖截面。它是从现有视图引出的，主要用于表达剖截面的剖面形状，因此常用于"工字钢"等零件。此剖截面必须和它所引出的那个视图相垂直。在 Creo1.0 软件的工程图环境中，旋转视图的截面类型均为区域截面，即只显示被剖切的部分，因此在创建旋转视图的过程中不会出现"截面类型"菜单。

旋转剖视图是完整截面视图，但它的截面是一个偏距截面（因此需创建偏距剖截面）。它显示绕某一轴的展开区域的截面视图，在"绘图视图"对话框中用到的是"全部对齐"选项，且需选取某个轴。

1. 创建旋转视图

旋转视图如图 10-60 所示，操作步骤如下：

第 1 步，将工作目录设置至 D：\creo1.0\work\ch10，打开 10-03new.prt 三维零件文件和 10-03new.drw 工程图文件，如图 10-61 所示。

第 2 步，在创建旋转视图时需选择剖截面。剖截面可以临时创建，像前面创建剖视图时操作一样，也可以在零件模块事先建好。下面介绍采用先在零件模块创建好剖截面的方式创建旋转视图的方法。激活 10-03.prt 文件，在"视图工具栏"上单击"视图管理器"  按钮，系统弹出"视图管理器"对话框，选择"截面"选项卡，选择"新建"→"平面"命令，在"名称"列表框内出现一个名为"Xsec0001"的截

10-6 旋转视图的创建

面,把"Xsec0001"改为"A",如图 10-62 所示,按回车键,在绘图区的零件上选择"DTM2"平面,如图 10-63 所示,单击"截面"操控板上的 ✓ 按钮,如图 10-64 所示,完成截面"A"创建。

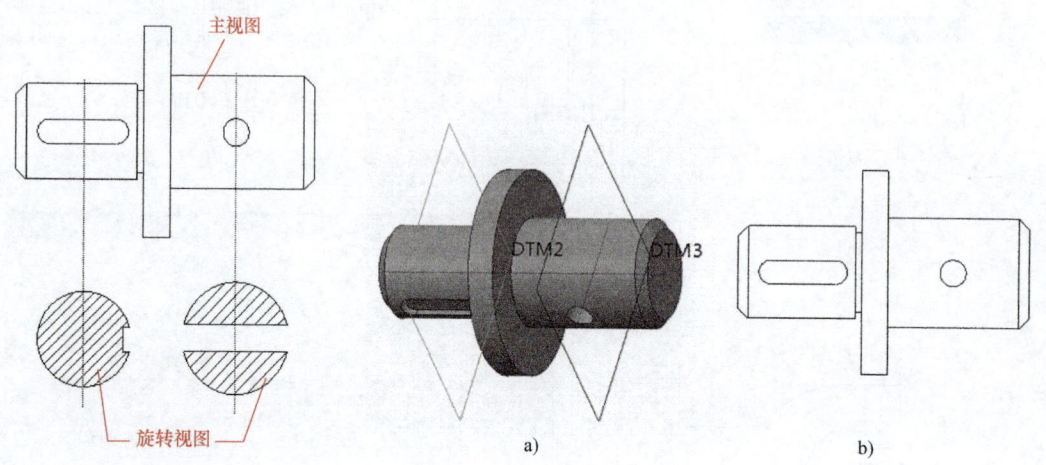

图 10-60 旋转视图　　　　　　　　a)　　　　　　　　　　b)

图 10-61 10-03new.prt 三维零件和 10-03new.drw 工程图

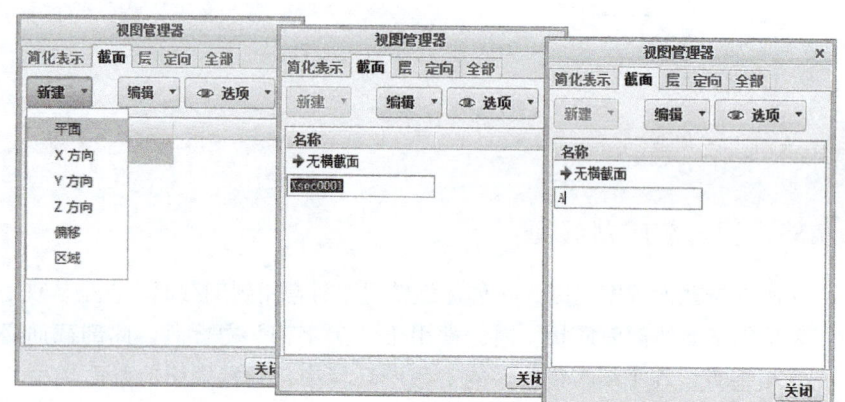

图 10-62 视图管理器

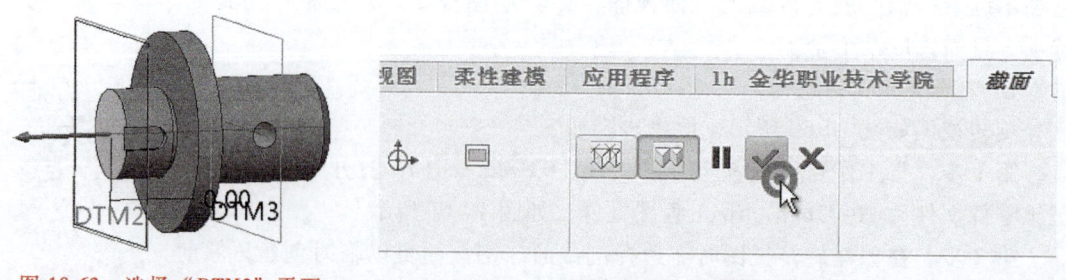

图 10-63 选择"DTM2"平面　　　　　图 10-64 "截面"操控板

第 3 步,按第 2 步中相同的操作再创建一个在"DTM3"平面处的截面"B"。关闭"视图管理器"对话框。

第 4 步,激活 10-03.drw 文件,在"布局"选项卡中单击"旋转"按钮。

第 5 步，在系统"选择旋转界面的父视图。"的提示下，单击所选取图形区中的主视图。

第 6 步，在"选择绘制视图的中心点。"的提示下，在图形区的主视图的下面选取一点，系统立即生成旋转视图，并弹出"绘图视图"对话框，系统已自动选取截面 A，创建出 A 旋转视图，如图 10-65 所示。

第 7 步，系统提示"选择对称轴或（中键取消）。"，不选取对称轴或基准，直接单击中键或在对话框中单击"确定"按钮，完成旋转视图的创建。

第 8 步，创建另一个旋转视图。在"布局"选项卡中单击"旋转"按钮。

第 9 步，在系统"选择旋转界面的父视图。"的提示下，单击所选取图形区中的主视图。

第 10 步，在"选择绘制视图的中心点。"的提示下，在图形区的主视图的下面选取一点，系统立即生成旋转视图，并弹出"绘图视图"对话框，系统已自动选取截面"A"，把横截面"A"改为"B"，如图 10-66 所示。

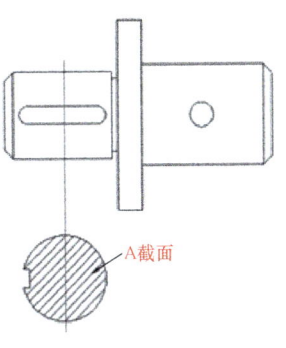

图 10-65　生成旋转视图

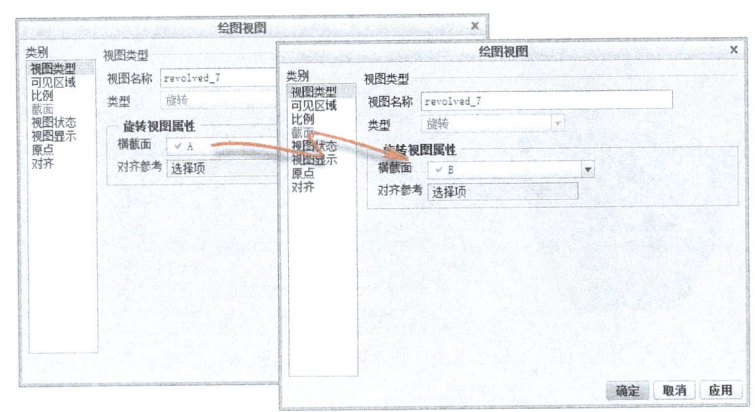

图 10-66　"绘图视图"对话框

第 11 步，单击"应用"按钮，创建出 B 旋转视图。此时系统提示"选择对称轴或（中键取消）。"，不选取对称轴或基准，直接单击中键或在对话框中单击"关闭"按钮，完成旋转视图的创建（如果旋转视图和原俯视图重合在一起，移动旋转视图到合适位置），如图 10-67 所示。

2. 创建旋转剖视图

旋转剖视图如图 10-68 所示，操作步骤如下：

第 1 步，将工作目录设置至 D：\creo1.0\work\ch10，打开 10-03.prt 三维模型零件文件和 10-03.drw 工程图文件，如图 10-69 所示。

第 2 步，激活 10-03.prt 文件，在"视图工具栏"上单击"视图管理器"按钮，系统弹出"视图管理器"对话框，单击"截面"选项卡，如图 10-70a 所示。选择"新建"→"偏移"命令，在"名称"列表框内出现一个名为

10-7　旋转剖视图的创建

"Xsec0001"的截面,如图 10-70b 所示。把"Xsec0001"改为"C",如图 10-70c 所示,按回车键。

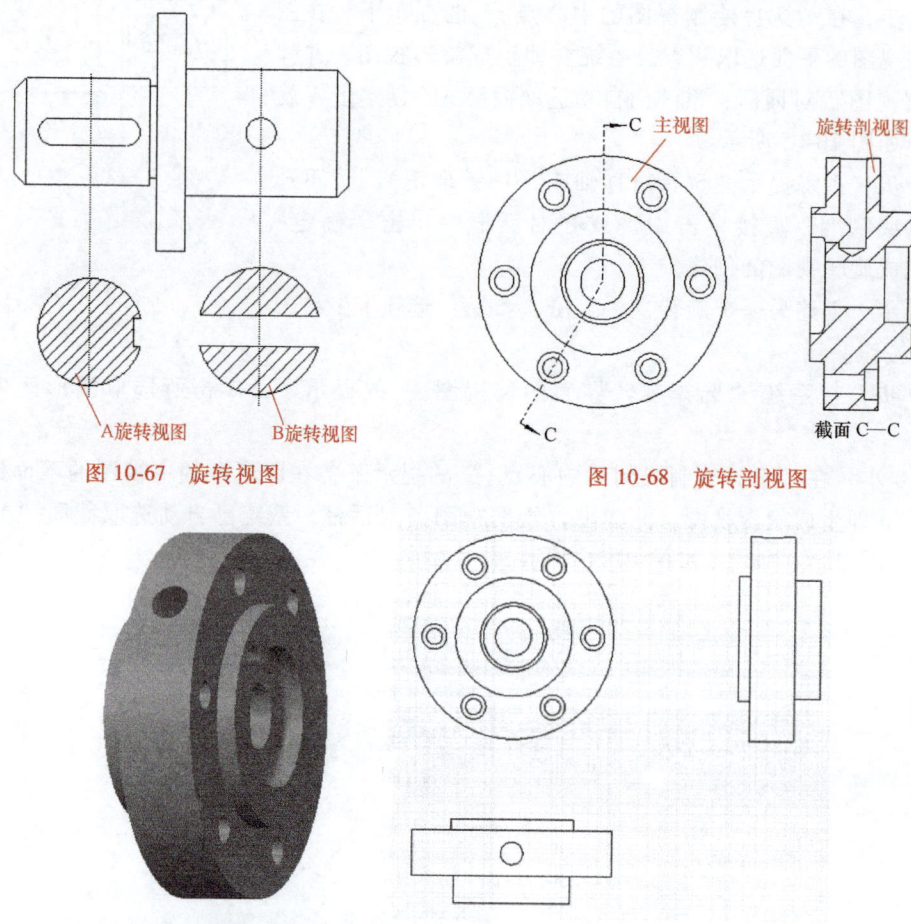

图 10-67　旋转视图　　　　　　　　图 10-68　旋转剖视图

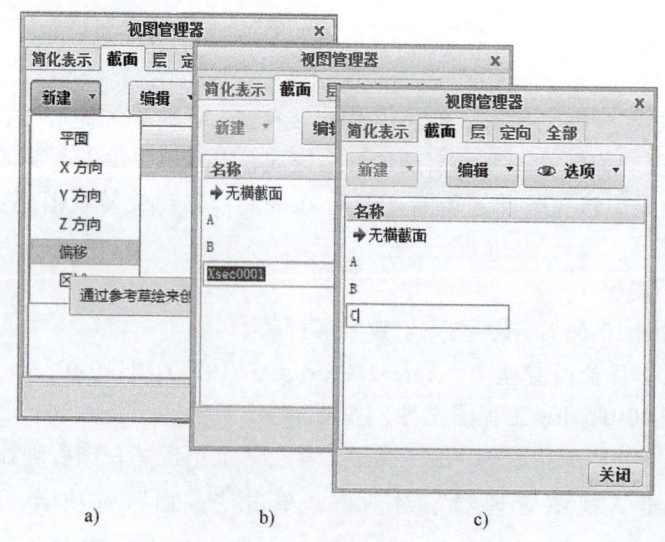

图 10-69　10-03.prt 三维零件和 10-03.drw 工程图

图 10-70　"视图管理器"对话框

第 3 步，在系统"选择一个草绘。"的提示下，选择如图 10-71 所示的平面。等视图转正后，绘制如图 10-72 所示的两条直线。单击"草绘"操控板上的按钮 ✓，完成偏移截面"C"创建。

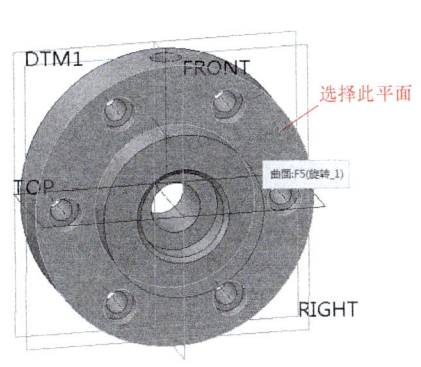
图 10-71 选择平面

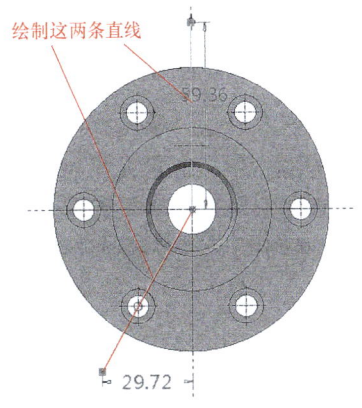
图 10-72 绘制两条直线

第 4 步，双击左视图，系统弹出"绘图视图"对话框。

第 5 步，设置"截面"选项。

1）在图 10-73a 所示的对话框中，选取"类别"列表框中的"截面"选项。

2）将"截面选项"设置为"2D 横截面"，将"模型边可见性"设置为"总计"，然后单击 ✚ 按钮。

3）在"名称"下拉列表框中选取剖截面"C"（C 剖截面是偏距剖截面，在零件模块中用"视图管理器"命令提前创建），在"剖切区域"下拉列表框中选择"全部（对齐）"选项。

4）在系统"选择轴（在轴线上选择）。"的提示下选取图 10-73b 所示的轴线（如果在视图中基准轴没有显示，需单击 按钮打开基准轴的显示，并刷新一下就会显示出来）。

第 6 步，单击对话框中的"确定"按钮，关闭对话框。创建出旋转剖视图，如图 10-68 所示。

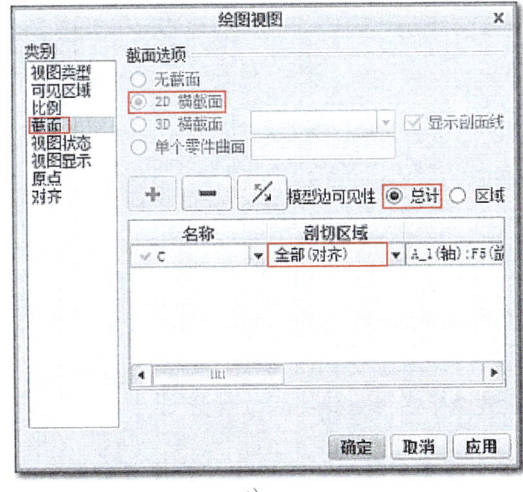

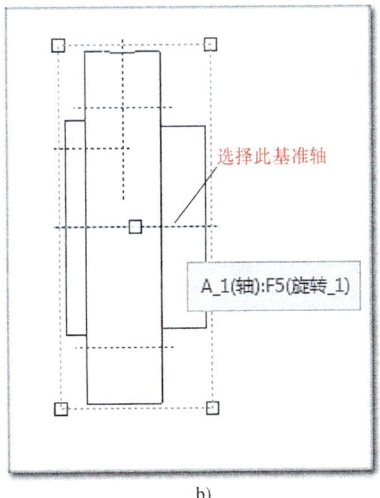

a)   b)

图 10-73 "绘图视图"对话框和选择基准轴

第7步，添加箭头。选取图10-68所示的旋转剖视图，然后右击，从弹出的快捷菜单中选择"添加箭头"命令，单击主视图，系统自动生成箭头，如图10-68中的主视图所示。

10.3.5 阶梯剖视图

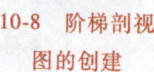

10-8 阶梯剖视图的创建

阶梯剖视图属于二维截面视图，它与全剖视图在本质上没有区别，但它的截面是偏距截面。创建阶梯剖视图的关键是创建好偏距截面，可以根据不同的需要创建偏距截面来实现阶梯剖视以达到充分表达视图的需要。阶梯剖视图如图10-74所示，创建操作步骤如下：

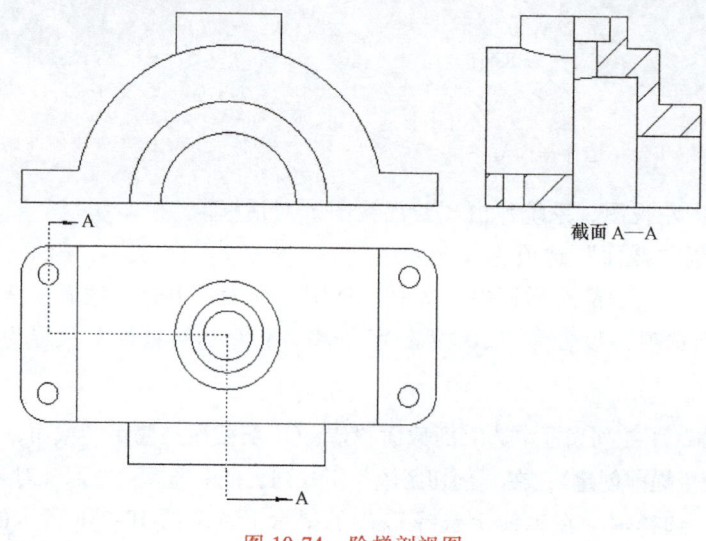

图10-74 阶梯剖视图

第1步，将工作目录设置至D：\creo1.0\work\ch10，打开10-04new.prt三维零件文件和10-04new.drw工程图文件，如图10-75所示。

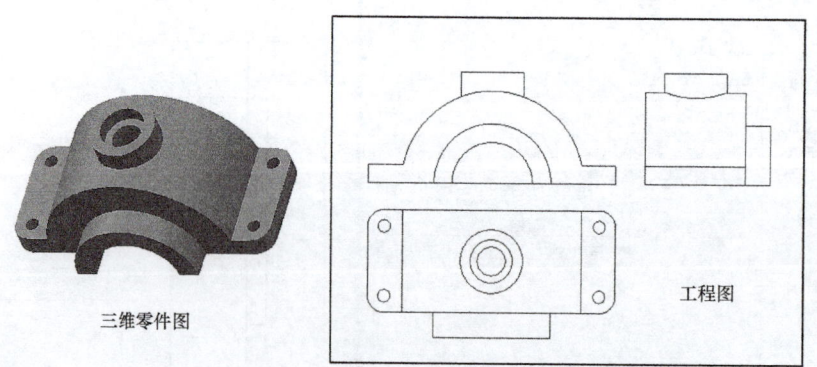

图10-75 10-04new.prt三维零件和10-04new.drw工程图

第2步，激活三维零件10-04new.prt，在"视图工具栏"上单击"视图管理器"按钮，系统弹出"视图管理器"对话框，单击"截面"选项卡，选择"新建"→"偏移"命令，在"名称"列表框内出现一个名为"Xsec0001"的截面，把"Xsec0001"改为"A"，如图10-76

第10章 工程图绘制

所示，按回车键，在绘图区的零件上选择零件上表面，如图 10-77 所示，待零件转正后，绘制如图 10-78 所示的折线。单击"截面"操控板上的按钮 ✓，完成截面"A"创建。

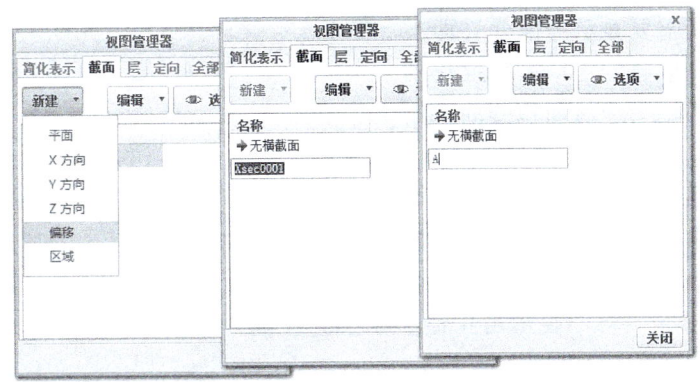

图 10-76　视图管理器

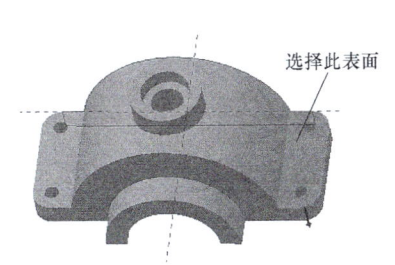

图 10-77　选择平面

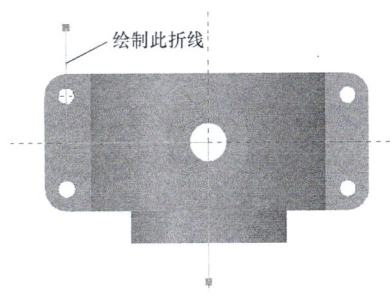

图 10-78　绘制折线

第 3 步，激活 10-03new.drw 工程图文件。双击左视图，系统弹出"绘图视图"对话框。

第 4 步，设置"截面"选项。在"绘图视图"对话框中，选取"类别"列表框中的"截面"选项，将"截面选项"设置为"2D 横截面"，然后单击 ➕ 按钮。将"模型边可见性"设置为"总计"；在"名称"下拉列表框中选取剖截面"A"，在"剖切区域"下拉列表框中选取"完整"选项，单击对话框中的"确定"按钮，关闭对话框。阶梯剖视图已创建，如图 10-74 所示。

第 5 步，添加箭头。选取图 10-74 所示的阶梯剖视图，然后右击，从弹出的快捷菜单中选择"添加箭头"命令，单击俯视图，系统自动生成箭头，如图 10-74 所示。

10.3.6　破断视图

10-9　破断视图的创建

在机械制图中，经常遇到一些细长形的零件，若要反映整个零件的尺寸形状，需用大幅面的图纸来绘制。为了既节省图纸幅面，又可以反映零件形状尺寸，在实际绘图中常采用破断视图。破断视图指的是从零件视图中删除选定两点之间的视图部分，将余下的两部分合并成一个带破断线的视图。创建破断视图之前，应当在当前视图上绘制破断线。通常有两种方法绘制破断线：一是通过创建几个断点，然后以绘制通过这些断点的直线

（竖直线或者水平线）作为破断线；二是通过绘制样条曲线、选取视图轮廓为"S"曲线或几何上的心电图形等形状来作为破断线。确认后系统将删除视图中两破断线间的视图部分，合并保留需要显示的部分（即破断视图）。下面以创建图10-79所示长轴的破断视图为例说明创建破断视图的一般操作步骤。

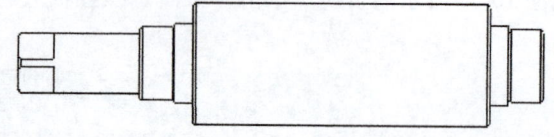

图10-79　10-05new.drw 工程图

第1步，将工作目录设置至 D：\creo1.0\work\ch10，打开10-05new.drw 工程图文件。

第2步，双击图形区中的视图，系统弹出"绘图视图"对话框，如图10-80 所示。

第3步，在该对话框中，选取"类型"列表框中的"可见区域"选项，将"视图可见性"设置为"破断视图"，如图10-80 所示。

第4步，单击"添加断点" 按钮，再选取图10-81 所示的点（注意：点在图元上，不是在视图轮廓线上），接着在系统"草绘一条水平或竖直的破断线。"的提示下，绘制一条竖直线作为第一条破断线（不用单击"草绘直线" 线按钮，直接以刚才选取的点作为起点绘制竖直线），此时视图如图10-82 所示，然后

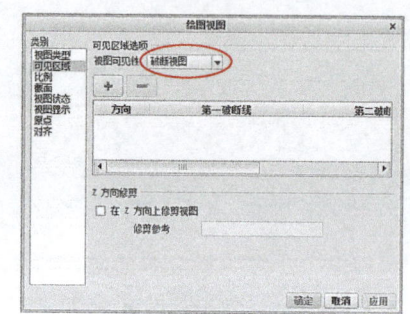

图10-80　"绘图视图"对话框

选取图10-82 所示的点，此时自动生成第二条破断线，如图10-83 所示。

图10-81　添加断点

第5步，选取破断线样式。在"绘图视图"对话框中找到"破断线造型"栏，选取"草绘"选项，如图10-84 所示。

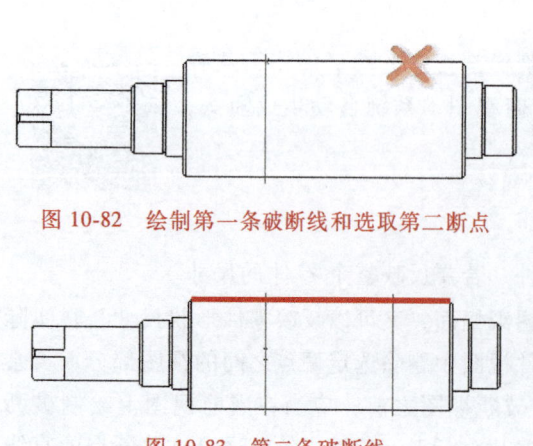

图10-82　绘制第一条破断线和选取第二断点

图10-83　第二条破断线

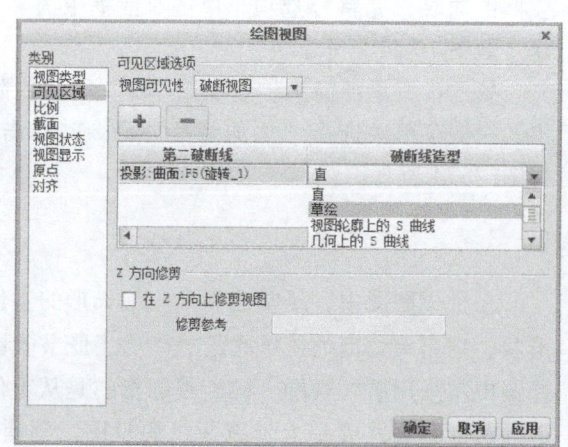

图10-84　"绘图视图"对话框

第 6 步，绘制图 10-85 所示的样条曲线（不用单击草绘样条曲线按钮 ∿样条，直接在图形区绘制样条曲线），草绘完成后单击中键，此时生成草绘样式的破断线，如图 10-86 所示。

第 7 步，单击"绘图视图"对话框中的"确定"按钮，关闭对话框，此时生成图 10-87 所示的破断视图。

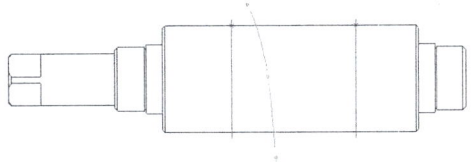

图 10-85　绘制样条曲线

说明：

1）选取不同的"破断线造型"将会得到不同的破断线效果，如图 10-88 所示。

2）在工程图配置文件中，可以用 broken_view_offset 参数来设置破断线的间距，也可在图形区先解除视图锁定，然后移动破断视图中的一个视图来改变破断线的间距。

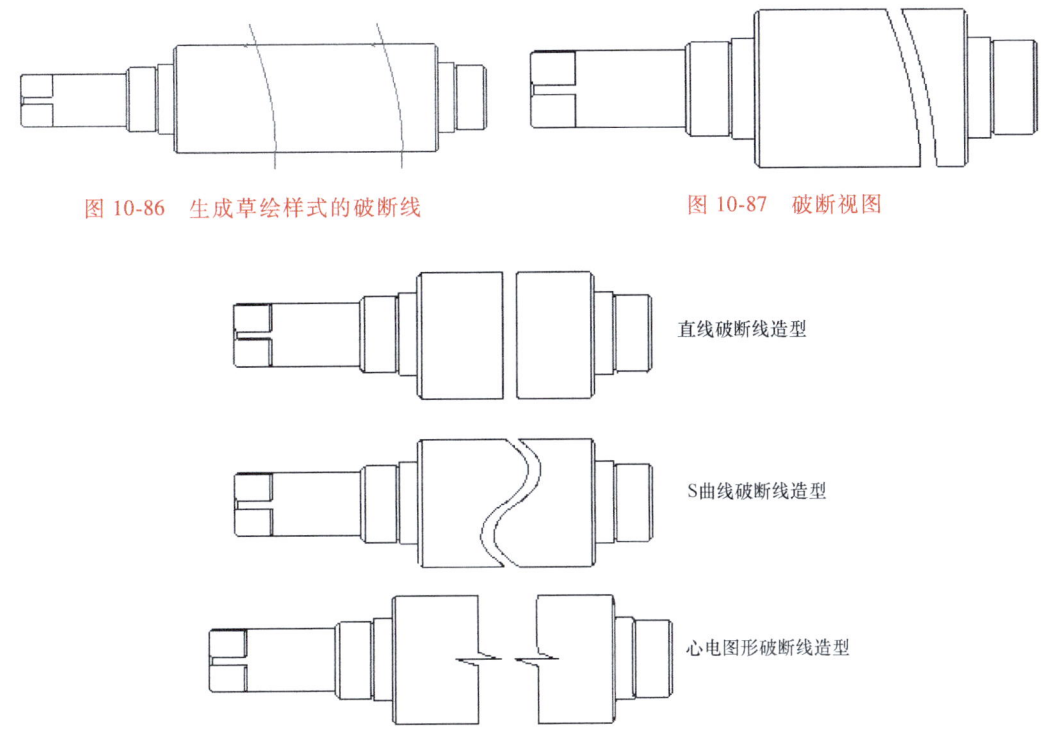

图 10-86　生成草绘样式的破断线　　　　图 10-87　破断视图

图 10-88　不同破断线效果

10.3.7　移出剖面

移出剖面也被称为"断面图"，常用在只需表达零件断面的场合下，这样可以使视图简化，又能使视图所表达的零件结构清晰易懂。在创建移出剖面时关键是要将"绘图视图"对话框中的"模型边可见性"设置为"区域"选项。移出剖面如图 10-89 所示，创建操作步骤如下：

10-10　移出视图的创建

第 1 步，将工作目录设置至 D：\creo1.0\work\ch10，打开文件 10-05new_2.prt 三维零件文件和 10-05new_2.drw 工程图文件，如图 10-90 所示。

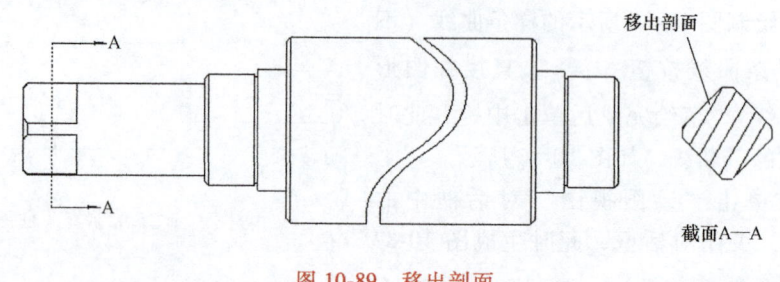

图 10-89　移出剖面

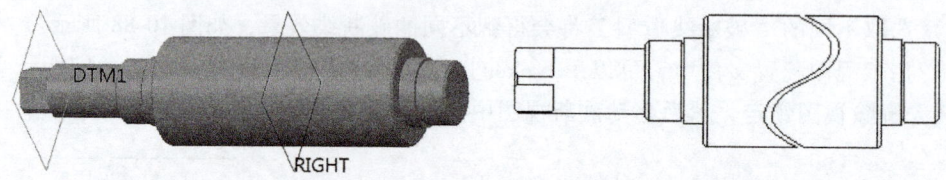

图 10-90　10-05new_2.prt 三维零件和 10-05new_2.drw 工程图

第 2 步，激活 10-05new_2.prt 文件，在"视图工具栏"上单击"视图管理器" 按钮，系统弹出"视图管理器"对话框，单击"截面"选项卡，选择"新建"→"平面"命令，在"名称"列表框内出现一个名为"Xsec0001"的截面，把"Xsec0001"改为"A"，如图 10-91 所示，按回车键，在绘图区的零件上选择"DTM1"平面，如图 10-92 所示，单击"截面"操控板上的 按钮，如图 10-93 所示，完成截面"A"创建。

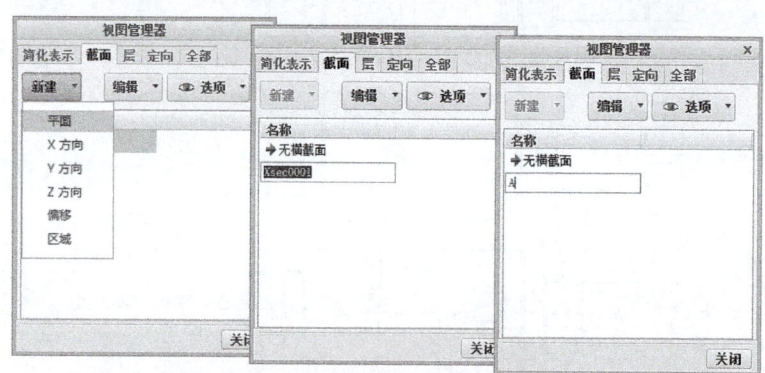

图 10-91　"视图管理器"对话框

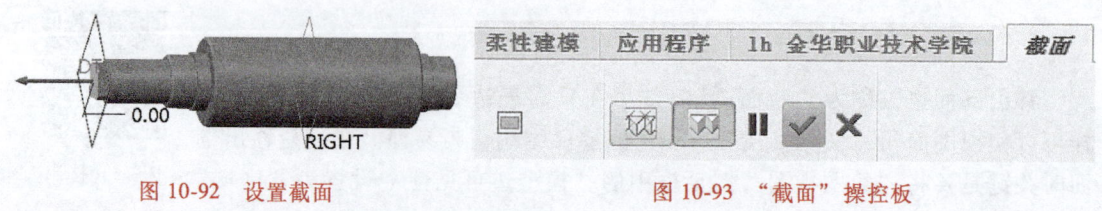

图 10-92　设置截面　　　　　　图 10-93　"截面"操控板

第 3 步，在"布局"选项卡中单击 按钮。

第 4 步，在系统"选择绘图视图的中心点。"的提示下，在图形区的主视图的右侧单击,此时绘图区出现系统默认的零件模型的轴测图,如图10-94所示,并弹出"绘图视图"对话框。

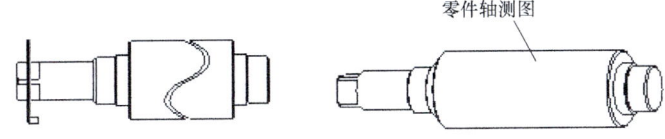

图 10-94　零件模型的轴测图

第5步,在"绘图视图"对话框中的"视图方向"区域中,在"选择定向方法"选项组中选中"查看来自模型的名称"单选按钮,在"模型视图名"中找到视图名"LEFT",此时"绘图视图"对话框如图10-95所示,单击对话框中的"应用"按钮。

第6步,设置"截面"选项。在"绘图视图"对话框中,选取"类型"列表框中的"截面"选项,将"截面选项"设置为"2D 横截面",然后单击 ➕ 按钮,将"模型边可见性"设置为"区域",在"名称"下拉列表框中选取剖截面"A",在"剖切区域"下拉列表框中选取"完全"选项,如图10-96所示。

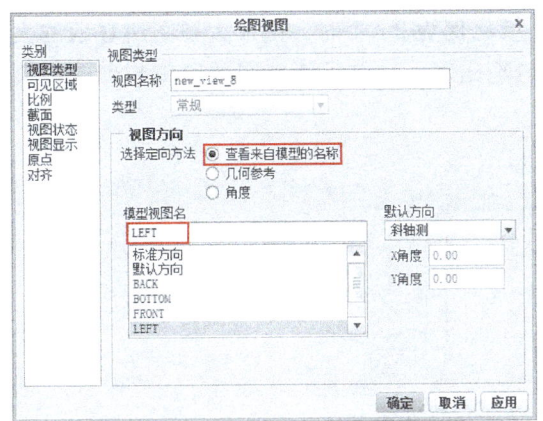

图 10-95　"绘图视图"对话框(一)

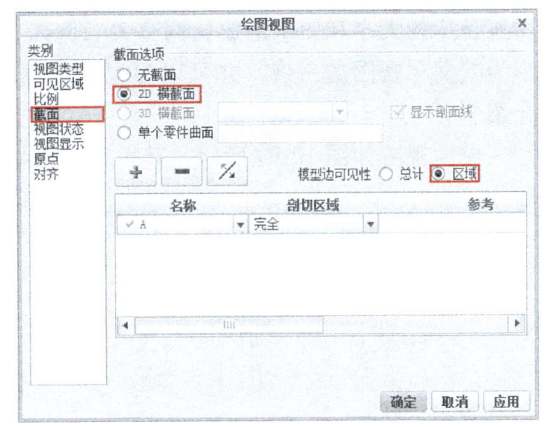

图 10-96　"绘图视图"对话框(二)

第7步,单击对话框中的"确定"按钮,关闭对话框,完成移出剖面的添加,如图10-97所示。

第8步,添加箭头。

1)选取图10-97所示的主视图,然后右击,从快捷菜单中选择"添加箭头"命令。

图 10-97　移出剖面

2)在系统"给箭头选出一个截面在其处垂直的视图,中键取消。"的提示下,单击主视图,系统自动生成箭头,如图10-98所示。

注意:

1)本章在选取新制工程图模板时选用了"空"模板,如果选用了其他模板,所得到的箭头可能会有所差别。

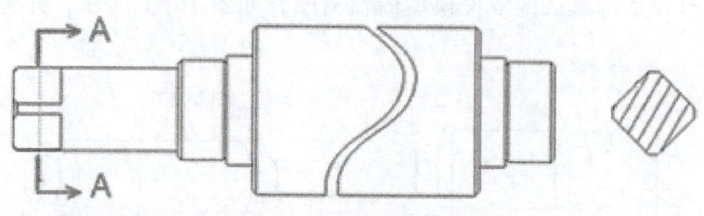

图 10-98 添加箭头

2)移出剖面是用一般方法创建的,故可以随便移动,这样可以放在图纸上合适的位置,可以充分利用图纸的幅面来表达零件的结构。

10.3.8 放大视图

10-11 放大视图的创建

放大视图是对视图的局部进行放大显示,所以又被称为"局部放大视图"。放大视图以放大的形式显示所选定区域,可以用于显示视图中相对尺寸较小且较复杂的部分,增加图样的可读性;创建局部放大视图时需先在视图上选取一点作为参照中心点并草绘一条样条曲线以选定放大区域,放大视图所显示的大小和图纸缩放比例有关。例如,图纸比例为 3∶1 时,则放大视图所显示的大小为其父项视图的三倍,并可以根据实际需要调整比例,这在后面视图的编辑与修改中会介绍。

放大视图如图 10-99 所示,其操作步骤如下:

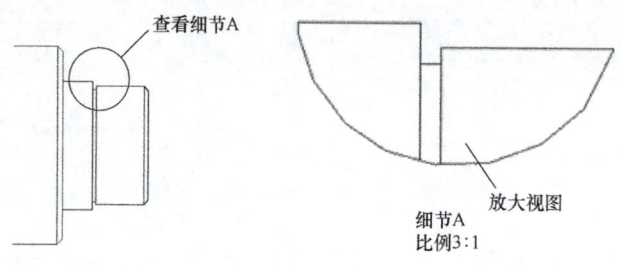

图 10-99 放大视图

第 1 步,将工作目录设置至 D:\creo1.0\work\ch10,打开文件 10-05new_3.drw 工程图文件。

第 2 步,在"布局"选项卡中单击"详细"按钮。

第 3 步,在系统"在一现有视图上选择要查看细节的中心。"的提示下,在图样的边线上选取一点(在视图的非边线的地方选取的点,系统不认可),此时在选取的点附近出现一个十字线,如图 10-100 所示。

注意: 在视图较小的情况下,此十字线不易看见,可通过放大视图区来观察。移动或缩放视图区时,十字线可能会消失,但不妨碍操作的进行。

第 4 步,绘制放大视图的轮廓线。在系统"草绘样条,不相交其他样条,来定义一轮廓线。"的提示下,绘制如图 10-101 所示的样条线以定义放大视图的轮廓,当绘制到封闭时,单击中键结束绘制(在绘制边界线前,不要选择样条线的绘制命令,而是直接单击进行绘制)。

第 5 步，在系统"选取绘制视图的中心点。"的提示下，在图形区选取一点来放置放大图，创建出的放大视图如图 10-102 所示。

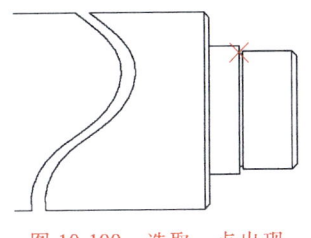
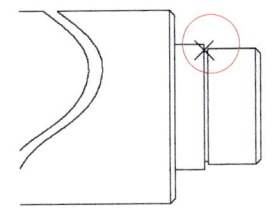
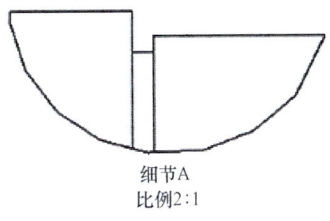

图 10-100　选取一点出现十字线　　图 10-101　绘制放大视图的轮廓线　　图 10-102　系统按默认设置生成的放大视图

第 6 步，设置轮廓线的边界类型。

1）在创建的局部放大视图上双击，系统弹出图 10-103 所示的"绘图视图"对话框。

2）在"视图名称"文本框中可以修改放大图的名称 A，在"父项视图上的边界类型"下拉列表中，可以修改边界类型为椭圆、样条等。现在不修改轮廓线的边界类型，按默认边界类型"圆"不变。

第 7 步，在"绘图视图"对话框中，选取"类型"列表框中的"比例"选按钮，再选中"自定义比例"单选按钮，然后在后面的文本框中输入比例值 3.000，如图 10-104 所示。

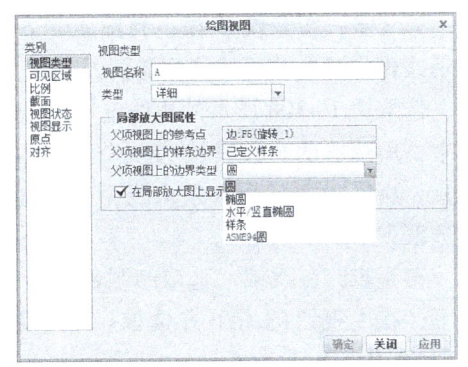

图 10-103　"绘图视图"对话框

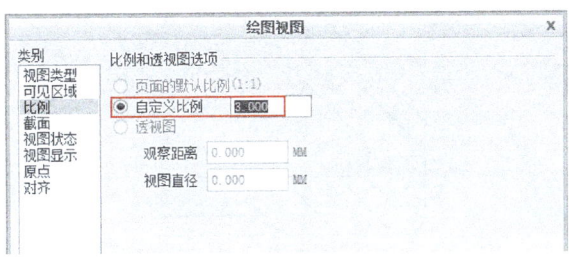

图 10-104　设置放大比例

第 8 步，单击对话框中的"确定"按钮，关闭对话框，最终结果如图 10-105 所示。

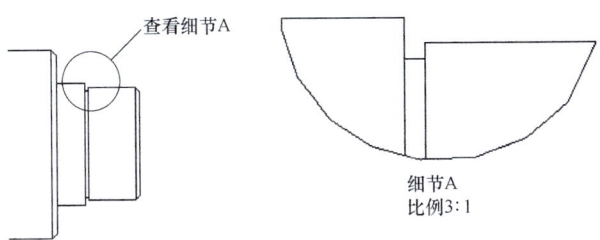

图 10-105　修改比例后生成的放大视图

10.3.9 辅助视图

辅助视图又叫向视图，它也是投影生成的，它和一般投影视图的不同之处在于它是沿着零件上某个斜面投影生成的，而一般投影视图是正投影。它常用于具有斜面的零件。在工程图中，当正投影视图表达不清楚零件的结构时，可以采用辅助视图。

10-12 辅助视图的创建

辅助视图如图 10-106 所示，操作步骤如下：

第 1 步，将工作目录设置至 D：\creo1.0\work\ch10，打开 10-06.drw 工程图文件，如图 10-107 所示。

第 2 步，在"布局"选项卡中单击"辅助" ⌯辅助 按钮。

第 3 步，在系统"在主视图上选择穿过前侧曲面的轴或作为基准曲面的前侧曲面的基准平面。"的提示下，选取图 10-108 所示的边线（在图 10-108 所示的视图中，所选取的边线其实为一个面，由于此面和视图垂直，所以其投影为一条边线；在主视图非边线的地方选取，系统不认可）。

第 4 步，在系统"选取绘制视图的中心点。"的提示下，在主视图的右下方选取一点来放置辅助视图，如图 10-109 所示。

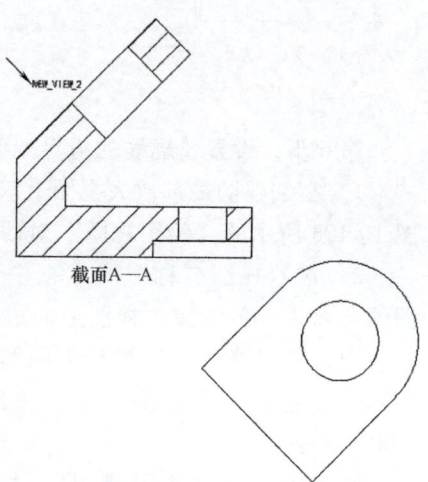

图 10-106 辅助视图

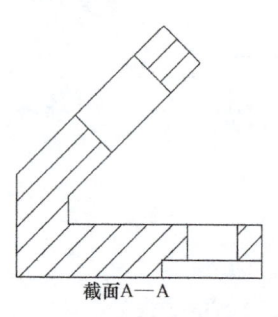

图 10-107 10-06.drw 工程图

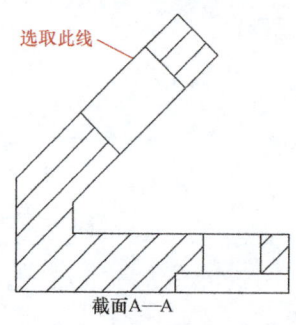

图 10-108 选择基准平面

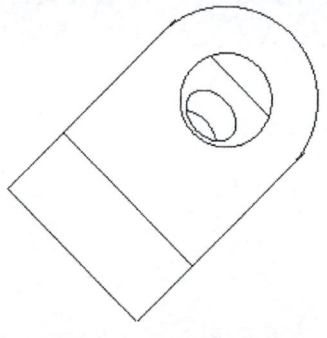

图 10-109 辅助视图

第 5 步，双击辅助视图，系统弹出"绘图视图"对话框。选取"类别"列表框中的"视图类型"选项，"投影箭头"设置为"单一"，如图 10-110 所示。单击"应用"按钮，系统自动在父视图上加上箭头，如图 10-111 所示。

第 6 步，继续设置。选取"类别"列表框中的"可见区域"选项，在"Z 方向修剪"区域选中"在 Z 方向上修剪视图"复选按钮，如图 10-112 所示。选择修剪参考"DTM1"（在主视图上选），如图 10-113 所示。

注意："Z 方向修剪"的作用是用于删除修剪参考以下的零件投影。

第 7 步，单击"应用"按钮，创建如图 10-114 所示的辅助视图。单击"关闭"按钮，关闭"绘图视图"对话框。

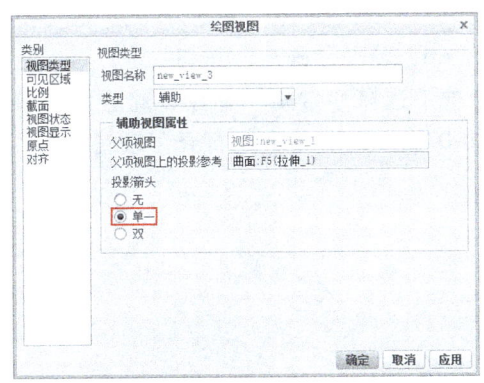

图 10-110 "绘图视图"对话框

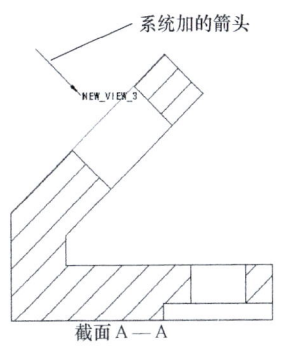

图 10-111 添加箭头

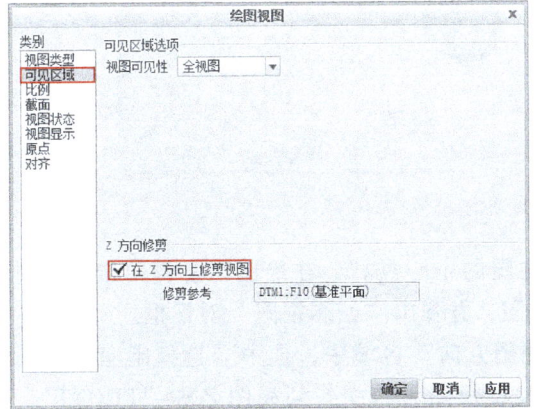

图 10-112 Z 方向修剪

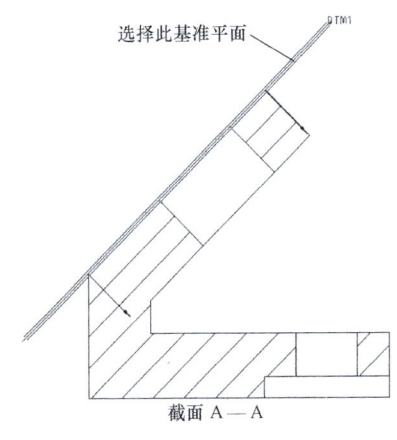

图 10-113 选择基准平面

10.3.10 多模型视图

多模型视图是指在同一张工程图中显示两个或多个零件视图的视图。当表达某个零件的结构时,需要参照其他零件的结构,就需要用到多模型视图。多模型视图中,各个零件的视图仍与其相应的零件模型相关联。

10-13 多模视图的创建

多模型视图如图 10-115 所示,创建操作步骤如下:

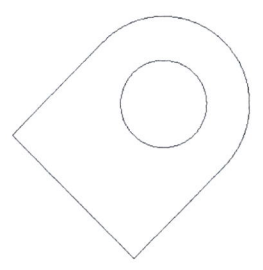

图 10-114 生成的辅助视图

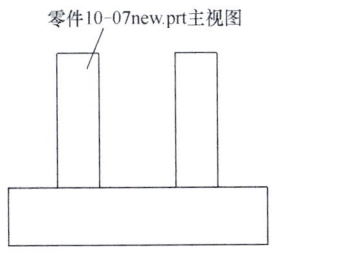

图 10-115 多模型视图

第 1 步,将工作目录设置至 D:\creo1.0\work\ch10,新建工程图文件并命名为 duomoshitu,取消选中"使用默认模板"复选按钮,单击"确定"按钮。

第 2 步，在随后出现的"新建绘图"对话框中，"默认模型"设置为"无"，"指定模板"设置为"空"，方向为"横向"，幅面大小为 A0，单击"确定"按钮。

第 3 步，在绘图区中右击，在弹出的快捷菜单中选择"常规"命令，此时系统弹出图 10-116 所示的"打开"对话框，选取零件模型 10-07new.prt，单击"打开"按钮。

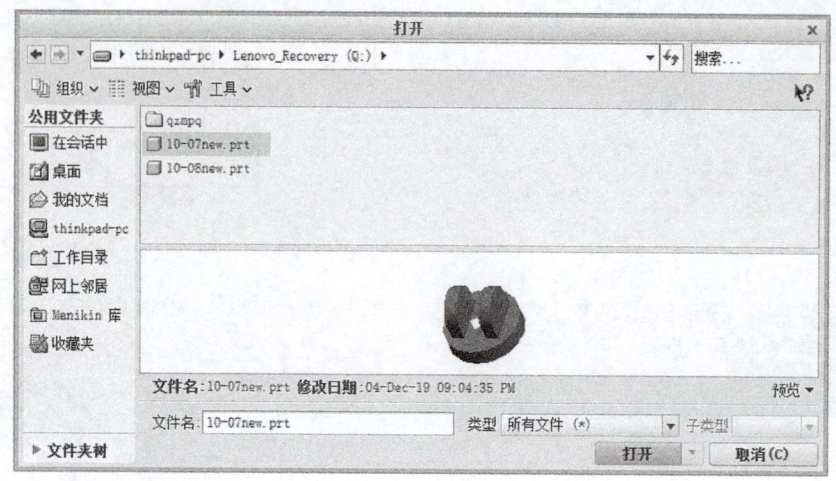

图 10-116　选取 10-07new.prt 零件

第 4 步，此时系统出现提示"选择绘图视图的中心点。"，在绘图区左侧单击，此时绘图区出现系统默认的零件 10-07new.prt 的轴测图，并弹出"绘图视图"对话框。

第 5 步，在"绘图视图"对话框中的"视图方向"区域中，选中"选择定向方法"中的"查看来自模型的名称"单选按钮，在"模型视图名"中找到视图名称"FRONT"，单击"确定"按钮，完成零件 10-07new.prt 主视图的创建，过程如图 10-117 所示。

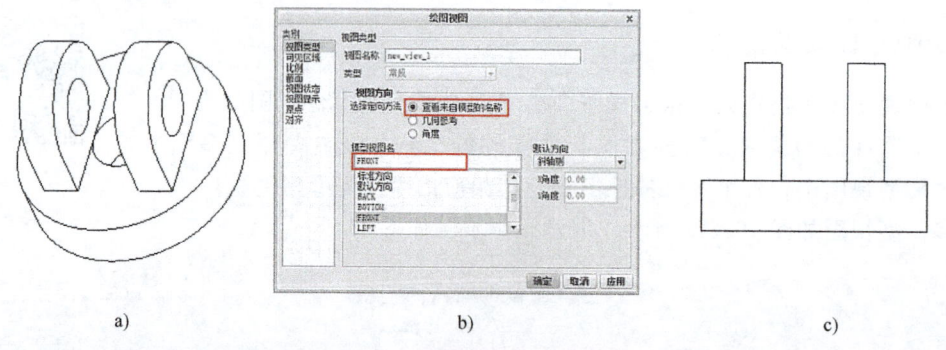

图 10-117　创建视图零件的主视图

第 6 步，在绘图区中右击，在弹出的快捷菜单中选择"绘图模型"命令，系统弹出图 10-118 所示的"菜单管理器"对话框。在"菜单管理器"对话框中有"绘图模型"菜单，在"绘图模型"菜单下又有"添加模型"等命令。

第 7 步，在"绘图模型"菜单中选择"添加模型"命令，此时系统弹出"打开"对话框，如图 10-119 所示，从中选择零件模型 10-08new.prt，单击"打开"按钮，再选择"完成/返回"命令，如图 10-120 所示。此时系统显示提示"10-08new 已被加入到绘图 DUO-MOSHITU"。

第10章 工程图绘制

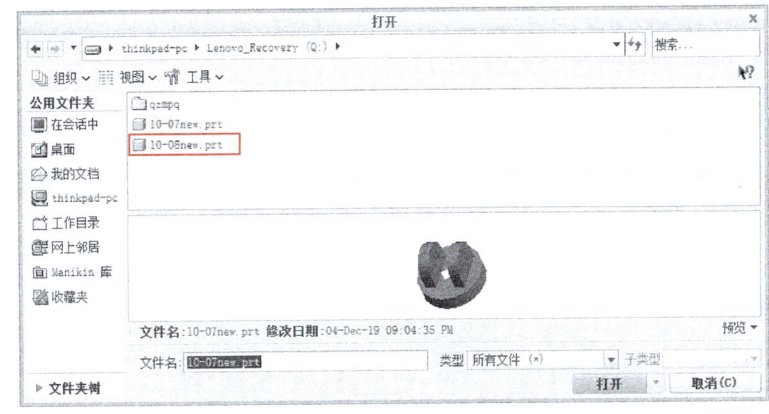

图 10-118 "菜单管理器"
对话框

图 10-119 "打开"对话框

第8步，在绘图区中右击，在弹出的快捷菜单中选择"插入普通视图"命令，在"选择绘图视图的中心点。"的提示下，在零件模型 10-07new.prt 的主视图的右侧选取一点，此时在绘图区出现系统默认的零件 10-08new.prt 的轴测图，并弹出"绘图视图"对话框，如图 10-121 所示。

第9步，在"绘图视图"对话框中按视图方向"FRONT"设置零件模型 10-08new.prt 的视图，单击"绘图视图"对话框中的"确定"按钮，关闭对话框，完成零件 10-08new.prt 的主视图的创建，如图 10-122 所示。

图 10-120 "菜单管理器"对话框

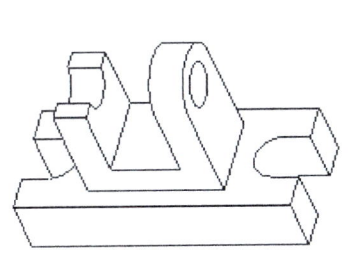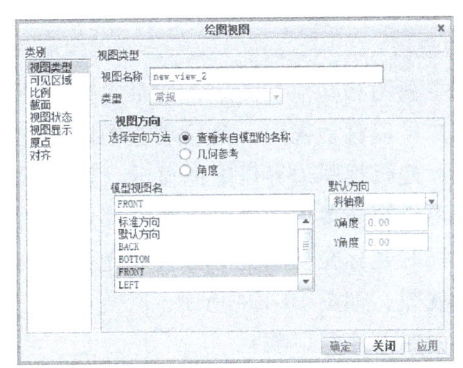

图 10-121 第二个模型添加过程

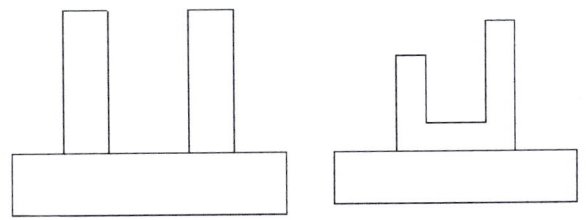

图 10-122 添加的两个模型的主视图

10.4 视图的调整

视图有两种状态：锁定和未锁定。

例如：打开工程图文件 10-09new.drw，右击左视图，在弹出的快捷菜单中选中或取消选中"锁定视图移动"前的复选按钮，可在这两种状态间切换，如图 10-123 所示。

10-14　视图调整

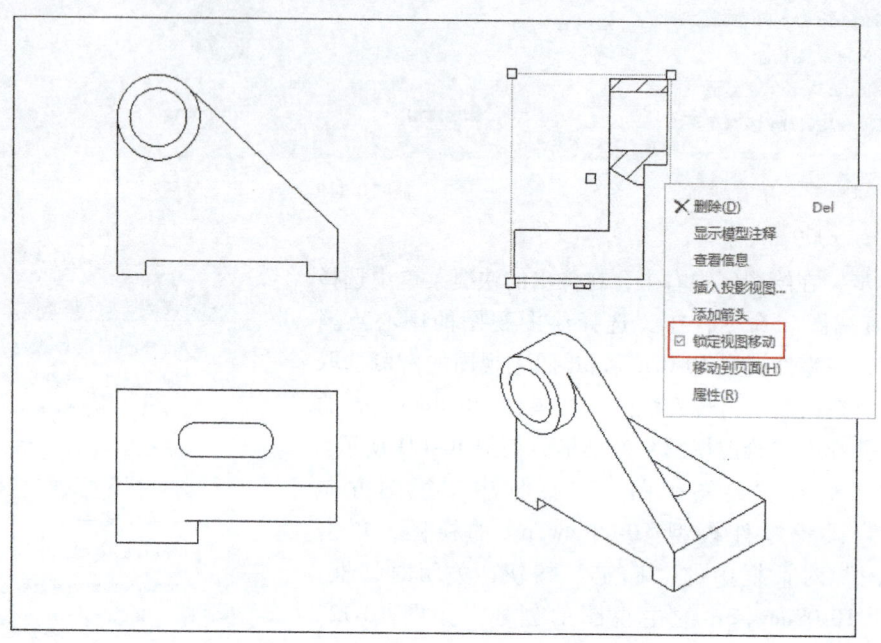

图 10-123　锁定视图移动

1. 移动视图

创建好主视图和其他视图后，如果它们在图纸上的位置不合适，用户可以移动视图。要移动视图时，先单击选取要移动的视图，此时视图边界以虚框显示（默认颜色为红色），右击，在弹出的快捷菜单中取消选中"锁定视图移动"前的复选按钮，同时光标在视图上变为移动光标，按下鼠标左键就可以拖动视图，如图 10-124 所示。

移动视图时的注意事项：

1）若移动的视图是另一个视图的子视图，则此视图（包括投影视图、辅助视图或旋转视图）将与其父视图保持一定的位置关系。

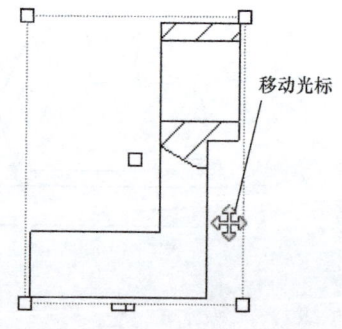

图 10-124　移动光标形状

2）若移动的视图是其他视图的父视图，那么，移动父视图时，其子视图也将随着该视图做相应的位置变化。

3）若移动的是一般视图或详细视图，那么它们可以移动到图面的任意位置。

2. 删除视图

删除视图是永久性的，一旦删除将无法恢复。

方法1：先单击该视图，然后右击，在弹出的快捷菜单中选择"删除"命令，如图10-125所示。

方法2：先单击该视图，然后在键盘上按<Delete>键。

方法3：从"绘图树"中右击要删除的视图，在弹出的快捷菜单中选择"删除"命令。

3. 拭除视图

在复杂的绘图中，为了缩短视图再生或重画的时间，可以将暂时不用的视图从绘图界面中拭除，等其余操作完成后，再恢复显示。方法如下：

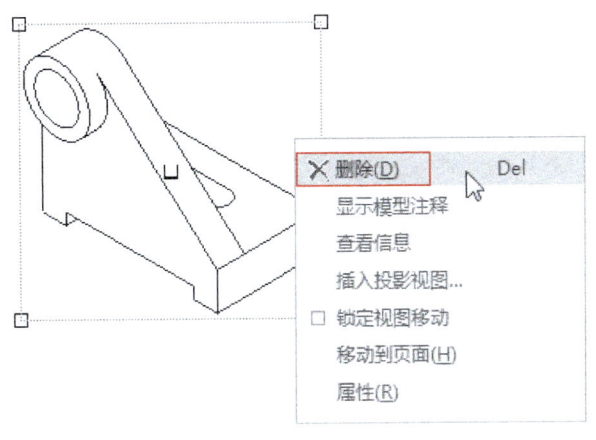

图10-125　选择"删除"命令

在"布局"选项卡中单击"拭除视图" 按钮，选择一个或多个视图将它们从绘图页面中暂时去除，如图10-126所示。如果该视图上有与其他视图关联的箭头和圆，那么系统会提示是否要拭除。

从绘图界面中拭除视图，不会影响其他视图。但要注意：若拭除的视图上连接有导引，当拭除视图时此导引也将被拭除，当恢复视图时，此导引也将被恢复。另外，在拭除视图时，其上的尺寸也将被拭除，且这些尺寸不能在其他视图上显示。拭除的视图不能进行打印输出。

4. 恢复视图

在工程图中拭除的视图可以恢复显示，方法是：在"布局"选项卡中单击"恢复视图" 按钮，弹出"菜单管理器"对话框，选择要恢复的视图名，再选择"完成选择"选项即可恢复视图显示，如图10-127所示。

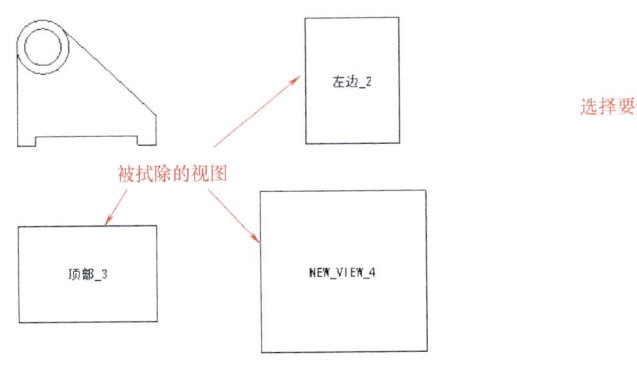

图10-126　拭除视图

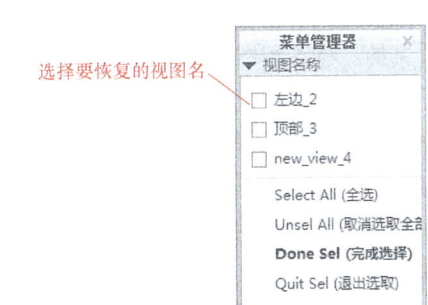

图10-127　选择要恢复的视图名

在需要修改剖面线的视图中，双击该视图中的剖面线，将弹出"菜单管理器"对话框，如图10-128所示。在该对话框中可以修改剖面线的间距、角度等。

例如：选择"间距"→"一半"命令，剖面线间距立即缩小为原来的1/2。如图10-129所示。

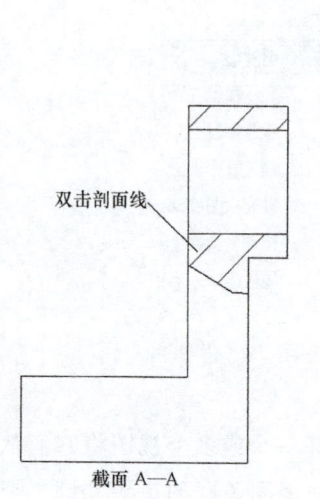
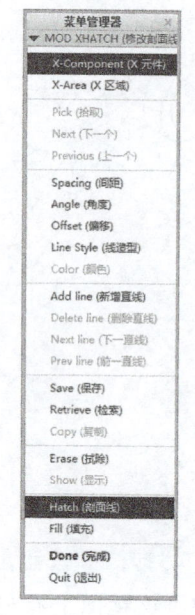
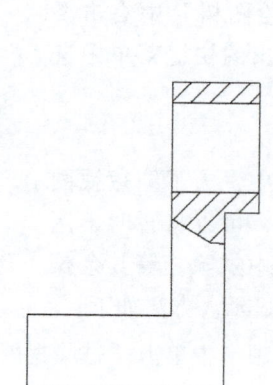

图 10-128　修改剖面线菜单　　　　　　图 10-129　剖面线间距缩小为原来的 1/2

10.5　尺寸和公差的标注

10-15　尺寸和
公差的标注

10.5.1　尺寸标注

1. 自动生成尺寸

在 Creo1.0 软件中，工程图视图是利用已经创建的零件模型投影生成的，因此视图中零件的尺寸来源于零件模块中的三维模型的尺寸，它们源于统一的内部数据库。由于这些尺寸受零件模型的驱动，并且也可反过来驱动零件模型，所以这些尺寸也常被称为驱动尺寸。这些尺寸是保存在模型自身中的尺寸信息，在默认情况下，将模型或组件输入二维工程图时，这些尺寸是不可见的。在工程图环境下，可以在功能区的"注释"选项卡中单击"显示模型注释"按钮，将这些尺寸在工程图中自动地显现出来，所以可以将这些尺寸称为自动生成尺寸。

自动生成尺寸与零件或组件具有双向关联性，在三维模型上修改模型的尺寸，在工程图中，这些尺寸随着变化，反之亦然。这里有一点要注意：在工程图中可以修改自动生成尺寸值的小数位数，但是舍入之后的尺寸值不驱动几何模型。

（1）显示尺寸　在工程图环境中，当视图创建之后，应先显示自动生成尺寸，这样可以避免添加不必要的尺寸，减少不必要的工作。显示自动生成尺寸有如下两种方法：

1）使用"显示模型注释"命令。下面以图 10-130 所示的零件 10-04.prt 为例，说明创

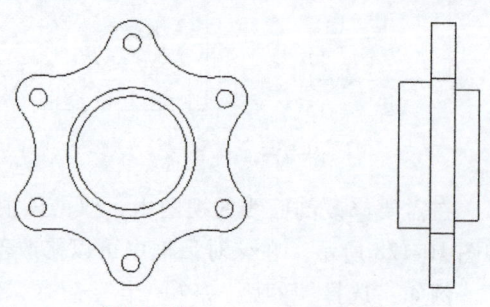

图 10-130　10-04.drw 工程图

建自动生成尺寸的一般操作过程。

第1步，将工作目录设置至 D：\creo1.0\work\ch10，打开工程图文件 10-04.drw。

第2步，单击"注释"选项卡中的"显示模型注释" 按钮。

第3步，在系统弹出的图 10-131 所示的"显示模型注释"对话框中进行如下操作：

① 单击对话框顶部的 选项卡。

② 选择显示类型。在对话框的"类型"下拉列表中选择"全部"选项。

③ 选取显示尺寸的视图。按住<Ctrl>键，选择主视图和左视图。

④ 单击 按钮，然后单击对话框底部的 确定 按钮，自动生成尺寸，如图 10-132 所示。

在进行自动生成尺寸显示操作时，请注意下面几点：

a. 用图 10-131 所示的"显示模型注释"对话框，不仅可以显示三维模型中的尺寸，还可以显示在三维模型中创建的几何公差、基准、表面粗糙度等。

b. 自动生成的尺寸在未经过手动整理之前都较为凌乱，通常在正式出图之前都需要经过手动整理尺寸。图 10-132 所示的尺寸已经过整理。

c. 如果要在工程图的等轴测视图中显示模型的尺寸，应先将工程图设置文件 drawing.dtl 中的选项 allow_3d_dimensions 设置为"yes"。

d. 工程图中，显示尺寸的位置取决于视图定向，对于模型中拉伸或旋转特征的截面尺寸，在工程图中显示在草绘平面与屏幕垂直的视图上。

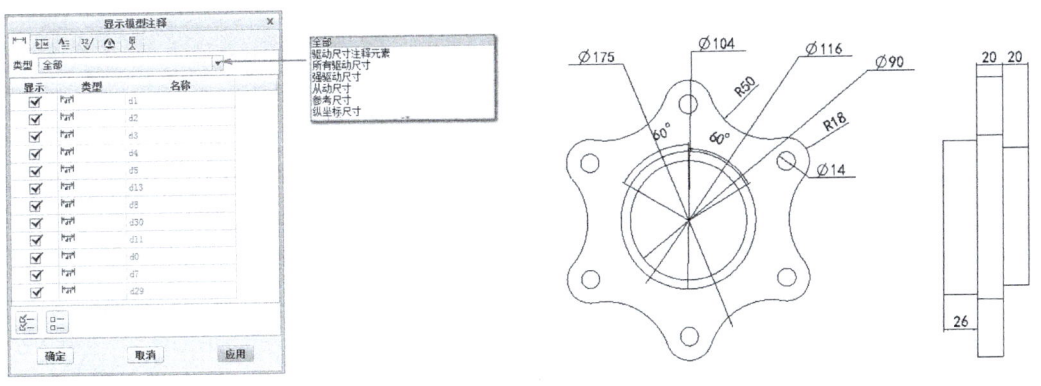

图 10-131 "显示模型注释"对话框　　　　图 10-132 自动生成尺寸

图 10-131 所示的"显示模型注释"对话框中各选项卡说明如下：

　　　：显示（或隐藏）尺寸。

　　　：显示（或隐藏）几何公差。

　　　：显示（或隐藏）注解。

　　　：显示（或隐藏）表面粗糙度。

　　　：显示（或隐藏）定制符号。

　　　：显示（或隐藏）基准。

　　　：全部选取。

　　　：全部取消选取。

2) 使用模型树。在模型树中，可以通过选取某个具体的特征或零件来显示其尺寸。下面先介绍其操作步骤：

第1步，将工作目录设置至 D：\creo1.0\work\ch10，打开工程图文件 10-04.drw。

第2步，打开"注释"选项卡，然后右击图 10-133 所示模型树中的特征 拉伸1 ，系统弹出图 10-133 所示的快捷菜单。

第3步，在快捷菜单中选择"显示模型注释"命令，在弹出的"显示模型注释"对话框中单击 按钮，然后单击对话框中的 确定 按钮，则在主视图中显示出特征 拉伸1 的尺寸，如图 10-134 所示。

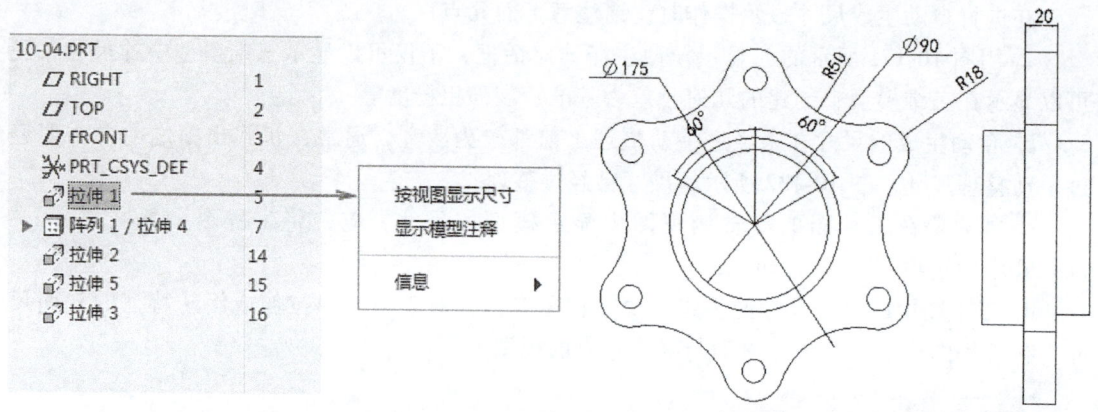

图 10-133　模型树　　　　　图 10-134　通过模型树生成的"拉伸1"的尺寸

说明：选择"显示模型注释"命令时，所选取特征的尺寸一般先在主视图中显示出来，当主视图中不能表达特征的某些尺寸时，这些尺寸会根据需要分布在其他视图中。

（2）拭除尺寸　"拭除尺寸"是暂时使尺寸处于不可见的状态，还可以通过"取消拭除"操作使其显示出来。

第1步，工作目录设置至 D：\creo1.0\work\ch10，打开工程图文件 10-04_1.drw。

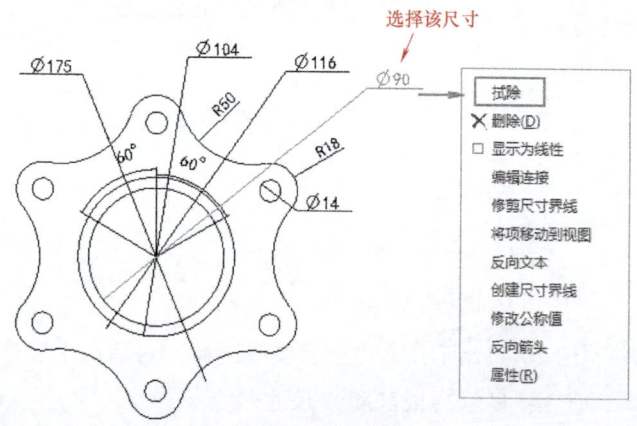

图 10-135　拭除尺寸操作

第2步，选择图 10-135 所示的尺寸，然后右击，系统弹出快捷菜单。

第3步，在快捷菜单中选择"拭除"命令，再在图形区的空白处单击一下，此时所选尺寸不见了。

说明：使用右击弹出的快捷菜单来拭除尺寸是一种比较快捷的方法，特别适用于单个不必要尺寸的拭除，也可以按住<Ctrl>键连续选择多个尺寸再右击。

如果在绘图树中右击拭除的尺寸 模型：d11 （必须先打开"注释"选项卡），在弹出的图 10-136 所示的快捷菜单中选择"取消拭除"命令，可以将尺寸重新显示出来。

（3）删除尺寸 "删除尺寸"指去掉多余的或错误的尺寸标注，被删除的自动生成的尺寸可以使用"显示模型注释"对话框重新显示出来。下面结合例子介绍"删除尺寸"的操作：

第1步，将工作目录设置至D：\creo1.0\work\ch10，打开工程图文件10-04_1.drw。

第2步，选择图10-137所示的尺寸，然后在"注释"选项卡中单击"删除" 按钮，则所选择的尺寸被删除。

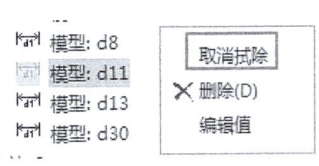

图10-136 取消拭除尺寸操作

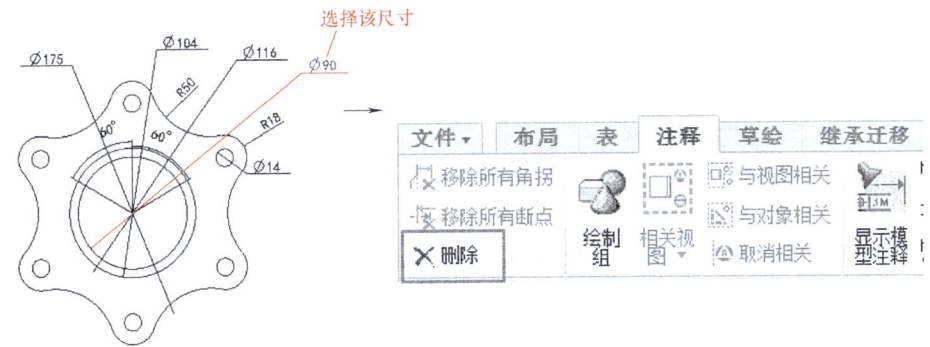

图10-137 "删除"尺寸操作

说明：
1）可以按住<Ctrl>键连续选择多个尺寸后再同时删除。
2）删除尺寸还有其他方法，如下所述：
a. 选择所要删除的尺寸，再右击，在弹出的快捷菜单中选择"删除"命令。
b. 选择所要删除的尺寸，再按键盘上的<Delete>键。

2. 手动创建尺寸

当自动生成尺寸不能全面地表达零件的结构或在工程图中需要增加一些特定的标注时，就需要通过手动操作来创建尺寸。这类尺寸受零件模型所驱动，所以又常被称为从动尺寸。手动创建的尺寸与零件或组件具有单向关联性，即这些尺寸受零件模型所驱动，当零件模型的尺寸改变时，工程图中的尺寸也随之改变，但这些尺寸的值在工程图中不能被修改。

在"注释"选项卡中单击"尺寸" 按钮来创建尺寸，是在工程图中添加必要尺寸的最主要方法。但应注意，由于手动创建的尺寸的单向关联性，使其不能驱动原零件模型，所以如果在工程图环境中发现模型尺寸标注不符合设计的意图（如标注的基准不对），最佳的方法是进入零件模块环境，重定义截面草绘图的标注，而不是简单地在工程图中创建"尺寸"来满足设计意图。下面结合例子介绍它们的操作：

第1步，将工作目录设置至D：\creo1.0\work\ch10，打开工程图文件10-04_2.drw。

第2步，在"注释"选项卡中单击"尺寸" 按钮，系统弹出"选择参考"对话框。

第3步，选择图10-138所示的边线1，按住<Ctrl>键，再选择边线2，接着在图示的位置单击鼠标中键，此时在视图中显示出此两边线之间的距离。

第4步，单击图10-139所示的一段圆弧，单击鼠标中键完成半径的标注。再次单击图10-139所示的一个圆，单击鼠标中键完成直径的标注。

第5步，按第3步的方法标注出此两边线之间的距离尺寸116，如图10-140所示。

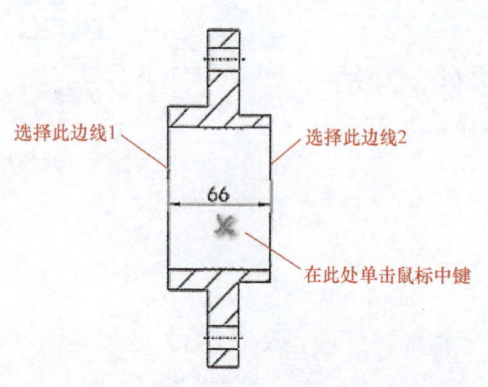
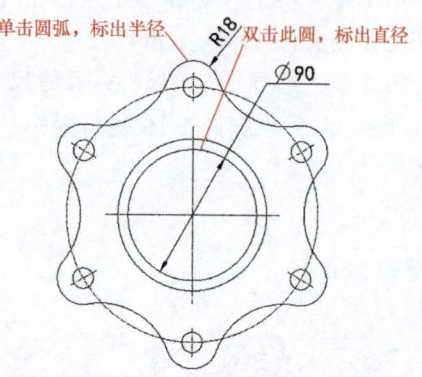

图10-138　手动尺寸标注操作　　　　图10-139　标注圆弧半径和圆的直径

第6步，双击该尺寸，弹出"尺寸属性"对话框，在"显示"选项卡中，给尺寸添加前缀φ。前缀φ符号从单击 文本符号... 按钮打开的文本符号列表框中获得，如图10-141所示。

第7步，下面介绍标注两直线间角度的操作方法。打开"注释"选项卡，在功能区中单击"尺寸" 尺寸 按钮。

第8步，按住<Ctrl>键，选取图10-142所示的两条边线，在图10-142所示的位置单击鼠标中键，此时在视图中显示角度尺寸，如图10-142所示。

说明：放置位置选取的不同会出现不同的标注方式，例如在图10-143所示的位置单击鼠标中键，则会出现图10-143所示的角度标注。

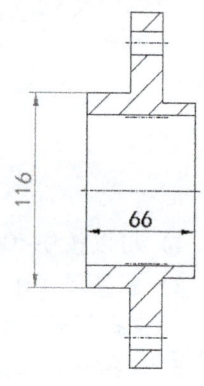

图10-140　标注直径

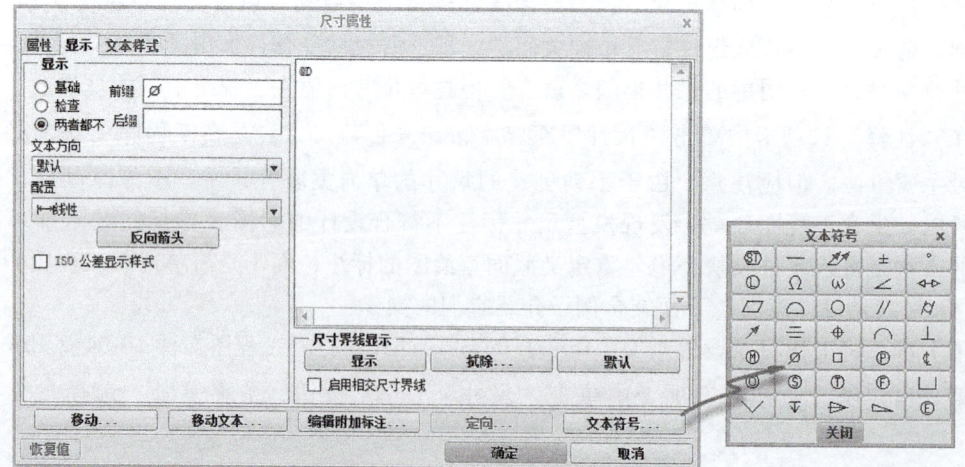

图10-141　"尺寸属性"对话框

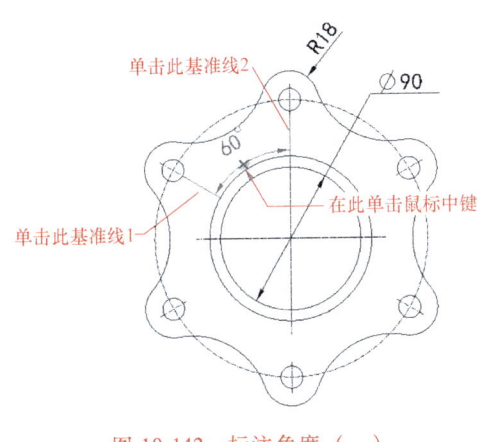 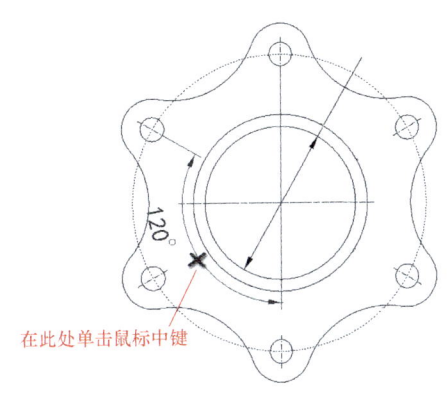

图 10-142　标注角度（一）　　　　图 10-143　标注角度（二）

10.5.2　公差标注

1. 显示尺寸公差

在 Creo1.0 软件的工程图环境中，可以调节尺寸的显示格式，如只显示尺寸的公称值、以上极限尺寸和下极限尺寸的形式显示尺寸、以公称尺寸并带有一个上极限偏差和一个下极限偏差的形式显示尺寸和以公称尺寸之后加上一个正负号显示尺寸。在默认情况下，系统只显示尺寸的公称值，可以通过适当的设置和编辑来显示尺寸的公差。

在设置和编辑尺寸的公差之前，需对系统的相关配置文件进行设置。下面介绍设置配置文件的一般操作过程。

第 1 步，将工作目录设置至 D：\creo1.0\work\ch10，打开工程图文件 10-04_2.drw。

第 2 步，选择"文件"下拉菜单中的"准备"→"绘图属性"命令，系统弹出"绘图属性"对话框，在对话框中单击"详细信息选项"区域的"更改"按钮，系统弹出"选项"对话框，如图 10-144 所示。

第 3 步，在"选项"对话框左侧的配置文件列表中找到配置文件"tol_display"并单击选取它（可选择按字母排序后再查找）。

第 4 步，此时在"选项"对话框下部的"选项"和"值"文本框中自动添加有关配置文件"tol_display"的项目。在"值"下拉列表中选取"yes"选项，单击 添加/更改 按钮，如图 10-145 所示。

第 5 步，单击 确定 按钮，关闭"选项"对话框；再单击 关闭 按钮，关闭"绘图属性"对话框。

说明：如果不对系统的配置文件做修改，则在视图中双击任意一个尺寸后，系统弹出"尺寸属性"对话框中的"公差模式"下拉列表显示为灰色，即不可修改尺寸在视图中的显示格式。在系统默认的情况下，配置文件的值被设置为"yes"，但在某些特殊情况下，其值为"no"。因此，如果要使尺寸在视图中显示不同形式的公差，可以先按上述介绍的方法对配置文件中的"tol_display"选项进行设置。

第 6 步，在视图中选取图 10-146a 所示的尺寸，然后双击，系统弹出图 10-147 所示的"尺寸属性"对话框，在"值和显示"区域的"小数位数"文本框中输入数值"3"，在

"公差"区域的"公差模式"下拉列表中选取"正-负"选项,在"上公差"文本框中输入数值"0.005",在"下公差"文本框中输入数值"0"。

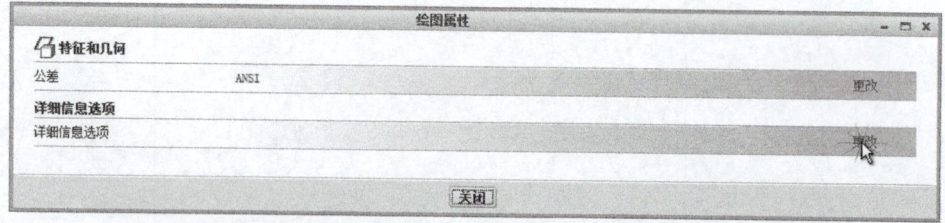

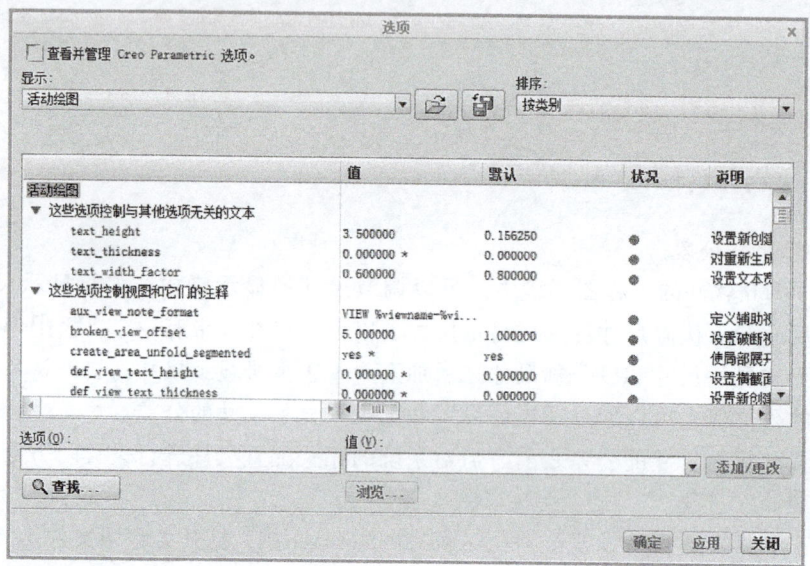

图 10-144　更改"绘图属性"中的参数

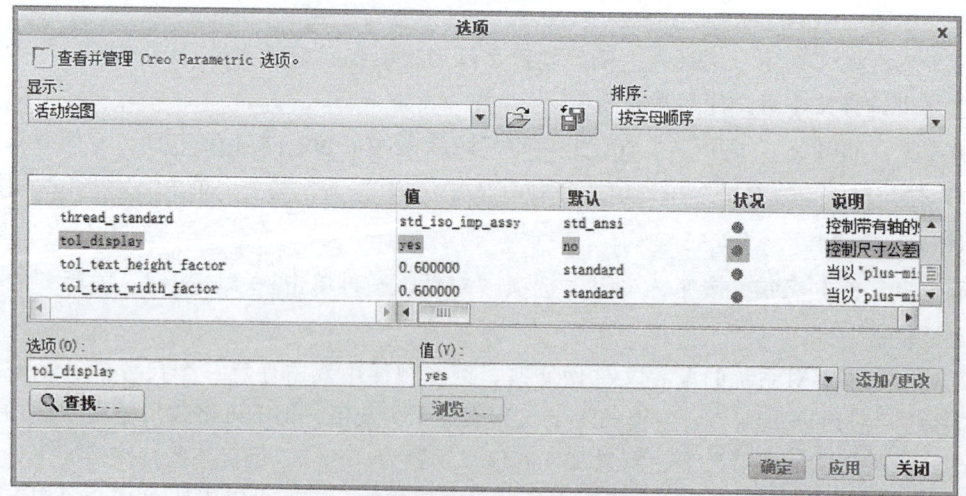

图 10-145　"选项"对话框

第 7 步,单击 确定 按钮,关闭对话框,此时被修改后的尺寸如图 10-146b 所示。

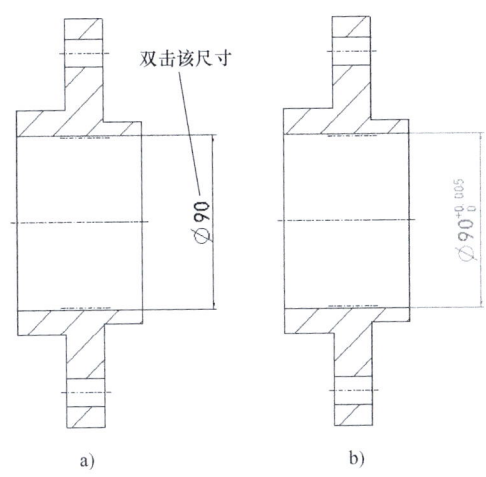

图 10-146 公差标注

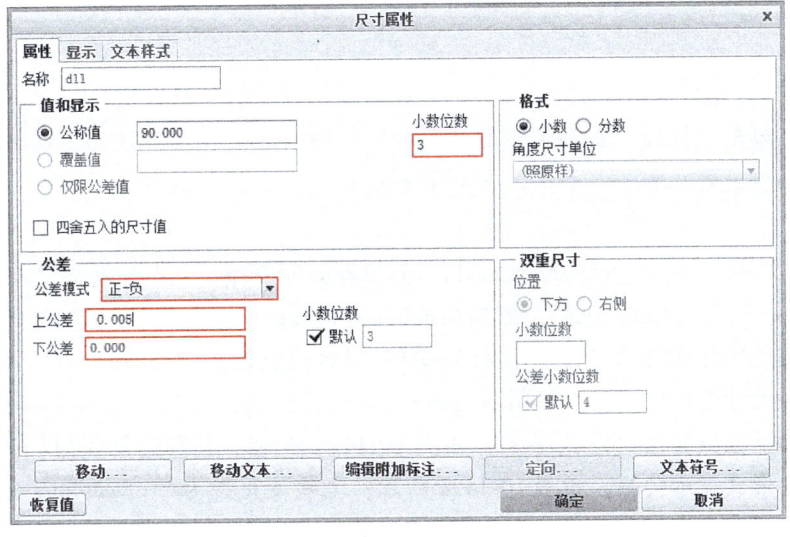

图 10-147 "尺寸属性"对话框

2. 设置尺寸公差格式

在 Creo1.0 软件中，配置文件 "default_tolerance_mode" 用来设置尺寸默认的公差显示格式。下面介绍设置尺寸公差格式的一般操作过程。

第 1 步，将工作目录设置至 D：\creo1.0\work\ch10，打开工程图文件 10-04_2.drw（在此文件中已将配置文件 tol_display 的值设置为 "yes"）。

第 2 步，选择 "文件" 下拉菜单中的 "准备"→"绘图属性" 命令，系统弹出 "绘图属性" 对话框，在对话框中单击 "详细信息选项" 区域的 "更改" 按钮，系统弹出 "选项" 对话框。

第 3 步，在对话框列表区域中选择 "default_tolerance_mode" 选项，在对话框下部 "值" 下拉列表中选取 "limits" 选项，如图 10-148 所示，单击 添加/更改 按钮。

第 4 步，单击 确定 按钮，关闭 "选项" 对话框；再单击 关闭 按钮，关闭 "绘图属性" 对话框。

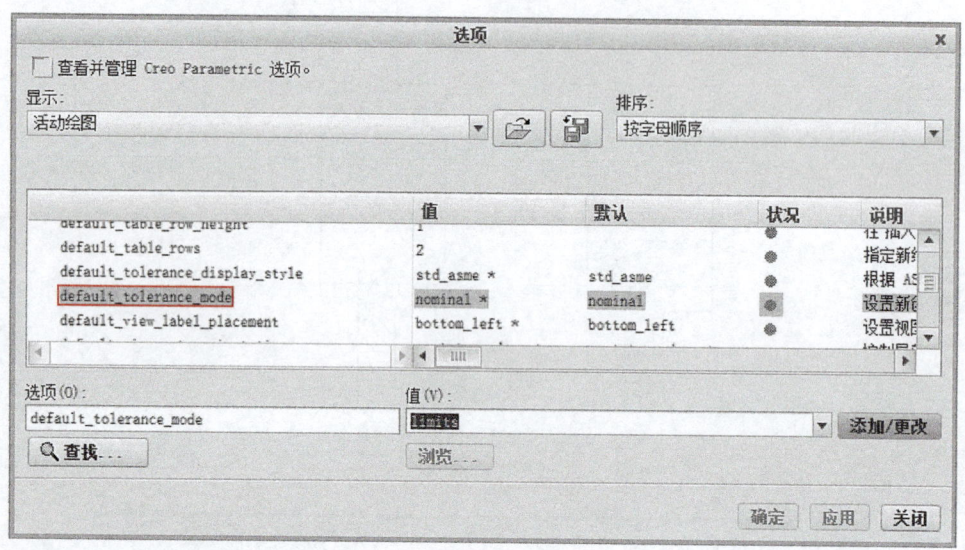

图 10-148 "选项"对话框

第 5 步，单击"注释"选项卡中的"尺寸"尺寸按钮，创建图 10-149a 所示的尺寸标注，可见尺寸以带有公差的形式显示（尺寸显示为"89.99-90.01"）。

说明：

1）配置文件"default_tolerancel_mode"的值有五种选择，它们分别是"nominal""limits""plusminus""plusminussym"和"plusminussym_super"。当将值设置为"nominal"时，尺寸只以公称值的形式显示（即不显示公差）；当将值设置为"limits"时，尺寸以上极限尺寸和下极限尺寸的形式显示，如图 10-149a 所示；当将值设置为"plusminus"时，公差以上极限偏差和下极限偏差的形式显示，如图 10-149b 所示；当将值设置为"plusminussym"时，以对称的形式显示公差，如图 10-149c 所示；当将值设置为"plusminussym_super"时，以对称的形式显示公差，公差位于公称值的右上角，如图 10-149d 所示。

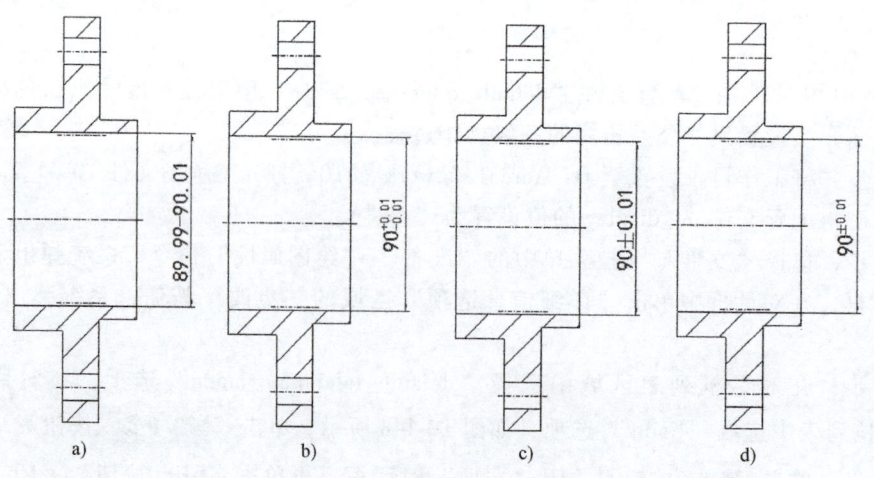

图 10-149 不同公差的形式显示区别

2）在本例中，是通过选择"文件"下拉菜单中的"准备"→"绘图属性"命令进入"选项"对话框的，故与选择"文件"下拉菜单中的"准备"→"绘图属性"命令进入的"Creo Parametric 选项"对话框略有不同，根据系统的具体配置差异，在不同情况下进入的"选项"对话框中的配置文件也会有不同，如在本例中进入的"Creo Parametric 选项"对话框中列出的配置文件选项为"tol_mode"，但是该配置文件显示的是当前默认的公差模式，无法修改其值，所以需选择"文件"下拉菜单中的"准备"→"绘图属性"命令进入"选项"对话框，对配置选项"default_tolerance_mode"的修改才是有效的。

3）配置文件的设置只会影响新增加的手动创建尺寸的公差显示格式，对于已有的手动创建的尺寸不会产生影响；对于自动显示的尺寸只能在"尺寸属性"对话框中修改其公差显示。

在创建模型或工程图时，系统会根据配置文件中关于公差的设置来显示尺寸，所以可以根据需要将配置文件设置为最常用的尺寸公差显示格式。

3. 编辑尺寸公差

在 Creo1.0 软件中，当将配置文件"tol_display"的值设置为"yes"后，即可在"尺寸属性"对话框中对其尺寸公差的显示格式进行编辑。

第 1 步，将工作目录设置至 D：\creo1.0\work\ch10，打开工程图文件 10-04_3.drw（在此文件中已将配置文件"tol_display"的值设置为"yes"）。

第 2 步，双击图 10-150a 所示的尺寸（该尺寸是自动生成的尺寸），系统弹出图 10-151 所示的"尺寸属性"对话框。

第 3 步，在"尺寸属性"对话框"公差"选项组的"公差模式"下拉列表中选取"对称"选项（如果有必要还可以在"公差"文本框中修改公差数值）。

第 4 步，单击"尺寸属性"对话框中的 确定 按钮，此时尺寸的公差以正负号的形式显示，如图 10-150b 所示。

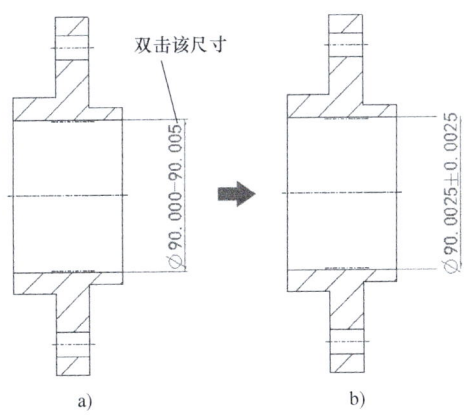

图 10-150　编辑尺寸操作

说明：

1）在"公差模式"命令下有五种选项"公称""限制""加-减""对称"和"对称（上标）"，用户可以选取不同的选项来显示尺寸。

①"公称"：系统只显示尺寸的公称值，效果与配置文件选项"default_tolerance_mode"

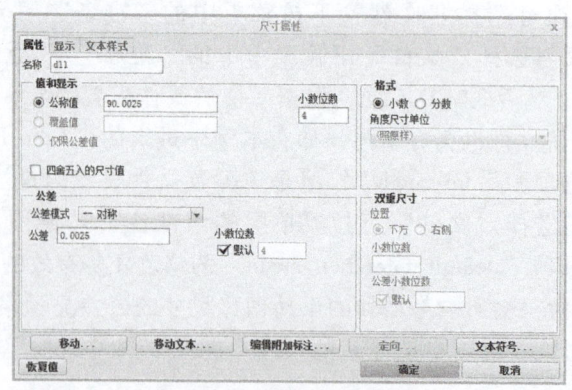

图 10-151 "尺寸属性"对话框

的值"nominal"相同。

②"限制":尺寸以上极限尺寸和下极限尺寸的形式显示,效果与配置文件选项"default_tolerance_mode"的值"limits"相同。

③"加-减":公差以上极限偏差和下极限偏差的形式显示,效果与配置文件选项"default_tolerance_mode"的值"plusminus"相同。

④"对称":以对称的形式显示公差,效果与配置文件选项"default_tolerance_mode"的值"plusminussym"相同。

⑤"对称(上标)":以对称的形式显示公差,公差位于公称值的右上角,效果与配置文件选项"default_tolerance_mode"的值"plusminussym_super"相同。

2) 修改自动生成尺寸与修改手动生成尺寸的不同之处在于,自动生成尺寸可修改公称值,且公差显示不受配置文件"default_tolerance_mode"影响,只能通过"尺寸属性"对话框修改。

3) 在Creo1.0软件中,在零件环境、装配体环境和工程图环境的任一种环境下,都可以对尺寸的公差显示格式做修改,并且修改后,它会被反映到Creo1.0软件所有的模式中。

本 章 小 结

本章主要介绍了工程图各类视图的创建方法、普通尺寸及公差的标注。绘制工程图是每一个工程技术人员都要掌握的基本技能,工程图的内容非常多,本章限于篇幅还有很多内容无法做详细介绍,读者可以根据本章所介绍的操作规律自行研究或参考其他教程学习。

Creo软件绘制的工程图在许多设置和概念上与国标工程图有区别。AutoCAD工程图绘图软件的兼容性非常广,应用普及率也很高。在Creo软件中完成视图投影后,也可以另存为*.dwg格式文件,在AutoCAD软件中进行标注和修改。

理 论 自 测

一、选择题

1. 创建二维工程图用( )。

A. 零件模块　　　　B. 零件装配模块　　　C. 曲面模块　　　　D. 工程图模块

2. 在工程图中，"比例"选项允许用户为视图指定一个显示比例，这个选项可使用于（　　）。

A. 辅助视图　　　　B. 一般视图　　　　　C. 投影视图　　　　D. 旋转视图

3. 在工程图中，（　　）可以进行比例设置。

A. 辅助视图　　　　B. 投影视图　　　　　C. 详细视图　　　　D. 旋转视图

4. 在进行视图的移动时，一般视图可沿着移动的方向为（　　）。

A. 上下　　　　　　B. 左右　　　　　　　C. 任意　　　　　　D. 上下左右

5. 进入工程图模式后，要生成工程图，使用的命令是（　　）。

A. 插入→绘图视图　　　　　　　　　　　　B. 编辑→绘图视图
C. 文件→绘图视图　　　　　　　　　　　　D. 视图→绘图视图

6. 在工程图中，投影视图可沿着（　　）方向进行移动。

A. 任意　　　　　　B. 投影观察方向　　　C. 上下　　　　　　D. 左右

7. 工程图中，随着任何一个视图的变化，其他视图（　　）。

A. 不变　　　　　　B. 随之改变　　　　　C. 变大　　　　　　D. 不定

8. 不遵守投影规则的是（　　）。

A. 辅助视图　　　　B. 详细视图　　　　　C. 投影视图　　　　D. 部分视图

9. 对于投影视图，若要创建俯视图，需要在父视图的（　　）方向放置。

A. 下方　　　　　　B. 上方　　　　　　　C. 左面　　　　　　D. 右面

10. 对于投影视图，俯视图可沿着（　　）方向移动。

A. 上下　　　　　　B. 左右　　　　　　　C. 任意　　　　　　D. 上下左右

11. 采用第一视角创建投影视图，若要创建左视图，需要在父视图的（　　）方向放置。

A. 下方　　　　　　B. 上方　　　　　　　C. 左面　　　　　　D. 右面

12. 在建立剖视图时，定义剖截面时，在视图中要选择一个平面作为剖截面，剖截面必须在生成截面图的视图中与屏幕（　　）。

A. 垂直　　　　　　B. 垂直或平行　　　　C. 平行　　　　　　D. 平行和垂直

13. 工程图严格地与零件的三维实体模型相关，三维实体模型改变，平面工程图（　　）。

A. 不变　　　　　　B. 随之改变　　　　　C. 不定　　　　　　D. 变大

14. 在工程图中，要显示零件的尺寸，使用的命令是（　　）。

A. 文件→显示/拭除　　　　　　　　　　　B. 编辑→显示/拭除
C. 插入→显示/拭除　　　　　　　　　　　D. 视图→显示/拭除

15. 在 Creo 软件里，要进入工程图模式，在"新建"对话框里选择的类型是（　　）。

A. 零件　　　　　　B. 组件　　　　　　　C. 制造　　　　　　D. 绘图

16. 在工程图中，创建的第一个视图是（　　）。

A. 辅助视图　　　　B. 详细视图　　　　　C. 一般视图　　　　D. 投影视图

17. 工程图中，在标注几何公差时，必须首先生成几何公差标注中需要的标注（　　），然后在其基础上生成具体的几何公差。

A. 中心线　　　　　B. 轴　　　　　　　　C. 平面　　　　　　D. 基准

二、判断题

1. 在工程图视图中，所有的视图都是相关的，这使得在工程图里的任何模型改变都会反映在零件和装配体模型上。（　　）
2. 在工程图中，一个视图中的变化不会在模型的其他视图中相应地反映出来。（　　）
3. 在工程图模块下，依然保持着和它们各自零件之间的关系。（　　）
4. 详细视图不必遵守投影规则。（　　）
5. 在工程图中，各投影视图只能沿着其投影观察方向移动。（　　）
6. 在进行视图移动时，各投影视图可以向任意方向移动。（　　）
7. 在工程图中，可以使用非参数化的尺寸标注方法进行标注。（　　）
8. Creo 软件中，在制作平面工程图时，对于任何视图，用户都可以指定视图相对于指定零件的显示比例。（　　）

三、问答题

1. 试述如何创建一个详细视图。
2. 试述如何创建三视图。

应 用 自 测

1. 根据三维零件，绘制如图 10-152 所示的工程图。

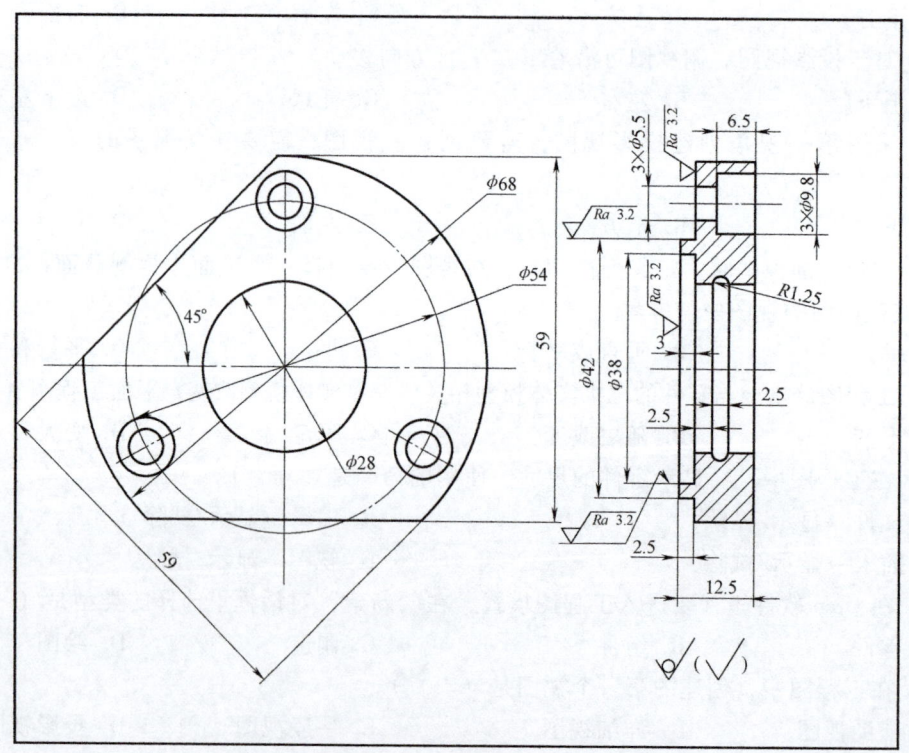

图 10-152　应用自测（一）

2. 根据三维零件，绘制如图 10-153 所示的工程图。

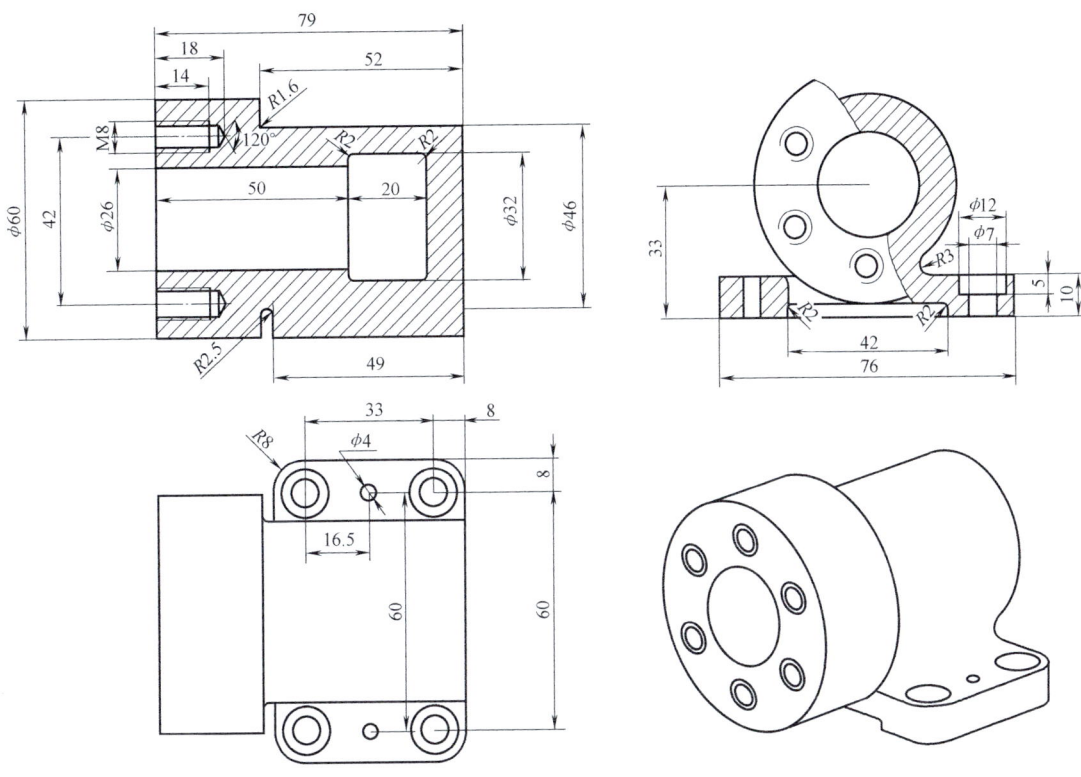

图 10-153 应用自测（二）

3. 根据三维零件，绘制如图 10-154 所示的工程图。

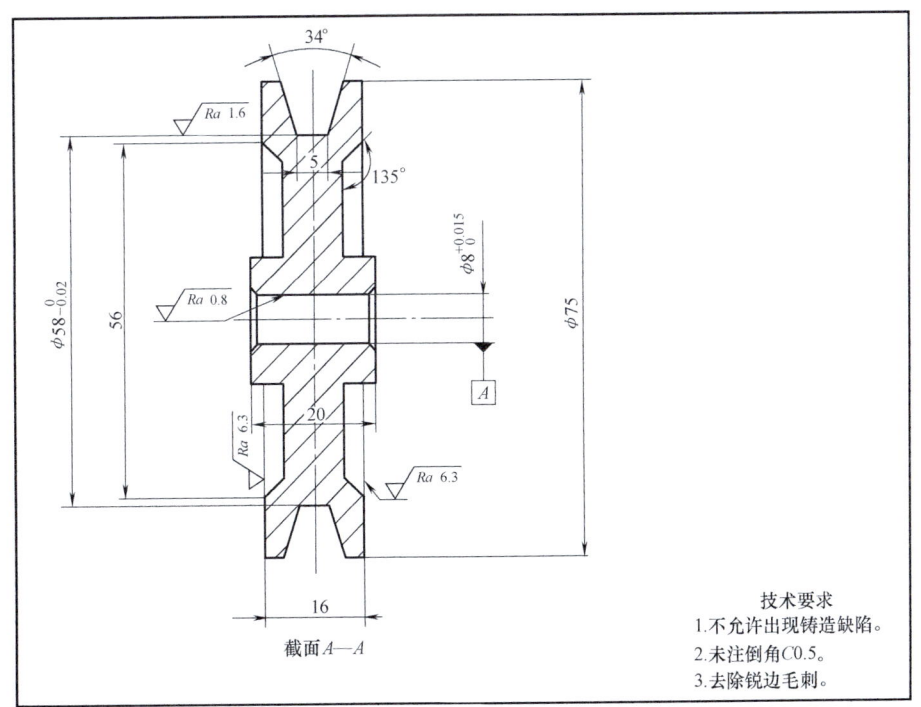

图 10-154 应用自测（三）

参 考 文 献

[1] 张云杰,郝利剑. Creo Parametric1.0中文版从入门到精通 [M]. 北京:电子工业出版社,2013.
[2] 詹友刚. Creo1.0快速入门教程 [M]. 北京:机械工业出版社,2012.